Der „Studienkurs Politikwissenschaft“
wird herausgegeben von

Prof. Dr. Winand Gellner, Universität Passau

Studienkurs Politikwissenschaft

Prof. Dr. Gisela Riescher
PD Dr. Alexander Thumfart (Hrsg.)

Monarchien

Die Deutsche Nationalbibliothek verzeichnet diese Publikation in der Deutschen Nationalbibliografie; detaillierte bibliografische Daten sind im Internet über http://www.d-nb.de abrufbar.

ISBN 978-3-8329-3827-7

1. Auflage 2008

Inhaltsverzeichnis

I. EINFÜHRUNG

II. LÄNDERBEITRÄGE

I. EINFÜHRUNG

Einleitung

Geburten, Hochzeiten, Krönungen und Beerdigungen in Königshäusern sind mediale Großereignisse. Dies verweist darauf, dass sich Monarchien ganz offensichtlich auch in modernen Demokratien großer Aufmerksamkeit erfreuen. Im Gegensatz zu Regenbogenpresse und Fernsehen widmet sich die wissenschaftliche Literatur dem Thema allerdings kaum. Das überrascht, bedenkt man, dass allein in Europa, von Großbritannien bis Liechtenstein und von Norwegen bis Spanien, immerhin noch elf Monarchien bestehen. Monarchien im arabischen Raum (z.B. Jordanien oder Saudi-Arabien), im östlichen Asien (z.B. Japan oder Thailand) und in Afrika (z.B. Marokko oder Swasiland) kommen hinzu. Im vorliegenden Sammelband werden erstmals alle diese Monarchien wissenschaftlich porträtiert. In 30 kompakten Einzeldarstellungen analysieren Länderexperten Kompetenzen, Funktionen und Wirkungsweisen der Monarchinnen und Monarchen in ihren jeweiligen politischen Systemen und im Kontext der politischen Kultur und jeweiligen Geschichte. Damit soll ein schneller, einheitlich gestalteter Zugriff auf alle Monarchien der Gegenwart ermöglicht werden – von B wie Bahrain oder Belgien bis V wie Vatikan oder Vereinigte Arabische Emirate.

Zu Beginn des Bandes steht ein Text von Arno Waschkuhn, der 2006 verstarb und zu dessen Gedenken diese Publikation erscheint. Arno Waschkuhns wissenschaftliches Spektrum und Interesse war ausgesprochen breit. Er ist aber nach seinen Studien zu Demokratietheorien, zur Transnationalität, zu den Fragen von Wissenschaftstheorien in der Politikwissenschaft und der Bedeutung von zivilen Tugenden immer wieder zu den Themenkreisen Kleinstaaten und Monarchien zurückgekehrt. 2005 entstanden die ersten Überlegungen zu einem Band über die Monarchien der Welt. Frucht dieser Planungen war eine systematische Annäherung an und Erfassung von Monarchien und monarchischen Handlungsstilen. Dieser Text von Arno Waschkuhn ist unvollendet geblieben und wird hier als Fragment abgedruckt. Im Anschluss daran folgt ein einführender Beitrag, der einen Überblick über das Thema Monarchie und den Forschungsstand gibt sowie die Formen und die Verbreitung dieser Staatsform in der heutigen Welt vorstellt.

Das Herzstück des Sammelbandes bilden die Länderporträts. Die einzelnen Darstellungen sind meist so aufgebaut, dass zunächst einleitend allgemeine Ausführungen über das jeweilige Land und seine Geschichte gemacht werden. Sodann werden in der Regel der Monarch, seine Politik und seine Position im politischen System dargestellt, bevor schließlich Herausforderungen und Perspektiven für die jeweilige Monarchie erörtert werden. Abschließend werden die verwendete Literatur sowie weiterführende Internetadressen aufgeführt.

Wir freuen uns, dass wir neben den großen Ländern wie Großbritannien oder Saudi-Arabien auch die kleinen Monarchien wie Tonga oder Lesotho präsentieren und so ein vollständiges Bild der aktuellen Monarchien zeigen können. In den Band aufgenommen wurden auch Beiträge zu Samoa, dessen Staatsform sich während der Entstehung des Bandes zur Republik wandelte und Nepal, wo zum Redaktionsschluss noch nicht endgültig feststand, ob – und wenn ja in welcher Form – die dortige Monarchie erhalten bleiben würde. Nicht aufgenommen wurden die 15 überseeischen Commonwealth-Länder, in denen die britische Königin Elizabeth II. de jure Staatsoberhaupt ist. Diese Staaten, die nur in einem sehr formalen Sinne als Monarchien gelten können, werden in den Übersichten im Anhang berücksichtigt, aber nicht in eigenen Beiträgen vorgestellt.

Karte und Tabellen im Anhang ergänzen die Länderanalysen, indem sie die Monarchien in der Zusammenschau zeigen und so einen globalen Überblick ermöglichen. Abgedruckt ist hier auch ein Autorenverzeichnis, das die beteiligten Autorinnen und Autoren kurz vorstellt. Ihnen gilt unser besonderer Dank. Die 23 Autorinnen und Autoren haben es durch ihre Beiträge möglich gemacht, eine einheitliche Gesamtdarstellung der Monarchien zu präsentieren, und dank ihrer länderspezifischen Fachkenntnisse konnten die einzelnen Monarchien in ihrer Individualität gezeigt werden.

Mit Judith Gurr und Tobias Friske haben zwei umsichtige und kluge Mitarbeiter die Entstehung und Fertigstellung des Bandes sachkundig begleitet, indem sie neben eigenen Artikeln die redaktionellen Aufgaben und die Koordination zwischen Herausgebern, Autoren und dem Verlag übernahmen. Ihnen und den Vertretern des Nomos-Verlages Beate Bernstein und Andreas Beierwaltes sei herzlich gedankt.

Freiburg i. Br. und Erfurt, März 2008

Gisela Riescher und Alexander Thumfart

Die Monarchie als Idee, Prinzip und Projekt

Arno Waschkuhn[1]

Das Königtum ist ein fundamentales menschlich-gesellschaftliches Ordnungsprinzip.[2] In der antiken Staatsformenlehre wird die Monarchie durchgängig als die beste Herrschaftsform angesehen.[3] Heutige Typologien in der vergleichenden Politikforschung[4] sind dagegen von ihrer Perspektivität her republikanisch orientiert und verzichten auf die Monarchie als solche, es sei denn man ordnet sie jeweils den drei geläufigen Hauptgruppen zu, als da sind: demokratische[5], autoritäre und totalitäre politische Systeme, wobei die beiden letzten Ausprägungen auch mit dem Summenbegriff der autokratischen Systeme belegt werden.[6] In den älteren sozialwissenschaftlichen Ansätzen verhielt es sich noch weitgehend anders und historisch gesättigter. Max Weber hatte beispielsweise im ersten Viertel des 20. Jahrhunderts unter anderem differenziert

1 Arno Waschkuhn verstarb im Jahr 2006. Der vorliegende Text ist unvollendet geblieben und wird hier als Fragment abgedruckt.

2 Vgl. Kurtz 2001: 81. Siehe insgesamt Boldt/Conze/Martin/Schulze 1978.

3 So wird bei Aristoteles in seiner so genannten ersten Staatsformenlehre (Politik 1278b6-1279b10) nach numerischen (Herrscheranzahl: einer, wenige, viele) und qualitativen Kriterien vorgegangen. Als „naturgemäße" Verfassungen gelten diejenigen, die den gemeinsamen Nutzen aller verfolgen, nicht aber dem Eigennutz der Herrschenden dienen, was für die Entartungsformen (Parekbasen) typisch ist. Im Einzelnen steht der positiven Form der Alleinherrschaft (Monarchie) die negative Form der Tyrannis gegenüber, der Aristokratie die Oligarchie, ferner der positiven Manifestation der Volksherrschaft (Politie) ihre Entartung als Demokratie (Haupttypus: Arme). Der letztgenannte negative Demokratiebegriff erfasste später die Ochlokratie, eine Art Pöbelherrschaft, während die Politie (als „gute Demokratie") näherungsweise dem heutigen Verständnis von Demokratie entspricht.

4 Vgl. u.a. Waschkuhn 1997: 237ff.; Waschkuhn 2002: 125ff.

5 Hier kommen natürlich auch noch zahlreiche Subtypen, divergente Ausformungen und Zuschreibungen in Betracht. Auch werden zahllose Attribute zur Demokratiebestimmung eingesetzt, vgl. Collier/Levitsky 1997.

6 Siehe Merkel 1999: 25ff.

in: das sakrale Königtum, die Polisherrschaft, das Kriegsfürstentum, die Gerontokratie, den Pariarchalismus, den Patrimonialismus, den Feudalismus, die Signorie (Patrizierherrschaft), die Ständeherrschaft, die Stadtbürgerherrschaft, die bürokratische Herrschaft, die plebiszitäre Herrschaft, die konstitutionelle Monarchie, die parlamentarische Monarchie, den republikanische Parlamentarismus und die hierokratische Herrschaft (z.B. Vatikan, A.W.).[7] Viele dieser Formen oder Kategorien sind heute nicht mehr auffindbar, was den sozialen, politischen und kulturellen Wandel belegt, sodass immer wieder Transformationen und multiple Anerkennungskämpfe stattfinden. Eine gleichfalls besonders vielfältige Morphologie wurde in den 1960er Jahren von Carl Joachim Friedrich erarbeitet: (1) Anarchy, (2) Tribal rule of the king-priest type, (3) Despotic monarchy, (4) Oligarchy by the nobility, either by birth or cooption, (5) Oligarchy by the wealthy, (6) Oligarchy by priesthood-theocracy, (7) Direct democratic rule, (8) Tyranny, (9) Bureaucratic rule under a hereditary monarch, (10) Parliamentary-cabinet rule (government by elected representations): (a) Aristocratic – nobility and wealth predominating, (b) Democratic – all classes included, (11) Presidential-congressional rule, (12) Military dictatorship (including pretorian rule[8]), (13) Totalitarian dictatorship.[9] Es zeigt sich, dass gerade die Mischformen stets aufs Neue immer auch monarchische oder hierzu affine Variablen enthalten, wenngleich zu sehr differenzierte Typologisierungsversuche dazu neigen, im analytischen Ergebnis und komparativen Ertrag wenig aussagekräftig zu sein.

Im Hinblick auf die heute gebräuchlichen triadischen Typisierungen ist darauf zu verweisen, dass konstitutionelle Monarchien mit einer parlamentarischen Repräsentativdemokratie politiktheoretisch und politisch-praktisch durchaus verbindungs- und anschlussfähig sind. Andererseits können Monarchien als Unterfälle autoritärer und totalitärer Systeme angesehen werden. Wolfgang Merkel kennt bei den autoritären Systemen die folgenden (monar-

7 Vgl. Weber 2005: Erster Halbbd. (I), Kap. 3; Zweiter Halbbd., Kap. 9.

8 Hier kommt den Gruppen, die über konkrete physische Machtmittel verfügen, eine besondere Relevanz zu. Die Begrifflichkeit geht zurück auf die Bedeutung der Prätorianergarden im Kontext der häufig wechselnden Soldatenkaiser im späten Rom.

9 Vgl. Friedrich 1963: 188f.

chiebezogenen) Unterformen: theokratisch-autoritäre, dynastisch-autoritäre und sultanisch-autoritäre Regime.[10] Bei den Typen totalitärer Regime wird ein Unterfall des theokratisch-totalitären Regimes gebildet.[11] Allerdings muss auch daran erinnert werden, dass nach dem fast totalen Verschwinden der „zweiten Welt", also nach dem Zusammenbruch des dogmatisierten Realsozialismus und damit verbundener Vorstellungen einer konsequent anderen Moderne, in einigen Transitionsgesellschaften Europas auch die Sehnsucht nach einer Wiederbelebung der Monarchie artikuliert wurde, obschon eine Realisierung so gut wie keine Aussicht auf Erfolg hatte. Es soll hier auch keineswegs ein enthusiasmierendes Loblied auf die Monarchie gesungen werden, weil die einzelnen Entfaltungen – diachron und synchron, prinzipiell wie aktuell – durchaus ambivalent zu sehen sind. Aber eine völlige Ausblendung dieser durchaus noch vitalen Form, wie sie in fast allen Studienbüchern der Politikwissenschaft und ebenso bei nahezu allen, sich universell ausgebenden Großtheorien vorkommt, ist sicherlich wenig hilfreich, darüber hinaus geschichtsvergessen und realitätsblind.

[...][12]

Literatur

Bendix, Reinhard 1980: Könige oder Volk. Machtausübung und Herrschaftsmandat, 2 Bde., Frankfurt a. M.

---

10 Vgl. Merkel 1999: 42ff.

11 Vgl. ebd.: 51f. Für Merkel sind nach ihrem eigenen Herrschaftsanspruch theokratische Regime insbesondere in der islamistischen Variante den totalitären Systemen zuzuordnen. Die Religion werde zu einer allumfassenden politischen Legitimationsideologie instrumentalisiert, allerdings taste die islamische Theokratie die kapitalistische Organisation der Wirtschaft nicht an: „Damit entzieht sich ein wichtiger Teilbereich der Gesellschaft seiner Kontrolle. Nicht zuletzt deshalb ist das theokratisch-totalitäre System zwar ein Idealtyp totalitärer Herrschaft, aber in der historischen Realität noch niemals verwirklicht worden." Ebd.: 52.

12 Hier brechen die erhaltenen Aufzeichnungen von Arno Waschkuhn ab. Siehe Fußnote 1.

Boldt, Hans/Conze, Werner/Martin, Jochen/Schulze, Hans K. 1978: Monarchie, in: Otto Brunner/Werner Conze/Reinhart Koselleck (Hrsg.), Geschichtliche Grundbegriffe, Bd. 4, Stuttgart 1978, 133-214.

Collier, David/Levitsky, Steven 1997: Democracy with Adjectives: Conceptual Innovation in Comparative Research, in: World Politics, Bd. 49, 430-451.

Friedrich, Carl Joachim 1963: Man and his Government, New York.

Kurtz, Donald V. 2001: Political Anthropology. Paradigms and Power, Boulder, Colorado.

Lewis, Brenda Ralph 2003: Monarchy. The History of an Idea, Stroud.

Merkel, Wolfgang 1999: Systemtransformation, Opladen.

Waschkuhn, Arno 1997: Politische Systeme, in: Arno Mohr (Hrsg.), Grundzüge der Politikwissenschaft, 2. Auflage, München/Wien, 237-325.

Waschkuhn, Arno 2002: Grundlegung der Politikwissenschaft, München/Wien.

Waschkuhn, Arno 2003: Die politischen Systeme Andorras, Liechtensteins, Monacos, San Marinos und des Vatikan, in: Wolfgang Ismayr (Hrsg.), Die politischen Systeme Westeuropas, 3. Auflage, Opladen, 759-777.

Weber, Max 2005: Wirtschaft und Gesellschaft. Grundriss der verstehenden Soziologie, Sonderausgabe mit einem Vorwort von Alexander Ulfig, Neu-Isenburg/Frankfurt a. M.

Monarchien – Überblick und Systematik

Tobias Friske[1]

Niccolò Machiavellis Hauptwerk *Il Principe* beginnt mit der Feststellung, dass alle Staaten der Geschichte und der Gegenwart entweder Republiken oder Monarchien seien.[2] Diese Monarchie-Republik-Unterscheidung ist auch heute noch bekannt, allerdings favorisiert die moderne Politikwissenschaft längst andere Differenzierungen, etwa die zwischen Demokratien und Diktaturen. Kann es aber nicht auch heute noch sinnvoll sein, Monarchien und Republiken zu unterscheiden? Dieser Frage will sich der folgende Beitrag annehmen und einen Überblick über das Thema Monarchie, die heute noch bestehenden Monarchien sowie den Forschungsstand geben.

Drei Republikanisierungswellen

Als Machiavellis *Principe* im Jahr 1532 veröffentlicht wurde, waren die meisten Staaten Europas Monarchien. Zu den Republiken konnte man allenfalls die Schweiz, eine Reihe von italienischen Stadtstaaten wie Venedig, Genua oder San Marino und einige Freie Städte nördlich der Alpen zählen (z.B. Lübeck, Bremen und Frankfurt). Ansonsten war in Europa die monarchische Staatsform der Regelfall. Heute dagegen überwiegen in Europa und der Welt insgesamt die Republiken. Den Prozess dahin könnte man vereinfachend – in Analogie zu den von Samuel Huntington propagierten Demokratisierungswellen[3] – in drei „Republikanisierungswellen" beschreiben.

Eine erste Welle trat in Europa im Zusammenhang mit der Französischen Revolution auf. Jedoch konnte sie langfristig ledig-

---

1 Der Text basiert teilweise auf der Magisterarbeit *Staatsform Monarchie. Was unterscheidet eine Monarchie heute noch von einer Republik?*, die der Autor 2007 vorgelegt hat. Eine überarbeitete Version dieser Arbeit ist dauerhaft unter http://www.freidok.uni-freiburg.de/volltexte/3325 einsehbar.

2 Vgl. Machiavelli 1957: 15.

3 Vgl. Huntington 1991: 13ff.

lich in Frankreich – und auch hier nur mit Rückschlägen – eine Republik etablieren. Phänomene wie die Mainzer Republik, die Republik Krakau und das Wiederaufkommen der italienischen Republiken nach Napoleons Italienfeldzug blieben Ereignisse ohne Bestand. Allerdings wandelten sich viele der im 18. Jahrhundert noch absoluten Monarchien zu konstitutionellen und später zu parlamentarischen Monarchien. In Europa gab diese erste Republikanisierungswelle also mehr einen Anstoß zur Reform der Monarchie, als dass es dauerhaft tatsächlich zu neuen Republiken gekommen wäre. Anders in Amerika: In Nordamerika wurde mit den Vereinigten Staaten die damals größte Republik der Welt gegründet und in Lateinamerika entstanden mit dem Rückzug der Kolonialmächte zahlreiche unabhängige Republiken, sodass Anfang des 19. Jahrhunderts weite Teile des amerikanischen Kontinents von Staaten mit republikanischer Staatsform überzogen waren.[4]

Eine zweite Welle fand im Zuge des Ersten Weltkriegs statt. Bereits 1910 bzw. 1912 waren Portugal und die alte chinesische Monarchie zu Republiken geworden. Mit Ende des Krieges folgten unter anderem Deutschland, Russland, das Osmanische und das Habsburgerreich – Monarchien, die sich als reformunfähig erwiesen hatten und zudem durch die Kriegsniederlage delegitimiert waren. Republiken entstanden außerdem in den neuen Staaten Finnland, Estland, Lettland, Litauen, Polen und der Tschechoslowakei.

Die dritte große Republikanisierungswelle kann man nach dem Zweiten Weltkrieg ansetzen. Was Europa anbelangt, so wurde die Monarchie in Albanien, Bulgarien, Jugoslawien, Rumänien und

---

4 Dauerhaft Monarchien blieben allein Kanada und einige Kleinstaaten im Karibik-Raum. Republiken wurden Argentinien (1816), Bolivien (1825), Chile (1810), Costa Rica (1823), Ecuador (1822), El Salvador (1821), Guatemala (1821/39), Haiti (1804), Honduras (1821/38), Kolumbien (1810/19), Nicaragua (1824), Paraguay (1811/13), Peru (1821), Uruguay (1825/28) und Venezuela (1811/30). Mexiko wurde 1821 unabhängig und wechselte zwischen republikanischen und monarchischen Phasen, bevor 1867 mit der Erschießung Maximilians von Österreich schließlich der letzte mexikanische Kaiser vom Thron gestoßen wurde. In Brasilien mussten die portugiesischen Kaiser erst 1889 das Land verlassen.

Italien abgeschafft. Vor allem aber entstanden in Asien und Afrika als Folge der Dekolonialisierung, insbesondere des Zusammenbruchs des britischen Weltreichs, neue Republiken, so etwa in Indien, Pakistan oder Südafrika.

Formen und Verbreitung der Monarchie heute

Von den heute noch bestehenden Monarchien liegt ein Großteil in Europa: Belgien, Dänemark, Großbritannien, Liechtenstein, Luxemburg, Monaco, die Niederlande, Norwegen, Schweden, Spanien und der Vatikan. Die zweitgrößte Gruppe bilden die acht arabischen Monarchien Bahrain, Jordanien, Katar, Kuwait, Marokko, Oman, Saudi-Arabien und die Vereinigten Arabischen Emirate. Weitere Monarchien befinden sich im Himalaja (Bhutan und Nepal), in Südostasien (Brunei, Kambodscha, Malaysia und Thailand) sowie im ozeanischen Inselstaat Tonga und in Japan. Gering ist die Zahl der Monarchien in Afrika: Sieht man von zahlreichen traditionellen Regionalmonarchien auf subnationaler Ebene ab,[5] sind hier neben Marokko nur die beiden südafrikanischen Länder Lesotho und Swasiland als Monarchien einzuordnen. In Amerika sind lediglich Kanada und neun kleine Karibik-Staaten auszumachen, die in Personalunion mit der britischen Krone verbunden sind (*commonwealth realms*). Diese Commonwealth-Monarchien, von denen es weltweit 15 gibt,[6] sind unabhängige, überseeische Staaten, die formal die britische Königin zum Staatsoberhaupt haben. Da hier de facto jedoch der jeweilige Generalgouverneur Staatsoberhaupt ist, werden diese Sonderformen, die nur in einem relativ formalen Sinne als Monarchien bezeichnet werden können, von diesem Band nicht durch eigene Beiträge

5 Regionalmonarchien bestehen unter anderem in Ghana, Namibia, Nigeria, Südafrika, Togo und Uganda. Es handelt sich um ethnisch oder regional gebundene Monarchien mit begrenzter, traditioneller Autorität, die teilweise neben, teilweise aber auch innerhalb der staatlichen Strukturen existieren.

6 Nämlich: Antigua und Barbuda, Australien, Bahamas, Barbados, Belize, Grenada, Jamaika, Kanada, Neuseeland, Papua-Neuguinea, St. Kitts und Nevis, St. Lucia, St. Vincent und die Grenadinen, die Salomonen und Tuvalu.

berücksichtigt. Eine Übersicht über die geographische Verteilung der Monarchien bietet die Karte im Anhang dieses Bandes.

Die vorgestellten Monarchien lassen sich nach unterschiedlichen Gesichtspunkten klassifizieren. Zunächst können anhand des Legitimationsweges des Monarchen Erb- und Wahlmonarchien unterschieden werden, wobei letztere mit Kambodscha, Malaysia, dem Vatikan und den Vereinigten Arabischen Emiraten heute nur noch in vier Staaten zu finden sind. Die übrigen Monarchien sind erblich. Daneben kann man die Monarchien auch nach dem Titel des jeweiligen Monarchen (König, Sultan etc.) sortieren und Kaiserreiche (Japan), Königreiche (die meisten Monarchien), Großherzogtümer (Luxemburg) und Fürstentümer (Liechtenstein, Monaco) sowie Sultanate (Brunei, Oman) und Emirate (Katar, Kuwait, Vereinigte Arabische Emirate) unterscheiden. Eine hinsichtlich der Macht des Monarchen bzw. der Monarchin bedeutsamere Unterscheidung ist die von absoluten, konstitutionellen und parlamentarischen Monarchien. Absolute Monarchien, die in Europa vor allem vor der ersten Republikanisierungswelle im 17. und 18. Jahrhundert verbreitet waren, gibt es heute noch in sechs Staaten. Hier ist der Monarch quasi Alleinherrscher. Konstitutionelle Monarchien, bei denen sich der Monarch die Macht mit einem Parlament teilen muss und von denen heute elf existieren, hatten in Europa im 19. Jahrhundert ihre Hochphase. Seither dominiert die Form der parlamentarischen Monarchie, bei der die Regierung unter der Kontrolle des Parlaments steht und der Monarch eine separate, von der politischen Macht abgekoppelte Rolle spielt. Solche parlamentarischen Monarchien bestehen derzeit in zwölf Monarchien sowie in den 15 Commonwealth-Monarchien (Tabelle 1 im Anhang gibt eine Übersicht über die Zuordnung der einzelnen Länder zu den Formen der Monarchie).

Insgesamt gibt es unter den gegenwärtig 195 Staaten der Welt 29 Monarchien sowie 15 Staaten mit der Sonderform der Commonwealth-Monarchie. Rund eine halbe Milliarde Menschen, d.h. weniger als zehn Prozent der Weltbevölkerung, leben dort.[7] Die Verbreitung der Monarchien ist damit im Vergleich zu den Tagen

7 Sieht man von den Commonwealth-Monarchien ab, sind es 483 Millionen Menschen, zählt man sie dazu, liegt die Zahl bei 550 Millionen.

Machiavellis und der Zeit vor den Republikanisierungswellen deutlich zurückgegangen. Allerdings erscheint das Vorhandensein von „nur" noch 29 Monarchien kein überzeugender Grund, Monarchie als wissenschaftliches Thema ad acta zu legen. Die Zahl der Staaten, die ein föderales Staatswesen besitzen, die totalitär regiert werden oder Zweiparteiensysteme aufweisen, dürfte sich in einer ähnlichen Größenordnung bewegen – und niemand wird behaupten, dass diese Themen keiner wissenschaftlichen Bearbeitung bedürften oder keine Beachtung fänden. Mit der Monarchie verhält es sich anders.

Zu Ideengeschichte und Forschungsstand

Mit dem Rückgang der Monarchie ist auch das Interesse der Wissenschaft an dieser Staatsform rapide geschwunden. Noch im 19. Jahrhundert gab es zahllose Publikationen zur monarchischen Staatsform und mit der Lehre vom monarchischen Prinzip bestand in Deutschland auch so etwas wie eine herrschende Monarchietheorie.[8] Eine zeitgemäße Monarchietheorie, angepasst an die modernen parlamentarischen Monarchien, fehlt hingegen. Über Monarchie liest man vornehmlich in historischen Abhandlungen oder populären Darstellungen. Zuletzt hat der Politikwissenschaftler Karl Loewenstein 1952 eine instruktive Monographie mit dem Titel *Die Monarchie im modernen Staat* veröffentlicht.[9] Ansonsten ist die Monarchie, wie der Staatsrechtslehrer Peter Häberle meint, ein „Gegenstand, der bisher ersichtlich vernachlässigt wurde".[10]

In der Vergangenheit war der Diskurs über die Monarchie, neben der Fürstenspiegelliteratur,[11] vor allem in der so genannten Staatsformenlehre beheimatet: Fast alle klassischen politischen Theoretiker haben Staatsformenlehren entwickelt und sich dort zur Monarchie geäußert.[12] Von der Antike bis ins 19. Jahrhundert

8 Grundlegend zum monarchischen Prinzip: Stahl 1845.

9 Loewenstein 1952.

10 Häberle 1994: 683.

11 Fürstenspiegel sind seit der Antike bekannte Schriften zur Erziehung und Beratung von Monarchen.

12 Einen interessanten Überblick über die Geschichte der Staatsformen und der Staatsformenlehren bietet der 2004 von Alexander Gallus und

hinein war dabei die Einteilung der Staaten in Monarchien, Aristokratien und Demokratien vorherrschend. Diese Dreiteilung wurde unter anderem von Herodot, Platon, Aristoteles, Polybios und Cicero sowie Thomas von Aquin, Marsilius von Padua, Jean Bodin, Thomas Hobbes, John Locke, Jean-Jacques Rousseau und Immanuel Kant zugrunde gelegt.[13] Seit der ersten Republikanisierungswelle und den Auseinandersetzungen um die Frage Monarchie oder Republik im Zusammenhang mit der Französischen Revolution trat neben die klassische Dreiteilung vermehrt die Zweiteilung in Monarchie und Republik; im Verlauf des 19. Jahrhunderts löste sie die Dreiteilung schließlich ganz ab. Geprägt wurde die Monarchie-Republik-Dichotomie vor allem von Staatsrechtslehrern wie Edmund Bernatzik (1854-1919) oder Georg Jellinek (1851-1911).

Mit der zweiten Republikanisierungswelle um 1918 und der Parlamentarisierung der meisten europäischen Monarchien geriet diese Monarchie-Republik-Unterscheidung in eine Krise. Monarchie war kaum noch wörtlich als Ein- oder Alleinherrschaft zu verstehen, denn einerseits waren parlamentarische Monarchien wie Belgien, Großbritannien oder Norwegen nicht mehr Monarchien in dem Sinne, dass hier ein Einzelner herrschte und andererseits wurde durch Diktatoren wie Salazar in Portugal, Pilsudski in Polen oder Stalin in der Sowjetunion deutlich, dass Alleinherrschaft auch in Republiken möglich war. Die politische Wirklichkeit stimmte nicht mehr mit der überkommenen Begrifflichkeit überein und man empfand zunehmend, dass die Monarchie-Republik-Unterscheidung – wie es Rudolf Kjellén bereits 1915 formulierte – „hinsichtlich des wirklichen Lebens und Wesens des Staates wenig zu sagen hat".[14] Sie wurde daher nach 1918 aufgegeben.

An ihre Stelle ist seither vor allem die Grundunterscheidung von Demokratie und Diktatur getreten. Diese Dichotomie wurde in verschiedenen Variationen unter anderem von Hans Kelsen

---

Eckhard Jesse herausgegebene Band *Staatsformen*, der mittlerweile in zweiter Auflage vorliegt. Vgl. Gallus/Jesse 2007.

13 Teilweise wurde dabei die Dreiteilung auch weiter in drei gute und drei entartet Formen differenziert, wie bei Platon, Aristoteles, Thomas von Aquin, Marsilius von Padua oder Kant. Vgl. Friske 2007: 12f.

14 Kjellén 1915: 428.

(1925), Ernst Fraenkel (1970) und Adam Przeworski (2000) ausformuliert.[15] Sie ist allerdings nicht ohne Konkurrenz. Auch Triade Demokratie-Autokratie-Totalitarismus war lange bedeutsam.[16] Daneben gibt es eine fast unübersehbare Vielzahl weiterer Typologien und Subtypologien, die die Staaten unter ganz unterschiedlichen Gesichtspunkten klassifizieren. Die Staaten werden beispielsweise danach eingeteilt, ob ihre Wirtschaftsverfassung markt- oder planwirtschaftlich organisiert ist oder ob sie Bundes- oder Einheitsstaaten sind. Ein Modell interessiert sich für den politischen Willensbildungsprozess, wie es die Unterscheidung von Konkurrenz- und Konkordanzdemokratie tut, ein anderes hat primär das Verhältnis von Exekutive und Legislative im Auge, wie es bei der Unterscheidung von parlamentarischen und präsidentiellen Systemen der Fall ist. Weitere Typologien befragen den Staat danach, ob es sich um einen Polizei- oder um einen Rechtsstaat handelt oder ob Parlaments-, Volks- oder Verfassungssouveränität herrscht.[17] Herbert Krüger hat gar vorgeschlagen, die Staaten nach ihrer „Gestimmtheit", etwa nach „Wachsamkeit", „Optimismus" oder „Relativismus", zu gruppieren.[18] Dieser Vielfalt an Einteilungsmodellen könnte die brach liegende Monarchie-Republik-Dichotomie eine weitere, ganz eigene Perspektive hinzufügen.

---

15 Viele Autoren legen die Demokratie-Diktatur-Unterscheidung zugrunde, wenn auch nicht immer unter dieser Bezeichnung. Hans Kelsen (1925), Hermann Heller (1934) und Otto Heinrich von der Gablentz (1965) sprechen von „Demokratie" und „Autokratie", Günter Dürig (1956) differenziert „Demokratie" und „Monokratie" und Karl Loewenstein (1957) sowie Theo Stammen (1972) unterscheiden „Konstitutionalismus" und „Autokratie". Ernst Fraenkel (1970), Otto Brunner (1979) und Adam Przeworski (2000) wählen die alltagssprachlich geläufige Terminologie „Demokratie" und „Diktatur". Vgl. Friske 2007: 16ff.

16 Vgl. den Beitrag von Arno Waschkuhn in diesem Band und Friske 2007: 18.

17 Zur letztgenannten Unterscheidung vgl. Abromeit 1995.

18 Vgl. Krüger 1964: 233ff. Unter Gestimmtheit versteht Krüger eine Art dauerhafter Seelenzustand des Landes.

Monarchie-Republik-Unterscheidung heute

Diese Unterscheidung mag heutzutage sicher kaum Erkenntnisse hinsichtlich der Machtverteilung in einem politischen System erbringen. In einer Monarchie kann sowohl demokratisch (wie z.B. in der parlamentarischen Monarchie Schweden), als auch autoritär (wie z.B. in der absoluten Monarchie Saudi-Arabien) regiert werden – und das gleiche gilt für Republiken, denkt man an Beispiele wie Deutschland oder Frankreich einerseits und Nordkorea oder Libyen andererseits. Der Unterschied zwischen Monarchie und Republik liegt nicht in einer bestimmten Regierungsweise, sondern primär in der Ausgestaltung des Amtes des Staatsoberhauptes. Während man es im einen Fall in der Regel mit einem Präsidenten zu tun hat, handelt es sich im anderen um einen Monarchen, der sich meist durch erbliche Legitimation und eine lebenslange Amtszeit auszeichnet.[19] Definiert man den Unterschied beider Staatsformen über das Staatsoberhaupt, erscheint die Monarchie-Republik-Dichotomie besonders dazu geeignet, Erkenntnisse zu diesem Staatsorgan und seinen Funktionen für das politische System zu gewinnen. Die Rolle des Monarchen – dies zeigen die Länderbeiträge dieses Bandes – ist in den einzelnen Monarchien durchaus verschieden. Generell fällt allerdings eine im Vergleich zum Präsidenten vielfach größere symbolische Wirkkraft des Monarchen auf. Oft kommt ihm eine integrierende Funktion zu, in dem er den Zusammenhalt von Volksgruppen (siehe Belgien) oder polarisierter Parteilager (siehe Norwegen) stärken soll. Monarchen haben teilweise auch eine stabilisierende Funktion, wie der spanische König in den Jahren nach Franco oder der thailändische König, der seinem Land seit sechs Jahrzehnten vorsteht und bisher 17 Verfassungen, 25 Regierungschefs und 18 Putsche als ruhender Pol des politischen Systems überdauert hat. Vielfach wirkt ein Monarch zudem identitätsstiftend und bildet eine zentrale Projektionsfläche des Nationalstolzes, wie z.B. in

19 Eine Monarchie kann insofern als Staatsform beschrieben werden, in der das Staatsoberhaupt auf Lebenszeit im Amt ist und durch Erbfolge oder aufgrund monarchischer Wahl durch ein exklusives Kollegium dorthin gelangt. Abweichungen von der lebenslangen Amtszeit sind in Malaysia und den Vereinigten Arabischen Emiraten zu verzeichnen (vgl. die Beiträge zu diesen Ländern in diesem Band).

Monaco oder Liechtenstein. Auch Aufgaben im religiös-kirchlichen Bereich wie in Großbritannien, Saudi-Arabien oder dem Vatikan sind für Staatsoberhäupter in Monarchien nicht untypisch.

Es soll hier nicht vorgeschlagen werden, in der Monarchie-Republik-Dichotomie die einzig gültige, alles erklärende Typologie zu erblicken. Aber sie kann *eine*, sinnvolle Erkenntnisse zulassende Unterscheidung sein, die vor allem Einsichten zur Rolle des Staatsoberhauptes im politischen System gewährt. Die Monarchie-Republik-Dichotomie fügt so der bestehenden Vielfalt an Einteilungsmodellen im Instrumentenkasten der Vergleichenden Politikwissenschaft ein weiteres hinzu. Diese Vielfalt erlaubt den Blick auf ganz unterschiedliche Aspekte des politischen Systems und kann zu einem umfassenden, kategorisierenden Verständnis eines Staates beitragen. Legt man verschiedene Einteilungsmodelle an, kann z.B. Großbritannien als demokratisch (nicht diktatorisch), parlamentarisch (nicht präsidentiell), rechtsstaatlich (nicht polizeistaatlich), konkurrenzdemokratisch (nicht konkordanzdemokratisch) und mehrheitsdemokratisch (nicht konsensusdemokratisch) charakterisiert werden. Sein System ist liberal (nicht totalitär), repräsentativ-demokratisch (nicht direktdemokratisch), parteiendemokratisch (nicht honoratiorendemokratisch) und marktwirtschaftlich (nicht planwirtschaftlich). Es besteht ein Zweiparteiensystem (kein Mehrparteiensystem) und Parlamentssouveränität (nicht Volks- oder Verfassungssouveränität). Darüber hinaus ist Großbritannien ein Flächenstaat (kein Klein- oder Stadtstaat), ein Industrieland (kein Entwicklungs- oder Schwellenland), eine funktionierende (keine defekte) Demokratie – und eben eine Monarchie (und keine Republik). In der Zusammenschau all dieser sich ergänzenden Perspektiven entsteht ein aussagekräftiges, mehrdimensionales Bild, das der Komplexität politischer Systeme gerecht wird. Man kann es mit dem Betrachten einer Statue vergleichen: Blickt man die Statue nur von einem Standpunkt aus an, bleibt der größte Teil der Statue verborgen und sie wirkt eindimensional. Ist es dagegen möglich, aus unterschiedlichen Perspektiven die Staue zu betrachten, wird sie plastisch und man kann sie in ihren unterschiedlichen Facetten wahrnehmen. Auch das Bild eines politischen Systems wird umso plastischer und facettenreicher, je mehr Betrachtungsperspektiven zur Verfügung stehen. Eine dieser Perspektiven kann die Monarchie-Republik-Unterscheidung sein. Die Politikwissenschaft als analytische und komparatistische Wissenschaft sollte nicht auf sie verzichten.

Literatur

Abromeit, Heidrun 1995: Volkssouveränität, Parlamentssouveränität, Verfassungssouveränität: Drei Realmodelle der Legitimation staatlichen Handelns, in: Politische Vierteljahresschrift, 36. Jg., 49-66.

Friske, Tobias 2007: Staatsform Monarchie. Was unterscheidet eine Monarchie heute noch von einer Republik?, einsehbar unter: http://www.freidok.uni-freiburg.de/volltexte/3325 (Stand: 1.4.2008).

Gallus, Alexander/Jesse, Eckhard (Hrsg.) 2007: Staatsformen. Von der Antike bis zur Gegenwart, 2. Auflage, Bonn.

Häberle, Peter 1994: Monarchische Strukturen und Funktionen in europäischen Verfassungsstaaten – eine vergleichende Textstufenanalyse, in: Johannes Hengstschläger/Heribert Franz Köck/Karl Korinek u.a. (Hrsg.), Für Staat und Recht. Festschrift für Herbert Schambeck, Berlin, 683-699.

Huntington, Samuel P. 1991: The Third Wave. Democratization in the Late Twentieth Century, Norman/London.

Kjellén, Rudolf 1915: Versuch eines natürlichen Systems der Staatsformen, in: Zeitschrift für Politik, Bd. VIII, 427-451.

Krüger, Herbert 1964: Über die Unterscheidung der Staatstypen nach ihrer Gestimmtheit, in: Karl Carstens/Hans Peters (Hrsg.), Festschrift Hermann Jahrreiß, Köln/Berlin/Bonn/München, 233-246.

Loewenstein, Karl 1952: Die Monarchie im modernen Staat, Frankfurt a. M.

Machiavelli, Niccolò 1957: Il Principe. A cura di Giuseppe Lisio. Nuova presentazione di Fredi Chiappelli, Firenze.

Stahl, Friedrich Julius 1845: Das Monarchische Princip. Eine staatsrechtlich-politische Abhandlung, Heidelberg.

II. LÄNDERBEITRÄGE

Bahrain

Tobias Friske

Der Inselstaat Bahrain ist mit einer Fläche von rund 700 km^2 und etwa 700.000 Einwohnern die kleinste der sieben Monarchien des Nahen Ostens (Bahrain, Jordanien, Katar, Kuwait, Oman, Saudi-Arabien und Vereinigte Arabische Emirate).[1] Gleichzeitig ist Bahrain unter den Golfstaaten die Monarchie, die in den letzten Jahren neben Katar die umfassendsten politischen Reformen hin zu mehr Partizipation vollzogen hat. Das Land, das bis Ende des 20. Jahrhunderts als absolute Monarchie geführt wurde, hat sich mittlerweile zu einer konstitutionellen Monarchie mit Verfassung, Parlament und freien Wahlen entwickelt.

Zur Wirtschafts- und Sozialstruktur des Landes

Die politischen Reformen hängen auch mit den im regionalen Vergleich geringen Ölvorkommen des Landes zusammen. Die Reserven sind weitgehend aufgebraucht. Die Herrscher können daher ihre Legitimation nicht mehr allein auf die Verteilung der Ölgelder stützen und sehen sich gezwungen, sie stattdessen durch dosierte Partizipationsmöglichkeiten zu festigen.[2] Die Ölförderung war seit den 1930er Jahren, als sie die Perlenfischerei als wichtigste Einnahmequelle ablöste, Bahrains Leitindustrie. Aufgrund der relativ geringen Vorkommen begann man allerdings schon sehr früh auch andere Wirtschaftszweige zu fördern. Neben einer bedeutenden Aluminiumindustrie dominiert heute das Banken-

1 Zu Fläche und Einwohnerzahl der Länder vgl. Tabelle 3 im Anhang dieses Bandes.

2 Vgl. Niethammer 2005: 14. Katja Niethammer, die in ihrer Dissertation den Reformprozess in Bahrain analysiert, hat in den letzten Jahren das ansonsten recht magere politikwissenschaftliche Schrifttum zu Bahrain durch eine Reihe von instruktiven Publikationen erweitert.

und Versicherungswesen. Bahrain kann seit den 1980er Jahren als das Finanzzentrum der Golfregion gelten. Daneben boomt die Tourismusbranche, die nicht zuletzt aufgrund der relativen Liberalität Bahrains in Sachen Sittenstrenge und Alkoholkonsum auch Wochenendtouristen aus Saudi-Arabien anzieht, die über eine 25 km lange Brücke auf die Insel Bahrain gelangen. Eine weitere Brücke ins prosperierende Katar ist geplant. Mit Saudi-Arabien, Katar sowie Kuwait, Oman und den Vereinigten Arabischen Emiraten verbindet Bahrain seit 1. Januar 2008 zudem ein gemeinsamer Markt, der bis 2010 zu einer Währungsunion ausgebaut werden soll. Bahrains florierende, vergleichsweise diversifizierte Wirtschaft scheint für diese Union und die Zeit nach dem Öl gerüstet.[3]

Der wirtschaftliche Reichtum Bahrains ist allerdings sehr ungleich verteilt. Gerade unter der Landbevölkerung herrscht verbreitet Armut und die landesweite Arbeitslosigkeit liegt bei über 15 Prozent. Ein Grund dafür ist, dass viele Arbeiten von einem Heer billiger Gastarbeiter aus Indien und Südostasien erledigt werden; Ausländer machen rund ein Drittel der Gesamtbevölkerung aus. Soziale Unterschiede entstehen zudem durch eine divergierende Schulbildung: Auf der einen Seite stehen die Bahrainer, die an den lokalen Staatsschulen ausgebildet werden, auf der anderen diejenigen, die private, vielfach angloamerikanisch geprägte Schulen besuchen und später häufig auch ihr Studium in Großbritannien oder den USA absolvieren.[4]

Neben den Gegensätzen zwischen Arm und Reich, Stadt und Land, Inländern und Ausländern sowie staatlich-traditionell und privat-anglophon ausgebildeten Bahrainern ist das konfessionelle cleavage zwischen schiitischer und sunnitischer Bevölkerung prägend. Die Schiiten stellen mit rund 70 Prozent zwar die Bevölkerungsmehrheit, die sunnitische Minderheit, der auch die Herrscherfamilie der Al Khalifa angehört, nimmt jedoch traditionell die politisch bedeutsamen Positionen ein.

---

3 Wichtige Einkünfte bezieht Bahrain im Übrigen aus dem Erdgas, dessen Vorräte noch bis Mitte des Jahrhunderts reichen sollen. Zur Wirtschaftsstruktur vgl. Schliephake 1994: 68ff. sowie ausführlich Scholz/Zimmermann 1999.

4 Vgl. Niethammer 2007: 54ff.

Die Diskrepanz zwischen der großen Zahl und dem geringen politischen Einfluss der Schiiten ist historischer Natur: Von Alters her ist die bahrainische Bevölkerung schiitisch, jedoch wurde das Land 1783 von der sunnitischen Sippe Al Khalifa in Besitz genommen. Die aus Innerarabien kommenden Al Khalifa, die bis heute regieren, übernahmen die Macht und stellten fortan zusammen mit befreundeten sunnitischen Stämmen die Verwaltungselite.

Vor der Zeit der Al Khalifa waren die Geschicke des Landes, abgesehen von Phasen der Selbständigkeit und einer portugiesischen Kolonialperiode 1521 bis 1602, lange von den Persern bestimmt worden.[5] Im 19. Jahrhundert verstärkte sich dann der britische Einfluss. 1820 schlossen die Al Khalifa einen Vertrag mit der *British East India Company*, die bemüht war, ihre Handelsverbindungen vor Piraterie zu schützen. Weitere britisch-bahrainische Verträge folgten (1856, 1861, 1880 und 1892) und machten das Land schrittweise zu einem britischen Protektorat. Einerseits schränkte dies die Macht der Al Khalifa ein, andererseits stand ihre Herrschaft nun unter dem Schutz des Empire. Entsprechend ihrer Politik der *indirect rule* ließen die Briten die Al Khalifa im Amt, auch wenn sie mittelbar über einen Politischen Agenten die Zügel in der Hand behielten und nach dem Ersten Weltkrieg die Rechts- und Verwaltungsstruktur nach britischem Muster umgestalteten.

Trotz einiger Proteste in der Bevölkerung blieb Großbritannien auch nach dem Zweiten Weltkrieg in Bahrain präsent. Als London 1968 schließlich die Absicht äußerte, sich „östlich von Suez" zurückziehen zu wollen, begannen Beratungen zur Bildung einer Golfstaaten-Föderation, an denen auch Bahrain teilnahm. Scheich Isa II. beschloss jedoch letztlich, sich den späteren Vereinigten Arabischen Emiraten nicht anzuschließen und stattdessen – in Abstimmung mit den Briten – am 14. August 1971 die Unabhän-

5 Zurückverfolgen lässt sich die bahrainische Geschichte dank tausender Grabhügel und früher schriftlicher Erwähnungen bis in vorchristliche Zeit, als auf der Insel Bahrain eine sesshafte Bauern- und Händlerkultur mit weitläufigen Handelsbeziehungen bestand. Zur Geschichte Bahrains vgl. Ebert 1995: 135ff.; Schliephake 1994: 64.

gigkeit seines Landes zu erklären. Ansprüche des Iran auf Bahrain, die damals mit Blick auf die persische Vergangenheit und die schiitische Bevölkerungsmehrheit Bahrains erhoben wurden, wies die UNO ab.

Nach der Unabhängigkeit ließ Isa II. zunächst eine Verfassung erarbeiten und ein Parlament wählen, doch schon 1975 suspendierte er beides wieder und regierte fortan autokratisch. Forderungen nach Wiederherstellung der Verfassung wurden seither kontinuierlich erhoben und verstummten auch nicht nach der Errichtung eines (machtlosen) Konsultativrates als Ersatzparlament im Jahr 1992. Im Gegenteil: Mitte der 1990er Jahre verstärkte sich die Opposition zu einer „bahrainischen Intifada". Forderungen nach demokratischen Reformen und die Frustration benachteiligter schiitischer junger Männer gipfelten in Kundgebungen und teilweise gewalttätigen Protesten. Isa II. ließ die Demonstrationen unter Verübung massiver Menschenrechtsverletzungen niederschlagen. Es kam zu Toten und Hunderten von Verhaftungen.[6]

Die Situation änderte sich grundlegend erst, als Isa II. 1999 starb und sein Sohn Hamad II. ihm auf den Thron folgte.[7] Der neue Emir sprach im Jahr 2000 eine Generalamnestie für politische Häftlinge aus, setzte 2001 ein Referendum über die Pläne einer zukünftigen Verfassung an (bei dem eine Zustimmung von 98,4 Prozent erzielt wurde) und hob 2002 die Restriktionen für politische Gruppierungen und Gewerkschaften auf. Den Höhepunkt der Reformen markierte die Verkündung einer neuen Verfassung am 14. Februar 2002. Der Emir selbst erhob sich darin zum König und sein Land damit vom Emirat zum Königreich.

Der Monarch im politischen System des Königreiches Bahrain

Dass die Reformen erst mit dem Thronwechsel 1999 möglich wurden zeigt, wie abhängig die Politik in einer Monarchie wie Bahrain vom Akteur des Monarchen ist. König Hamad II., der unter anderem in Cambridge und – wie viele Monarchen – an der

---

6 Vgl. Mattes 2000: 73; Niethammer 2007: 49.

7 Gemäß Art. 1 b) der Verfassung gilt in Bahrain eine rein männliche Primogenitur-Erbfolge, wie sie bereits 1898 von Isa I. festgeschrieben worden war. Vgl. Mattes 2000: 71f.; Herb 1999: 132f.

britischen Militärakademie Sandhurst ausgebildet wurde,[8] ist ein reformerisch orientierter Herrscher. Trotz seiner westlichen Ausbildung und seiner vergleichsweise liberalen Haltung fehlt es ihm jedoch nicht an Machtbewusstsein. Er ist – um es in europäischen Kategorien zu formulieren – ein aufgeklärt-absolutistischer Monarch, der das Land von oben, aus eigener Machtvollkommenheit, reformieren will. Auch nach der neuen, vom König oktroyierten Verfassung steht der Monarch im Zentrum des politischen Systems. Der König kann Gesetze und Verfassungsänderungen vorschlagen, Referenden anordnen, die Kabinettssitzungen leiten, den Oberbefehl führen, das Parlament auflösen und vor allem seine Minister nach Belieben ernennen und entlassen.[9] Das heißt, das Regierungssystem ist nicht parlamentarisiert. Minister können vom Parlament allenfalls mit Zweidrittelmehrheit abberufen werden; trifft ein Misstrauensvotum den Premierminister, entscheidet der König, ob er ihn tatsächlich entlässt oder das Unterhaus auflöst.[10] Der amtierende Premierminister Scheich Khalifa Ibn Salman Al Khalifa bekleidet dieses Amt seit der Unabhängigkeit (1971) und stand zuvor bereits seit 1959 dem „Verwaltungsrat" (der damaligen Quasi-Regierung) vor. Er hatte insbesondere in den letzten Jahren der Regentschaft Isas II. bis 1999 großen Einfluss auf die Politik und gehört, wie bisher fast alle Regierungsmitglieder, der herrschenden, etwa 2.500 bis 3.000 Personen[11] umfassenden Familie der Al Khalifa an. In Bahrain ist die Vergabe von Regierungsämtern an Familienmitglieder, ebenso wie in Saudi-Arabien und anderen arabischen Monarchien, ein wichtiges Instrument der Herrschaftssicherung.[12] Inzwischen ist allerdings eine gewisse Öffnung eingetreten. So bekleidet mittlerweile sogar erstmals ein Schiit das Amt des stellvertretenden Premierministers. Seit 2005 gehören dem Kabinett auch zwei Frauen an.[13]

8 In Sandhurst wurden auch die amtierenden Monarchen von Abu Dhabi, Brunei, Jordanien, Katar, Liechtenstein, Luxemburg, Oman, Swasiland und Tonga sowie die britischen Prinzen William, Harry und Edward ausgebildet.

9 Zu den Kompetenzen des Königs vgl. Art. 33ff. der Verfassung.

10 Vgl. Art. 66 und 67 der Verfassung.

11 Zahl nach Mattes 2000: 72.

12 Vgl. hierzu ausführlich Herb 1999.

13 Vgl. Bahrain, in: Der Fischer Weltalmanach 2008: 71.

Schaubild: Das Regierungssystem Bahrains[14]

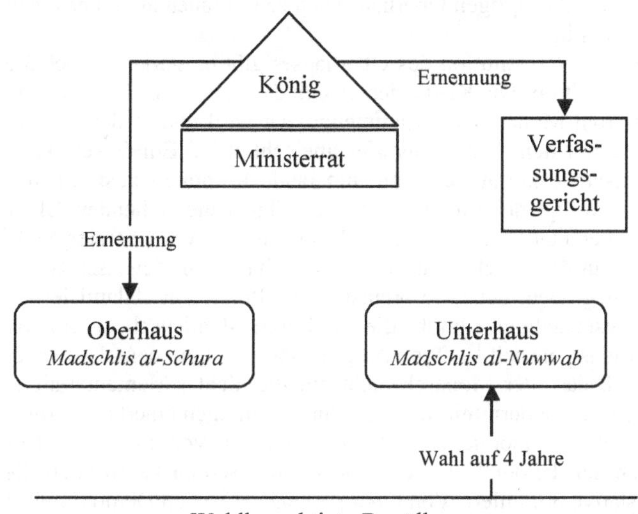

Neben der Errichtung eines Verfassungsgerichts ist die wichtigste institutionelle Neuerung der Verfassung von 2002 die Einführung eines Zweikammernparlaments, bestehend aus einem gewählten Unterhaus (*Madschlis al-Nuwwab*) und dem bereits 1992 geschaffenen Konsultativrat (*Madschlis al-Schura*) als Oberhaus. Das per Mehrheitswahl auf vier Jahre gewählte Unterhaus umfasst 40 Abgeordnete. Die größte Fraktion bildet die schiitische Gruppe der *Wifak*, die die ersten Wahlen im Jahr 2002 aus Protest gegen die oktroyiert zustande gekommene Verfassung noch boykottiert hatte. Bei den letzten Wahlen im Jahr 2006 errang sie 17 Sitze. Gleichzeitig konnte erstmals eine Frau ins Unterhaus einziehen. Bei der Rechtsstellung der Frau bestehen nach wie vor Defizite, gleichwohl hat sich ihre Situation – nicht zuletzt dank des Engagements der Frau des Königs, Scheicha Sabeeka Al Khalifa, die sich ähnlich der Frau des Emirs von Katar, Scheicha Mozah, für

14 Eigene Darstellung.

Gleichstellung einsetzt – verbessert. So gehören dem vom König ernannten 40-köpfigen Oberhaus auch zehn Frauen an, unter ihnen eine Christin.[15]

Gegen die Institution des Oberhauses gibt es starke Vorbehalte der Opposition. Die Kritik richtet sich dagegen, dass dieses Organ allein vom Monarchen zusammengesetzt wird und in der Gesetzgebung mit dem Unterhaus gleichberechtigt ist. Ein Gesetz kann nur zustande kommen, wenn ihm beide Kammern zustimmen.[16] Damit verfügt der Monarch mit dem ihm nahe stehenden Oberhaus über eine Art „indirektes Vetorecht".[17] Aus liberaler Sicht kann man die Blockademacht des Oberhauses in gewisser Weise sogar begrüßen, denn sie bremst in der Praxis eine Islamisierung der Gesetzgebung durch die schiitisch-islamistisch orientierte Unterhausmehrheit.[18] Trotzdem bleibt es ein demokratischer Mangel, dass der Monarch nicht nur die nicht parlamentarisierte Exekutive, sondern mit dem von ihm abhängigen Oberhaus (sowie dank seines persönlichen Vetorechts, das nur von einer Zweidrittelmehrheit beider Kammern überstimmt werden kann) auch die Legislative dominiert. Von einer parlamentarischen Demokratie ist Bahrain weit entfernt.

Perspektiven der bahrainischen Monarchie

Mitte der 1990er Jahren gingen die oppositionellen Demonstranten so weit, unter anderem „die Abschaffung der Monarchie (des Emirats) und die Begründung einer (islamischen) Republik" zu fordern, so Hanspeter Mattes.[19] Die politischen Reformen der jüngeren Vergangenheit haben diesen Forderungen die Spitze genommen und die Legitimation der Monarchie gestärkt. „Wir zeigen", formuliert ein Mitglied der Al Khalifa-Dynastie stolz, „wie man eine Monarchie modernisieren und gleichzeitig stabili-

---

15 Vgl. Bahrain, in: Der Fischer Weltalmanach 2008: 71 sowie die Angaben des Auswärtigen Amtes unter http://www.auswaertiges-amt.de/diplo/de/Laenderinformationen/Bahrain/Innenpolitik.html (Stand: 1.4.2008).

16 Vgl. Art. 70 der Verfassung.

17 Niethammer 2007: 51.

18 Zu diesem Paradoxon vgl. Niethammer 2005: 14.

19 Mattes 2000: 70.

sieren kann".[20] In der Tat haben die Reformen in beachtlicher Weise die Institutionen des Regierungssystems modernisiert. Auch die Zivilgesellschaft ist im Vergleich mit den Nachbarstaaten äußerst weit entwickelt: Demonstrationen sind mittlerweile nichts außergewöhnliches mehr, die boomende oppositionelle Presse kann unzensiert über lebhafte politische Debatten berichten und die Zahl der zivilgesellschaftlichen Vereinigungen beziffert die Bahrain-Expertin Katja Niethammer auf rund 400.[21] Trotzdem ist Bahrain keine Demokratie. Obgleich Art. 1 d) der Verfassung das Regierungssystem als demokratisch kennzeichnet, bleibt die Regierung von der Mehrheit im Parlament, und damit dem Volkswillen, unabhängig. Sie wird vom Monarchen berufen, der weiterhin die dominierende Instanz im politischen System darstellt. Auch wenn der gegenwärtige Amtinhaber einen liberalen Kurs einschlägt, bleibt abzuwarten, ob Hamad II. so weit gehen wird, eine wirkliche Parlamentarisierung des Systems zuzulassen, denn dies würde an die Existenz der Monarchie rühren: Eine parlamentarisierte Monarchie würde sich letztlich zur Disposition einer (schiitischen) Mehrheit stellen – und ob diese an einer (sunnitischen) Monarchie festhielte, ist fraglich. Insofern – darauf verweist auch Michael Herb – stellt der historisch bedingte, weiter wirksame schiitisch-sunnitische Gegensatz ein strukturelles Hindernis für eine Parlamentarisierung dar.[22] Der Transformationsprozess von einer absoluten zu einer konstitutionellen Monarchie, der sich in den letzten Jahren im kleinen Golfstaat Bahrain vollzogen hat, wird daher vorerst wohl nicht in eine parlamentarische Monarchie einmünden.[23]

Literatur

Bahrain, in: Der Fischer Weltalmanach 2008, Frankfurt a. M. 2007, 71.

---

20 Abdulaziz bin Mubarak Al Khalifa, zitiert nach Niethammer 2005: 14.

21 Vgl. Niethammer 2007: 53.

22 Herb meint: „The sectarian divide in Bahrain makes parliamentarism an especially distant possibility" (Herb 2004: 377).

23 Zur Kategorisierung von absoluter, konstitutioneller und parlamentarischer Monarchie vgl. Friske 2007: 45ff.

Ebert, Matthias 1995: Bahrain. Zur Verfassungsentwicklung des Landes, in: Herbert Baumann/Matthias Ebert (Hrsg.), Die Verfassungen der Mitgliedsländer der Liga der Arabischen Staaten, Berlin, 135-142.

Friske, Tobias 2007: Staatsform Monarchie. Was unterscheidet eine Monarchie heute noch von einer Republik?, einsehbar unter: http://www.freidok.uni-freiburg.de/volltexte/3325 (Stand: 1.4.2008).

Herb, Michael 1999: All in the Family. Absolutism, Revolution, and Democracy in the Middle Eastern Monarchies, Albany.

Herb, Michael 2004: Princes and Parliaments in the Arab World, in: Middle East Journal, Bd. 58, 367-384.

Mattes, Hanspeter 2000: Die Golfstaaten (Bahrain, Kuwait, Oman, Qatar, VAE), in: Sigrid Faath (Hrsg.), Konfliktpotential politischer Nachfolge in den arabischen Staaten, Hamburg, 70-85.

Niethammer, Katja 2005: Das bahrainische Experiment, in: Das Parlament, 8. August 2005, 14.

Niethammer, Katja 2007: Bahrain, in: Walter M. Weiss (Hrsg.), Die arabischen Staaten. Geschichte, Politik, Religion, Gesellschaft, Wirtschaft, Heidelberg, 45-58.

Schliephake, Konrad 1994: Bahrain, in: Udo Steinbach/Rolf Hofmeier/Mathias Schönborn (Hrsg.), Politisches Lexikon Nahost/Nordafrika, 3. Auflage, München, 63-71.

Scholz, Fred/Zimmermann, Jörg 1999: Bahrain – Erdölmangel und Industrieausbau, in: Fred Scholz (Hrsg.), Die kleinen Golfstaaten, 2. Auflage, Gotha/Stuttgart, 83-116.

Internet

Internetseite der Regierung Bahrains: *http://www.bahrain.gov.bh*

Informationen des Auswärtigen Amtes: *http://www.auswaertiges-amt.de/diplo/de/Laenderinformationen/01-Laender/Bahrain.html*

Belgien

Wichard Woyke

Historische Entwicklung

Ein eigenständiger belgischer Staat besteht seit 1831. Belgien wurde als konstitutionelle Monarchie konzipiert, der Verfassungstext ließ jedoch den Weg zu einer weiteren Parlamentarisierung des politischen Systems offen. In wesentlichen Teilen konnte die Verfassung ihrer inneren Struktur nach durchaus als fast republikanisch bezeichnet werden. Der ausgeprägte republikanische Charakter der Verfassung ist zu verstehen als das Bestreben, sich von der autokratischen Herrschaftspraxis des niederländischen Monarchen Wilhelms I. abzusetzen. Die von den Großmächten bei der Schaffung des Staates Belgien garantierte Neutralität wurde von Deutschland im Ersten Weltkrieg verletzt und nach dem Krieg durch die Anlehnung an Großbritannien und Frankreich seitens der belgischen Politik modifiziert. Die Regierungen wurden in wechselnden Koalitionen von Katholiken, Sozialisten und Liberalen gestellt. Ein immer bedeutsamerer Faktor in der belgischen Politik wurde in dieser Zeit der Sprachenkonflikt; die Flamen wandten sich zunehmend gegen zunächst kulturell gesehene Diskriminierung.

Damit waren bereits mit der Staatsgründung jene Spannungen angelegt, die bis heute die politischen, ökonomischen und kulturellen Konflikte zwischen Flamen und Wallonen soweit vorantreiben, dass die Einheit des Staates immer wieder gefährdet ist.[1] Hielt man das Königshaus vor allem seit Baudouin (1951-1993) und Albert II. (seit 1993), die in der Vergangenheit geschickt auf die Repräsentation aller Regionen bedacht waren und ihre Ansprachen auf Französisch, Flämisch und zum Teil Deutsch[2] hielten, für den

1 Als der wallonische Fernsehsender RTBF am Abend des 13. Dezember 2006 sein Programm unterbrach und einen fiktiven Beitrag zur Trennung der Landesteile ausstrahlte, hielten ihn die meisten Zuschauer für echt.

2 Das Gebiet der deutschsprachigen Gemeinschaft um Eupen-Malmedy war in der Folge des Ersten Weltkrieges an Belgien gefallen.

Garant der Einheit Belgiens, diskutierte man in der lange anhaltenden Staatskrise nach den Parlamentswahlen vom Juni 2007 offen den Zerfall des Staates.[3] Sollte es dem König nicht gelingen, seine maßgebliche Rolle bei der Regierungsbildung erfolgreich wahrzunehmen, könnten die Konflikte, die man seit den 1930er Jahren mit der gleichberechtigten Anerkennung von französischer und niederländischer Sprache sowie der Abschaffung der Zweisprachigkeit in Flandern zu regulieren begann und in immer weiterer Föderalisierung fortsetzte, den Staat Belgien endgültig zum Zerfall bringen.

Die belgische Monarchie zeichnet sich durch eine lange Regentschaft ihrer Könige aus. Leopold I. regierte von 1831 bis 1865. Leopold wurde faktisch von den Großmächten eingesetzt, da der vom Nationalkongress zunächst mit großer Mehrheit gewählte Herzog von Nemours, zweitältester Sohn des französischen Königs Louis Philippe, von England abgelehnt wurde. Für England kam ein französischer Prinz auf dem belgischen Königsthron einem Anschluss des Landes an Frankreich gleich.[4] Leopold stammte aus dem Hause Sachsen-Coburg und war damit England genehmer. Sein Nachfolger, Leopold II., sollte der am längsten amtierende belgische König werden und 44 Jahre, von 1865 bis 1909, regieren. Ihm folgte Albert I., von 1909 bis 1934 auf dem belgischen Thron. Dessen Nachfolger, Leopold III., amtierte ab 1934, bis er 1950 zugunsten seines Sohnes Baudouin zurück trat. Sein Verhalten gegenüber der deutschen Besatzermacht, die frühe, von der Regierung nicht autorisierte Kapitulation im Mai 1940, sein Treffen mit Hitler und sein Verbleiben im Lande führten zur Diskussion der Königsfrage, die 1950 mit einem Referendum entschieden wurde. Zwar votierten die Belgier mit 58 Prozent der Stimmen für die Beibehaltung der Monarchie als Staatsform, doch zeigte sich in dieser Frage eine deutliche Diskrepanz zwischen den Landesteilen. Die Wallonen, die mit deutlicher Mehrheit gegen die Rückkehr des Königs stimmten, riefen nach ihrer Niederlage im Referendum den Generalstreik aus. Die Unruhen führten dazu, dass das Kriegsrecht verhängt wurde, die Regierung zurücktrat und der König abdanken musste. Baudouin, der 1951 den Thron

3 Vgl. Schümer 2007: 33.

4 Vgl. Schmitz-Reiners 2006: 75.

bestieg, regierte bis zu seinem überraschendem Tod 1993. Sein Bruder Albert übernahm daraufhin als Albert II. die Krone.

Belgien ist eine Monarchie, die an die männliche Erbfolge des Hauses Coburg gebunden ist. Nach mehr als 175 Jahren spielt die deutsche Herkunft des Königshauses in der Gesellschaft kaum noch eine Rolle. Insbesondere die Leistungen von König Albert I. und sein Verhalten gegenüber den deutschen Besatzern im Ersten Weltkrieg hatten letzte Zweifel beseitigt.

Politisches System und Stellung der Krone

Seit der 1993 in Kraft getretenen vierten Verfassungsreform ist aus dem Einheitsstaat Belgien ein föderaler Staat geworden. Die Entscheidungsbefugnisse sind zwischen dem nationalen Parlament und den regionalen Parlamenten geteilt. Belgien verbindet die Herrschaftsform der Demokratie und die Organisationsform der Monarchie in einer parlamentarischen Monarchie, in der das Prinzip der Gewaltentrennung mit dem der Gewaltenverschränkung verknüpft wird: „Die föderale gesetzgebende Gewalt wird vom König, von der Abgeordnetenkammer und vom Senat gemeinsam ausgeübt" (Art. 36 der Verfassung). Ein weiteres Verfassungsprinzip kommt in der Repräsentation zum Tragen, die wiederum durch Wahlen zur Abgeordnetenkammer zum Ausdruck kommt (Art. 61ff.). Direktdemokratische Verfahren sieht die Verfassung nicht vor. Die Verfassung enthält darüber hinaus einen Grundrechtskatalog, der den Bürgern Freiheitsrechte als Abwehrrechte gegen den Staat garantiert. Die verfassungsmäßige Gewalt des Königs sowie seine Rolle innerhalb der Exekutive sind von der Verfassung genau normiert. So bestimmt Art. 96, dass der König seine Minister ernennt und entlässt, dass die Föderalregierung dem König nach einem erfolgreichen Misstrauensvotum seinen Rücktritt anbietet und der König den im Vertrauensantrag gewählten Nachfolger zum Premierminister ernennt. Die Regierung ist einerseits den beiden Kammern gegenüber verantwortlich und kann andererseits beim König deren Auflösung beantragen.

Die beiden Kammern (Abgeordnetenkammer und Senat), aus denen das Parlament auf Bundesebene besteht, verfügen über unterschiedliche Rechte. „Die Kammern treten von Rechts wegen jedes Jahr am zweiten Dienstag im Oktober zusammen, insofern sie nicht schon zu einem früheren Zeitpunkt vom König einberufen worden sind“ (Art. 70). Trotz der Verlagerung wichtiger politischer Prozesse in die Gesprächsrunden der Parteivorsitzenden (*tables rondes/ronde-tafel-gesprekken*) hat das Parlament weiterhin die Funktion der Kontrolle der Regierung durch das Interpellations-, Enquete- und Fragerecht. Seit der Wahl vom 21. Mai 1995 steht die Abgeordnetenkammer ganz eindeutig im Zentrum des politischen Entscheidungsprozesses auf Bundesebene, da sie zahlreiche Befugnisse ohne die Zustimmung des Senats ausüben kann. So stimmt sie allein ab über Vertrauens- bzw. Misstrauensanträge gegen Regierungsmitglieder, Gesetze über die zivil- und strafrechtliche Verantwortlichkeit der Minister, die Haushaltspläne und Rechnungen des Staates, die Festlegung des Armeekontingentes sowie die Verleihung von Einbürgerungen (Naturalisierungen). Daneben gibt es aber auch Angelegenheiten, für die – aufgrund ihrer Bedeutung – Senat und Kammer gleichberechtigt zuständig sind, wie z.B. Verfassungsrevisionen.[5]

Um die Effizienz der Beratungen zu erhöhen und Kosten einzusparen, wurde die Zahl der Abgeordneten durch die vierte Staatsreform von 212 auf 150 reduziert, sodass nach den Wahlen vom Mai 1995 erstmals eine deutlich verkleinerte Kammer zusammentrat. Die Abgeordneten werden auf vier Jahre gewählt. Meistens wird die Wahlperiode kaum ausgeschöpft, da aus parteipolitischen Zweckmäßigkeitserwägungen das Parlament vorzeitig aufgelöst wird. Die Abgeordneten vertreten die Nation, nicht nur die Wähler ihres Wahlkreises. Auch verfügen sie über ein freies Mandat. Die eigentlichen Entscheidungsakteure, die, wenn sie zu einer Einigung gelangen, das Votum des Parlaments dominieren, sind das Kabinett, die die Regierung tragenden Parteien, das heißt deren Vorstände, sowie die mächtigen Interessengruppen und -verbände. Die Parteien, nicht so sehr die Parlamentsfraktionen, wirken auch

---

5 Weitere Beispiele für gemeinsame Zuständigkeit sind: die Verabschiedung von Sondergesetzen, die Verabschiedung von Gesetzen, die die jeweiligen Zuständigkeiten der föderalen Behörde, der Gemeinschaften und Regionen festlegen und die Vorbeugung und Beilegung von Konflikten zwischen diesen Gliedstaaten zum Ziele haben, die Gesetze zur Gewährleistung internationaler Verpflichtungen sowie das Vorschlagsrecht für Kandidaten zum Schiedshof und Staatsrat.

auf den Meinungsbildungsprozess im Kabinett ein. Angesichts dieser Machtkonstellation, in der das Parlament zwischen den mächtigen Akteuren Kabinett einerseits und Parteien andererseits sowie drittens den auf diese beiden Akteure einwirkenden Interessengruppen steht, verwundert es nicht, dass die Bedeutung des im engeren Sinne parlamentarischen Prozesses in Belgien nicht sehr hoch eingeschätzt wird. Die Durchdringung des politischen Systems von Parteien ist in Belgien noch stärker als in Deutschland ausgeprägt. Die Folge ist eine Aushöhlung der ausführenden Regierungsgewalt und ihrer Verwaltung durch die Parteien. Die eigentliche politische Kontrolle erfolgt nicht so sehr im Parlament, als vielmehr durch die Parteien, deren Vorsitzende bewusst nicht Mitglieder der Regierung werden, um aus einer unabhängigeren Position heraus besser wirken zu können.

Die Fraktionen[6] bilden die einzige organisatorische Klammer der flämischen und wallonischen Parteien hinsichtlich einer nationalen Repräsentation. Nach den Parlamentswahlen von 2007 scheint auch diese Klammer zu versagen: Es gelang dem Wahlsieger und dem vom König mit der Regierungsbildung beauftragten flämischen Christdemokraten Yves Leterme nicht, die flämischen und wallonischen Teile der Christdemokraten und Liberalen zu einer Koalition zu verbinden. Die Regierungsbildung scheiterte im Dezember 2007 an den Fragen der Staatsreform. In diesen Monaten der Krise lag die politische Entscheidungsmacht beim König.

Rolle der Krone

Der König ist nicht nur der Repräsentant des Staates nach außen, der internationale Verträge und Abkommen unterzeichnet und Oberbefehlshaber der Streitkräfte. Innenpolitisch hat er die wichtige Funktion der Ernennung des Premierministers und nimmt somit besonders in Krisensituationen wichtige politische Aufgaben wahr. Er ist in der Wahl des für die Regierungsbildung notwendigen

---

6 In der 2007 gewählten Kammer sind die Sitze auf folgende Parteien verteilt: 30 für *Christen-Democratisch en Vlaams* (*CD&V*), 14 für *Socialistische Partij Anders* (*SPA-Spirit*), 20 für *Parti Socialiste*, 18 für *Vlaamse Liberalen Democraten* (*VLD*), 23 für *Mouvement Réformateur* (*MR*), zehn für *Centre Democrate Humaniste (CFH)*, vier für *Ecologistes Confédérés* (*Ecolo*) und 17 für *Vlaams Belang (VB)*.

informateurs, der unter den infrage kommenden Wahlgewinnern Sondierungen für einen möglichen Koalitionsführer vornimmt, bzw. des *formateurs*, der die Koalitionsgespräche führt und in der Regel dann die Regierung bildet, relativ frei und kann damit politische Weichen stellen. So hat König Albert II. nach den Parlamentswahlen im Juni 2007 Leterme bereits zweimal mit der Regierungsbildung beauftragt. Nach dessen Scheitern bat er den Wahlverlierer und noch amtierenden Premierminister Guy Verhofstadt in der schweren politischen Krise zum Gespräch und beauftragte ihn, eine Übergangsregierung zu bilden.[7] In dieser Zeit eines von Legislative und Exekutive verursachten Machtvakuums ist es der König, der eine gewisse Reservefunktion staatlicher Ordnungsmacht darstellt.[8]

Nach der Verfassung ist der belgische König als Staatsoberhaupt unverletzlich, verantwortlich sind seine Minister (Art. 88). Kein Befehl des Königs kann die Minister von ihrer Verantwortung entbinden (Art 102). Dennoch bildet er zusammen mit der Regierung die Exekutive. Er ist in seinen Handlungen an die Gegenzeichnung der Minister gebunden (Art. 106), die er seinerseits ernennt und entlässt (Art. 96). Formal steht ihm das Recht zur Auflösung von Abgeordnetenkammer und Senat zu, jedoch wurde im Zuge der Parlamentarisierung dieses Recht von der Gegenzeichnung des Premierministers abhängig gemacht.

Durch die Anfang der 1990er Jahre mit der Staatsreform verbundene Föderalisierung Belgiens hat der König als oberster Repräsentant des Gesamtstaates eine Schwächung erfahren. Die Gliedstaaten entziehen sich seiner Obhut. Deren Minister werden

---

7 Die Zeitung *Le Soir* druckte daraufhin auf der Titelseite eine Karikatur, die Verhofstadt hinter einem Schlossfenster, vom König bedrängt, zeigt und lässt den König sagen „Nehmen Sie sich doch ein Zimmer im Schloss. Ich habe nur noch Sie". Zitiert nach Bolesch 2007: 10.

8 Der belgische Rechtswissenschaftler Marc Uyttendaele macht andererseits darauf aufmerksam, dass die Staatskrise der Position des Monarchen auch schaden könnte. Uyttendael, der Albert II. als „première victime collatérale" der Krise sieht, argumentiert, dass die einzige wirkliche politische Funktion des Monarchen die des Schiedsrichters im Krisenfall sei. Umso mehr könne es seine Existenzberechtigung infrage stellen, wenn er nicht in der Lage ist, nun diese ihm verbliebene Reservefunktion effektiv auszuüben. Vgl. Uyttendael 2007.

nicht mehr vom König ernannt, wohl aber die Ministerpräsidenten. Auch die neu in die Verfassung aufgenommene Bestimmung eines konstruktiven Misstrauensvotums relativiert die politische Rolle des Königs. Der alte Art. 65 beschränkte sich auf den Satz: „Der König ernennt und entlässt seine Minister." Der neue Art. 96 schränkt nun die Möglichkeit des Königs ein, seine Minister zu ernennen und zu entlassen. „Nicht nur, dass die Zahl der Minister auf höchstens fünfzehn begrenzt wird, sondern vor allem kann der König im Falle eines konstruktiven Misstrauensvotums nicht mehr den Premierminister wählen. Bei einem konstruktiven Misstrauensvotum wird dem König ein Nachfolger für den Premierminister vorgeschlagen, den er auch zum Regierungschef ernennt. Nur in Ermangelung eines Nachfolgers darf der König die Kammern auflösen", so die ostbelgische, deutschsprachige Zeitung „Grenz-Echo" am 13. März 1993 in ihrer Sonderbeilage zur Staatsreform von 1993.

Der belgische Staat stellt dem König jährliche Bezüge, die so genannte Zivilliste, zur Verfügung, damit er seine königlichen Funktionen in vollkommener materieller Unabhängigkeit ausüben kann. Diese Ausgaben umfassen vor allem Personalkosten (Gehälter, Beihilfen, Vergütungen und Sozialabgaben), die zwei Drittel des zur Verfügung gestellten Betrags ausmachen. Bei den unmittelbaren Ausgaben handelt es sich vor allem um Verwaltungs-, Instandhaltungs- und Heizungskosten der Wohngebäude und des Mobiliars, um Kosten des Fahrzeugparks sowie der persönlichen Repräsentationsausgaben des Königs und der Königin. König Albert II. erhält laut Gesetz vom 6. November 1993 jährlich 6.048.602 Euro, wobei eine Erhöhung entsprechend der Veränderung des Verbraucherindexes vorgenommen wird. Königin Fabiola, die Witwe Baudouins I., erhält jährlich 1,1 Millionen Euro. Kronprinz Philippe bekommt 788.301 Euro, Prinz Laurent und seine Schwester Prinzessin Astrid erhalten jeweils 272.682 Euro.

König Baudouin I. hatte während seiner gesamten Regentschaft (1951-1993) eine politisch zurückhaltende Rolle gespielt, was wohl mit der Königskrise nach dem Zweiten Weltkrieg zusammenhing.[9] Nur einmal hat Baudouin I. politisch äußerst spektakulär gehandelt, als er sich bei der Verabschiedung des Schwanger-

9 Vgl. Mabille 1986: 309ff.

schaftsabbruchgesetzes 1990 für zwei Tage regierungsunfähig erklärte und der Premierminister an seiner Stelle das Gesetz unterzeichnete.[10] Baudouin I. hat während seiner über 40-jährigen Regentschaft in großem Maße zur Stabilisierung der Monarchie beigetragen. Wenn auch die Monarchie in Belgien nicht allzu stark verwurzelt ist, konnte das Ausland anlässlich des überraschenden Todes von Baudouin im Sommer 1993 doch die Trauer der Flamen und Wallonen über den großen Verlust des die Klammer für die Belgier bildenden Monarchen eindrucksvoll beobachten. Baudouins Nachfolger Albert II. wird nicht nur an den Leistungen Baudouins gemessen, sondern muss auch mit begrenzen Rechten die Einheit Belgiens erhalten. Beim Neujahrsempfang 2006 verschärfte Albert II. mit seiner Rede ungewollt den Konflikt zwischen Flamen und Wallonen, als er erklärte, dass eine Spaltung Belgiens entlang der Sprachengrenze sowohl für die wohlhabenderen Flamen als auch für die ärmeren Wallonen nachteilige Folgen hätte. In Flandern wurde diese Warnung als Versuch gewertet, den Zentralismus zu stärken und den Föderalismus zu schwächen. Albert II. wollte allerdings eine Lanze für die weitere Existenz des Föderalstaats Belgien brechen. Trotz aller Probleme für den belgischen Staat ist das Vertrauen der Belgier in die Institution des Königtums ungebrochen. Sollte der belgische Staat allerdings mit der im Sommer 2007 einsetzenden Krise auseinander brechen, so dürfte solch eine Entwicklung für die Krone nachhaltige Folgen haben. Zwei Szenarien werden derzeit diskutiert: Die Monarchie als „Dachorganisation“ über einer selbständigen Wallonie, einem selbständigen Flandern und einem europäischen Brüssel, der amerikanischen Hauptsstadt Washington D.C. ähnlich. Oder aber das Ende der Monarchie.

Literatur

Alen, André 1995: Der Föderalstaat Belgien. Nationalismus, Föderalismus, Demokratie, Baden-Baden.

10 Art. 93 der Verfassung regelt das Verfahren für den Fall, dass „sich der König in der Unmöglichkeit zu herrschen“ befindet.

Balthazar, Herman/Stengers, Jean 1990: La Dynastie et la Culture en Belgique, Antwerpen.

Bolesch, Cornelia 2007: Zurück im belgischen Labyrinth, in: Süddeutsche Zeitung, 5. Dezember 2007, 10.

Craeybeckx, Jan/Witte, Els 1987: La Belgique politique de 1830 à nos jours, Brüssel.

Delwit, Pascal/De Waele, Jean-Michel/Magnette, Paul 1999: Gouverner la Belgique. Clivages et compromis dans une société complexe, Paris.

Deprez, Kas/Vos, Louis (Hrsg.) 1998: Nationalism in Belgium. Shifting identities 1780-1995, London.

De Winter, Lieven/Timmermans, Arco/Dumont, Patrick 1997: Belgien: Über Regierungsabkommen, Evangelisten, Gläubige und Häretiker, in: Wolfgang C. Müller/Kaare Strøm (Hrsg.), Koalitionsregierungen in Westeuropa, Wien, 371-442.

Hecking, Claus 2001: Flamen und Wallonen: Fremde Nachbarn im Hause Belgien? Die gegenseitige Perzeption im Spiegel der Tagespresse, Dissertation, Universität Münster.

Hecking, Claus 2003: Das politische System Belgiens, Opladen.

Lepszy, Norbert/Woyke, Wichard 1985: Belgien, Niederlande, Luxemburg. Politik, Gesellschaft, Wirtschaft, Opladen.

Leton, André (Hrsg.) 2001: La Belgique, un fédéralisme en évolution, Bruxelles.

Mabille, Xavier 1986: Histoire politique de la Belgique, Brüssel.

Schmitz-Reiners, Marion 2006: Belgien für Deutsche. Einblicke in ein unauffälliges Land, Berlin.

Schümer, Dirk 2007: Das Ende von Belgien, in: Frankfurter Allgemeine Zeitung, 14. Dezember 2007, 33.

Uyttendaele, Marc 2007: Albert II, première victime collatérale de l'Orange bleue, in: Le Soir, 12. November 2007, einsehbar unter: http://www.lesoir.be/forum/cartes_blanches/carte-blanche-albert-ii-2007-11-12-560430.shtml (Stand: 1.4.2008).

Internet

Belgische Monarchie: *http://www.monarchie.be*

Regierungsportal: *http://www.belgium.fgov.be*

Föderales Parlament: *http://www.fed-parl.be*

Bhutan

Alexander Thumfart

Das Königreich Bhutan liegt im süd-östlichen Teil des Himalajas und umfasst eine Fläche von 46.500 km^2. Das entspricht knapp der Größe der Schweiz. Im Norden grenzt Bhutan an Tibet (und damit die Volksrepublik China), im Osten und Süden an die indischen Provinzen Arunachal Pradesh bzw. Assam, im Westen Bhutans liegen Sikkim und der nepalesisch geprägte Distrikt von Darjeeling, die als Teile Indiens zugleich eine Verbindung ins anschließende Nepal darstellen. Geomorphologisch, klimatographisch und biomorphologisch ist das Königreich Bhutan ausgesprochen divers. So liegt die südliche Grenze auf kaum mehr als 200 Metern über dem Meer, während sich der bisher noch unbestiegene Gipfel des nur 120 km entfernten Kula Kangri im Norden des Landes auf etwas mehr als 7.500 Meter über Normalnull erhebt. Entsprechend weist das Land auf engem Raum drei bzw. vier zum Teil deutlich getrennte Klima- und Vegetationszonen auf, den tropisch-subtropischen Himalajafuß mit Hartlaubgewächsen und regengrünen Wäldern, den inneren Himalaja mit Bergmischwäldern, alpinen Nadelwäldern und Matten, und schließlich den Hochhimalaja mit seinen Sträuchern, Strauchheiden und ewigem Schnee. Diese Biodiversität stellt einen der größten Schätze des Landes dar und ist der Grund dafür, dass Bhutan auch als das Land der tausend Heilkräuter bezeichnet wird. Etwa 70 Prozent der Gesamtfläche sind bewaldet.

In Bhutans Hauptstadt Thimphu leben derzeit rund 50.000 Einwohner. Die Gesamtbevölkerungszahl des Landes entzog sich lange Zeit einer eindeutigen Erfassung. Das hat neben statistischen und strukturellen Gründen vor allem mit politischen Umständen und einer Politik der Vertreibung zu tun, auf die weiter unten noch näher eingegangen wird. Heute geht man von einer Einwohnerzahl in der Größenordnung von etwa 700.000 aus.

Auch wenn die politische Ebene oftmals (auch beschwörend) von einer kulturellen Identität Bhutans spricht und Bhutan „the last surviving Mahayana Buddhist kingdom in the world“ nennt,[1] ist die bhutanische Monarchie doch nicht weniger multi-ethnisch, multi-religiös und multi-lingual als etwa Nepal. Neben etwa 15 zum Teil deutlich differenten Dialekten existieren in Bhutan (je nach Klassifikation) drei bzw. vier verschiedene Sprachen. Im Osten des Landes wird neben der bisher nicht klassifizierten Sprache Dzalakha von etwa 140.000 Personen überwiegend Tshangla gesprochen, das zur tibeto-birmanischen Sprachfamilie gehört,[2] im Süden ist das Nepalesische verbreitet, im Westen und im Zentrum dominieren mit knapp 200.000 Sprechern Bumthangka und Dzongkha, zwei Abkömmlinge des Tibetischen. Stellten die Sprecher dieser beiden Sprachen, die Ngalong, numerisch zumindest in den 1960er, 70er und 80er Jahren die Minderheit der Bevölkerung, firmiert Dzongkha (Sprache der Burgen) gleichwohl seit 1961 als die Nationalsprache. Als Nationalsprache ist Dzongka nicht nur die Sprache der politischen und zum Teil administrativen Elite und eröffnet damit den Ngalong große Politikgestaltungskompetenz, sondern gibt dem Königreich auch einen eigenen Namen: *Drukyul* (oder *Druk Yul*), Drachenland oder Land des Donnerdrachen.[3]

Subsistenzlandwirtschaft und Viehzucht stellen mit etwa 80 Prozent der Erwerbstätigen die wesentlichen Erwerbszweige dar. Angebaut werden Reis, Mais, Buchweizen, Kartoffeln, Chilis, Obst und Gemüse. In den höheren Regionen dominiert die Viehzucht. Einen stetig wachsenden Zweig der Wirtschaft bildet die Energiegewinnung, vor allem aus der Wasserkraft, deren Anteil am Bruttosozialprodukt in den letzten Jahren deutlich angestiegen ist. Die Erlöse aus dem Energieexport (speziell nach Indien) fließen vor allem in das Bildungssystem (die *Royal University of Bhutan* in Thimphu wurde 2003 eröffnet), das Gesundheitswesen,

1 Planning Commission Royal Government of Bhutan 2002: 51.

2 Siehe Driem 1992.

3 Nicht völlig deckungsgleich mit diesen Sprachgrenzen sind die kulturellen und religiösen Topographien Bhutans. Die Ngalongs in West- und Zentralbhutan sowie die Sharchops in Ostbhutan praktizieren eine in zwei Schulen aufgespaltene tibetische Variante des *Mahayana*-Buddhismus. Die Bewohner des Südens und des Südostens sind zum größten Teil Hindus, aber auch Animisten und Verehrer lokaler Gottheiten mit insgesamt starken schamaistischen Traditionen.

die nachhaltige ökologische Entwicklung, den Ausbau traditioneller Arzneikunde sowie die Erweiterung der Infrastruktur. Ziel der zukünftigen Entwicklung ist es, dass jedes Gesellschaftsmitglied in maximal einem eintägigen Fußmarsch einen Verkehrsweg erreichen kann.

Geschichte des Königreiches bis zur Gründung der Dynastie Wangchuk

Eine an Dokumenten überprüfbare Geschichte Bhutans lässt sich ab etwa dem 7. Jahrhundert nach Christus schreiben. Um diese Zeit gelangte aus Tibet der *Mahayana*-Buddhismus nach West- und Zentralbhutan, wurden die ersten Tempel errichtet und erfolgte ab dem 9. Jahrhundert eine starke Einwanderung tibetischer Adelsfamilien. Bis zum Beginn des 17. Jahrhunderts scheint sich diese Situation insofern verändert zu haben, als zumindest in West- und Zentralbhutan die Zahl der Herrscherfamilien deutlich zurückging und sich zugleich die politische Herrschaft religiös überformte. Zwar nie unangefochten, dominierten gleichwohl in Westbhutan vier bzw. fünf Herrscherclans der so genannten *Drukpa*-Schule, während in Zentralbhutan eine ähnliche Zahl an Familien aus der *Nyingmapa*-Tradition des Buddhismus politisch bestimmend war.

Anfang des 17. Jahrhunderts änderte sich diese Konstellation grundlegend. Dem aus politischen Gründen aus Tibet geflohenen Adeligen Ngawang Namgyel (1594-1651) gelang eine Einigung der Herrscherclans der *Drukpa*-Schule unter seiner weltlichen und zugleich spirituellen Oberherrschaft, die Niederwerfung oppositioneller Lamagruppen und die Ausweitung des Herrschaftsgebietes über Zentralbhutan hinaus in weite Teile Ostbhutans. Als Gründer eines einheitlichen Herrschaftsgebietes mit überwiegend klaren Grenzen und souveräner innen- wie außenpolitischer Entscheidungskompetenz trägt Ngawang Namgyel auch den bezeichnenden Titel *Shabdrung* („zu dessen Füßen man sich unterwirft"). Um seine Herrschaft auf Dauer zu stellen, schuf Ngawang Namgyel ein administratives System, das bis zur Gründung der Monarchie 1907 in Kraft blieb. Dessen Grundprinzip war die Trennung von weltlicher Macht (*Deb*) und spiritueller Macht in einem dualen System (*chösi nyiden*).

Mit der Hegemonie des *British Empire* in Indien und der gewaltsamen Besetzung Lhasas unter Jounghusband (1903/04) änderte sich die Situation erneut. Verschoben sich außenpolitisch die Gewichte erfolgte auch innenpolitisch eine Stärkung der probritischen Fraktion unter dem Gouverneur von Tongsa, Ugyen Wangchuck, der schließlich wesentliche Teile des dualen Systems außer Kraft setzte und im Dezember 1907 mit Zustimmung der Mehrheit der weltlichen und spirituellen Elite eine Erbmonarchie errichtete. Als erster König (*Druk Gyalpo*) hatte Ugyen Wangchuk die alleinige Personalbesetzungs- und souveräne politische Entscheidungskompetenz. Er gründete gegen die bisherige Tradition eine Dynastie. So folgten ihm sein Sohn Jigme Wangchuck 1926 auf den Thron, 1952 Jigme Dorji Wangchuck und 1972 Jigme Singye Wangchuck. Bezeichnenderweise verlegte der erste König die Hauptstadt in den Osten Bhutans nach Bumthang, um die traditionalen Eliten und mögliche Opposition auf Distanz zu halten.

Auf dem Weg zur konstitutionellen Monarchie mit hoher Elitenkonnektivität: Politisch-administrative Strukturen

Jigme Wangchuck setzte nicht nur die Zentralisierung von Politik und Verwaltung fort, sondern beseitigte auch den letzten Rest des dualen Systems. Konnten die spirituellen Reinkartnationen Shabdrungs bisher noch relativ autonom agieren, dehnte der neue König seine Herrschaft auch auf zentrale Bereiche des religiösen Systems aus, indem er sich das Recht vorbehielt, den Oberlama auf Vorschlag der Mönchsgemeinschaft zu ernennen. Diese Politik der weitestgehenden Einhegung des religiösen Systems hat König Jigme Dorji Wangchuck fortgeschrieben, indem er 1969 etwa die traditionelle Versorgung der Klöster aus lokalen Abgaben, Pachten und Dienstleistungen durch ein zentralstaatliches, monetäres Finanzierungssystem ersetzte.

Zugleich wurde unter Jigme Wangchuck die weltliche Administration und Hierarchie verschlankt, in ihren Kompetenzen beschnitten, rechenschaftspflichtig strukturiert und den direkten Weisungen des Königs unterworfen. Das neu installierte vierköpfige Kabinett, bestehend aus dem Staatsminister, dem Staatsprotokollchef, dem (erblichen) Staatskammerherr und dem Vorsteher des *Thimphu-dzong*, diente als Beratungsorgan und fallweise Repräsentanz im Ausland. Um den Einfluss lokaler Eliten und traditionell starker Familien weiter einzuschränken, entstand ein Palastsekretariat, in dem Jugendliche aus armen und einflusslosen Gesellschaftsschichten erzogen und für Staats- bzw. Verwaltungsämter ausgebildet wurden.

Auf der Basis einer gefestigten, hierarchisch durchorganisierten und zunehmend enttraditionalisierten Verwaltung sowie einer nahezu unangefochtenen Herrschaftsmacht leitete der dritte König, Jigme Dorji Wangchuck, eine Reform des politischen Systems ein, die vor allem auf eine partizipative Öffnung, begrenzte Gewaltenteilung und die Erhöhung der politischen Akzeptanz und Flexibilität abzielte. Der Abzug der Briten aus Indien, die gestiegene Notwendigkeit eigenständiger Politik und die Erfahrung (abrupten) politisch-sozialen Wandels dürften bei der Formulierung der Reformen Pate gestanden haben. Diesen Weg der Reformen hat König Jigme Singye Wangchuck im Großen und Ganzen bestätigt und fortgesetzt.

Herzstück der Reformen bildete die im Jahre 1953 erfolgte Schaffung einer Nationalversammlung (*Tshogdu*). Die seitdem zweimal jährlich (im Frühjahr und Herbst) tagende Versammlung setzt sich aus 105 Delegierten zusammen, die auf Ebene der Provinzen für die Dauer von drei Jahren gewählt bzw. nach einem Konsensverfahren ausgewählt werden. In diesem Verfahren bestimmen in aller Regel die lokal einflussreichen und angesehenen Familien und Vertreter der Verwaltungen diejenigen Personen, die den Wahlbezirk in der Nationalversammlung vertreten sollen. Waren Frauen lange Zeit als Delegierte nicht zugelassen, sitzen seit 2003 14 Frauen in der Nationalversammlung. Die Zahl der Delegierten aus jedem der 20 Wahlbezirke ist vom König festgeschrieben, variiert jedoch entlang der Bevölkerungszahl des jeweiligen Bezirkes. Zehn weitere Mitglieder der Nationalversammlung entsendet die etwa 12.000 Mitglieder umfassende Mönchsgemeinschaft. Zusätzlich werden 35 Delegierte vom König ernannt, wobei die Mehrheit aus dem administrativen Bereich und den Institutionen der politischen Führung des Landes (z.B. Minister) stammt.

Die Nationalversammlung verfügt neben der rein beratenden Funktion auch über eine deliberierende und finale Legislativkompetenz, deren Geltung ehemals jedoch durch das Veto des Königs suspendiert werden konnte. Blieb die politische Souveränität damit de facto beim Monarchen, hat sich dies durch die ergänzenden Regelungen zum Gesetzgebungsprozess im Jahre 1968 durch König Jigme Dorji Wangchuck geändert. Darin verzichtet der Monarch auf sein suspensives Veto mit der Wirkung, dass nicht nur die Beschlüsse der Nationalversammlung (ohne direkte königliche Zustimmung) letztbindende Gesetzeskraft haben, sondern dass auch – zumindest de jure – von einer doppelten (oder geteilten) Souveränität (Monarch und *Tshogdu*) gesprochen werden muss. Im Falle eines (bisher nicht dokumentierten) Dissenses verfügt der Monarch über das Instrument einer Adressierung der Nationalversammlung mit der Bitte, die Entscheidung zu überdenken und zu revidieren.

Im Jahre 1969 erfolgte ein weiterer und radikalerer Schritt. Alle Beamten und alle Mitglieder der Regierung (inklusive des Königs) bedürfen der ausdrücklichen Bestätigung durch eine Zweidrittelmehrheit der Mitglieder der Nationalversammlung. Damit hat sich Bhutan formal zur konstitutionellen Monarchie transformiert, wie auch König Jigme Singye Wangchuck in seiner Thronadresse anlässlich seines Amtsantrittes 1972 expressis verbis bestätigt hat.[4] Hintergrund dieses vom König 1969 selbst eingebrachten (und im *Tshogdu* bestätigten) Verfahrens zur geregelten und friedlichen Ablösung des Monarchen waren neben der projektierten Verbindung von Monarchie und Demokratie ausdrücklich die Vermeidung von Unzufriedenheit, Unruhen und Aufständen sowie die Erhöhung von Stabilität und Unterstützung.[5] Diese Form der Abberufung der politischen Eliten schließt jedoch die Änderung der monarchischen Staatsform explizit nicht mit ein.

Im Zuge der Modernisierung der Verwaltung wurde 1968 auf Vorschlag des Königs von der Nationalversammlung ein Ministerrat (*Lhengyel Tsok*) bzw. Kabinett (*Lhengye Zhungtsho*) eingeführt. Im Laufe der Zeit hat sich die Zahl der Ministerien von ursprünglich drei auf zehn (2004) erhöht. Jeder Minister und jede

---

4 Abgedruckt in Ramphel 2000: 109. König Jigme Singye Wangchuck hat mittlerweile, im Dezember 2006, zugunsten seines Sohns Jigme Khesar Namgyal Wangchuk abgedankt.

5 Gesetzliche Regelung abgedruckt in Rose 1977: 154.

Ministerin (zwei Schwestern des gegenwärtigen Königs sind Ministerinnen) muss von der Nationalversammlung mit Zweidrittelmehrheit bestätigt werden, die Amtszeit beträgt fünf Jahre bei möglicher Wiederernennung. Seit 1998 liegt das Vorschlagsrecht nicht mehr beim König, sondern ausschließlich bei der Nationalversammlung, die jederzeit auch mit Zweidrittelmehrheit jedem Minister das Vertrauen entziehen und ihn zum Rücktritt zwingen kann, was bisher jedoch noch nie der Fall war. Trotz dieser verstärkten Mitsprache der Nationalversammlung bleiben die Ministerinnen und Minister weiterhin ausschließlich dem Monarchen verantwortlich, der sie nicht nur jederzeit entlassen kann, sondern auch untergeordnete Beamte in jedem Ministerium nach seinem Willen und ohne Absprache ein- bzw. absetzen kann. Darüber hinaus behält sich der Monarch alle Angelegenheiten die nationale Souveränität und nationale Sicherheit betreffend vor und ist Oberbefehlshaber der Armee und der Polizei (mit insgesamt etwa 14.000 Mann).

Als weiteres Gremium tritt der 1965 eingeführte Königliche Rat (*Lodoi Chopdah*) hinzu, bestehend aus einem vom König ernannten Vorsitzenden (im Range eines Ministers) und weiteren acht Mitliedern, von denen die sechs so genannten Repräsentanten des Volkes von der Nationalversammlung gewählt werden, der sie dann ihrerseits als sechs der bereits genannten 35 Exekutivdelegierten angehören. Hinkommen zwei Repräsentanten der Mönchgemeinschaft, ebenfalls mit Sitz und Stimme im *Tshogdu*. Der im Regelfall mehrmals pro Woche tagende Rat erfüllt mehrere Funktionen. Er berät in erster Linie den König in allen politikrelevanten Angelegenheiten und auf Anfrage auch einzelne Ministern und Ministerinnen, welche er gleichwohl zur Aussprache zitieren kann. Er entscheidet Streitigkeiten zwischen Ministerien letztinstanzlich und fungiert schließlich gegenüber der Bevölkerung als eine Art Sensor und Frühwarnsystem, indem er die Implementation von Politiken überprüft und Beschwerden registriert. Auch ohne formale eigene Entscheidungskompetenz dürfte der politische Einfluss dieses Organs nicht zu unterschätzen sein. Der direkte Zugang zum Monarchen kombiniert mit einer Supervision der Ministerien und der Freiheit von aller externen Kontrolle durch andere Organe (außer dem König selbst) ermöglicht dem Königlichen Rat eine privilegierte Vorformulierung von Themen, Perspektiven und Lösungsvorschlägen (*agenda setting*) im politischen Prozess, wie er zugleich auch als Schleuse für externe Interessen fungiert. Zudem kann der Rat als eine Art verlängerter Arm des Königs in die Nationalversammlung betrachtet werden, der unter Umständen über mehr symbolische politische Überzeugungskraft und Initiativmacht verfügt als einzelne Minister.

Das judikative System folgt in seinem Aufbau der administrativen Ordnung. Die 20 Distriktgerichte befassen sich mit schweren Straftaten, während leichte Vergehen auf Dorfebene verhandelt werden. Das Oberste Gericht (der Königliche Gerichtshof) residiert in der Hauptstadt Thimphu und umfasst sechs Mitglieder, die – wie alle Richter – vom König ernannt und abberufen werden, der seinerseits oberste Appellationsinstanz ist. Mithin ist die Judikative von der Exekutive abhängig. Die Todesstrafe, offiziell nie vollzogen, wurde 2004 abgeschafft. Laut *amnesty international* und anderen Menschenrechtsorganisationen gibt es keine willkürlichen Verhaftungen. Die Regierung gesteht und bedauert die Menschenrechtsverletzungen der vergangenen Jahrzehnte und bemüht sich sichtbar um Transparenz. Gleichwohl bleiben das Verbot politischer Opposition, der Gründung politischer Parteien und Arbeitsorganisationen ebenso wie die Unterrepräsentierung von Frauen und die Einschränkung der Religions- und Redefreiheit ein Defizit der Menschenrechtspolitik Bhutans. Das gilt auch für die Politik der Vertreibung und Unterdrückung bhutanischer Bürger nepalesischer Abstammung im Gefolge einer Verschärfung der Heiratsgesetze, des Staatsbürgerrechts und eines nationalen Zensus in den 1980er Jahren. Seitdem leben mehr als 100.000 Flüchtlinge in Lagern in Nepal und Nordindien.[6]

Die Zukunft der Monarchie – Gross national happiness?

Betrachtet man das politische System des Königreiches Bhutan insgesamt, so kann ohne jeden Zweifel eine institutionelle Öffnung der zweifellos konstitutionell gewordenen Monarchie, der Beginn einer Politik der beschränkten Gewaltenteilung und eine Stärkung partizipatorischer Elemente konstatiert werden. Zugleich dominiert das Königshaus aber auch unter den neuen Bedingungen

6 Siehe dazu Mishra/Chaturvedi 2003.

die politischen Prozesse und bleibt der entscheidende innen- wie außenpolitische Akteur. Unter dieser Perspektive scheint die Selbstbeschreibung im Planungsdokument der Regierung aus dem Jahre 1999 mit Bedacht gewählt und ausgesprochen zutreffend zu sein: „The monarchy will continue to be the jewel that shines most brightly in our institutional crown".[7] Institutionell durchaus gefasst und eingerahmt, überstrahlt die Monarchie dennoch alles.

Zugleich sind sowohl die Abstimmungsprozesse ungleich komplexer und ergebnisoffener als noch unter König Ugyen Wangchuk und Jigme Wangchuck, als auch bedeutend mehr Akteure am politischen Prozess beteiligt. Die dadurch möglichen Probleme und Koordinationskosten werden (trotz aller Ausweitung von Partizipation) eingefangen durch eine Konzentration auf eine relativ überschaubare Elite und Honoratiorenschicht mit hoher Konnektivität, deren aktive Einbeziehung in die politische Ordnung Opposition unwahrscheinlich macht und zugleich gegenüber der nicht repräsentierten Bevölkerungsmehrheit wenn nicht disziplinierend, so doch zumindest kontrollierend wirkt.

Außerdem wird seitens der Monarchie ein ausgesprochen konsensualer Politikstil gepflegt, der zum großen Teil auf einer buddhistisch grundierten, traditionellen Philosophie und einer daran anknüpfenden Politikvision aufruht. So sei, wie König Jigme Singye Wangchuck leitmotivisch formuliert hat, „Gross National Happiness more important than Gross National Product".[8] Gross National Happiness bedeute nicht nur, dass die Gesellschaft für das Wohlergehen des Einzelnen verantwortlich sei, sondern dass ökonomische Parameter nur Faktoren unter anderen seien und keinesfalls allein entscheiden dürften. Mindestens ebenso entscheidungsrelevant seien die Erhaltung des kulturellen Erbes, Erhaltung und nachhaltige Nutzung der Umwelt und schließlich „good governance". Unter „good governance" verstand der König eine monarchisch gesteuerte Entwicklung politischer Strukturen, die auf die Harmonie der Teile und den Zusammenklang zu einem Gemeinsamen setzt. In diesem Bild bedeuten Dezentralisierung, Gewaltenteilung und kontrollierte Partizipation die Intensivierung und Festigung des politisch-kulturellen und sozialen Zusammen-

---

7 Planning Commission Royal Government of Bhutan 2002: 46.

8 Development Philosophy 2002: 49.

haltes (mutual trust and confidence; commitment and loyalty[9]). Nicht von ungefähr korrespondiert der Öffnung des politischen Systems mit einer Forcierung nationaler Identität und damit auch Exklusivität, wie das Beispiel der Vertriebenen deutlich zeigt.[10]

Diesem Ziel einer Stärkung des nationalen Systems aus lenkender Monarchie und eingeschränkter Demokratie dient auch die 2001 in Auftrag gegebene Erarbeitung einer geschriebenen Verfassung, die grosso modo die gegenwärtigen Praktiken kodifizieren soll. Der dritte Verfassungsentwurf vom 1. August 2007 spricht expressis verbis von einer „Democratic Constitutional Monarchy" als Regierungsform (Art. 1 Abs. II), in der der König über eine starke Prärogative und Ämterbesetzungskompetenz verfügen soll (Art. 2 Abs. XVI und XIX), das Parlament aber gleichwohl in alleiniger Zuständigkeit alle nationalen Gesetze erlassen kann (Art. 10 Abs. XXV). „The pursuit of Gross National Happiness" soll den Rang eines Staatszieles erhalten (Art. 9 Abs. II), die fundamentalen Rechte wie Wahlrecht, Religions-, Presse-, Rede- und Informationsfreiheit sollen gesichert werden (Art. 7), wie „the State" und alle Institutionen insgesamt die Aufgabe zugewiesen bekommen, „to strengthen and facilitate the continued evolution of traditional values" (Art. 4 Abs. II).[11]

Zusammenfassend lässt sich Bhutans Regierungssystem beschreiben als eine wohlwollende, auf kontrollierte und umweltverträgliche Modernisierung setzende konstitutionelle Entwicklungsmonarchie mit demokratischen Elementen, die durch starke kulturelle und religiöse Gewohnheiten wie (Wert-)Bindungen sowie traditionale Gesellschaftsstrukturen integriert und zugleich moderiert werden. Ob damit gleichwohl der kulturellen und religiösen Pluralität Bhutans auf Dauer Rechnung getragen wird, bleibt abzuwarten. Beeindruckend ist das nachhaltig angelegte, mit Fünf-Jahres-Plänen arbeitende, unter anderem von der Europäischen Union mit finanzierte und vor Ort unterstützte politische Entwicklungsprogramm allemal.

---

9 Ebd.: 51.

10 Siehe dazu Hutt 2003.

11 Der dritte Verfassungsentwurf (*Draft of Tsa Thrim Chhenmo*) vom 1. August 2007 ist unter http://www.bhutannewsonline.com (Stand: 9.11.2007) zu finden.

Literatur

Collister, Peter 1987: Bhutan and the British, Delhi.

Development Philosophy 2002: Ninth Plan, Main Document, Royal Government of Bhutan, in Auszügen abgedruckt in: Entwicklungspolitik, Heft 23/24, 49-51.

Driem, George van 1992: The Grammar of Dzongkha, Thimphu.

Gulati, M. N. 2003: Rediscovering Bhutan, New Delhi.

Hutt, Michael 2003: Unbecoming Citizens. Culture, Nationhood, and the Flight of Refugees from Bhutan, Oxford/New York.

Mishra, R. C./Chaturvedi, Meenakshi 2003: Clash of Two Cultures in Bhutan: The Problem of Governance, in: Mohan Lal Sharma (Hrsg.), Globalization, Democracy and Governance in South Asia: issues and alternatives, Jaipur, 261-275.

National Environment Commission, Royal Government of Bhutan 2002: The Middle Path – National Environment Strategy of Bhutan, in Auszügen abgedruckt in: Entwicklungspolitik, H. 23/24, 52-55.

Pfannholz, Maria J. 1994: Bhutan, in: Dieter Nohlen/Franz Nuscheler (Hrsg.), Handbuch der Dritten Welt, Bd. 7: Südasien und Südostasien, 3. Auflage, München, 192-204.

Planning Commission, Royal Government of Bhutan 2002: Ninth Plan, Main Document (2002-2007): Preservation and Promotion of Historical and Cultural Heritage, in Auszügen abgedruckt in: Entwicklungspolitik, Heft 23/24, 51-52.

Ramphel, Norbu 2000: Bhutan. Emergence of a Nation-State, New Delhi.

Rose, Leo E. 1977: The Politics of Bhutan, Ithaca.

Schicklgruber, Christian/Françoise Pommaret (Hrsg.) 1998: Bhutan. Festung der Götter, Bern/Stuttgart/Wien.

Internet

Deutsche Bhutan Himalaya Gesellschaft e.V.: *http://www.bhutan-gesellschaft.de*

Allgemeine Informationen: *http://www.kingdomofbhutan.com*

Bhutan-Nachrichten und Links: *http://www.bhutannewsonline.com*

Bhutan-Nachrichten: *http://www.kuenselonline.com*

Informationen zur Flüchtlingssituation: *http://www.bhootan.org*

Brunei Darussalam

Felix Heiduk

Als die einzige noch bestehende absolute Monarchie in Südostasien erscheint Brunei in vielerlei Hinsicht als ein politischer Anachronismus in der Region. Der offizielle Name des islamischen Sultanates Brunei lautet auf malaiisch Negara Brunei Darussalam, wobei Negara „Staat“ bedeutet und der arabische Begriff „Darussalam“ grob mit „Ort des Friedens“ zu übersetzen ist und jeden Staat meint, dessen Fundament das islamische Recht ist. Das Sultanat liegt im Norden der Insel Borneo, besteht aus zwei von Malaysia umschlossenen Enklaven, die vom zu Malaysia gehörenden Limbangtal getrennt werden, und grenzt zudem an das Südchinesische Meer. Das heutige Staatsgebiet Bruneis ist mit nur etwa 5.770 km^2 etwa doppelt so groß wie Luxemburg und stellt den Rest eines in früheren Zeiten weitaus größeren, mehr als 600 Jahre alten Sultanates dar. Dieses umfasste während seiner Blütezeit im 16. Jahrhundert nahezu ganz Borneo sowie Teile des Sulu-Archipels und der südlichen Philippinen. Der ab dem 17. Jahrhundert einsetzende Machtverfall des Sultanates führte dazu, dass Brunei schließlich von 1888 bis 1971 britisches Protektorat wurde und erst 1984 seine volle Souveränität erreichte. Regiert wird Brunei seit über 600 Jahren von Sultanen. Derzeit ist dies der 29. Sultan Haji Hassanal Bolkiah, der 1946 geboren wurde und Staatsoberhaupt, Premier-, Verteidigungs- sowie Finanzminister in einer Person ist.

Brunei hat nur etwa 374.000 Einwohner, von denen fast 90 Prozent im Westteil des Landes leben. Mehr als ein Zehntel der Gesamtbevölkerung lebt in der über 40.000 Einwohner zählenden Hauptstadt Bandar Seri Begawan. Mehr als zwei Drittel der Einwohner Bruneis sind Malaien, 15 Prozent Chinesen und sechs Prozent indigene Bevölkerungsgruppen. Die restlichen Einwohner sind zum größten Teil Gastarbeiter, die mehrheitlich aus anderen südostasiatischen Staaten sowie aus Indien und Europa stammen. Der von der malaiischen Bevölkerungsmehrheit, der auch der Sultan angehört, praktizierte (sunnitische) Islam ist die Staatsreligion Bruneis, wobei Religionsfreiheit in der Verfassung garantiert ist. Der Sultan ist oberster Hüter der Staatsreligion. Aus wirtschaftspolitischer Perspektive ist Brunei ein Rentierstaat, dessen gesamte Ökonomie in hohem Maße von der Ausbeutung der enormen Erdgas- und Erdölvorkommen des Landes abhängt. Deren Förderung liegt in den Händen der Firma *Brunei Shell Petroleum*, an der die Regierung unter dem Vorsitz des Sultans mit 50 Prozent beteiligt ist. 2005 betrug das Bruttoinlandsprodukt pro Kopf mehr als 25.000 US-Dollar pro Jahr und setzte sich zu 55,9 Prozent aus den Erträgen der Erdgas- bzw. Erdölförderung zusammen. Während somit der industrielle Sektor, und ganz speziell die Ölindustrie, eine zentrale Rolle einnimmt, ist der Anteil der Agrarwirtschaft am Bruttoinlandsprodukt mit etwa zwei Prozent verschwindend gering. Folglich wird der Großteil der benötigten Nahrungsmittel importiert. Die Arbeitslosigkeit liegt kontinuierlich unter fünf Prozent.[1] Das Sultanat gehört zu den prosperierendsten Staaten der „Dritten Welt“ und rangiert im *Human Development Index* 2007 auf Rang 30 und damit nur acht Plätze hinter Deutschland.[2] Der Sultan von Brunei, der maßgeblich am Reichtum des Landes partizipiert, gehört zudem zu den reichsten Männern der Welt. Der Staat ermöglicht aufgrund seines Erdöl- und Erdgasreichtums seinen Einwohnern ein kostenloses Gesundheits-, Ausbildungs- und Sozialwesen sowie weitestgehende Steuerfreiheit. Er ist zudem der größte Arbeitgeber im Land – fast 50 Prozent aller Beschäftigten sind Staatsbedienstete.[3]

Die Stellung des Monarchen im politischen System

Der derzeit amtierende 29. Sultan Bruneis trat sein Amt nach der Abdankung seines Vaters 1967 an. Alle Exekutivgewalt im Staat liegt in seinen Händen, wobei er qua Verfassung hierbei von fünf verfassungsmäßigen Organen (Staatsrat, Ministerrat, Religiöser Rat, Gesetzgebender Rat und Erbfolgerat) unterstützt wird. Diese

---

1 Vgl. die Wirtschaftsdaten der Bundesagentur für Außenwirtschaft, einsehbar unter http://www.bfai.de/DE/Content/__SharedDocs/Links-Einzeldokumente-Datenbanken/fachdokument.html?fIdent=MKT2007 0511103007 (Stand: 1.4.2008).

2 Vgl. die Datensätze des *UNDP Human Development Reports 2007/08* zu Brunei unter http://hdrstats.undp.org/countries/country_fact_sheets/cty_fs_BRN.html (Stand: 1.4.2008).

3 Vgl. Kershaw 2001: 120ff.

Organe haben allerdings lediglich beratende Funktion und ihre Mitglieder werden, ebenso wie die Richter des Landes, direkt vom Sultan ernannt. Führende politische Posten wie der des Außen- oder des Innenministers sind zudem mit engen Familienmitgliedern bzw. Vertrauten besetzt. Der Gesetzgebende Rat wurde in Folge der von der sozialistischen Volkspartei (*Partai Rakyat Brunei*) angeführten Aufstände von 1962 im selben Jahr aufgelöst. Der aufgrund der Unruhen 1962 ausgerufene Ausnahmezustand gilt bis heute – seitdem erfolgt die Gesetzgebung per Dekret des Sultans. Seit 1970 sind – mit Ausnahme der Wahl lokaler Dorfvorsteher, die allesamt ehemalige Beamte oder Militärs sind – keinerlei Wahlen mehr abgehalten worden. Nach 1962 gründeten sich zwar mehrmals oppositionelle Parteien, wie z.B. 1985 die Nationaldemokratische Partei Bruneis (*Partai Kebang-Saan Demokratik Brunei*, *PKDB*), die demokratische Reformen unter Beibehaltung der Monarchie forderten. Ihr politischer Einfluss blieb allerdings aufgrund der massiven Pressezensur, des mangelnden Interesses großer Teile der Bevölkerung an Parteipolitik sowie staatlicher Repression gering. Das Parteienverbot von 1988, infolge dessen außer der regierungsfreundlichen Vereinigten Nationalpartei Bruneis (*Partai Perpaduan Kebang-Saan Brunei*, *PPKB*), einer Abspaltung der Nationaldemokratischen Partei, alle Parteien für illegal erklärt wurden, führte zur Auflösung der *PKDB* und der Verhaftung ihrer politischen Führung.[4] Auch andere oppositionelle Gruppen außerhalb des Parteienspektrums sind personell und strukturell extrem schwach und verfügen daher über verschwindend geringen politischen Einfluss. Die Presselandschaft befindet sich ebenfalls unter staatlicher Kontrolle oder übt sich in Selbstzensur.[5]

Auch die 2003 angekündigte Wiedereinrichtung des Gesetzgebenden Rates, der neben einem der königlichen Familie angehörenden Sprecher und 30 vom Sultan ernannten Mitgliedern auch aus 15 gewählten Mitgliedern bestehen sollen, ist nicht als Zeichen einer zögerlichen politischen Liberalisierung zu werten. Weder wird es sich bei der Bestimmung der 15 zu wählenden Ratsmitglieder um freie und faire Wahlen handeln, noch ist bislang ein

4 Vgl. Wagner 1994.

5 Vgl. Horton 2005.

Wahltermin festgelegt worden. Beobachter gehen davon aus, dass der Gesetzgebende Rat frühestens in den nächsten drei bis fünf Jahren seine Arbeit aufnehmen könnte.[6] Nur nach außen hin den Anschein einer graduellen Demokratisierung erwecken auch die sich im Kontext des „neuen politischen Klimas" neu formierten Parteien.[7] Bereits durch das für alle Staatsbediensteten geltende Verbot einer Parteimitgliedschaft ist die politische Macht der Parteien in einem Staat, in dem der Großteil der Arbeitnehmer Staatsbedienstete sind, massiv beschnitten. Zudem finden, wie erwähnt, keinerlei Wahlen statt, in denen die bislang politisch bedeutungslosen Parteien um die Gunst der Wähler konkurrieren könnten.[8]

Die erst 1984 erlangte vollständige Unabhängigkeit Bruneis von Großbritannien führte trotz der unter britischer „Anleitung" erstellten Verfassung von 1959, die eine Gewaltenteilung nach westlichem Vorbild vorsah, nicht zur Institutionalisierung einer repräsentativen Form politischer Herrschaft. Vielmehr gelang es dem Sultan, sein absolutes System monarchischer Herrschaft auch nach der Unabhängigkeit weiter zu konsolidieren. Zentrale Eckpfeiler der absoluten Macht des Sultans sind zum einen – auf ökonomischer Ebene – das Rentiersystem Bruneis, durch das nicht nur umfangreiche Wohlfahrtsleistungen für alle Staatsbürger zur Verfügung gestellt werden, sondern nahezu 50 Prozent der Beschäftigten als Staatsbedienstete in einem direkten Abhängigkeitsverhältnis zum Sultanat stehen und zum anderen – auf politischer Ebene – die seit Verhängung des Ausnahmezustandes 1962 erfolgreiche Zentralisierung jeglicher politischen Herrschaft in den Händen des Sultans, die zu einer Entpolitisierung von großen Teilen der Bevölkerung geführt hat. Oppositionelle Bewegungen aus der Verwaltung, dem Militär oder der Zivilgesellschaft haben seit Niederschlagung der Unruhen Anfang der 1960er Jahre daher keinerlei Konjunktur in Brunei.[9] Neben diesen beiden Eckpfeilern

---

6 Vgl. Case 2006: 190.

7 Dies sind die *Parti Kesedaran Rakyat* (*PAKAR*, Partei des Volksbewusstseins) und die *Parti Perpaduan Kebangsaan Brunei* (*PPKB*, Nationale Solidaritätspartei Bruneis).

8 Vgl. Kershaw 2001: 122.

9 Vgl. Blomqvist 1998: 551ff.

ist die Ideologie des *Melayu Islam Beraja*, die den Islam und die malaiische Kultur mit der „traditionellen", malaiischen Form der Monarchie verknüpft, für die umfassende politische Gestaltungsmacht der bruneiischen Monarchie von zentraler Bedeutung. Sie wird seit der Unabhängigkeit 1984 verstärkt als Legitimationsinstrument der Herrschaft des Sultans eingesetzt.

Melayu Islam Beraja als Legitimationsinstrument absoluter Herrschaft

Das Konzept *Melayu Islam Beraja* (*MIB*, das heißt: malaiisch-islamische Monarchie) wurde zuerst in der Proklamation der Unabhängigkeit Bruneis durch den Sultan 1984 erwähnt, aber offiziell erst sechs Jahre danach zum 44. Geburtstag des Sultans eingeführt. Die Aristokratie Bruneis bezeichnet demgegenüber *MIB* als die traditionelle Form der Monarchie Bruneis seit Gründung des Sultanates vor 600 Jahren. Allerdings findet das Konzept des *MIB* weder in historischen Dokumenten aus der Zeit vor der Kolonialisierung durch die Engländer noch in der Verfassung von 1959 irgendeine Erwähnung. *MIB* beinhaltet drei wesentliche Charakteristika – konservative islamische Werte, die malaiische Kultur und die traditionell „einende und Gerechtigkeit fördernde" Rolle der malaiischen Monarchie – die in Kombination ein ideologisches Legitimationsinstrument der absoluten Herrschaft des Sultans darstellen. Größere Verbreitung gefunden hat das *MIB*-Konzept vor allen Dingen über das staatliche Bildungssystem und die Medien.

Das *MIB* geht von einem spezifisch „malaiischen" Typ von absoluter Monarchie aus, der nur auf dem malaiischen Archipel vorfindbar sei und dessen Wurzeln sich bis zur Gründung des Sultanates Brunei zurückverfolgen ließen. Diese absolute Form der malaiischen Monarchie sei untrennbar mit der malaiischen Kultur verbunden, die als Bindeglied über alle Klassen und Schichten hinweg fungiere. Folglich ist verstärkt versucht worden, die „traditionellen" Bezüge der absoluten Herrschaft des Sultans durch Wiederbelebung „vergessener" malaiischer Rituale und Zeremonien zu stärken.[10] Der Islam als drittes Charakteristikum

---

10 Vgl. Talib 2002: 143.

des *MIB*-Konzeptes ist Staatsreligion und zugleich moralischer Bezugspunkt für ein gerechtes Herrschen des Monarchen. Der Sultan ist wiederum in seiner Funktion als Monarch oberster Hüter des Islams. Die zunehmende Fokussierung auf *MIB* als Legitimationsinstrument ging folglich einher mit einer Islamisierung des gesellschaftlichen und politischen Lebens seit Mitte der 1980er Jahre. Der Sultan förderte Pilgerfahrten, den Bau von Moscheen, religiösen Schulen und Universitäten und nahm öffentlich verstärkt an religiösen Zeremonien teil. In den 1990er Jahren wurden zudem existierende Gesetze vielerorts an die Rechtsgrundsätze des Korans angeglichen, was sich z.B. in einem vollständigen Verbot des Alkoholausschanks sowie in der Gründung einer islamischen Bank im Jahr 1994 manifestierte. Ähnlich den Vereinigten Arabischen Emiraten hat der Sultan von Brunei in den letzten Jahren vermehrt versucht, seine Herrschaft mit religiösen Bezügen zu legitimieren und sie gegenüber möglicherweise auftretenden konkurrierenden Herrschaftsansprüchen, vor allem aus Kreisen radikaler Islamisten, abzusichern.[11]

MIB erfüllt so eine ganze Reihe von Aufgaben: Es dient zuallererst dazu, dem Land und seinen Bewohnern auf der Grundlage vermeintlich jahrhundertealter malaiischer Traditionen und des Islams eine eigene Identität und ein eigenes Nationalbewusstsein zu vermitteln. Zudem konnten demokratische („westliche") Reformen unter Verweis auf die Idee der malaiisch-islamischen Monarchie als unvereinbar mit den spezifischen Traditionen des Landes dargestellt und die absolute Monarchie als „von Gott gewollt" präsentiert werden. Schließlich führt das Konzept des *MIB* die absolute Herrschaft des Sultans historisch bis zur Gründung des Sultanates im 14. Jahrhundert zurück und verleiht ihr somit den Anschein historischer Kontinuität.

Quo vadis Brunei?

Eine Krise der Monarchie in Brunei zeichnet sich derzeit nicht ab. Das politische System des Landes ist geprägt durch die strenge Kontrolle politischer Parteien, die Abwesenheit von Wahlen, umfassende Medienkontrolle und das Fehlen jedweder Opposition.

11 Vgl. Kershaw 2001: 125ff.

Auch die Moscheen unterstehen der direkten Kontrolle des Sultans, um mögliche radikale Kräfte von vornherein zu marginalisieren. Der Mangel an politischen Freiheiten wird durch die Teilhabe nahezu aller Staatsbürger am wirtschaftlichen Wohlstand des Landes bislang erfolgreich kompensiert. Die im Wesentlichen durch den Erdölreichtum des Landes finanzierten staatlichen Subventionen ermöglichen der Bevölkerung einen enorm hohen Lebensstandard. Die meisten Bürger sind zudem mit Arbeitsplätzen im Staatsdienst sowie umfangreichen kostenlosen staatlichen Dienstleistungen versorgt. In den letzten Jahren vom Sultan angedachte graduelle politische Liberalisierungsschritte, die der bislang in politischer Hinsicht völlig passiven Bevölkerung etwas mehr an Partizipation ermöglichen sollen, sind bislang ausgeblieben.

Die aktuell extrem hohen Weltmarktpreise für Erdöl ermöglichen auch für die nächsten Jahre die Fortschreibung des bruneiischen Rentiersystems. Da aber Bruneis Erdölreserven beim derzeitigen Fördervolumen nur noch etwa 20 Jahre reichen werden, muss in mittelfristiger Perspektive eine Diversifizierung der bislang zu großen Teilen von der Erdölindustrie abhängigen Wirtschaft durchgeführt werden. Die diesbezüglich seit Jahren angesetzten Ziele der Restrukturierung der Wirtschaft sowie die dazu notwendigen Maßnahmen zur Rationalisierung der Staatsausgaben, zur Verbreiterung der Steuerbasis und zur Unterstützung kleiner und mittlerer Unternehmen sind bislang jedoch nicht umgesetzt worden.[12]

Für die zukünftige Absicherung der Herrschaft des Sultans dürfte daher aufgrund des ausbleibenden öffentlichen politischen Drucks vor allem die Aufrecherhaltung des staatlichen Subventionssystems und der Rentierökonomie wichtig sein. Mit Blick auf die Endlichkeit der fossilen Energieträger Bruneis erscheint daher die von Wirtschaftsexperten angemahnte Diversifizierung der Wirtschaft in Zukunft als zentraler Faktor für die Stabilität der Monarchie. Ob aus einer ökonomischen Diversifizierung, die möglicherweise mit einem graduellen Verlust wirtschaftlicher Macht des Sultans einhergehen könnte, künftig stärkerer politischer Druck auf den Sultan erwächst, bleibt angesichts des derzeit geringen Politisierungsgrades der Bevölkerung abzuwarten.

---

12 Vgl. Willer 2007: 98.

Literatur

Blomqvist, Hans C. 1998: The endogenous state of Brunei Darussalam: the traditional society versus economic development, in: The Pacific Review, Bd. 11, 541-559.

Case, William 2006: Brunei in 2006 – Not a Bad Year, in: Asian Survey, Bd. 47, 189-193.

Horton, A. V. M. 2005: Brunei in 2004 – Window-Dressing an Islamizing Sultanate, in: Asian Survey, Bd. 45, 180-185.

Kershaw, Roger 2001: Monarchy in Southeast Asia – The faces of tradition in transition, London.

Talib, Naimah S. 2002: A Resilient Monarchy: The Sultanate of Brunei and Regime Legitimacy in an Era of Democratic Nation-States, in: New Zealand Journal of Asian Studies, Bd. 4, Nr. 2, 134-147.

Wagner, Christian 1994: Brunei, in: Dieter Nohlen/Franz Nuscheler (Hrsg.), Handbuch der Dritten Welt, Bd. 7: Südasien und Südostasien, 3. Auflage, Bonn, 370-383.

Willer, Ragnar K. 2007: Brunei, in: Ostasiatischer Verein (Hrsg.), Wirtschaftshandbuch Asien-Pazifik 2007/2008, Hamburg, 95-108.

Internet

Regierungsseite Brunei: *http://www.brunei.gov.bn/index.htm*

Factsheet des UNDP Human Development Reports 2007/08 zu Brunei: *http://hdrstats.undp.org/countries/country_fact_sheets/cty_fs_BRN.html*

Country Report Brunei des U.S. Department of State on Human Rights Practices 2006: *http://www.state.gov/g/drl/rls/hrrpt/2006/78767.htm*

Dänemark

Bernd Henningsen

Monarchische Identitätsstiftung

Die „königlich dänische Monarchie", wie die Staatsform unseres nördlichen Nachbarn im Lande selbst häufig augenzwinkernd genannt wird, dürfte die älteste der Welt sein[1]: Die regierende Monarchin, Margrethe II., 1940 geboren, wenige Tage, nachdem deutsche Truppen das Land besetzt hatten, kam 1972 als die Nummer 53[2] auf den dänischen Thron. Harald Blauzahn, der einte, was man seinerzeit Dänemark nannte, und Norwegen gewann, regierte etwa von 940 bis 986 nach unserer Zeitrechnung. Von ihm stammt Dänemarks „Taufattest", der monumentale Runenstein von Jellinge, auf dem er nach seiner Bekehrung zum Christentum seinem Vater Gorm und seiner Mutter Thyra huldigte (vornehmlich aber sich selbst). Gorm ist es denn auch, der auf den Tourismusplakaten als die Nummer eins den Monarchenreigen anführt, der gegenwärtig mit Margrethe endet.

Gorm und seine unmittelbaren Nachfolger muss man zur Klasse der Wikinger rechnen, die erste historisch nachweisbare dänische Regierungsform folglich als Tingparlamentarismus freier Bauern mit einem gewählten König.[3] Sie kamen weit herum, plünderten Schottland und die Normandie, trieben Handel im Mittelmeerraum und knüpften Netzwerke bis nach Nordamerika und in den Orient hinein; sie als Häuptlinge zu bezeichnen, käme der Realität sehr nahe. Margrethe hingegen nennt sich eine „konstitutionelle Monarchin"[4] – eine Titulatur, die dem historischen Wandel, der

---

1 Den Titel „älteste der Welt" nimmt allerdings auch die japanische Monarchie in Anspruch, deren dynastische Linie sich zumindest bis ins 6. Jahrhundert n. Chr. zurückverfolgen lässt. Vgl. den Beitrag zu Japan in diesem Band. Zum Folgenden siehe Brøns 1979: 52-55.

2 Über die Ziffer darf gestritten werden, da die Ahnenfolge in sehr dunkler Zeit beginnt und es auch Perioden ohne König gab. Sie ist für Monarchisten, Traditionalisten und Touristen wichtig.

3 Vgl. Clausen 1953: 14-50.

4 Vgl. Brøns 1979: 53.

gegenwärtigen institutionellen Bedeutung und der politischen Funktion im System auch nicht ganz gerecht wird.

Gerade bei der Behandlung der dänischen Monarchie, die in historischer Zeit eine Ostsee-, also Weltmacht war, kann man auf Verweise zur Geschichte nicht verzichten. Da insbesondere die moderne Geschichte Dänemarks so gut wie ohne Brüche verlief, schöpft sich die Legitimität des politischen Systems und der Monarchie aus der Tradition. Das landesweite, obsessive Hissen der Nationalfahne ist in diesem Zusammenhang noch die putzigste Manifestation nationaler (und sozialisierter) Gläubigkeiten – schließlich fiel die wohl älteste Nationalflagge der Welt am 15. Juni 1219 während der Schlacht bei Lyndanise in Estland vom Himmel und half Waldemar II. die heidnischen Esten zu besiegen...

Wie ein Mantra zieht sich durch die politische Rhetorik der Bezug auf die historischen Wurzeln demokratischer Verfasstheit dänischer Politik und Gesellschaft (gerne mit Hinweis auf das schlechte Beispiel, das die deutschen Nachbarn abgaben). Der nicht reibungslose, aber am Ende friedliche Übergang vom Absolutismus zur Demokratie 1849, der schon als „samtene Revolution" bezeichnet wurde,[5] gehört ebenso dazu wie der zum Parlamentarismus 1901 und die Bewältigung der Krise der 1930er Jahre. Aber auch weiter zurückreichende Daten sind für die Legitimität politischer Herrschaft heute von Bedeutung. So etwa die mit der ersten von 1282 beginnende Tradition der „Handfesten", in denen erstmals Freiheitsrechte garantiert wurden (z.B.: niemand darf ohne gerichtliche Verurteilung gefangen gehalten werden) und die mit der Tradition der englischen *Magna Carta Libertatum* von 1215 vergleichbar ist. In dieser Tradition ist dann Dänemark das einzige europäische Land, in dem der Absolutismus mit einem förmlichen Gesetz eingeführt wurde, der *Lex Regia* („*Kongeloven*") von 1660/65 – das Gottesgnadentum der Monarchen war damit mit Zustimmung der Stände, stark vereinfacht gesagt, in einer Abstimmung zugestanden worden.[6] Vor diesem Hintergrund ist es kein bloß symbolisches Datum, dass die dänische Verfassung und ihre Reformen immer auf den 5. Juni datiert werden,

5 Siehe Hastrup 1995: 131-135.

6 Vgl. hierzu Barudio 1981: 159-189; Brandt 1990.

beginnend mit der ersten demokratischen Verfassung von 1849 und den folgenden von 1863, 1866, 1915 und 1953. Es ist dies der Nationalfeiertag, in dessen alljährlichem rituellem Zentrum das Königshaus steht.

Verfassung und Verfassungswirklichkeit

Die letzte Revision der dänischen Verfassung datiert aus dem Jahre 1953, als unter anderem die erste Kammer des Parlamentes (*landsting*) abgeschafft und die weibliche Erbfolge auf den Thron eingeführt wurde – Margrethes Vater, Frederik IX., hatte drei Töchter, aber keinen Sohn. Die Änderungen betreffen allenfalls ein Drittel des Textes, die überwiegende Substanz stammt vom Grundgesetz des Jahres 1849. (Auf den Sprachgebrauch hat die Einführung der weiblichen Erbfolge keinen Einfluss gehabt: Im Text wird durchgehend die männliche Form benutzt, ausschließlich vom „König" und vom „Thronfolger" gesprochen; der Text war insofern bereits 1953 political incorrect.) Betrachtet man die politische Wirklichkeit des Landes und die Wirkweisen des politischen Systems vor dem Hintergrund dieser in ihren wesentlichen Bestimmungen noch heute gültigen Verfassung, so tut sich eine erhebliche Kluft auf zwischen dem Regelwerk und der politischen Realität. Zu einem guten Teil – und das aus politischer Klugheit – ist diese Kluft von Margrethe selbst vergrößert worden, indem sie auf monarchische Prärogative verzichtete und politische Symbole verändert, der Zeit angepasst hat.

Das Grundgesetz ist ein sehr kompaktes und zugleich knappes Schriftstück mit nur neun Kapiteln und 89 Paragraphen.[7] Gleichwohl: Die Lektüre des Verfassungstextes lässt diesen als hoffnungslos veraltet erscheinen, nicht nur im Hinblick auf Rechte und Pflichten der Königin: Während die politischen Parteien überhaupt nicht erwähnt werden und von Volksherrschaft ebenfalls nicht die Rede ist, kommt das Wort „König" 36-mal vor. Von ihm ist im Wesentlichen in den ersten vier Kapiteln geschrieben, in den

---

7 Siehe Danmarks Riges Grundlov nr. 169 af 5. juni 1953, einsehbar unter http://www.grundloven.dk (Stand: 1.4.2008). Zum Folgenden vgl. auch Hastrup 1995: 120-126.

Paragraphen zwei bis 27, wohingegen die Bürger- und Menschenrechte ganz am Ende des Codex stehen.

Das Regierungssystem wird als „beschränkt-monarchisch" bezeichnet, die Königsmacht vererbt sich auf Männer und Frauen (§ 2); König und Parlament (*folketing*) bilden gemeinsam die Legislative, der König stellt die Exekutive dar (§ 3). Bereits in § 6 ist bestimmt, und dieses ist eine, wenn nicht *die* unumstößlichste Verpflichtung für den Monarchen, dass der König der evangelisch-lutherischen Kirche anzugehören hat, weil er Oberhaupt der Staatskirche ist, die in Dänemark seit der Abschaffung des Absolutismus mit der Verfassung von 1849 „Volkskirche" heißt. Dass, wie es im Grundgesetz formuliert ist, das Staatsoberhaupt die exekutive Gewalt ist, hat nur mehr formale Bewandtnis: „Der König hat [...] die höchste Gewalt in allen Angelegenheiten des Königreiches und übt diese durch die Minister aus" (§ 12). In der politischen Wirklichkeit bedeutet dies, dass die Monarchin an praktisch keinen politischen Entscheidungen teilnimmt. Sie ist – nicht mehr und nicht weniger – die symbolisierte Staatsgewalt, im konkreten dänischen Falle: Leviathan als Frau, thronend in einer der Welt demokratischsten Gesellschaft, deren politischer Alltag Stabilität gewinnt durch die Balance einer Vielzahl von konkurrierenden politischen Parteien – davon ist in der Verfassung aber nicht die Rede. Die Königin symbolisiert und repräsentiert die maternalistische/paternalistische gute und effektive Regierung in einer chaotischen, parlamentarisch-gesellschaftlichen Welt.

Die Minister, die im Namen des Monarchen agieren, sind verantwortlich, der Regent selber ist es nicht. Die Königin ist sakrosankt und aller Verantwortung entbunden (§ 13). In dem Kontext liest sich Paragraph 14 wie aus absolutistischen Zeiten übernommen und keineswegs den demokratisch-konstitutionellen Gepflogenheiten angepasst, wie sie bereits im Jahre 1953 gegolten haben: „Der König ernennt und entlässt den Staatsminister und die übrigen Minister. Er bestimmt ihre Anzahl und die Verteilung der Geschäfte" unter ihnen. Frederik IX. (König 1947-1972) hat sich noch relativ dicht an diesem Paragraphen entlang verhalten. Margrethe dagegen lässt sich nach Parlamentswahlen von den Parteisprechern – die es in der Verfassung nicht gibt – informieren und nominiert formal einen Verhandlungsführer für die Regierungsbildung; die Politik verhandelt also über die neue Regierung und den Regierungschef ohne das Staatsoberhaupt. Die Politik nimmt eine Informationspflicht gegenüber der Monarchin wahr – wovon auch nichts in der Verfassung steht – und die Regentin hält sich im Gegenzug an die politische Kräfteverteilung, ihre Rolle bei der Regierungsbildung ist also eine neutrale, mediatisierende.[8] Dies wird in Dänemark seit dem politischen „Systemwechsel" 1901 praktiziert, als der Übergang von der autoritären Monarchenherrschaft zur liberalen parlamentarischen Regierungsform mit Ministerverantwortung gegenüber dem Parlament vollzogen wurde. Der revolutionäre Prozess, der um die Jahrhundertwende zum Parlamentarismus führte, wurde nur zweimal in den folgenden hundert Jahren durchbrochen: In der so genannten „Osterkrise" 1920,[9] als der Monarch erfolglos zu einer Regentschaft gegen das Parlament zurückzukehren versuchte und während der Zeit der deutschen Besetzung des Landes 1940-1945, als die Macht bei den Okkupanten lag.

Zur Besonderheit des dänischen politischen Systems – wie dem der anderen skandinavischen Länder auch – gehört die Institution des „Staatsrates"; es ist dies die Regierung, also der Ministerpräsident und die Minister einschließlich des Monarchen und des Thronfolgers (§ 17). Im Staatsrat werden alle Regierungsgeschäfte verhandelt, wobei es sich um rein formelle Akte handelt. Das eigentliche Regierungsgeschehen findet bei informellen Mittagessen, auf den Fluren der Ministerien und in der Lobby des Parlamentes statt. Das Kabinett im gängigen Sinne ist der „Ministerrat", der in Abwesenheit des Königs verhandelt und Beschlüsse fasst.

Auch die Kompetenzen im Bereich der internationalen Politik (§ 19) sowie zur Auflösung des Parlaments und zur Ausschreibung von Neuwahlen (§ 32), die die Verfassung dem König zuschreibt, lesen sich mitunter, als gäbe es keine parlamentarischen Prozesse und parteilichen Auseinandersetzungen.

Politische Kultur und monarchischer Stil

Die im Kontext des modernen Parlamentarismus auffallende Diskrepanz zwischen Verfassung und politischer Wirklichkeit,

8 Vgl. Hastrup 1995: 120f.

9 Vgl. hierzu Lammers 1988: 82-138.

zwischen kanonisierten institutionellen Vereinbarungen und der praktizierten Politik – einschließlich der sehr differenzierenden Terminologie (Staatsrat/Ministerrat und ähnliches) – muss man sich bewusst machen und sie vor dem Hintergrund analysieren, dass die politische Praxis der skandinavischen Länder insgesamt eine andere ist als die vergleichbarer moderner Verfassungsstaaten. Begriffe wie „der König", „der Staatsrat", „der Ministerrat" stehen im Grundgesetz als Substitute für den Begriff „Staat", der der politischen Kultur Nordeuropas fremd ist, erst recht in seiner rechtspositivistischen, seit Hegel geltenden deutschen Tradition. In älteren Texten findet man ihn so gut wie gar nicht, dort ist vielmehr vom „König" die Rede, wenn „der Staat" gemeint ist. Damit konnte der Steuereintreiber gemeint sein oder der das Einwohnerregister verwaltende Pastor. Die hobbessche Anthropomorphisierung staatlicher Gewalt in einer Person ist dem skandinavischen Verständnis von Politik also gar nicht so fremd. In moderneren Zusammenhängen verbirgt sich das Denken in staatlichen, institutionellen Bezügen hinter dem Begriff „Gesellschaft", ja im Begriff der „Gemeinschaft" – *samfund, samhälle* oder vergleichbar.[10]

Zur Anthropomorphisierung von Politik kommt in Dänemark ganz zweifellos die Humanisierung von Politik, wenn man menschliche Nähe und demokratische Entscheidungsrituale so nennen darf. Schon der Großvater und der Vater der heutigen Monarchin zeichneten sich durch ihre Volksnähe aus. Vom Großvater Christian X., der auch während der deutschen Besetzung ohne Begleitung durch Kopenhagen ritt,[11] sind hohe Popularitätswerte überliefert, wie auch von seinem Sohn, der als (heimlicher) Konzertdirigent hochgeschätzt war. Margrethe hat sich als studierte Archäologin und dilettierende Wissenschaftlerin, insbesondere aber als Künstlerin höchsten Respekt auch in Fachkreisen erworben; ihre Buchillustrationen, Bühnenbilder und Kostüme sind von hohem ästhetischem Wert.[12] Wenn ihre Ansprache zu Neujahr übertragen wird, sitzt buchstäblich ganz Dänemark vor den Gerä-

10 Vgl. Henningsen 1977: 125.

11 Dass er allerdings sich den Judenstern aus Loyalität ans Revers gesteckt hat bzw. damit gedroht habe, selbiges öffentlich zu tun, ist ein weiterhin und hartnäckig kolportiertes Gerücht.

12 Vgl. Thygesen 1991.

ten, die Zeitungen drucken die Rede ab und es hebt alljährlich ein öffentlicher Diskurs über ihre Botschaften an. In eine Metapher gekleidet: Die Überlebensgarantie der königlich dänischen Monarchie beruht darin, dass sie glaubhaft volksnah auf dem Fahrrad (bzw. Pferd) daherkommt und nicht im Rolls-Royce.

Die Zukunft der dänischen Monarchie

Die Monarchie abschaffen zu wollen, gehört zum programmatischen Ritual der politischen Parteien des linken Spektrums, einschließlich der Sozialdemokraten. Parlamentarische Mehrheiten hätten sich dafür in den letzten Jahrzehnten sicherlich finden lassen, Versuche dazu aus programmatischer Glaubwürdigkeit finden lassen müssen. Allein – auch dieses ein traditionelles politisches Paradox – es hat weder ernsthafte Bemühungen zur Abschaffung der Monarchie gegeben, noch wären sie im Lande politisch vermittelbar; mit ironischem Unterton spricht man in Dänemark von der „königlichen Sozialdemokratie".

Sicherlich gehört zur Überlebenskraft der dänischen Monarchie das politische Verhalten des Königshauses in der jüngeren Vergangenheit. Damit ist nicht nur die offensichtlich gesuchte Volksnähe gemeint, nicht nur das unvergessene Verhalten Christians X. während der deutschen Besetzung, sondern auch die Tatsache (die in der politischen Rhetorik allerdings gern überhöht wird), dass der Demokratisierungsprozess dänischer Politik und Gesellschaft durch die Monarchen nicht bzw. selten infrage gestellt wurde.[13]

Auch in Sachen Kontinuität hat das Königshaus – zumindest symbolisch – für seine Weiterexistenz vorgesorgt. Die Abfolge der dänischen Könige, die seit dem 16. Jahrhundert immer abwechselnd Christian und Frederik hießen und deren Namenskontinuität nur durch Margrethe II. unterbrochen wurde, wird mit Margrethes Sohn Frederik als dem kommenden König und dessen Sohn Christian wieder aufgenommen werden. Margrethe selbst kann an ihre große Vorgängerin gleichen Namens anschließen: Margarete I. (Königin 1387-1412), eine begnadete, machtbewusste Persönlichkeit, die seinerzeit als zentrale Einigungsgestalt die drei Reiche Norwegen, Schweden und Dänemark zur Kalmarer Union (1397-

13 Vgl. Hastrup 1995: 120-126.

1523) zusammenführte, wirft etwas Glanz noch auf ihre heute „regierende“ Nachfolgerin.

Die Kraft Margrethes II. zur Erneuerung, ihre Fähigkeit und Einsicht zur politischen Anpassung sowie nicht zuletzt das glaubhaft vorgelebte Verantwortungsbewusstsein für das Gemeinwesen (es gibt fast keine Skandale im dänischen Königshaus) lassen es als höchst unwahrscheinlich erscheinen, dass in absehbarer Zeit ein erfolgreicher Wechsel der Staatsform stattfinden kann. Volksnähe und Popularität sind durch die Verheiratung der beiden Söhne Margrethes mit Bürgerlichen noch einmal verstärkt worden. Die applaudierenden, ja jubelnden Massen werden es verhindern, dass die Politik sich trauen wird, die Republikfrage zu stellen. Zum 50. Geburtstag Margrethes 1990 schrieb die linksgerichtete Tageszeitung „Information“ in einem ausführlichen Leitartikel, dass die Republikfrage mangels Alternative nicht gestellt werden könne und werde: Vorstellbare Kandidaten für das Präsidentenamt umgäbe die Aura der Mittelmäßigkeit und „M2“ überstrahle sie als geistige und moralische Autorität weit.[14] Wie im Eingangsabsatz angedeutet, ist Margrethe eine starke und symbolgesättigte Personifizierung des Dänischen. Mit ihrer Thronbesteigung, ausgerechnet im Europajahr 1972,[15] wird das in ihr personifizierte monarchisch-nationale Projekt zur nationalromantischen Alternative zum Europaprojekt: Wer gegen Europa ist, und das ist in Dänemark ein mehrheitsverdächtiger Anteil der Bevölkerung, *muss* Monarchist sein – das schließt bzw. schloss ironischerweise die Linke, selbst Maoisten, ein. Wenn Dänemark *im Prinzip* den Gedanken des Nationalstaates mit dem EG-Beitritt 1973 aufgegeben hat, dann wird das protestantische Königshaus in Kopenhagen zur demokratisch-liberalen Vision vis-a-vis dem kapitalistisch-katholischen-bürokratischen Brüssel... Dass kaum ein Königshaus „europäischer“ ist als das dänische, erscheint im politischen Alltag nicht einmal als eine ironische Pointe.

Seit 2005 liegt dem Parlament, mit gelegentlichen Verweisen auf Schweden und Norwegen, ein Vorschlag der Linksparteien zur

---

14 M 2, in: Information, 17. April 1990: 1.

15 Im Oktober 1972 stimmten 63,4 Prozent für die Mitgliedschaft Dänemarks in der Europäischen Gemeinschaft, der das Land am 1. Januar 1973 – knapp ein Jahr nach Margrethes Amtsantritt – beitrat.

Totalrevision der dänischen Verfassung vor, der wie folgt begründet wird: „Das dänische Grundgesetz ist für ein demokratisches Land das unzeitgemäßeste. Der Abstand zwischen dem Grundgesetz, wie es 1953 geschrieben wurde, und dem, was die Verfassung Dänemarks [heute] ausmacht, ist sehr groß."[16] Im erläuternden Text wird darauf verwiesen, dass „König" im Grundgesetz in der Mehrzahl der Fundstellen „Regierung" meint und dass schon aus diesem Grunde die Unzeitgemäßheit erwiesen sei. Der Monarchie sollen mit der Revision unter anderem alle politischen Funktionen genommen werden. Der Monarch wird, dem Vorschlag folgend, keine Gesetze mehr unterschreiben, nicht mehr im Staatsrat sitzen und nichts mehr mit der Regierungsbildung zu tun haben – mit anderen Worten: der Text soll der Verfassungswirklichkeit entsprechen. Interessant ist allerdings die Kompromissbereitschaft der antimonarchistischen Antragstellerinnen und Antragsteller:

> „Die Monarchie ist in jeder Hinsicht unzeitgemäß. Die Monarchie ist ein Anachronismus in einer demokratischen Gesellschaft. Das einzig Logische [..] wäre, die Republik einzuführen. Aber die Abschaffung der Monarchie ist nicht besonders aktuell – nicht weil es nicht richtig wäre, sondern weil die Zustimmung zur Monarchie in Dänemark überwiegt. Die Abschaffung der Monarchie ist auch nicht wesentlich im Verhältnis zu einer Reihe anderer Fragen, die viel wichtiger sind in Verbindung mit einer Änderung des Grundgesetzes [...]."[17]

Wenn die Wählerinnen und Wähler nicht so wollen, wie die Politikerinnen und Politiker denken, dann gibt sich die Politik also antizipierend selbst auf. Allerdings könnte (vielleicht in zwei Generationen) die Situation eintreten, dass Entscheidungszwang aufkommt, weil es keinen Thronfolger gibt. Dann und nur dann, so schlagen die Initiatoren vor, muss es eine Volksabstimmung über die Einführung der Republik geben, wie dies in Norwegen bereits einmal stattgefunden hat – 1905.

Das Paradox, dass sechs der ältesten und vitalsten Monarchien ausgerechnet im nördlichen Europa liegen, in der Weltregion, die am weitesten demokratisch-parlamentarisch entwickelt, am poli-

---

16 Forslag til Danmarks Riges Grundlov (Fremsat skr 6/10 05 Tillæg A 664), einsehbar unter http://www.folketinget.dk/doc.aspx?/Samling/20051/lovforslag/L4/index.htm (Stand: 1.4.2008).

17 Ebd.

tisch stabilsten und am wohlhabendsten ist,[18] belegt trefflich, dass Politik mehr ist als Wirtschaft, Verfahren und Institutionen. Politik hat auch mit Riten, Symbolen und Metaphern zu tun – mit Sprache und mit Bildern. Die Künstlerin auf dem dänischen Thron lebt dies vor.

Literatur

Barudio, Günter 1981: Das Zeitalter des Absolutismus und der Aufklärung 1648-1779, Frankfurt a. M.

Brandt, Peter 1990: Von der Adelsmonarchie zur königlichen „Eingewalt". Der Umbau der Ständegesellschaft in der Vorbereitungs- und Frühphase des dänischen Absolutismus, in: Historische Zeitschrift, Bd. 250, 33-72.

Brøns, Peter 1979: Det kgl. danske monarki, in: Svend Hansen (Hrsg.), Politikens Sådan fungerer Danmark. Bogen om det danske samfund, Kopenhagen, 52-55.

Clausen, Sven 1953: De danske statsteorier, Kopenhagen.

Hastrup, Bjarne 1995: Contemporary Danish Society. Danish Democracy and Wellfare [sic!], Kopenhagen.

Henningsen, Bernd 1977: Die Politik des Einzelnen. Studien zur Genese der skandinavischen Ziviltheologie, Göttingen.

Lammers, Karl Christian 1988: 1914-1920. Fra borgfred til Påskekrise, in: Søren Mørch (Hrsg.), Danmarks Historie, Bd. 7, Kopenhagen, 82-138.

M 2, in: Information, 17. April 1990, 1.

Thygesen, Peter 1991: Droningen laver scener, in: Politiken, Magasinet, 8. September 1991, 5-6.

Internet

Königshaus: *http://kongehuset.dk*

Portal des dänischen Außenministeriums: *http://www.denmark.dk*

Parlament: *http://www.ft.dk*

---

18 Vgl. Brøns 1979: 52.

Großbritannien

Judith Gurr

In seinem zum Klassiker gewordenen Werk *The English Constitution* aus dem Jahr 1867 unterscheidet der viktorianische Verfassungsinterpret und Nationalökonom Walter Bagehot zwischen der Monarchie und dem Oberhaus (*House of Lords*) als ehrwürdigen (dignified) und dem Kabinett sowie dem Unterhaus (*House of Commons*) als leistungsfähigen (efficient) Teilen der englischen Verfassung.[1] Die ehrwürdigen Elemente seien notwendig, so Bagehot, da auf ihnen die Lebenskraft der Verfassung beruhe.[2] Kann diese Einschätzung heute noch geteilt werden?

Historische Entwicklung

Die englische Monarchie kann bis zu König Egbert von Wessex (802-839)[3] zurückverfolgt werden, wobei ihre Kontinuität nur zwischen 1649 und 1659 (Commonwealth und Protektorat Oliver Cromwells) unterbrochen wurde. Ihre Geschichte lässt sich als eine Situationenfolge beschreiben, „in der der Verlust an direkter politischer Macht der Krone parallel zu einem Funktionswandel stattfand, welcher dem Monarchen neue politisch bedeutsame Aufgaben zuwies“[4] und die in das Diktum „Le roi règne, mais il ne gouverne pas“[5] mündete.

---

1 Vgl. Bagehot 1971: 69, 107 und 136 sowie Bagehot 1964: 82, 121 und 150. Der Begriff Verfassung ist für das britische Regelwerk unter Vorbehalt zu verwenden: Großbritannien besitzt keine kodifizierte Verfassungsurkunde. Die Rechtssätze sind Ergebnis eines Jahrhunderte dauernden Prozesses.

2 Vgl. Bagehot 1971: 49.

3 Die Jahreszahlen in den Klammern beziehen sich auf Beginn und Ende der Regentschaft.

4 Wende 1998: 12.

5 Diese Formel prägte der französische Politiker Adolphe Thiers 1829. Der König ist danach formal Quelle der Staatsautorität, die politische Macht ist aber tatsächlich auf andere Institutionen übergegangen. Vgl. Loewenstein 1952: 42f.

Die moderne britische Monarchie ist im 19. Jahrhundert unter der Regentschaft Königin Victorias (1837-1901) „erfunden" worden.[6] In dieser Zeitspanne vollzog sich endgültig der Wechsel von einer aktiv-politischen zu einer symbolisch-gesellschaftlichen Rolle. Die Formel, mit der Bagehot die der Krone verbliebenen Steuerungsfähigkeiten beschreibt, ist berühmt geworden: „To state the matter shortly, the sovereign has, under a constitutional monarchy such as ours, three rights – the right to be consulted, the right to encourage, the right to warn."[7] Persönlichkeit und Charakterzüge des Monarchen sind weiterhin bedeutsam für den Umfang der ihm zustehenden politischen Einwirkungsmöglichkeiten, die Bagehot auf eine subsidiäre Funktion in Krisenzeiten beschränkt sieht.[8]

Auch nach der Bürgerlichen Reform von 1832 konnte die Krone ihren Einfluss auf Politik und Regierung noch lange Zeit bewahren, das Kräfteverhältnis hatte sich jedoch zugunsten des Unterhauses und der Regierung verschoben. Der Machtverlust der Krone fand Ausdruck in der so genannten *Bedchamber Crisis* nach der Hofdamenaffäre: 1839 musste Premierminister Lord Melbourne (*Whig*) nach dem Verlust von Unterhaussitzen für seine Partei den Rücktritt erklären. Widerstrebend beauftragte daraufhin Königin Victoria – zu dieser Zeit noch liberal orientiert – Sir Robert Peel (*Tory*) mit der Bildung einer Regierung. Dieser schlug vor, um die überparteiliche Position der Krone zu demonstrieren, einige Damen aus *Tory*-Kreisen in den *Whig*-Hofstaat der Königin aufzunehmen. Angegriffen in ihrer königlichen Autorität, weigerte sich Victoria, an ihrem Hofpersonal irgendwelche Änderungen vorzunehmen und entzog Peel das Vertrauen. Dem darauf wieder eingesetzten Melbourne war jedoch keine lange Regierungszeit vergönnt, da die Wahlen von 1841 eine Mehrheit für die oppositionellen *Tories* brachten. So war letztlich der Königin nur ein kurzlebiger Sieg beschert, denn anhand dieser Affäre wurde deutlich, dass ein Premierminister mit königlicher Gunst gegen das Vertrauen des Unterhauses nicht regieren konnte. Das königliche Vorrecht, den Premierminister zu bestimmen, war inzwischen an das Unterhaus übergegangen. Die Krone konnte nun, den

6 Vgl. Cannadine 1994.

7 Bagehot 1964: 111.

8 Zur Reservefunktion der Monarchie vgl. Nuscheler 1969: 65-67.

parteilichen Auseinandersetzungen entzogen, zum ruhenden Pol im politischen System avancieren – eine bis heute herausragende Funktionszuschreibung der britischen Monarchie.[9]

Die Stellung der Krone im modernen politischen System

Das Vereinigte Königreich von Großbritannien und Nordirland ist verfassungsrechtlich eine konstitutionelle Erbmonarchie, die sich jedoch zur parlamentarischen Monarchie entwickelt hat.[10] Charakterisiert wird das britische politische System als Westminster-Modell der Demokratie, also als Modell der Konkurrenzdemokratie, in der politische Willensbildungs- und Entscheidungsprozesse vom Mehrheitsprinzip und vom Wettbewerb der Parteien bestimmt sind. Monarchische Staatsform und parlamentarisch-demokratische Regierungsform zeigen sich als vereinbar, der „stabilisierende Schutzpanzer der Monarchie"[11] ist im Laufe der Entwicklung zur Demokratie nicht zerbrochen. Bernd Becker sieht in der heutigen Staatsform Monarchie die „äußere Hülle, die den Staat zusammenhält und repräsentiert".[12]

Die seit 1952 amtierende Regentin, Elizabeth Alexandra Mary of York, wurde am 21. April 1926 in London als Tochter von Prinz Albert Frederick Arthur George – dem späteren König George VI. (1936-1952) – und Lady Elizabeth Bowes-Lyon geboren. Queen Elizabeth II. ist eine Ur-Ur-Enkelin von Königin Victoria und als solche Glied in einer bis 1603 zurückreichenden

---

9 Vgl. zu diesem Abschnitt Feuchtwanger 1998: 275; Lotz 2000: 40-42; Kluxen 1976: 561f. In einem Gespräch mit Peel wird deutlich, wie sehr Königin Victoria auf ihrer Haltung beharrte: „I said I could *not* give up *any* of my Ladies, and never had imagined such a thing." Königin Victoria 1839, zitiert nach Longford 1964: 111.

10 Seit dem *Act of Settlement* von 1701 ist die rein protestantische Thronfolge festlegt, außerdem sind Frauen nur subsidiär erbfolgeberechtigt. Zur Definition von konstitutioneller und parlamentarischer Monarchie vgl. den einführenden Beitrag von Tobias Friske in diesem Band.

11 Ansprenger 1999: 407.

12 Becker 2002: 106.

Kette von Herrschern. Die Dynastie ist also alt, ihr Name – Windsor – ist jedoch eine Neuerung aus dem 20. Jahrhundert.[13]

Elizabeth the Second, by the Grace of God of the United Kingdom of Great Britain and Northern Ireland and of Her other Realms and Territories Queen, Head of the Commonwealth, Defender of the Faith[14] – so lautet der offizielle Titel der Queen, der große Machtfülle und eine herausragende Stellung vermuten lässt (siehe Schaubild). Aber hier klaffen Verfassungstheorie und Wirklichkeit weit auseinander. Unter formalrechtlichen Gesichtspunkten erscheint die Monarchin immer noch als souveräne Inhaberin bzw. Teilhaberin der drei Gewalten Legislative, Exekutive und Judikative (*Queen-in-Parliament*, *Queen-in-Council* und *Queen-in-Banco*).[15] In ihren faktischen Einflussmöglichkeiten ist die Rolle der Queen beschränkt auf bestimmte politische Situationen (siehe unten). Schließlich ist die soziale Macht der königlichen Familie zu berücksichtigen, welche sich in Gefühls- und Symbolwerten manifestiert.

---

13 Bei dem Namen Windsor handelt es sich um eine terminologische Neuschöpfung des Hauses Hannover-Sachsen-Coburg-Gotha. Aufgrund antideutscher Ressentiments in der britischen Öffentlichkeit zur Zeit des Ersten Weltkrieges nahm George V. 1917 den Namen Windsor an, benannt nach Windsor Castle.

14 Der offizielle Titel markiert einige Stationen in der Geschichte der britischen Monarchie: Der Titel *Defender of the Faith*, der darauf hinweist, dass die Queen Oberhaupt der anglikanischen Staatskirche ist, wurde Heinrich VIII. im Jahre 1521 von Papst Leo X. verliehen und 1544 vom englischen Parlament für erblich erklärt. 1707 wurden die Königreiche von England und Schottland vereinigt und 1801 wurde das irische Parlament in das von Großbritannien eingegliedert; 1921/22 erklärte sich die Republik Irland für unabhängig, Nordirland verblieb beim Vereinigten Königreich – daher die Formulierung *of the United Kingdom of Great Britain and Northern Ireland*. Mit der Bezeichnung *of Her other Realms and Territories Queen* hatte im Jahr 1953 der *Royal Titles Act* der Tatsache Rechnung getragen, dass die anderen Mitglieder des Commonwealth mit dem Vereinigten Königreich gleichberechtigt waren. Der Titel *Head of the Commonwealth* geht zurück auf den Verbleib Indiens als unabhängiger Staat mit republikanischer Verfassung im Commonwealth seit 1949. Vgl. Ziegesar 1993: 1.

15 Vgl. zu diesem Abschnitt Fetscher 1978: 141f.

Schaubild: Formalrechtliche Stellung der Krone im Regierungssystem Großbritanniens[16]

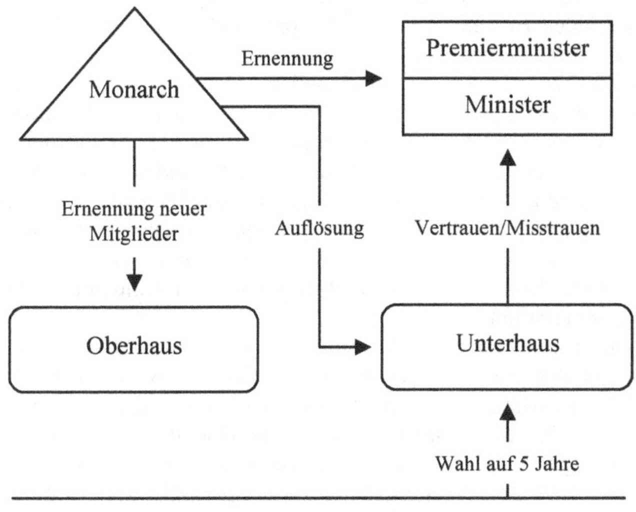

Politische Funktionen

Gemäß gewohnheitsrechtlich verankerter Verfassungsgrundsätze stehen der Monarchin formal folgende Hoheitsrechte zu: das Recht, vom Premierminister und seinen Ministern vollständig informiert zu werden, sie zu beraten, zu ermutigen und zu warnen (a), die Wahl und Ernennung des Premierministers und dessen Beauftragung mit der Regierungsbildung (b), die Entlassung einer Regierung (c), die Auflösung des Parlaments (d), die Zustimmung zu Gesetzesvorlagen (*royal assent*) (e), das Recht, in den Adelsstand zu erheben und Orden zu verleihen (*fountain of honour*) (f), die Ernennung von Ministern und höheren Beamten, Life Peers, Richtern, Offizieren, Diplomaten, Erzbischöfen und Bischöfen der Staatskirche (g), das Begnadigungsrecht (h), die Aufnahme oder

16 Eigene Darstellung.

der Abbruch diplomatischer Beziehungen mit anderen Staaten (i), der Abschluss von Verträgen mit auswärtigen Mächten (j) und das Recht, als Oberbefehlshaberin der Streitkräfte Krieg zu erklären und Frieden zu schließen (k).[17] Ursprünglich konnte der Monarch diese Vorrechte unabhängig von der Mitwirkung der Volksvertretung ausüben. In der konstitutionellen Monarchie wurde er darin durch verfassungsrechtliche Bindungen beschränkt. In der modernen parlamentarischen Monarchie übt der Monarch die Prärogativrechte der Krone zwar formal aus, faktisch handelt er jedoch bei der Ausübung dieser Rechte auf Rat und Vorschlag von Ministern, insbesondere des Premierministers.[18] Herbert Döring hält diese Besonderheit für typisch für das britische System, das es liebe, „in souveräner Ironie [...] alte Rechtsfiguren unter Umdeutung ihres Sinns zu erhalten".[19]

Nun wäre es aber voreilig, in der Krone eine rein passive Galionsfigur des Staatsschiffes zu sehen. Vielmehr wird von Politik- und Rechtswissenschaftlern darauf hingewiesen, dass die Queen als „Hüterin der Verfassung" bestimmte Hoheitsrechte ohne oder sogar gegen den Rat des Premierministers ausüben kann. So argumentiert Vernon Bogdanor, dass die persönlichen Prärogativrechte des Souveräns lebendig seien und in konstitutionellen Krisen bedeutsam werden könnten.[20] Hierbei handelt es sich um die Aufgaben (b) bis (e). Im Fall der Ernennung eines Premierministers muss die Monarchin dann eine persönliche Entscheidung treffen, wenn kein eindeutiger Nachfolger des vorherigen Premiers feststeht oder aus den Unterhauswahlen keine klaren Mehrheitsverhältnisse hervorgehen (*hung parliament*). Hier wirkt die Monarchin in ihrer Reservefunktion quasi als Katalysator einer Mehrheitsbildung. Zweimal sah sich Queen Elizabeth II. in ihrer bisherigen Regentschaft mit der Aufgabe konfrontiert, eigenständig einen Premierminister zu ernennen. In beiden Fällen handelte es

---

17 Vgl. zu dieser Liste Ziegesar 1993: 5f.

18 Der Rat eines Ministers ist dabei in der Regel bindend und muss vom Monarchen akzeptiert werden. Im Umkehrschluss bedeutet dies, dass der Souverän der (politischen) Verantwortung entbunden wird. Vgl. Bogdanor 1995: 66.

19 Döring 1993: 164.

20 Bogdanor 1995: VII.

sich um einen Premier der Konservativen Partei, die bis 1965 kein klares Bestellungsverfahren für einen durch Tod oder Rücktritt vakanten Parteiführerposten hatte.[21]

„[T]he moment when democracy and monarchy meet“[22] – mit diesen Worten beschreibt Jack Harvey treffend die allwöchentliche dienstägliche Audienz des Premierministers im Buckingham Palace. Einblick in Staatsangelegenheiten verschaffte sich Queen Elizabeth II., der aufgrund bestehender Konventionalregeln ein umfassendes Informations- und Konsultationsrecht zusteht, in bereits mehr als tausend Vier-Augen-Gesprächen mit ihren bislang elf verschiedenen Premierministern.[23] Inwieweit die Monarchin in solchen Gesprächen Einfluss auf den Regierungschef und die Regierung nehmen kann, bleibt spekulativ, da beiderseitige Geheimhaltung als strenges Gebot gilt.

---

21 1957 trat Antony Eden anlässlich heftiger Kritik an der britischen militärischen Intervention am Suezkanal zurück. Gegen den Willen der Mehrheit der konservativen Fraktion entschied sich Queen Elizabeth II. nach Beratungen mit Lord Salisbury und Winston Churchill für Harold Macmillan. Nach dessen Rücktritt aus gesundheitlichen Gründen im Jahre 1963 ernannte die Monarchin auf Macmillans Rat hin, aber wieder gegen den Willen der Mehrheit der konservativen Fraktion, Sir Alec Douglas-Home zum Premierminister. Dieses Vorgehen ließ Kritik an ihr laut werden, politisch gehandelt zu haben. Mit der Entscheidung der Konservativen Partei 1965, ein eindeutiges Wahlverfahren für den Posten des Parteiführers zu konstituieren, ist eine Gefahr für die systemnotwendige Überparteilichkeit der Krone gebannt. Vgl. zu beiden Fällen Ziegesar 1993: 34f. und Bogdanor 1995: 93-99.

22 Harvey 1978: 120.

23 Sir Winston Churchill (1951-1955; *Conservative*), Sir Anthony Eden (1955-1957; *Cons.*), Harold Macmillan (1957-1963; *Cons.*), Sir Alec-Douglas-Home (1963-1964; *Cons.*), Harold Wilson (1964-1970 und 1974-1976; *Labour*), Edward Heath (1970-1974; *Cons.*), James Callaghan (1976-1979; *Lab.*), Margaret Thatcher (1979-1990; *Cons.*), John Major (1990-1997; *Cons.*), Tony Blair (1997-2007; *Lab.*), Gordon Brown (seit 2007; *Lab.*).

Symbolische Funktionen

Die Hauptfunktionen der modernen Monarchie sind repräsentativer, zeremoniell-symbolischer und integrativer Natur:[24] „However, the importance of the monarchy in the twenty-first century derives more from what it stands for than from what it does."[25] Der Monarch kann seine Bedeutung als Symbol der Einheit der Nation jedoch nur bewahren, indem er sich durch Überparteilichkeit vom politischen Wettstreit fernhält.

Sinnbild für das Zusammenspiel ehrwürdiger und effizienter Teile der britischen Verfassung ist die sich alljährlich vollziehende prunkvolle und symbolträchtige Staatszeremonie der Parlamentseröffnung. Höhepunkt dieses minutiös festgelegten Staatsaktes ist die Verlesung der vom Premierminister und seiner Regierung verfassten Thronrede (*Queen's Speech*) durch die Queen, welche das Regierungsprogramm des bevorstehenden Parlamentsjahres enthält.

In seiner Symbolfunktion soll das Staatsoberhaupt auch dem Ausland gegenüber die Einheit der Nation verkörpern und im Innern den Staat als ein alle Bürger umfassendes Gemeinwesen veranschaulichen und dadurch ein Zugehörigkeitsgefühl sowie einen sozialen Orientierungsrahmen vermitteln. Zu den repräsentativen Aufgaben gehört auch, dass die britische Monarchin weiterhin Staatsoberhaupt in 15 der 53 Commonwealth-Länder ist.[26] Insbesondere die zahlreichen Staatsbesuche und -empfänge sowie die öffentlichen Auftritte verdeutlichen, dass die britische Nation nicht nur vom Staatsoberhaupt, sondern vom Königshaus insgesamt repräsentiert wird. Die Wahrnehmung dieser öffentlich-gesellschaftlichen Funktionen sowie der Kontakt zur Bevölkerung sind essentiell für den Fortbestand der Monarchie.

Reform- und Abschaffungsdiskurse

In den seltensten Fällen erfolgt die Kontaktaufnahme zwischen Monarchie und Bevölkerung direkt, wie bei *walkabouts* in der

24 Vgl. Sturm 2003: 229.

25 Norton 2004: 363.

26 Vgl. hierzu den einführenden Beitrag von Tobias Friske in diesem Band.

Öffentlichkeit oder *royal garden parties* im Buckingham Palace,[27] vielmehr übernehmen die Medien in diesem Kommunikationsprozess die Vermittlerfunktion. Mit der Fernsehübertragung der Krönungszeremonie vom 2. Juni 1953 wurde die Symbiose der wechselseitigen Abhängigkeit von Medien und Monarchie besiegelt. Auf kritische, Volksnähe und Modernisierung einfordernde Stimmen antwortete das Königshaus mit der Ausstrahlung des Fernsehfilms *The Royal Family* von 1969. 2007 glänzte die oscarprämierte Schauspielerin Helen Mirren als Elizabeth II. im Film *The Queen* von Stephen Frears. Die Medialisierung der Monarchie birgt jedoch die Gefahr der öffentlichen Inszenierung der königlichen Familie als „Seifenoper" und damit einhergehend des Verlustes ihrer magischen und numinosen Funktion.

Konfrontiert sieht sich die moderne Medienmonarchie außerdem mit einer widersprüchlichen Erwartungshaltung der Öffentlichkeit: „To be ordinary and extraordinary at the same time".[28] Kritisiert wird im Wesentlichen, dass ein nicht durch Wahl legitimiertes Staatsoberhaupt bestimmte politische Rechte ausüben kann, dass die Monarchie unrepräsentativ für die britische Gesellschaft sei und dass die Kosten für diese traditionale Institution zu hoch seien. Der Ansehensverlust erlebte einen traurigen Höhepunkt im Jahr 1992 – dem „annus horribilis" des Königshauses.[29] Insgesamt hat sich aber die Monarchie-Untergangsvision der 1990er Jahre nicht verwirklicht. Zwar steht in der Öffentlichkeit häufig das Verhalten der Windsors infrage, kaum aber die Monarchie als Institution.[30] Eine die Monarchie ernsthaft gefährdende republikanische Bewegung gibt es in Großbritannien nicht.[31] Die

---

27 Vgl. Jay 1992: 172-195.

28 Pimlott 2001: 288.

29 Zu nennen sind unter anderem die Trennung des Thronfolgers Prinz Charles von Prinzessin Diana, der Brand im Schloss Windsor sowie die zunehmende öffentliche Kritik an der Monarchie und die daraus resultierende Entscheidung der Queen und des Prinzen von Wales, auf ihre Privateinkünfte künftig Steuern zu zahlen.

30 Vgl. Kaiser 1997: 106.

31 „Moreover, during the 1990s, there were signs of a revival of republican feelings, which had lain dormant since the 1870s. Republicanism, however, was to remain distinctly a minority taste, and survey evi-

Gründe hierfür liegen sicherlich in erster Linie in der großen Sympathie der Briten für ihre Queen.[32]

Die britische Monarchie als ein verstaubtes Relikt abzutun, wäre angesichts ihrer bedeutsamen Funktion als überparteiliches Bindeglied der Gesellschaft sowie Hort der Tradition und damit als stabilisierender Faktor für die politische Kultur des Landes ein vorschnelles Urteil. Allerdings ist ein demoskopisch fassbarer Trend in der britischen Bevölkerung in Richtung einer zunehmenden Gleichgültigkeit, also einer Schwächung der gefühlsmäßigen Bindung, gegenüber der Institution Monarchie nicht zu übersehen.[33]

Die Monarchie hat aus rationalen und affektiven Gründen eine Daseinsberechtigung im Gesamtgefüge der modernen britischen Gesellschaft. Die Zukunft der britischen Monarchie hängt aber entscheidend davon ab, ob sich diese traditionale Institution auch weiterhin als anpassungs- und wandlungsfähig erweist.

Literatur

Ansprenger, Franz 1999: Erbe des Empire. Bedeutungswandel des Commonwealth, in: Hans Kastendiek/Karl Rohe/Angelika Volle (Hrsg.), Großbritannien. Geschichte-Politik-Wirtschaft-Gesellschaft, 2. Auflage, Frankfurt a. M./New York, 405-419.

Bagehot, Walter 1964: The English Constitution, London.

Bagehot, Walter 1971: Die englische Verfassung. Herausgegeben und eingeleitet von Klaus Streifthau, Neuwied/Berlin.

---

dence indicated that support for the monarchy in the 1990s did not fall below 70 per cent.“ Bogdanor 2003: 703.

32 Vgl. http://www.ipsos-mori.com/polls/monarchy/satisfac.shtml (Stand: 1.4.2008).

33 Vgl. Becker 2002: 110. In einer Umfrage des IPSOS-Instituts für *Market & Opinion Research International* (*MORI*) von 2002 gaben 37 Prozent der Befragten an, es würde keinen Unterschied machen, ob Großbritannien die Monarchie behalte oder eine Republik werde. 1984 waren es nur 16 Prozent. Vgl. http://www.ipsos-mori.com/polls/monarchy/abolish.shtml (Stand: 1.4.2008).

Becker, Bernd 2002: Politik in Großbritannien. Einführung in das politische System und Bilanz der ersten Regierungsjahre Tony Blairs, Paderborn.
Bogdanor, Vernon 1995: The Monarchy and the Constitution, Oxford.
Bogdanor, Vernon 2003: Conclusion, in: ders. (Hrsg.), The British Constitution in the Twentieth Century, Oxford/New York, 689-720.
Cannadine, David 1994: Die Erfindung der britischen Monarchie 1820-1994. Aus dem Englischen von Matthias Fienbork, Berlin.
Döring, Herbert 1993: Großbritannien. Regierung, Gesellschaft und politische Kultur, Opladen.
Fetscher, Iring 1978: Großbritannien. Gesellschaft-Politik-Wirtschaft. Eine Einführung, 3. Auflage, Königstein/Ts.
Feuchtwanger, Edgar 1998: Viktoria 1837-1901, in: Peter Wende (Hrsg.), Englische Könige und Königinnen. Von Heinrich VII. bis Elisabeth II., München, 268-286.
Harvey, Jack 1978: How Britain Is Governed, 2. Auflage, Houndmills/London.
Jay, Antony 1992: Elizabeth R. The Role of the Monarchy Today, With Specially Commissioned Photographs by David Secombe, London.
Kaiser, André 1997: House of Lords and Monarchy. British Majoritarian Democracy and the Current Reform Debate on its Pre-democratic Institutions, in: Ulrike Jordan/Wolfram Kaiser (Hrsg.), Political Reform in Britain, 1886-1996. Themes, Ideas, Policies, Bochum, 81-109.
Kluxen, Kurt 1976: Geschichte Englands. Von den Anfängen bis zur Gegenwart, 2. Auflage, Stuttgart.
Loewenstein, Karl 1953: Die Monarchie im modernen Staat, Frankfurt a. M.
Longford, Elizabeth 1964: Victoria R.I., 3. Auflage, London.
Lotz, Jürgen 2000: Victoria, Hamburg.
Norton, Philip 2004: The Crown, in: Bill Jones (Hrsg.), Politics UK, 5. Auflage, Harlow, 362-387.
Nuscheler, Franz 1969: Walter Bagehot und die englische Verfassungstheorie. Geschichte eines klassischen Modells parlamentarischer Regierung, Meisenheim a. G.

Pimlott, Ben 2001: The Queen. Elizabeth II and the Monarchy. Golden Jubilee Edition, London.
Sturm, Roland 2003: Das politische System Großbritanniens, in: Wolfgang Ismayr (Hrsg.), Die politischen Systeme Westeuropas, 3. Auflage, Opladen, 225-262.
Wende, Peter 1998: Einleitung, in: ders. (Hrsg.), Englische Könige und Königinnen. Von Heinrich VII. bis Elisabeth II., München, 7-14.
Ziegesar, Detlef von 1993: Großbritannien ohne Krone?, Darmstadt.

Internet

Königshaus: *http://www.royal.gov.uk*

Parlament: *http://www.parliament.uk*

Premierminister: *http://www.pm.gov.uk*

Umfrageinstitut Ipsos MORI: *http://www.ipsos-mori.com*

Japan

Reinhard Zöllner

Bis 1868 waren sämtliche Staatswesen in Ostasien monarchisch verfasst. China, Japan und Vietnam wurden in der westlichen Diplomatie als Kaiserreiche verstanden, Korea und die Ryukyu-Inseln als Königreiche. Im Zeitalter des Ostasiatischen Bürgerkriegs (1895 bis 1989) änderte sich dies unter japanischer Mitwirkung dramatisch.

Die ersten kurzlebigen Republiken entstanden 1868 (Republik Ezo auf der heutigen Insel Hokkaido; 1869 von Japan erobert) und 1895 (Republik Taiwan; im selben Jahr von Japan erobert). Das Königreich der Ryukyu-Inseln, das vorher schon de facto zu Japan gehörte, wurde 1879 in eine japanische Präfektur umgewandelt. Korea wurde 1895 zum Kaiserreich und gab damit seinen Status als Tributstaat Chinas auf. 1905 wurde es jedoch japanisches Protektorat und 1910 durch Annexionsvertrag Teil des japanischen Kaiserreichs. Eine Revolution beseitigte 1912 die Monarchie in China, das fortan republikanisch verfasst war. Lediglich in der seit 1932 japanisch kontrollierten Mandschurei wurde 1934 ein Kaiserreich von Japans Gnaden errichtet, das mit der japanischen Niederlage 1945 jedoch unterging. Vietnam wurde Teil von Französisch-Indochina, blieb aber formal Kaiserreich bis zur Ausrufung der Republik im September 1945. Nur Japan selbst blieb in und nach dieser Zeit unverändert eine Monarchie, wenngleich die Stellung des Kaisers sich durch die Verfassungen von 1889 (Meiji-Verfassung) und von 1946 (Shōwa-Verfassung) entscheidend wandelte. Heute ist Japan die einzige Monarchie in Ostasien und das letzte verbliebene Kaiserreich der Erde.

Geschichte des Kaiserreiches

Dabei leitet sich Japans Bezeichnung als Kaiserreich ursprünglich davon her, dass sich der japanische Monarch seit dem 8. Jahrhundert als gleichberechtigt mit dem chinesischen Monarchen verstand, der wiederum formell Herrscher über Tributstaaten war. Japan leistete keinen Tribut an China und erkannte keine chinesische Suzeränität über sich an. Für westliche Beobachter der Frühen Neuzeit galt Japan zwar auch als Kaiserreich, doch wurde in Analogie zum Deutschen Reich der damalige politische Machthaber und oberste Feudalherr, der *Shōgun*, als weltlicher Herr und Kaiser bezeichnet, während das symbolische und kulturell-religiöse Oberhaupt, der *Tennō*, mit dem Papst verglichen wurde. Erst als 1868 der *Tennō* zum alleinigen, vorgeblich persönlich herrschenden Oberhaupt des Staates wurde, fiel ihm endgültig im internationalen Sprachgebrauch der Kaisertitel zu.

Die Position des *Tennō* war stets erblich. Der Legende nach wird sie seit 660 v. Chr. in derselben Dynastenfamilie vererbt. Nachzuweisen ist eine dynastische Kontinuität jedoch erst seit dem 6. Jahrhundert n. Chr. und auch hier nicht ganz ohne Brüche. Im 14. Jahrhundert kam es zu einer Spaltung der Kaiserfamilie in einen Nord- und einen Südhof und zur Aufstellung von Gegenkaisern. Der Konflikt wurde in einem Kompromiss gelöst, der jedoch nie umgesetzt wurde. Deshalb wird die Legitimität der seither herrschenden nördlichen Linie des Kaiserhauses gelegentlich (zuletzt nach dem verlorenen Zweiten Weltkrieg) zugunsten der Nachfahren der südlichen Linie infrage gestellt.

Den aus dem Chinesischen übernommenen Titel *Tennō* („Himmlischer Kaiser“) führt die Dynastie seit 672 n. Chr. Zur selben Zeit wurden die Kaiser auch erstmals als „Götter in Menschengestalt“ (*arahitogami*) bezeichnet. Jahrhundertelang orientierten sich das Hofleben sowie die das Kaisertum stützende Herrschaftsauffassung am Vorbild der chinesischen Tang-Dynastie (618 bis 907 n. Chr.). Allerdings kamen spezifische Elemente hinzu, die dem Kaiser die Rolle als spiritueller und kultureller Schutzherr Japans zuschrieben. Insbesondere galt der Kaiser als Oberpriester des in Ise praktizierten schintoistischen Kultes. Er war aber auch Patron des Buddhismus (lange Zeit wechselten Kaiser im japanischen Mittelalter nach ihrer Abdankung in den Stand buddhistischer Priester) und bestimmter, als Hoflieferanten privilegierter Künstler, Handwerker und Dienstleister. Sein Urteil über Literatur, wissenschaftliche Leistungen und Kunstwerke galt als Maßstab für Qualität. Aus diesem Umstand erklärt sich, dass der Kaiser noch heute regelmäßig Gedichtwettbewerbe ausschreibt und Künstler sowie Wissenschaftler mit Ehrungen auszeichnet.

Demgegenüber waren die ökonomischen Leitbildfunktionen des japanischen Kaisers eher gering. Wie der chinesische Kaiser galt er als Beschützer der Landwirtschaft. Er ließ Münzen prägen, die seine Regierungsdevise trugen, und stand der Bevölkerung in Zeiten von Hungerkrisen oder Naturkatastrophen mit Nahrungs- und Geldspenden bei. Akte der Milde und der Freigebigkeit (beispielsweise der Ausschank von kostenlosen Getränken bei freudigen Ereignissen in der Kaiserfamilie) wurden von ihm erwartet, waren jedoch nicht alltäglich. Zwar verbanden sich mit der Person des Kaisers keine besonderen charismatischen oder Heilserwartungen (der Kaiser galt nicht als wundertätig), doch wurde seit dem 14. Jahrhundert die Auffassung populär, die Ungebrochenheit der dynastischen Linie sei ein Garant für die Unversehrtheit des japanischen Staates und eine Auszeichnung Japans durch die (schintoistischen) Götter, unter deren Schutz das Land stehe.

Obwohl die Verfassung von 1889 (Meiji-Verfassung) als älteste Verfassung in Asien sich betont an europäischen Vorstellungen orientierte, enthielt sie auch den Hinweis auf die „seit ewigen Zeiten ungebrochene Linie“ des Kaiserhauses und bezeichnete den Kaiser als „heilig und unverletzlich“. Beide Formulierungen verwiesen auf ideologische Letztbegründungen für den hohen Handlungsspielraum, der dem Kaiser in dieser Verfassung zugestanden wurde, obgleich er sich nicht außerhalb der Gesetze bewegen durfte. Als Oberbefehlshaber der Armee besaß der Kaiser jedoch Kompetenzen, die jenseits der Verfassung lagen. Zudem wurde die spirituelle Dimension seines Amtes niemals verbindlich definiert, sondern nach Opportunität interpretiert. Beispielsweise wurden in den Schulen bis 1945 Fotografien des Kaisers und seiner Gemahlin aufbewahrt, die an hohen Festtagen in quasireligiösen Zeremonien vorübergehend enthüllt und verehrt wurden, um dem Kaiser eine Art Realpräsenz an diesen Orten zu verschaffen. Die Vervielfältigung des kaiserlichen Körpers in den Medien verstärkte seine symbolische Gegenwart, wobei strenge Regeln für die Veröffentlichung von Fotografien und für die Wortwahl galten (und in abgemilderter Form bis heute gelten) und so mancher Karikaturist wegen Majestätsbeleidigung belangt wurde. Der Kaiser, der in den Jahrhunderten zuvor seinen Palast kaum verlassen hatte, begab sich seit Ende des 19. Jahrhunderts auf aufwendige Rundreisen durch einzelne Landesteile, was einer symbolischen Landnahme gleichkam. In der Öffentlichkeit trug er Uniform und ritt oft zu Pferde und präsentierte sich damit als moderner, dynamischer und körperlich vitaler Monarch, dessen Stellung sich insbesondere auf die ihm in Treue ergebene, moderne Armee stützte. Freilich führte genau diese Rolle als militärischer Oberbefehlshaber dazu, dass der Kaiser zwischen 1931 und 1945 von interessierten politischen Kräften instrumentalisiert wurde, um eine immer stärkere militärische Mobilisierung der Bevölkerung und eine aggressive, expansionistische Außenpolitik durchzusetzen, die schließlich in die Katastrophe des Zweiten Weltkrieges mündete. Nach dem verlorenen Krieg stellte sich die Frage, ob der Kaiser persönliche Verantwortung für den Krieg und das während dieser Phase begangene Unrecht trug. Beide Fragen verneinte die amerikanische Besatzungsmacht und schützte den Kaiser damit vor der Gerichtsbarkeit im Rahmen der internationalen Kriegsverbrecherprozesse. Beim amerikanischen Entwurf der neuen japanischen Verfassung von 1946 (Shōwa-Verfassung) wurde niemals in Betracht gezogen, die Monarchie abzuschaffen. Lediglich konservativen Bestrebungen, dem Kaiser wiederum eine politische Schlüsselposition einzuräumen, traten die USA entgegen und erfanden das so genannte „symbolische Kaisertum“, ohne ihm den Status als Staatsoberhaupt ausdrücklich zuzugestehen. Das Kaiserhaus untersteht seither der parlamentarischen Kontrolle. Auch wurde 1947 der Sondertatbestand der Majestätsbeleidigung (*fukeizai*) aus dem Strafrecht getilgt, den es seit 1880 gegeben hatte. Der Kaiser erklärte am 1. Januar 1946 in einer Rundfunkansprache zudem, dass er kein lebender Gott sei.

Kompetenzen des Kaisers

Die gegenwärtige Stellung des japanischen Monarchen ist in der japanischen Verfassung vom 3. November 1946 in Art. 1 bis 8 geregelt. Der Kaiser gilt als das Symbol des Staates und der Einheit des japanischen Volkes nach dem Willen des souveränen Volkes. Seine Stellung ist erblich. Die Erbfolge wird in einem gesonderten Gesetz über den kaiserlichen Haushalt geregelt. Die Kompetenzen des Kaisers in Staatsangelegenheiten beschränken sich auf Handlungen, die auf Empfehlung und mit Zustimmung der vom Parlament gewählten Regierung geschehen. Dazu gehören die Verkündung von Gesetzen, Verträgen, Verordnungen und Verfassungsänderungen, die Einberufung und Auflösung des

Parlaments sowie die Bestätigung der Ernennung von Staatsministern und hohen Beamten. Neben den in der Verfassung nicht näher erläuterten zeremoniellen Aufgaben verfügt der Kaiser zudem über die Kompetenzen zur Begnadigung und Amnestie, zur Verleihung von Auszeichnungen, zur Bestätigung von diplomatischen Verträgen sowie zur Akkreditierung und zum Empfang ausländischer Vertreter.

Schaubild: Der Kaiser im Regierungssystem Japans[1]

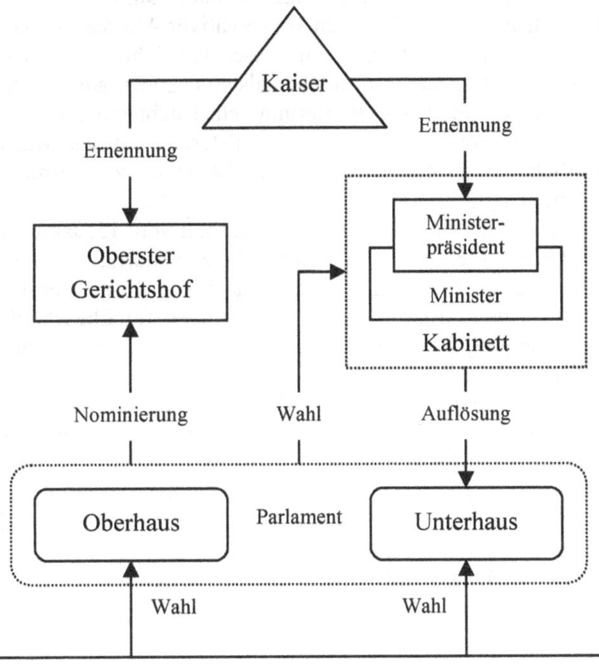

1 Darstellung von Tobias Friske.

Das Vermögen des kaiserlichen Haushalts untersteht der Kontrolle durch das Parlament. Der Kaiser ist wie alle anderen staatlichen Repräsentanten verpflichtet, die Verfassung zu achten und zu schützen (Art. 99).

Erstaunlicherweise lässt die Verfassung die Frage offen, ob der Kaiser auch japanisches Staatsoberhaupt ist. Hierzu gibt es konfligierende Auffassungen. Ein radikaler Standpunkt besagt, dass Japan überhaupt kein Staatsoberhaupt besitzt, während nach anderen Auffassungen jeweils das Parlament, das Kabinett oder der Ministerpräsident de jure Staatsoberhaupt sind, da der Kaiser ihrer Kontrolle untersteht. Nach konservativer Auffassung hat sich an der Stellung des Kaisers in dieser Hinsicht gegenüber der Vorkriegszeit (wo er ausdrücklich als Staatsoberhaupt bestimmt war) nichts geändert. Die Regierung selbst geht mit dieser Frage uneinheitlich um. Für das Außenministerium ist der Kaiser – vermutlich, um protokollarische Unsicherheiten zu vermeiden – Staatsoberhaupt.

Das Gesetz über den kaiserlichen Haushalt vom 15. Januar 1947 regelt Thronfolge und Regentschaft, die Zugehörigkeit zum Kaiserhaus und die Titel seiner Angehörigen, die Zusammensetzung des kaiserlichen Kronrats und Bestimmungen für Eheschließung, Thronbesteigung sowie Beisetzung. Kaiser können nur männliche Nachkommen des Kaisers werden, die dem Kaiserhaus angehören. Konkubinatskinder sind somit ausgeschlossen (anders als vor 1947). Weibliche Mitglieder des Kaiserhauses fungieren lediglich als Ehefrauen, Mütter, Großmütter, Töchter oder Enkelinnen des Kaisers und werden in der Thronfolge nicht berücksichtigt. Prinzipiell gilt patrilineare Primogenitur. Der älteste Sohn des Kaisers (genannt Kronprinz) und dessen Söhne stehen an der Spitze der Thronfolge. Danach folgen der zweite Sohn des Kaisers und dessen Söhne usw., danach die Brüder des Kaisers und deren Söhne und schließlich die Onkel des Kaisers und deren Söhne. Falls dies nicht ausreicht, folgen, nach Seniorität gestaffelt, die nächsten Verwandten der Kaiserfamilie. Adoptionen sind ausgeschlossen. Als Regenten eines minderjährigen oder schwer erkrankten Kaisers kommen der Kronprinz, dessen ältester Sohn, die weiteren kaiserlichen Prinzen und Prinzensöhne, die Kaiserin, die Kaiserinmutter, die Kaiseringroßmutter usw. in dieser Reihenfolge zum Zuge. Anders als in der übrigen Bevölkerung, wo die Volljährigkeit nach Vollendung des 20. Lebensjahres eintritt, gelten Kaiser und kaiserliche Prinzen bereits mit 18 Jahren als volljährig. Im zehnköpfigen Kronrat sitzen zwei Mitglieder der kaiserlichen Familie, die Präsidenten und Vizepräsidenten von Ober- und Unterhaus, der Ministerpräsident, der Leiter des Palastamtes, der Präsident des Obersten Gerichtshofes sowie ein weiterer Richter. Er wird vom Ministerpräsidenten geleitet. Seine wichtigsten Kompetenzen sind die Feststellung der Thronfolge, die Zustimmung zur Eheschließung von Kaiser und Prinzen, die Genehmigung zum Ausscheiden eines Mitglieds der kaiserlichen Familie aus dem Kaiserhaus und die Einsetzung eines Regenten. Nicht alle Angelegenheiten des Kaiserhauses sind im Haushaltsgesetz erschöpfend geregelt. Für die Thronbesteigungsfeier wird auf „den Ritus der Thronbesteigung“ (*sokui no rei*), für die Beisetzungsfeier auf „den Ritus des Großen Trauerns“ (*taisō no rei*) verwiesen. Beide Riten werden nach Präzedenz durchgeführt, was insbesondere im Falle des Beisetzungsritus die Frage der laut Verfassung zwingend vorgeschriebenen Trennung von Staat und Religion aufwirft. Denn sowohl der traditionelle Thronfolgeritus als auch der Trauerritus enthalten erkennbar religiöse Elemente. Über religiöse Funktionen und Pflichten des Kaisers sagt die Gesetzgebung allerdings nichts. Es wird jedoch stillschweigend und gewohnheitsrechtlich vorausgesetzt, dass sich die Mitglieder des Kaiserhauses an den schintoistisch geprägten Riten beteiligen und sich zu keiner anderen Religion bekennen.

Die Frage, wie der Kaiser seiner Rolle als Symbol von Staat und Volk nachkommen sollte, blieb ebenfalls offen. Symbolische Präsenz in der Gesellschaft erreicht das Kaiserhaus nach 1945 auf institutionalisiertem Wege vor allem über Interdikte, Feiertage und die Herrscherdevise. Das Verbot von öffentlichen Vergnügungen nach dem Tod eines Angehörigen des Kaiserhauses gab es bereits in der Vormoderne. Anlässlich des Todes des Kaisers Shōwa (Hirohito) 1989 zeigte sich, dass die Massenmedien, aber auch weite Teile des übrigen öffentlichen Lebens sich eine freiwillige Selbstbeschränkung auferlegten und weit über die eintägige Staatstrauerperiode hinaus auf Aktivitäten verzichteten, die als Mangel an Respekt vor dem Kaiserhaus verstanden werden konnten.

Staatliche Feiertage in Verbindung mit dem Kaiserhaus wurden seit den 1870er Jahren eingeführt. Heute wird der Bezug auf die

Kaiser aus verfassungsrechtlichen Gründen bis auf den Kaisergeburtstag kaschiert.

Tabelle: Derzeitige Nationalfeiertage mit Bezug zum Kaiserhaus

Tag	*Amtliche Bezeichnung*	*Anlass*
11. Februar	Staatsgründungstag	Legendäre Thronbesteigung des ersten Kaisers Jimmu 660 v. Chr.
29. April	Shōwa-Tag	Geburtstag des Kaisers Shōwa (Hirohito) (seit 2007; vorher seit 1949 Kaisergeburtstag, seit 1989 „Tag des Grünen")
7. März	Tag des Meeres	Schiffsreise des Kaisers Meiji (Mutsuhito) 1876
23. November	Tag des Dankes für treue Arbeit	Erntedankfest (*niinamesai*) des Kaiserhauses
23. Dezember	Kaisergeburtstag	Geburtstag des regierenden Kaisers Akihito (seit 1989)

Die Verkündung von Herrscherdevisen (*gengō*) haben die japanischen Kaiser aus China übernommen. Jeder Kaiser legt seit 1868 nach seiner Thronbesteigung nur noch eine Herrscherdevise fest, die gleichzeitig das Jahr seiner Herrschaft angibt und als Jahreszählung im öffentlichen Leben dient. Im Hausgesetz von 1889 war dieses kaiserliche Privileg geregelt worden, doch enthielten die Nachkriegsgesetze keine entsprechenden Bestimmungen. Erst 1979 kam ein neues Gesetz zustande, aus dem jedoch nicht ersichtlich ist, wie verbindlich diese kaiserliche Ära zu verwenden ist. Im Alltag wird sie pragmatisch neben der christlichen Ära eingesetzt. Ihr symbolischer Gehalt ist verblasst. Immerhin ist Japan heute das einzige Land, das an der früher überall in Ostasien üblichen Monarchenära festhält.

Kultur, Wissenschaft, Reform

Versuche während der Besatzungszeit (1945 bis 1952), den Kaiser zu einem „Volkskaiser" zu machen und ihn auf Reisen durch das Land mit „einfachen Bürgern" zusammenzubringen, verliefen nicht wirklich erfolgreich. Nach wie vor besteht eine große Distanz zwischen Kaiser und Bevölkerung. Zu Neujahr und an seinem

Geburtstag ist es üblich, dass sich der Kaiser und seine Familie auf einer verglasten Veranda des Kaiserpalastes zeigen und Glückwünsche der Bevölkerung entgegennehmen. Am 3. November, dem „Tag der Kultur", der zur Erinnerung an die Verkündung der Verfassung vom 3. November 1946 zum Feiertag gemacht wurde, verleiht der Kaiser im Palast Orden an verdiente Kulturschaffende und Wissenschaftler. Im Frühling und Herbst gibt es zudem kaiserliche Gartenfeste für geladene Gäste aus Politik und Kultur. Die Angehörigen des Kaiserhauses betätigen sich als Schirmherren karitativer Einrichtungen, besuchen Katastrophengebiete und spenden Trost in besonderen Notlagen. Traditionell übernimmt der Kaiser die ursprünglich religiös konnotierte Schirmherrschaft über den Sumo-Ringkampf und nimmt am Abschluss des in der Hauptstadt Tokio stattfindenden nationalen Turniers teil.

Die religiösen Aktivitäten des japanischen Kaiserhauses unterliegen wegen der in der Verfassung verankerten Trennung von Staat und Religion keiner öffentlichen Kontrolle. Sie werden auch nicht aus Steuergeldern finanziert.

Der jetzige Kaiser Akihito gilt als 125. Dynast in ununterbrochener Linie. Die nach 1945 geltenden Thronfolgebestimmungen (Monogamie, Ausschluss der Adoption, Ausschluss der weiblichen Thronfolge) machen es jedoch wahrscheinlich, dass über kurz oder lang eine dynastische Krise auftritt. Zwischen 1965 und 2006 wurde im Kaiserhaus kein männlicher Nachkomme geboren. Eine Änderung des Hausgesetzes, die eine weibliche Thronfolge ermöglicht, wurde bereits ernsthaft erwogen. Die Geburt eines Enkelsohns des gegenwärtigen Kaisers im September 2006 beendete diese Diskussion zunächst.

Literatur

Antoni, Klaus 1991: Der himmlische Herrscher und sein Staat, München.

Bix, Herbert P. 2001: Hirohito and the Making of Modern Japan, London.

Lokowandt, Ernst 1989: Das japanische Kaisertum: religiöse Fundierung und politische Realität, Tokyo.

Ruoff, Kenneth J. 2001: The People's Emperor: Democracy and the Japanese Monarchy, 1945-1995, Cambridge.
Zöllner, Reinhard 2006: Geschichte Japans. Von 1800 bis zur Gegenwart, Paderborn.

Internet

Kaiserliches Hofamt: *http://www.kunaicho.go.jp/eindex.html*

Japanische Botschaft in Deutschland: *http://www.de.emb-japan.go.jp*

Deutsches Institut für Japanstudien: *http://www.dijtokyo.org*

Jordanien

Canan Atilgan

Das Haschemitische Königreich Jordanien grenzt an Israel, die Palästinensischen Autonomiegebiete, an Syrien, den Irak und Saudi-Arabien. Das Land besitzt eine Fläche von 89.300 km^2, die von knapp sechs Millionen Einwohnern bewohnt wird. Etwa 92 Prozent der Einwohner Jordaniens sind sunnitische Muslime. Die restlichen acht Prozent sind Schiiten, Christen und Drusen.[1] Nur etwa 30 bis 40 Prozent der jordanischen Bevölkerung sind autochthone Jordanier, die Mehrheit sind Palästinenser, die nach der Staatsgründung Israels und dem Sechstagekrieg nach Jordanien geflohen sind. Die Palästinenser haben sich zwar größtenteils assimiliert, dennoch ist ein spezifisch palästinensisches Bewusstsein weit verbreitet. Ein Grund für die Beliebtheit von Königin Rania, der Frau König Abdallahs, ist ihre palästinensische Abstammung.

Nicht selten wird Jordanien als Produkt europäischer Kolonialpolitik bezeichnet. In der Tat warfen die Aufteilung des Nahen Ostens und die europäische Kolonial- und Mandatsherrschaft Konfliktlinien auf, die bis in die Gegenwart hinein prägend wirken.[2] Jordanien verfügt über keine natürlichen Grenzen, keine historische Tradition und keine homogene Bevölkerung – Gründe, warum er auch heute noch auf der Suche nach einer Definition seiner nationalen Identität ist.[3] Hinzu kommt, dass Jordanien nur über äußerst knappe Ressourcen verfügt und von Anfang an auf externe Wirtschafts- und Finanzhilfen angewiesen war.[4] All diese Sachverhalte sowie die Lage zwischen den zwei Krisengebieten Israel/Palästina und Irak schienen in der Vergangenheit immer wieder die Existenz des Staates zu gefährden. Daher ist Stabilität die wichtigste Leitlinie der jordanischen Innen- und Außenpolitik.

---

1 Zu Fläche, Einwohnerzahl und Religionsgruppen vgl. auch Tabelle 3 im Anhang dieses Bandes.

2 Vgl. Perthes 2002; Tauber 1993: 249ff.

3 Vgl. Fathi 1994.

4 Vgl. Koszinowski 2000.

Die haschemitische Herrscherfamilie beruft sich auf ein bedeutendes historisches und religiöses Vermächtnis. Die Haschemiten sind direkte Nachfahren des Propheten Mohammed. In der islamischen Geschichte spielten sie immer eine besondere Rolle; sie hatten traditionell mit dem Titel *Scherif* die Wächterrolle über Mekka und Medina ausgeübt. Trotz ihrer Abstammung vom Propheten nahmen die Haschemiten in der Geschichte allerdings kein religiöses, sondern ein politisches Amt ein. Die moderate islamische Haltung prägt bis heute ihre Herrschaft in Jordanien.

Bereits nach Auflösung des Osmanischen Reiches hatten die Briten 1921 die Haschemiten als Herrscher im Irak sowie im künstlichen Pufferstaat Jordanien eingesetzt. Im britischen Mandatstaat Jordanien, den die Briten von Palästina abspalteten, setzten sie Abdallah I. als Emir ein, unter dem der Staat 1946 offiziell als konstitutionelle Erbmonarchie souverän wurde.[5] 1951 wurde König Abdallah I. in Jerusalem ermordet. Nachfolger wurde sein ältester Sohn Talal, der jedoch nach einem Jahr zugunsten seines Sohnes Hussein abdankte. 45 Jahre lang herrschte König Hussein über Jordanien. Als er im Februar 1999 an Krebs starb, trauerte das Land um einen herausragenden Führer. Der heutige Herrscher, Husseins Sohn Abdallah II., steht noch immer im Schatten des charismatischen Vaters. König Abdallah II., der seine Ausbildung in Oxford, Georgetown und Sandhurst absolvierte, bekleidet seit dem Tod seines Vaters Hussein im Februar 1999 die Ämter des Staatsoberhaupts, des Oberbefehlshabers der Streitkräfte und des Regierungschefs.[6] Die fast reibungslosen Thronfolgen können als Indiz für die Stabilität des jordanischen Herrschaftssystems gesehen werden.

Stellung des Königs im jordanischen politischen System

Nach der Verfassung von 1952 ist Jordanien eine konstitutionelle Erbmonarchie. Der König ist mit umfassenden Rechten ausgestattet und letzte Entscheidungsinstanz von Legislative, Exekutive und Judikative. Er ist Oberhaupt der Armee, ernennt den Premiermi-

---

5 Vgl. Robins 2004.

6 Vgl. Homepage Abdallahs II. unter http://www.kingabdullah.jo (Stand: 1.4.2008).

nister und auf dessen Vorschlag die übrigen Mitglieder des Kabinetts sowie die Richter. Der Premierminister führt die Regierungsgeschäfte im Auftrag des Königs.

Die Legislative liegt bei einem Zweikammerparlament, das aus Senat und Abgeordnetenhaus besteht. Das 110 Sitze umfassende Abgeordnetenhaus wird alle vier Jahre gewählt. Zwölf Mandate sind den christlichen und tscherkesischen Minderheiten vorbehalten, sechs Mandate für Frauen reserviert. Die 55 Mitglieder des Senats werden vom König ernannt. Das jordanische Parlament kann zwar Gesetzesvorlagen blockieren und den Rücktritt der Regierung erzwingen, seine gesetzgeberischen Kompetenzen sind aber stark eingeschränkt, da jedes verabschiedete Gesetz vom königstreuen Senat ratifiziert werden muss. Ferner bestimmt der König, ob Wahlen abgehalten werden, er ruft die Abgeordnetenkammer ein und kann sie auflösen.[7]

Im politischen System Jordaniens wird die Überlebensdauer einer Regierung nicht vom Parlament, sondern vom König bestimmt. Schließlich werden der Premier und seine Minister beim Amtsantritt auf ihre Loyalität zum König vereidigt, der sie nach Belieben ein- und absetzen kann. Daher ist es wenig erstaunlich, dass in Jordanien seit der Amtsübernahme von König Abdallah II. im Jahr 1999 zwar nur eine Parlamentswahl stattgefunden hat, aber die fünfte Regierung die Politikgeschäfte führt.

Die jordanische Verfassung gestattet dem Monarchen zudem den Erlass temporärer Gesetze in Abwesenheit des Parlaments, was auch für die sitzungsfreie Zeit zutrifft. Die temporären Gesetze besitzen bis zu ihrer Ratifizierung durch das Parlament Gültigkeit. So erließ beispielsweise König Abdallah II. in der zweijährigen „parlamentslosen" Zeit von 2001 bis 2003 über 120 temporäre Gesetze, die Wirtschaft, Justiz und Presse umkrempelten.

Das jordanische Wahlgesetz wurde bis dato mehrfach durch vom König erlassene „temporäre Gesetze" geändert. Dies sichert ihm einen direkten Einfluss auf die Zusammensetzung des Abgeordnetenhauses. Die ersten freien Wahlen im Jahr 1989, bei denen die Muslimbrüder die Mehrheit der Sitze errangen, erfolgten nach einem Mehrstimmenwahlrecht. Vor den Parlamentswahlen 1993 wurde per Erlass von König Hussein ein *one man one vote-*

7 Vgl. Dieterich 1999: 154ff.

Wahlrecht eingeführt. Wichtigste Konsequenz des *one man one vote*-Prinzips war die Benachteiligung politischer Parteien, während Stammesloyalitäten gestärkt wurden. Nach der Auflösung des Parlaments im Sommer 2001 erließ König Abdallah II. ein neues Wahlgesetz, das allerdings am Einstimmenprinzip festhielt und nur eine leichte Korrektur der ungleichen Wahlkreiseinteilung vornahm.[8] Eine gleichberechtigte Wahlkreiseinteilung scheint nicht im Interesse des Königshauses zu sein, das davon profitiert, dass die loyalen und tribalen Kräfte der ländlichen Regionen des Südens ein größeres Stimmgewicht haben als die kritischen urbanen Kreise. Als Resultat sind im Ober- und Unterhaus sowie in staatstragenden Institutionen die Stammesvertreter überrepräsentiert. Zugleich werden durch das Wahlrecht die politischen Parteien marginalisiert.[9]

Verfassungsgemäß ist Jordanien zwar eine konstitutionelle Monarchie, die tatsächlichen politischen Verhältnisse werden jedoch teilweise auch mit Schlagworten wie kontrollierter Konstitutionalismus, monarchischer Absolutismus oder Fassadendemokratie umschrieben. Der König ist zentraler Akteur, der weitgehend die politische Agenda in der Außen- und Innenpolitik und auch die Zusammensetzung der politisch relevanten Elite bestimmt.[10]

Der König als Modernisierer

Von einer politischen Öffnung spricht man in Jordanien seit 1989, die mit der Ausrufung von Wahlen und der Rücknahme des Kriegsrechts begann. Bis dahin waren politische Aktivitäten verboten, bürgerliche Freiheiten eingeschränkt und das Parlament diente nur zur formalen Verabschiedung der vom König erlassenen Gesetze. Die politische Öffnung, die König Hussein in Folge öffentlichen Unmuts über die wirtschaftliche Situation verkündete, wird hauptsächlich als „tactical strategy to ensure regime survi-

8 Vgl. Atilgan 2003.

9 Bei den letzten Parlamentswahlen im Jahr 2003 wurden 70 der 110 Sitze von Stammesvertretern gewonnen. Die im Vergleich zu anderen Parteien gut organisierte Islamische Aktionsfront schnitt mit 17 Sitzen (15,5 Prozent) schlechter als in vorangegangenen Jahren ab.

10 Vgl. Bank 2002.

val“[11] bewertet. Neben der Durchführung von freien Wahlen wurden Bürgerrechte, Versammlungsfreiheit und Pressefreiheit – wenn auch in eingeschränktem Maße – wieder eingeführt sowie 1992 Parteien zugelassen. Die Priorität von König Hussein galt aber nicht der Demokratisierung, sondern der Sicherung der Staatlichkeit nach außen sowie der Stabilisierung der Monarchie nach innen.

Mit dem Antritt Abdallahs II. ist im politischen Diskurs eine strategische Ausrichtung auf wirtschaftliche und politische Reformen im Innern erfolgt. Kein Vorgänger Abdallahs II. in der Geschichte der jordanischen Haschemiten-Herrschaft hat so viele Konzepte zur Modernisierung des Landes präsentiert. Abdallahs Vision ist ein starkes und prosperierendes Jordanien, das ein Modell arabischer und muslimischer Demokratie darstellen soll. Eine Fülle von Kommissionen und beratenden Gremien wurden zur Umsetzung der Reformempfehlungen gebildet. 2005 setzte er ein weiteres Komitee ein, das mit der „Nationalen Agenda“ einen Reform- und Entwicklungsplan für die nächste Dekade erarbeitete. Wichtigstes Entwicklungsziel ist die Schaffung von Arbeitsplätzen und die Armutsbekämpfung. Oberste politische Prioritäten haben die Erarbeitung eines neuen Parteien- und Wahlgesetzes, ein neues Mediengesetz sowie die Reform der öffentlichen Verwaltung und des Justizwesens. Eine Neuausrichtung der Wirtschaftsstruktur soll die Exportfähigkeit steigern und mehr einheimischen Arbeitskräften Beschäftigung bieten. Im November 2005 wurde auch ein Konzept zur Dezentralisierung des Landes vorgelegt, das die Aufteilung des Landes in drei Verwaltungsregionen (Nord, Mitte, Süd) vorsieht. Dadurch wird eine aktivere Teilhabe breiter Bevölkerungsschichten am politischen Prozess angestrebt.[12]

Auf der politischen Ebene versucht der König, die nationale Identität zu festigen. Eine seit 2002 von der Regierung initiierte öffentlichkeitswirksame Kampagne unter dem Motto „Jordan First“ hat zum Ziel, das jordanische Nationalbewusstsein zu stärken und die Bevölkerung vom Vorrang der nationalen Interessen vor Interessen des Irak oder Palästinas zu überzeugen. Dies

11 Wiktorowicz 2001: 13.

12 Vgl. National Agenda, einsehbar unter http://www.nationalagen da.jo/Portals/0/EnglishBooklet.pdf (Stand: 1.4.2008).

gilt nicht nur im Hinblick auf den psychologisch aufladenden Effekt der Krisenregionen Israel/Palästina und Irak auf die jordanische Bevölkerung, sondern auch hinsichtlich der Stärkung der gesellschaftlichen Solidarität im inneren Reformprozess.[13]

Um seine Reformen durchzusetzen, hat König Abdallah mehrere Regierungen ausgewechselt. Dennoch gehen die Reformen nur in zähem Tempo voran. Es ist offenbar, dass die inneren Reformversuche des Königs vor allem auf Hindernisse traditioneller, struktureller und demographischer Art stoßen. Dazu gehören der vornehmlich sicherheitsorientierte politische Ansatz, die konservative tribalistische Struktur der jordanischen Gesellschaft und ihre politische Kultur, die unvollendete Integration der Jordanier palästinensischen Ursprungs sowie die mangelhaft ausgebildeten politischen Institutionen im Land.[14]

Die Umsetzung innenpolitischer Zielsetzungen ist in Jordanien auch immer verknüpft mit der außenpolitischen Stabilität. Die strategische und finanzielle Allianz mit den USA, wirtschaftliche Abhängigkeit von ausländischer Hilfe einerseits und das vielfältige Verbindungsgeflecht mit Palästina andererseits bilden die ausschlaggebenden Determinanten für politische Entscheidungen, vor allem auch mit Bezug auf innere Entwicklung.[15] So führten krisenhafte Entwicklungen im palästinensisch-israelischen Konflikt sowie der Irak-Krieg in den letzten Jahren fortwährend zur Stagnation der Ansätze zur Demokratisierung des Landes. Während sich auf der Ebene der wenig entwickelten Zivilgesellschaft die Dynamik auf außenpolitische Themen konzentriert, versucht die jordanische Monarchie dem Unmut in der Bevölkerung einerseits mit repressiven Maßnahmen, andererseits mit Neudefinition von Interessen zu begegnen. Außenpolitik wird auch im Sinne der Machtsicherung innenpolitisch instrumentalisiert. So wurde der Termin für die Parlamentswahl über zwei Jahre mit der Begründung verschoben, dass die palästinensische Intifada die jordani-

13 Zur „Jordan First"-Kampagne siehe http://www.mfa.gov.jo/pages.php?menu_id=437 (Stand: 1.4.2008).

14 Vgl. Braizat 2006.

15 Vgl. Bouillon 2002.

sche Politik in einer Weise polarisiert habe, die keinen repräsentativen Urnengang erlaube.[16]

Die jordanische Gesellschaft und das Königshaus driften in Fragen der Außenpolitik auseinander. In der Bevölkerung treffen die engen Beziehungen der Regierung zu den USA und besonders die Normalisierung des Verhältnisses zu Israel durch den 1994 geschlossenen Friedensvertrag auf Unmut. Die so genannte „Anti-Normalisierungsbewegung", die sich gegen die Aufrechterhaltung der Beziehungen zu Israel stellt, setzt sich vor allem aus Vertretern der stärksten Oppositionspartei, der Islamischen Aktionsfront, sowie Teilen der einflussreichen Berufsvereinigungen zusammen. Dies führte 2004 zu einer gefährlichen Konfrontation: Der damalige Innenminister strebte ein Gesetz an, das die Berufsverbände stärker unter Kontrolle des Staates bringen sollte.[17]

Die enge Verzahnung der Außenpolitik mit dem Monarchen hat zur Folge, dass der Friedensvertrag auf das engste mit der Person des Königs und der Stabilität des Staates verknüpft ist. Kritik am Friedens- und Normalisierungsprozess ist daher unerwünscht, denn sie verletzt eines der zentralen Tabus haschemitischer Ordnung. Die verfassungsrechtlich garantierte Meinungsfreiheit findet ihre Grenzen dort, wo Grundfragen des Machtsystems und politische Leitlinien des Königshauses berührt werden.

Fazit: Personifizierung der Stabilität

Das Staatsmodell in Jordanien kann als Personifizierung der Stabilität umschrieben werden: Ein Garant des Staates wacht in einem übergeordneten, über Gesetz und Ordnung erhabenen Amt. Der Reformprozess tritt hinter das Streben nach Stabilität zurück. Der Monarch als Hüter des Staates überwacht und lenkt in großen Zügen die Aktivität der Regierung und der Volksvertretung, deren Zusammensetzung vom Monarchen mit beeinflusst wird. Eine weitreichende Bürokratie verwaltet das Land und bindet auch die peripheren Regionen an das Zentrum der politischen und wirtschaftlichen Entscheidungen in Amman.

---

16 Vgl. Parliamentary polls postponed until spring, in: Jordan Times, 16. August 2002: 1.

17 Vgl. Ibrahim 2005.

Zugleich war und bleibt die Monarchie in Jordanien ein einigendes Band für Transjordanier, Palästinenser, jedoch auch für Tscherkessen und Tschetschenen, die im 19. Jahrhundert aus dem Kaukasus eingewandert waren. Der Monarch steht für die nationale Einheit und den gesellschaftlichen Zusammenhalt, die nach wie vor zu zentralen Fragen der jordanischen Politik gehören. Daher ist es wenig erstaunlich, dass die Loyalität der Mehrheit der Jordanier sich auf den König richtet. Der König symbolisiert nicht nur Stabilität und Einheit, sondern definiert und repräsentiert auch das „oberste nationale Wohl“.

Eine Konstante in der Geschichte der haschemitischen Herrschaft bleibt die Beibehaltung der Mittel autoritärer Kontrolle durch einen starken Einsatz von Militär, Polizei- und Geheimdienstkräften sowie die Unterordnung politischer Freiheiten unter „Regimeinteressen“. Dies gilt auch für die Zeit von Abdallah II. Allerdings versucht dieser mit einer Prioritätenverschiebung weg von primär außen- und sicherheitspolitischen Fragestellungen hin zu einem verstärkten Fokus auf innere Reformen eine ernsthafte politische und wirtschaftliche Öffnung zu betreiben. Abdallah gilt als moderner König, der aber einer Gesellschaft mit noch überwiegend traditionellen Strukturen gegenübersteht. Entsprechend werden in Jordanien Wandlungsprozesse im Wesentlichen vom König initiiert. Aber auch er wird keine spektakulären Veränderungen wagen, die die Stabilität des Systems gefährden könnten. Das Haschemitische Königreich von Jordanien bleibt vorerst gefangen in einer gefährlichen und fragilen Balance zwischen internationalen Verpflichtungen, wirtschaftlichem Überleben und innenpolitischer Stabilitätssicherung.

Literatur

Atilgan, Canan 2003: Der König und sein Parlament, in: KAS-Auslandsinformationen, 7/2003, 40-53.

Bank, André 2002: Abdallahs Jordanien: More business than usual, in: Volker Perthes (Hrsg.), Elitenwandel in der Arabischen Welt und im Iran, Berlin, 95-106.

Bouillon, Markus 2002: Walking the Tightrope. Jordanian Foreign Policy from the Gulf War to the Peace Process and Beyond, in:

George Joffé (Hrsg.), Jordan in Transition 1990-2000, London, 1-22.
Braizat, Fares 2006: Jordan: Why Political Reform Does Not Progress, in: Arab Reform Bullettin, Juli 2006, Volume 4, Issue 6, einsehbar unter: http://www.carnegieendowment.org/files/braizat_july06.pdf (Stand: 1.4.2008).
Dieterich, Renate 1999: Transformation oder Stagnation? Die jordanische Demokratisierungspolitik seit 1989, Hamburg.
Fathi, Schirin 1994: Jordan – An Invented Nation? Tribe-State Dynamics and the Formation of National Identity, Hamburg.
Ibrahim, Ferhad 2005: Ein verlässlicher Verbündeter des Westens. Jordanien im regionalen und internationalen Spannungsfeld, in: Das Parlament, 8. August 2005, einsehbar unter: http://www.bundestag.de/dasparlament/2005/32-33/thema/013.html (Stand: 1.4.2008).
Koszinowski, Thomas 2000: Jordanien, in: Sigrid Faath (Hrsg.), Konfliktpotential politischer Nachfolge in den arabischen Staaten, Hamburg, 111-120.
National Agenda. The Jordan we strive for, einsehbar unter: http://www.nationalagenda.jo/Portals/0/EnglishBooklet.pdf (Stand: 1.4.2008).
Parliamentary polls postponed until spring, in: Jordan Times, 16. August 2002, 1.
Perthes, Volker 2002: Geheime Gärten. Die neue arabische Welt, Berlin.
Robins, Philip 2004: A history of Jordan, Cambridge/New York/Port Melbourne u.a.
Tauber, Eliezer 1993: The Arab Movements in World War I, London.
Wiktorowicz, Quintan 2001: The Management of Islamic Activism. Salafis, the Muslim Brotherhood, and State Power in Jordan, Albany.

Internet

Homepage Abdallahs II.: *http://www.kingabdullah.jo*

Homepage des früheren Königs Hussein: *http://www.kinghussein.gov.jo*

Jordanisches Außenministerium: *http://www.mfa.gov.jo*

Kambodscha

Olaf Leiße

Das Königreich Kambodscha (*Preăh Réachéanachâkr Kâmpŭchea*) liegt auf der indochinesischen Halbinsel und umfasst eine Fläche von 181.035 km^2. Westlich und nordwestlich des Landes liegt das Königreich Thailand (803 km Grenzlinie), im Norden schließt sich Laos (541 km) an, während die gesamte Ostgrenze (1.228 km) von den vietnamesischen Provinzen Cochinchina und Annam eingenommen wird. Im Südwesten besitzt Kambodscha eine 443 km lange Küstenlinie am Golf von Thailand. Beherrschendes Landschaftsbild ist das Kambodschanische Becken, das rund zwei Drittel des Landes bedeckt und sich nur knapp über den Meeresspiegel erhebt. Durch die Ebene fließt, von Nieder-Laos kommend, der Mekong. Rings um das zentrale Becken liegen Gebirgszüge, im Norden an der Grenze zu Thailand das Dangrek-Gebirge, im Nordosten an der Grenze zu Laos und Vietnam Ausläufer des annamitischen Hochlandes sowie entlang des Golfs von Thailand das Kardamom-Gebirge, dessen höchste Erhebung, der Phnum Aoral, eine Höhe von 1813 m erreicht. Das Klima ist subtropisch.

Die Hauptstadt Phnom Penh liegt südwestlich der Landesmitte am Mekong und besitzt über 1,5 Millionen Einwohner. Die übrigen Städte, wie Sihanoukville am Golf von Thailand (rund 200.000 Einwohner), Battambang (180.000), Siem Reap (150.000) und Sisophon (135.000) im Nordosten des Landes, sind deutlich kleiner. Als Spätfolge der radikalen Umsiedlungspolitik der Roten Khmer leben nur etwa 20 Prozent der Bevölkerung in Städten. Die Bevölkerungszahl liegt bei rund 14 Millionen Einwohnern. Mit etwa 1,8 Prozent weist das Land eine der höchsten Geburtenraten in der Region auf. Daher ist die kambodschanische Bevölkerung sehr jung, im Durchschnitt 21 Jahre alt, mit einer Lebenserwartung von gegenwärtig 61 Jahren. Die Analphabetenrate der Erwachsenen liegt bei über 25 Prozent. Ethnische Hauptgruppe sind die Khmer, die 90 Prozent der Gesamtbevölkerung stellen. Des Weiteren finden sich Vietnamesen (fünf Prozent), Cham (vier Prozent) und zahlreiche weitere kleinere Gruppierungen im Hochland an der Grenze zu Laos und Vietnam. Chinesen stellen offiziell ein

Prozent der Bevölkerung, jedoch dürfte das chinesische Element durch jahrhundertelange Migration größer sein. Die offizielle Landessprache ist Khmer, das zur austro-asiatischen Sprachfamilie gehört und rund 100 Schriftzeichen besitzt. Hinsichtlich der Fremdsprachen nimmt die Bedeutung des Französischen allmählich ab, während Englisch zunehmend beliebter wird.

Die Kambodschaner folgen mehrheitlich dem *Theravada*-Buddhismus (Buddhismus des kleinen Fahrzeugs), der sich im 15. Jahrhundert gegen den *Mahayana*-Buddhismus (Buddhismus des großen Fahrzeugs) durchsetzte. Die *Tharavada*-Richtung verfügt über ein kanonisiertes Schriftgut, die so genannte *Tripitaka* (Dreikorb), das aus einer philosophischen Textsammlung (*Abhidhammapitaka*), niedergeschriebenen Lehrreden Buddhas (*Suttapitaka*) sowie einer Sammlung von Ordensregelen (*Vanayapitaka*) besteht. Nach den Zerstörungen und Verfolgungen der 1970er und 80er Jahre finden sich heute wieder überall im Lande Klöster, Pagoden, Schreine und andere religiöse Stätten. Als Staatsreligion ist der Buddhismus ein wichtiger Integrations- und Identifikationsfaktor. Indem das Königshaus vom Volk als Garant für den Buddhismus gesehen wird, übt der Buddhismus eine legitimierende und stabilisierende Funktion aus.

Neben dem alltagsprägenden Buddhismus finden sich im Volksglauben jedoch auch noch lebendige Spuren des Hinduismus, der in der Angkor-Zeit seine Blüte hatte. Schiwa, Wischnu und Brahma werden bis heute zu besonderen Anlässen als „unterstützende“ Gottheiten angerufen. Darüber hinaus werden, wie im gesamten Fernen Osten, auch animistische Geister beschworen. Die *Neak Ta* sind verstorbene Vorfahren, denen bestimmte Schreine geweiht sind; anderen Geistern werden gute und böse Eigenschaften zugesprochen. Entsprechend gibt es eine Vielzahl von Ritualen, um Beschützer und Geister gnädig zu stimmen oder um Unterstützung zu bitten. Im Alltagsleben können verschiedene religiöse Formen gleichzeitig praktiziert werden. Das Christentum hat nur eine geringe Verbreitung gefunden; die Minderheit der Cham bekennt sich zum Islam.

Die Wirtschaft des Landes leidet erheblich unter einem Problemkomplex aus Armut, niedriger Bildung, Korruption, rudimentärer Rechtsstaatlichkeit, Kartellbildung, Kriegsfolgen und einseitiger Wirtschaftspolitik. Mit einem durchschnittlichen Pro-Kopf-

Einkommen von 500 US-Dollar gehört Kambodscha zur Gruppe der am wenigsten entwickelten Länder der Welt. Der *Human Development Index* der Vereinten Nationen weist dem Land Rang 130 (von 175) zu. Landwirtschaft, Industrie und Dienstleistungen tragen je rund ein Drittel zum Bruttoinlandsprodukt bei. Die in den vergangenen Jahren konstante wirtschaftliche Wachstumsrate von derzeit etwa sieben Prozent ist beachtlich, geht jedoch von einem niedrigen Niveau aus. Rund 80 Prozent der Anbaufläche sind Reisfelder. Dank eines amerikanisch-kambodschanischen Textilabkommens von 1999 entwickelte sich der Export von Bekleidung und Textilien zum größten Exportfaktor. Rund die Hälfte der Exporte des Landes gehen daher in die USA, ein Drittel nach Hongkong, während andere Länder, wie Deutschland, Kanada und Großbritannien, mit je etwa fünf Prozent nur eine untergeordnete Rolle spielen. Die ökonomische Einbindung in die ASEAN-Gemeinschaft, die geographisch zentrale Lage in Indochina und der Beitritt zur WTO verschaffen Kambodscha zusätzliche Vorteile. In den vergangenen Jahren hat zudem der Tourismus beständig an Bedeutung gewonnen.

Geschichte des Königreiches Kambodscha und seiner politischen Strukturen

Die Geschichte Kambodschas umfasst einen Zeitraum von knapp 2000 Jahren. Nach einem ersten Reich, das die Chinesen Funan nannten und das ganz in der Kulturfolge Indiens stand, gründete König Jayavarman im Jahr 802 das Angkor-Reich. Von 900 bis 1300 erreichte es seinen Zenith, als es seine Macht über den gesamten indochinesischen Raum und darüber hinaus ausdehnen konnte. Von Tonking im heutigen Vietnam bis nach Birma erstreckte sich diese multi-kulturelle, multi-linguale kambodschanische Monarchie, in deren Zentrum die monumentalen Tempelanlagen von Angkor Wat standen. In den folgenden Jahrzehnten verlor Kambodscha sukzessive einen Großteil seiner Gebiete, bis im Jahr 1431 schließlich Angkor von den Siamesen erobert und aufgegeben wurde. Zerrieben zwischen den Regionalmächten Siam und Annam, suchte im 19. Jahrhundert König Norodom Hilfe bei den Franzosen, die sich in Indochina ein Kolonialreich schaffen wollten, dessen Einflusssphäre bis nach China hinein reichen sollte. 1863 stellt König Norodom Kambodscha unter französischen Schutz. Damit war die Oberhoheit der Siamesen über Kambodscha gebrochen. Im Laufe der Zeit nahm der koloniale Zugriff der Franzosen weiter zu und 1887 wurde Kambodscha Teil von Französisch-Indochina. Mit dem Kolonialvertrag übernahm Frankreich die Oberhoheit in der Administration, im Justizwesen und im Handel. Alle wichtigen Ministerien unterstanden direkter französischer Kontrolle, ebenso die Beamten in den Provinzen. Dem König bezahlte Frankreich ein Gehalt, was ihn de facto zu einem Kolonialbeamten machte. Fortan bestimmte Frankreich, wer den kambodschanischen Thron besteigen durfte. Kleinere Aufstände in der Regierungszeit der Könige Sisowath (1904-1927) und Monivong (1927-1940) konnten von den Franzosen erfolgreich niedergeschlagen werden. Im Zweiten Weltkrieg nahmen sich die siegreichen Japaner das Recht auf freie Truppenstationierung, gewährten den Franzosen aber weiterhin die Hoheit über die Verwaltung. 1941 bestieg König Norodom Sihanouk den Thron, den er, allerdings mit langjähriger Unterbrechung, erst 2004 verlassen sollte.

König Norodom Sihanouk ist sicherlich einer der interessantesten politischen Gestalten in Südostasien, nicht nur wegen seines charismatischen Charakters, sondern auch wegen seiner direkten politischen Beteiligung an den wenigen Höhepunkten und den weltweit beispiellosen Tiefpunkten kambodschanischer Politik im 20. Jahrhundert. Sihanouk, geboren am 31. Oktober 1922 in Phnom Penh, pflegte einen extravaganten Lebensstil und galt doch in den Augen seiner Landsleute als integre Persönlichkeit. Er war Bandleader, Womanizer und Lebemann und wurde doch glühend verehrt; er war ein intoleranter Autokrat und konnte doch gegenüber in- und ausländischen Akteuren vermittelnder Diplomat sein; er verbrachte viele Jahre im Ausland und prägte zugleich die kambodschanische Geschichte; er repräsentierte das kambodschanische Volk und dachte doch immer auch an sein eigenes Überleben.

Als die Franzosen den 18-Jährigen auf den Thron brachten, erhofften sie sich einen willfährigen Führer, doch erklärte Sihanouk, ermutigt von den Japanern, am 13. März 1945, kurz vor Kriegsende, die Unabhängigkeit Kambodschas. Angesichts des starken Drucks Frankreichs machte Sihanouk die Unabhängigkeit nach dem Abzug der Japaner rückgängig. Indem er den Wünschen der Franzosen nach einer Restitution des Kolonialsystems entgegen kam, gelang es Sihanouk, die Monarchie zu sichern. In der mit der Verfassung von 1947 gegründeten konstitutionellen Monarchie hatte der König weitgehende Rechte und konnte sich auf einen ausgeprägten Legitimitätsglauben, insbesondere in der Landbevölkerung, stützen. Die antikolonialen Bewegungen waren nicht antimonarchisch eingestellt, und die Franzosen sahen im König einen Garanten für die Stabilität im Lande. Mit der Schaffung eines parlamentarischen Systems, in dem die Prinzen verschiedener Zweige des Königshauses die Rolle von Parteiführern einnahmen, und der Einführung einer konstitutionellen Verfassung stärkte Sihanouk die Monarchie weiter. Sein vorsichtiges Taktieren gegenüber den Franzosen und deren militärische Niederlagen im Befreiungskampf in Vietnam führten dazu, dass am 9. November 1953 die nationale Unabhängigkeit Kambodschas verkündet werden konnte. Damit hatte sich König Sihanouk endgültig von seiner Rolle als *souverain protégé* befreit.

Doch die von der Verfassung für den König vorgesehene Rolle eines ausgleichenden Moderators genügte Sihanouk nicht. 1955 dankte er zugunsten seines Vaters Norodom Sumaravit (König 1955-1960) ab und nahm den Titel eines Prinzen an. Er gründete die Partei der Volkssozialistischen Gemeinschaft und gewann im selben Jahr die Parlamentswahlen mit einer überlegenen Mehrheit. Als neuer Premierminister modernisierte er in den folgenden Jahren das Land. Sihanouk war Anhänger eines „buddhistischen Sozialismus" und näherte sich ideologisch an die kambodschanische Linke an. Der Staat übernahm bei der Modernisierung des Landes und dem Aufbau einer Industrie die führende Rolle. Infrastruktur und Landwirtschaft, das Bildungs- und Gesundheitswesen wurden reformiert. Innenpolitisch war es ein kurzes goldenes Zeitalter, das jedoch von Repression gegenüber politischen Gegnern gekennzeichnet war. Nach dem Tod seines Vaters 1960 wurde Sihanouks Mutter Sisovath Kossomak Königin. Sihanouk verzichtete auf die Königswürde und wurde stattdessen zum Staatschef ernannt. Fortan regierte er in Form einer Entwicklungsdiktatur. Rechte und linke Bewegungen ließ Sihanouk gleichermaßen verfolgen, doch wurden die beiden Flügel durch die Verschärfung der militärischen Lage in Indochina zunehmend gestärkt. Die innenpolitische Lage wurde durch gewalttätige Demonstrationen zwischen dem pro-amerikanischen und dem pro-vietnamesischen Lager aufgeheizt. Den vorläufigen Höhepunkt bildete der 18. März 1970, als sich General Lon Nol, Oberbefehlshaber der kambodschanischen Armee und seit 1966 Ministerpräsident, an die Macht putschte. Nachdem Soldaten das Parlament abgeriegelt hatten, wurde Sihanouk von den Abgeordneten seines Amtes enthoben und seine Mutter als Königin abgesetzt. Damit schien die Geschichte der kambodschanischen Monarchie endgültig beendet zu sein. Prinz Sihanouk begab sich nach Peking ins Exil und erhielt dort politisches Asyl.

Kambodscha wurde in „Republik Khmer“ umbenannt. War schon die Geburt der Republik von Gewalttätigkeit begleitet worden, stand auch ihr kurzes Leben unter keinem guten Stern. Die gemeinsam mit den USA und Südvietnam durchgeführten Angriffe auf die Stellungen der Vietcong begannen bereits am Tag nach der Machtergreifung Lon Nols. Doch bald zeigte sich, dass die kambodschanische Armee einem Bürgerkrieg nicht gewachsen war. Im chinesischen Exil gründete Prinz Sihanouk mit den kambodschanischen Kommunisten, von denen er als Staatsoberhaupt anerkannt worden war, eine Exilregierung. Damit bekamen die Kommunisten, die zuvor eine eher bedeutungslose Untergrundgruppierung waren, internationale Reputation. In einer merkwürdigen Allianz von Ex-Monarch und maoistischem Kommunismus wurde der Widerstand gegen die Republik Khmer organisiert. Dem Ansehen Sihanouks schadete das Bündnis kaum, die Kommunisten und die aus ihnen hervorgehenden Roten Khmer aber bekamen durch den Glanz der Monarchie großes Prestige und wurden international salonfähig. In den unzugänglichen Bergregionen Kambodschas organisierten sie mit chinesischer Hilfe den militärischen Widerstand. Die Angriffe der USA auf kambodschanisches Territorium wurden massiv ausgeweitet und trafen schließlich auch die Zivilbevölkerung. Rund 200.000 Menschen kamen ums Leben, als Kambodscha zum meistbombardierten Land der Welt wurde.

Am 17. April 1975 marschierten rund 20.000 Rote Khmer in Phnom Penh ein und begannen unter Führung Pol Pots umgehend mit der Vertreibung der Bevölkerung. Schon nach wenigen Tagen war die Metropole Phnom Penh eine Geisterstadt, ebenso die übrigen Städte des Landes. Die Stadtbevölkerung wurde aufs Land deportiert und war schwersten Repressalien ausgesetzt. Die Roten Khmer liquidierten systematisch politisch unliebsame Bevölkerungsgruppen, alle Angehörigen der republikanischen Armee, Polizisten, Beamte und Angestellte, Lehrer und Angehörige intellektueller oder gehobener Berufe sowie buddhistische Mönche. Die Roten Khmer wollten den weltweit ersten „echten" Kommunismus errichten, doch es wurde ein Steinzeitkommunismus. Die Grenzen wurden geschlossen, alle Kommunikationsmittel (Radio, Telefon, Funk) zerstört und persönliches Eigentum war verboten. Schließlich wurden alle „modernen" Errungenschaften abgeschafft: Geld, Märkte, Handel, Krankenhäuser und medizinische Geräte, wie auch alle technischen Geräte (außer militärisch nutzbare), das Postwesen, Schulen, Zeitungen, kulturelle und religiöse Betätigung. Bis auf die Todesstrafe wurden alle Strafen abgeschafft. Die Sippenhaft löschte ganze Familien aus. Durch Hungersnöte und Ermordung kamen in der vierjährigen Herrschaftszeit der Roten Khmer schätzungsweise zwei Millionen Menschen und damit ein Fünftel der damaligen Bevölkerung um. Die „killing fields" ertranken im Blut.

Bei der Legitimierung ihrer mörderischen Politik gegenüber der internationalen Gemeinschaft nutzten sie das noch immer hohe Ansehen des Königshauses. Obwohl die Roten Khmer unmittelbar nach der Einnahme Phnom Penhs in die französische Botschaft eindrangen und einen Cousin, eine der Frauen und mehrere Kinder Sihanouks in Gewahrsam nahmen und später töteten, kehrte der ehemalige König am 9. September 1975 nach fünfjährigem Exil in Peking nach Kambodscha zurück. Doch wurde Sihanouk lediglich als Marionette zur Legitimierung eines barbarischen Systems missbraucht. Am 5. Januar 1976 wurde das Land in „Demokratisches Kampuchea" umbenannt. Es wurde ein „Parlament" mit 250 Sitzen eingerichtet (150 für Bauern, 50 für Arbeiter und 50 für die Armee). Damit kam es zur weltweit einmaligen und vorbildlosen Situation, dass ein ehemaliger König als Staatschef eines von Steinzeitkommunisten regierten Landes fungierte. Am 2. April 1976 trat Sihanouk jedoch zurück und wurde unter Hausarrest gestellt. Erst nach dem Fall der Roten Khmer durfte er erneut emigrieren. Fünf seiner 14 Kinder sind der Herrschaft der Roten Khmer zum Opfer gefallen.

Außenpolitisch steuerte Kambodscha einen konfrontativen Kurs. Bereits am 4. Mai 1975, unmittelbar nach der Einnahme Phnom Penhs und nur vier Tage nach der Eroberung Saigons durch die Nordvietnamesen, griffen die Roten Khmer Vietnam an, später auch Thailand. Die Scharmützel zwischen Kambodscha und Vietnam weiteten sich zum Dauerkrieg aus, bis die vietnamesische Armee Phnom Penh am 7. Januar 1979 einnahm und Kambodscha besetzte. Pol Pot und die Roten Khmer flüchteten in den Dschungel an der Grenze zu Thailand, wo sie einen Guerillakrieg begannen. Der Einmarsch der Vietnamesen beendete die Selbstzerstörung Kambodschas.

Die neue Regierung unter Heng Samrin rief die „Volksrepublik Kampuchea" aus und gestaltete das Land nach vietnamesischem bzw. sowjetischem Vorbild. Die Regierung wurde jedoch nur von den Staaten des Ostblocks anerkannt. Im Exil formierte sich eine Gegenregierung, die sich aus den Roten Khmer, der neuen royalistischen Partei *FUNCINPEC* (*Front Uni National pour un Cambodge Indépendent, Neutre, Pacifique et Coopératif*) unter Führung von König Sihanouk sowie einer kleinen liberalen Gruppe unter Son Sann zusammensetzte. China, das Vietnam für seinen Einmarsch in Kambodscha mit einer militärischen Aktion im Norden bestrafte, die ASEAN-Staaten und die USA unterstützten diese Regierung. Offiziell nahm König Sihanouk die Rolle des kambodschanischen Exilpräsidenten ein, was die internationalen Verhandlungen erleichterte, doch die wirkliche Macht lag weiterhin bei den Roten Khmer. Die UNO räumte dieser Koalition den Sitz Kambodschas in der Generalversammlung ein. Auf diese Weise unterstützten die beiden eigentlich rivalisierenden Großmächte USA und China, die UNO und die regionale Organisation der ASEAN, die Anrainerstaaten sowie der ehemalige König weiterhin Pol Pots mörderische Organisation, die im letzten Augenblick von der Vollendung ihres Genozids abgehalten werden konnte.

Mit dem Ende des Kalten Krieges verlor die Kambodscha-Frage für die Großmächte an Bedeutung. Am 30. April 1989 wurde das Land in „Staat Kambodscha" umbenannt, im September desselben Jahres zogen sich die Vietnamesen zurück. Da daraufhin der Bürgerkrieg wieder aufflammte, wurde Kambodscha unter Aufsicht der UNO gestellt. Die *United Nations Transitional Authority*

(*UNTAC*) sollte die bewaffneten Streitkräfte im Land entwaffnen, die innere Sicherheit durch Übernahme von Polizei und Verwaltung wiederherstellen und freie Wahlen vorbereiten. An der teuersten Mission der UNO war erstmals auch ein deutsches Sanitätskontingent beteiligt.

Staatsoberhaupt war von November 1991 bis September 1993 erneut – und damit bereits zum dritten Mal seit seinem Thronverzicht 1955 – Norodom Sihanouk; diesmal in der Rolle des Vorsitzenden des Obersten Nationalrates. Für viele Bauern war er noch immer Garant einer friedvollen Zukunft. Seine Rolle war offiziell auf repräsentative Aufgaben beschränkt, doch hinter den Kulissen waren der König und das Königshaus wichtige Akteure. Nach der Durchführung der von internationalen Beobachtern als (vergleichsweise) frei und weitgehend fair eingeschätzten Wahlen erhielt Kambodscha eine neue Verfassung und wurde 1993 konstitutionelle Monarchie. Das monarchische System erschien den beteiligten Akteuren als letzter Rettungsanker, der kambodschanischen „warlord society" einen Hauch von Tradition und Legitimation zu geben. Die Abschaffung der Monarchie durch Lon Nol im Jahr 1970 wurde für ungültig erklärt und der bisherige Staatchef Sihanouk am 24. September 1993 erneut König von Kambodscha.

Monarchische Verfassung, politischer Stil und Elitenrivalitäten

Nach der neuen Verfassung ist die Rolle des Königs weitgehend auf repräsentative Funktionen beschränkt. Der Verfassungstext sieht die Macht nicht mehr vom König, sondern vom Volk ausgehend und in Legislative, Exekutive und Judikative ausgeübt. Der König ist das Symbol für Einheit und Ewigkeit der Nation (Art. 8 der Verfassung), aber er darf weder regieren, noch in Politik und Verwaltung eingreifen. Er ernennt die Minister, akkreditiert Botschafter, vergibt Orden und Auszeichnungen, gewährt Amnestie und fungiert als Oberkommandierender der königlich-kambodschanischen Armee (Art. 7-30). Die alte königliche Macht wurde nicht wiederhergestellt, sondern der König firmiert quasi als Präsident auf Lebenszeit. Das Regierungssystem ist als parlamentarische Demokratie zu kennzeichnen. Als Legislative fungieren das Parlament (Nationalversammlung mit 122 Abgeordneten) und der Senat (61 Senatoren). Die Regierung muss laut Verfassung mit einer Zweidrittelmehrheit gebildet werden. Durch dieses Powersharing-Agreement sollen die großen politischen Richtungen zur Kooperation gezwungen werden. Die Wahlen von 1993 wurden von der royalistischen *FUNCINPEC* unter Prinz Norodom Ranariddh, einem Sohn König Sihanouks, gewonnen. Die oppositionelle, aus den Kommunisten hervorgegangene *CPP* (*Cambodian Peoples Party*) unter Hun Sen, Ex-Kommandeur der Roten Khmer und seit 1985 Marionetten-Premierminister während der vietnamesischen Besatzungszeit, drohte das Ergebnis nicht anzuerkennen. Daraufhin wurde eine instabile Koalitionsregierung mit Ranariddh als erstem und Hun Sen als zweitem Premierminister gebildet.

Wichtige Ministerien wurden mit zwei Ministern aus beiden Lagern besetzt. Seit dieser Zeit wird Kambodscha von dieser merkwürdigen Koalition aus Royalisten und Kommunisten regiert. Doch eine Konsensdemokratie kann nur funktionieren, wenn die Beteiligten an einem Konsens orientiert sind und wenn es gelingt, über wiederholte Bargaining-Prozesse aller Akteure feste Verhandlungssysteme zu institutionalisieren und Ausgleichsmechanismen zu etablieren. Dies ist in Kambodscha nicht der Fall. 1997 putschte Hun Sen gegen Ranariddh, um die alleinige Macht an sich zu reißen. Vier Minister emigrierten, einige hochrangige *FUNCINPEC*-Funktionäre wurden gefoltert oder umgebracht. Prinz Ranariddh weilte in Bangkok und wurde in absentia zu 35 Jahren Haft verurteilt, wurde später jedoch vom König begnadigt und durfte wieder zurückkehren. Aus den anschließenden Wahlen von 1998, die erstmals selbst organisierte, aber keine freien und fairen Wahlen waren, ging die *CPP* als Siegerin hervor. Die *FUNCINPEC* wurde zur Juniorpartnerin. Nach den Wahlen von 2003 kam es zu einer fast einjährigen Blockade, ehe die gleiche Koalition ihre Arbeit aufnahm. Im Jahr 2006 stürzte die *FUNCINPEC* ihren Vorsitzenden auf Lebenszeit, Prinz Ranariddh, und ersetzte ihn durch Keo Puth Rasmey, einen Schwiegersohn Sihanouks und Schwager Ranariddhs. Generalsekretär blieb Prinz Norodom Sirivudh, ein Halbbruder des Königs. In der Funktion des Parlamentspräsidenten folgte Heng Samrin nach, der während der vietnamesischen Besatzungszeit Staatschef war. Vorsitzender des Senats und Stellvertreter des Königs, falls dieser sein Amt nicht ausüben kann, ist der Parteivorsitzende der *CPP*, Chea Sim.

Das staatliche Gewaltmonopol ist seit der Entwaffnung der Roten Khmer in den 1990er Jahren im Prinzip unumstritten. Das Verwaltungssystem funktioniert, wenn auch mit schwachen personellen und materiellen Ressourcen, bis in die Provinzen. Auch die politische Situation hat sich konsolidiert. Wahlen finden regelmäßig statt, allerdings bleibt das Kräfteverhältnis zwischen den großen politischen Richtungen davon unberührt. Kambodscha ist auf dem Weg in eine autoritäre Demokratie – Wahlen ändern nichts. Die Legitimation des von der Verfassung 1993 eingesetzten und vom König geschützten Institutionensystems wird wesentlich durch das Verhalten der politischen Elite untergraben. Politik und Gesellschaft beruhen in Kambodscha kaum auf dem Willen zum Konsens. Meinungsverschiedenheiten werden erst dann gelöst, wenn eine Partei mit Gewalt droht oder eine massive Machtstellung innehat. Einschüchterungen, Schikanen und Massenfestnahmen von Oppositionellen, Folterungen, extralegale Hinrichtungen oder politische Morde gehören bis heute zum Alltag in Kambodscha. Vertreter von Nichtregierungsorganisationen und Gewerkschaften agieren unter Lebensgefahr. Armee und Polizei handeln in einer Atmosphäre institutionalisierter Straflosigkeit. Staatliche Stellen sind tief verstrickt in Waffen-, Drogen- und Menschenhandel. Das Justizsystem des Landes ist extrem schwach entwickelt, ineffektiv, korrupt und gegenüber den Herrschenden willfährig. Die Gefängnisse sind überfüllt, Misshandlungen an der Tagesordnung. Auf dem Korruptionswahrnehmungsindex der Organisation *Transparency International* erreicht Kambodscha 2006 nur einen Wert von 2,1 (von zehn möglichen Punkten) und liegt damit auf Rang 152 (von 163). *Freedom House* schätzt das Land als „not free" ein. Gegenwärtig muss bezweifelt werden, dass Kambodscha in absehbarer Zeit ein befriedigendes Maß an Demokratie, Rechtsstaatlichkeit und zivilgesellschaftlicher Partizipation erreichen kann. Immerhin ist die Abwesenheit von Krieg schon ein günstiges Zeichen für den Fortschritt des Landes.

Im Jahr 2004 verkündete Sihanouk seinen Thronverzicht. Da Kambodscha laut Verfassung keine Erb-, sondern eine Wahlmonarchie ist, bestimmt der neunköpfige Thronrat die Nachfolge. Die Verfassung bestimmt ebenfalls, dass der neue König Abkömmling einer der drei königlichen Linien und mindestens 30 Jahre alt sein muss. Nach einigem politischen Tauziehen fiel die Wahl des

Thronrats, der aus dem Premierminister, den Vorsitzenden und je zwei Abgeordneten von Nationalversammlung und Senat sowie zwei buddhistischen Mönchen besteht, auf den bis dahin unbekannten Prinzen Norodom Sihamoni. Er entstammt der Ehe von König Sihanouk und seiner gegenwärtigen Frau Monique (Monineath) und wurde am 14. Mai 1953 in Phnom Penh geboren, im selben Jahr, in dem Kambodscha seine Unabhängigkeit von Frankreich erlangte.

Die feierliche Krönung erfolgte am 29. Oktober 2004 in Phnom Penh. König Sihamoni, der seit 1981 an verschiedenen Konservatorien in Paris klassischen Tanz und Didaktik gelehrt hat, hat es entgegen aller gegenteiligen Prophezeiungen geschafft, als populärer und auf Ausgleich bedachter Monarch Turbulenzen im Gefolge der Abdankung König Sihanouks zu verhindern. Anders als sein Vater ist er jedoch politisch kaum involviert und interessiert. Seine Interessen liegen eher im sozialen und pädagogischen Bereich. Mit seinem ruhigen, harmonischen Temperament ist er offensichtlich der ideale Nachfolger seines Vaters. Während sich dieser tief in die Geschichte seines Landes verstrickte und dabei auch mit den falschen Leuten paktierte, folgt Sihamoni bislang der von der Verfassung vorgegebenen Rolle eines Repräsentanten des kambodschanischen Volkes. Seine politische Zurückhaltung mag dazu beigetragen haben, der drohenden Abschaffung des konstitutionellen monarchischen Systems erfolgreich entgegenzuwirken. Andererseits ist er bislang gegenüber den autoritären Tendenzen von Premierminister Hun Sen nicht offensiv genug aufgetreten. Sihamoni führt die von seinem Vater übernommene Symbiose von Königshaus und ex-kommunistischer Elite fort.

Fragile Monarchie und plausible Option

Das kambodschanische Königreich ist eine fragile Monarchie. Das Schlagwort von der Tradition in Transition hat in Kambodscha besondere Gültigkeit. Obwohl die Kambodschaner mehrheitlich hinter dem Königshaus stehen und ihm großen Respekt zollen, ist die Monarchie beständig von ihrer Abschaffung bedroht. Denn das Königshaus ist abhängig von den übrigen politischen Eliten des Landes, die das monarchische System nur so lange akzeptieren, wie es seine verfassungsmäßigen Funktionen erfüllt. Ob die

Monarchie langfristig überleben wird, kann daher kaum vorhergesehen werden. Andererseits ist die Einführung eines republikanischen Systems kaum nahe liegend, da es keinen positiven Begriff der Republik in Kambodscha gibt. Die Republik war in der neueren Geschichte Kambodschas niemals mit Freiheit, Demokratie und politischer Moderne, sondern mit Militärdiktatur (Lon-Nol-Zeit 1970-1975), Maoismus (Rote Khmer 1975-1979), Stalinismus (vietnamesische Besatzung 1979-1989) und der Transitionsperiode (Staat Kambodscha 1980-1993) verbunden. Insofern ist die monarchische Staatsform für Kambodscha aus historischer Perspektive eine plausible Option für relative Stabilität, wirtschaftlichen Fortschritt und politische Entwicklung.

Kambodscha hat wie kein zweites Land unter dem Kalten Krieg gelitten. Im Ergebnis ist ein politisches System entstanden, das innenpolitisch von den autoritären Tendenzen der führenden Politiker bedroht ist, während es außenpolitisch vom politischen Wechselspiel unter den Großmächten und den Nachbarstaaten abhängig ist. Die kambodschanischen Könige müssen daher flexibel, anpassungsfähig und weltgewandt sein. Dies galt für König Sihanouk, der die wechselvollen Geschicke des Landes im 20. Jahrhundert intensiv begleitet und mitgestaltet hat. Dies gilt ebenso für den gegenwärtigen, politisch eher abstinenten König Norodom Sihamoni; er musste vom Künstler zum Überlebenskünstler werden. Für das geschundene Land und seine Einwohner gilt noch immer die alte kambodschanische Weisheit: *ngöy skák aon dak kroap* (Aufrecht stehende Halme sind leer, sich neigende Halme tragen Körner) oder mit anderen Worten: Überheblichkeit schadet einem selbst – wer sich beugt, hat Erfolg.

Literatur

Croissant, Aurel/Martin, Beate/Kneip, Sascha (Hrsg.) 2006: The Politics of Death. Political Violence in Southeast Asia, Berlin.

Friedrich-Ebert-Stiftung (Hrsg.) 2005: Kambodscha 1975-2005, Wege durch die Nacht, Bonn, einsehbar unter: http://library.fes.de/pdf-files/iez/03914.pdf (Stand: 1.4.2008).

Golzio, Karl-Heinz 2003: Geschichte Kambodschas, München.

Ham, Pol 1998: Cambodia, in: Wolfgang Sachsenröder/Ulrike E. Frings (Hrsg.), Political Party Systems and Democratic Development in East and Southeast Asia, Volume I: Southeast Asia, Aldershot, 157-193.

Jeldres, Julio A. (Hrsg.) 2003: The Royal House of Cambodia, Phnom Penh.

Jeldres, Julio A. (Hrsg.) 2005: Memoirs of His Majesty King Norodom Sihanouk of Cambodia, Phnom Penh.

Kershaw, Roger 2001: Monarchy in South East Asia. The faces of tradition in transition, London/New York.

Lockhart, Bruce M. 2003: Monarchy and Decolonization in Indochina, in: Marc Frey/Ronald W. Pruessen/Tan Tai Yong (Hrsg.), The Transformation of South East Asia. International Perspectives on Decolonization, Armonk, 52-71.

Peou, Sorpong (Hrsg.) 2001: Cambodia: change and continuity in contemporary politics, Aldershot.

Samnang, Sam 2005: KulturSchock Kambodscha, Bielefeld.

St. John, Bruce Ronald 2006: Revolution, Reform, and Regionalism in Southeast Asia: Cambodia, Laos, Vietnam, London/New York.

Internet

König Sihamoni: *http://www.norodomsihamoni.org*

Ex-König Sihanouk: *http://www.norodomsihanouk.info*

Monarchie-Informationen: *http://www.royalty.nu/Asia/Cambodia.html*

Kambodscha-Nachrichten: *http://www.phnompenhpost.com*

UN in Kambodscha: *http://www.un.org.kh*

Katar

Tobias Friske

Das Emirat Katar erstreckt sich über eine Halbinsel im Persischen Golf, die etwa halb so groß ist wie Hessen und auf der weniger als eine Million Menschen leben. Der Islam, der das gesellschaftliche Leben prägt, ist Staatsreligion und die Scharia eine der Quellen der Gesetzgebung. Über 70 Prozent der Einwohner sind Sunniten; Schiiten sind insbesondere unter den iranischen Händlern zu finden, die hier mitunter seit Generationen ansässig sind. Den größten Teil der zahlreichen Ausländer, die insgesamt etwa zwei Drittel der Bevölkerung ausmachen, stellen Gastarbeiter aus südasiatischen Ländern, die in der durch das Erdöl groß gewordenen Wirtschaft Katars ihr Glück suchen. Die Ölförderung hat dem Land seit den 1970er Jahren Devisen in großem Umfang beschert. Da die Ölreserven jedoch nicht unendlich sind, hat Katar erfolgreich begonnen, seine Wirtschaft zu diversifizieren und vom Öl unabhängige Industrie- und Dienstleitungszweige anzusiedeln. Außerdem spielt das Erdgas, das das Öl als Leitindustrie ablöst, eine immer größere Rolle. Das kleine Katar verfügt nach Russland und dem Iran über die größten Erdgasvorkommen der Welt. Die wirtschaftliche Zukunft Katars, das seit 2008 einen gemeinsamen Markt mit den Ländern des Golfkooperationsrates bildet,[1] ist damit gesichert. Katar ist eines der reichsten Länder der Erde.[2]

Die Geschichte der Herrschaft der Al Thani

Die Geschicke Katars werden von der Familie Al Thani gelenkt. Die Al Thani waren im 18. Jahrhundert aus Innerarabien eingewandert und stritten zunächst mit der Sippe der Al Khalifa um die

---

1 Neben Katar gehören dem Golfkooperationsrat Bahrain, Kuwait, Oman, Saudi-Arabien und die Vereinigten Arabischen Emirate an. Zwischen den Mitgliedern, die sich 1981 nicht zuletzt als Gegengewicht der (sunnitischen) Golfmonarchien gegen die (schiitische) Republik Iran zusammenschlossen, herrscht freier Personen- und Kapitalverkehr. Für 2010 ist eine gemeinsame Währung geplant.

2 Zur Wirtschafts- und Sozialstruktur Katars vgl. Al-Hamarneh 2007: 125ff.; Scholz/Stern 1999: 186ff.

Macht. Im 19. Jahrhundert gelang es den Al Thani, sich gegen die Al Khalifa durchzusetzen, die auf die westliche Nachbarinsel Bahrain auswichen und seither dort regieren.[3]

Ab 1871 geriet die Herrschaft der Al Thani unter die Oberhoheit der Hohen Pforte und der Emir wurde osmanischer Bezirkshauptmann. Zugleich weitete sich der Einfluss der Briten, die den Persischen Golf seit Anfang des 19. Jahrhunderts beherrschten, auch in Katar mehr und mehr aus. Mit dem Niedergang des Osmanischen Reiches kam es 1916 zu einem Vertrag, der Katar zu einem britischen Protektorat machte. Die Familie Al Thani konnte zwar weiterhin den Emir stellen, stand nun aber unter der Aufsicht der britischen Schutzmacht. Nachdem London 1968 schließlich seinen Rückzug angekündigt hatte, führten die Emire der Golfregion Verhandlungen über die Bildung einer Föderation. Diese kam im Dezember 1971 unter dem Namen Vereinigte Arabische Emirate zustande, jedoch ohne Katar, das sich – wie Bahrain – letztlich doch zur Gründung eines eigenen Staates entschied und sich bereits im September 1971 für unabhängig erklärt hatte.[4]

Wenige Monate nach der Unabhängigkeit, im Februar 1972, kam es zu einer Palastrevolte im Hause Al Thani. In einem unblutigen Sturz übernahm Premierminister Khalifa die Macht von Emir Ahmed, seinem Vetter. Khalifa fand mit seinem Coup die Billigung der Familie und war daher erfolgreich. Unterstützt wurde er insbesondere von seinem Bruder, den er als Dank für seine Mithilfe zum Kronprinzen und Premierminister machen wollte. Er brach dieses Versprechen jedoch und berief stattdessen seinen Sohn Hamad zum Kronprinzen.[5]

Hamad sollte ihm diese Berufung allerdings nicht danken. 1995 entmachtete Hamad seinerseits seinen Vater Khalifa, als dieser auf Staatsbesuch in Genf weilte. Der Staatsstreich, der von langer

3 Bahrain erhebt im Übrigen bis heute erfolgreich Anspruch auf die unmittelbar vor der Westküste Katars liegenden Hawar-Inseln, die zum einstigen Siedlungsgebiet der Al Khalifa gehören. Ein jahrelanger Grenzstreit zwischen Katar und Bahrain wurde erst 2001 vom Internationalen Gerichtshof entschieden. Zur Herrschaft der Al Khalifa vgl. den Beitrag zu Bahrain in diesem Band.

4 Zur Geschichte Katars vgl. Al-Hamarneh 2007: 120ff.; Scholz/Stern 1999: 182ff.; Ebert 1995: 573ff.

5 Vgl. ausführlich Herb 1999: 114ff.; Ebert 1995: 576; Mattes 2000: 78.

Hand durch die Berufung familieninterner Verbündeter ins Kabinett vorbereitet worden war, wurde von Khalifa nicht ohne weiteres akzeptiert. Es soll sogar den Versuch eines Gegen-Coups von Anhängern Khalifas gegeben haben. Aber am Ende scheiterten diese Bemühungen, nicht zuletzt weil Hamads Machtübernahme wiederum von der Mehrheit der Familie gebilligt wurde. Damit verlor Khalifa die Macht, die er 1972 durch eine Palastrevolte erlangt hatte, 1995 auf gleichem Wege wieder. Auch die beiden Herrschaftswechsel zuvor, 1949 und 1960, waren nicht durch Tod des Emirs, sondern durch Abdankung und Entmachtung zustande gekommen.[6]

Angesicht der Häufung irregulärer und staatsstreichartiger Machtwechsel nimmt es nicht wunder, dass Hamad unmittelbar nach seinem Amtsantritt 1995 die Thronfolgeregeln neu und präziser fasste. Während bis dato für Thronfolger lediglich die Voraussetzung galt, dass sie aus der Dynastie der Al Thani stammen mussten, so wurde nun per Dekret festgelegt, dass der Kronprinz ein Sohn des Emirs sein muss.[7] Welchen Sohn der Emir dazu bestimmt, ist aber weiter offen. Dazu muss man wissen, dass in den Golfmonarchien nicht automatisch der älteste Sohn des Herrschers Thronfolger wird, sondern der Monarch ein ihm geeignet erscheinendes Familienmitglied dazu ernennt. Bei der Auswahl ist der Monarch allerdings traditionell auf die Zustimmung der staatlichen und geistlichen Würdenträger angewiesen: Legitimer Thronfolger kann nur werden, wer die *bay'a*, das heißt die Zustimmung der Familienältesten, des Familienrates oder einer beratenden Versammlung, erlangt hat.[8] Auch in Katar bestimmt Art. 9 der Verfassung, dass der Emir den Thronfolger „nach Konsultationen mit den Mitgliedern der herrschenden Familie und den Menschen mit Weisheit im Staat" ernennen soll. Mit anderen Worten: wer regiert, bestimmt in den Golfmonarchien die Familie. Dies hat im Vergleich mit europäischen Monarchien den Vorteil, dass nicht unhinterfragt jeder Erstgeborene, unabhängig von seinen Fähigkeiten, Thronanwärter wird und den Nachteil, dass die

6 Vgl. ausführlich Herb 1999: 114ff.; Mattes 2000: 78f.

7 Nur falls kein Sohn vorhanden ist, kann auf ein anderes Familienmitglied zurückgegriffen werden. Vgl. Herb 1999: 126.

8 Vgl. ebd.: 35f.

Thronfolge in gewisser Weise offen ist und damit Nachfolgekonflikte und Umstürze wie in Katar nicht auszuschließen sind.

Das politische System seit 1995

Zustimmung für seine Machtübernahme im Jahr 1995 erreichte Emir Hamad vor allem – insbesondere bei der jüngeren Generation – mit der Ankündigung, dass er das Land erneuern und das autoritäre politische System reformieren wolle. Einen ersten Schritt in diese Richtung stellte die Liberalisierung der bis dahin strengen Pressezensur im Jahr 1996 dar. Vielfach wird auch die Gründung des Fernsehsenders *Al-Jazeera* im gleichen Jahr als Ausdruck der neuen Pressefreiheit gesehen. Der Sender, der in Katars Hauptstadt Doha seinen Sitz hat und wegen seiner mitunter kritischen Berichte von Saudi-Arabien bekämpft wird, wird vom Staat Katar finanziell unterstützt.[9] Auch hinsichtlich der Rolle der Frau konnte nach 1995 eine Öffnung beobachtet werden, für die sich insbesondere die politisch ungewöhnlich aktive Ehefrau des Emirs, Scheicha Mozah, einsetzte.[10] Es kam unter anderem zur Ernennung einer Ministerin und einer Universitätspräsidentin. Auch bei den Kommunalwahlen, die 1999 erstmals durchgeführt wurden, sind Frauen wahlberechtigt. 2007 schafften drei Frauen den Einzug in den Zentralen Gemeinderat, der allerdings nur eine beratende Funktion wahrnimmt. Als Ausweis der neuen Liberalität kann auch gesehen werden, dass Hamad der katholischen Kirche ein Grundstück schenkte, um ihr die Errichtung eines christlichen Gotteshaus zu ermöglichen. Den vielleicht wichtigsten Modernisierungsschritt tat Hamad mit der neuen Verfassung, die 2003 per Referendum mit großer Mehrheit angenommen wurde und seit 2005 in Kraft ist.[11]

---

9 Saudi-Arabien droht Firmen, die bei *Al-Jazeera* werben, den Zugang zum saudi-arabischen Markt zu verwehren. Aufgrund dieses Boykotts ist der Sender auf staatliche Zuschüsse angewiesen, die der Emir gern gewährt, da *Al-Jazeera* die internationale Bekanntheit Katars fördert.

10 Die Scheicha engagiert sich auch im Bildungsbereich und hat mehrere amerikanische Spitzenuniversitäten dazu bewogen, in Doha Filialen zu gründen, die für Bildungsmöglichkeiten auf hohem Niveau sorgen. Zum Engagement der Scheicha vgl. Bahry/Marr 2005: 107f.

11 Zur Reformpolitik vgl. Bahry 1999; Rathmell/Schulze 2000; Al-Hamarneh 2007: 123ff.; Ehteshami 2003: 63f.

Die neue Verfassung konstituiert ein Parlament (*Madschlis al-Schura*), das aus 15 vom Emir ernannten und 30 auf vier Jahre gewählten Mitgliedern bestehen soll.[12] Die Wahlen wurden allerdings mehrfach verschoben und haben bisher nicht stattgefunden. Das vorgesehene Parlament entscheidet mit Mehrheit über das Budget und die Gesetze.[13] Der Emir kann jedoch gegen Gesetze ein Veto einlegen, das nur mit Zweidrittelmehrheit überstimmt werden kann.[14] Eine Zweidrittelmehrheit ist auch erforderlich, wenn das Parlament einen Minister absetzen oder ein Gesetz aufheben will, das vom Emir außerhalb der Parlamentssession erlassen wurde.[15] Dass in diesen Fragen eine Zweidrittelmehrheit vonnöten ist, ist insofern problematisch, als allein schon die 15 vom Emir ernannten Mitglieder über ein Drittel der Stimmen verfügen und somit leicht eine Blockademinderheit gebildet werden kann.

Insgesamt wurden die Befugnisse des Parlaments gegenüber dem schon seit der Staatsgründung bestehenden Konsultativrat zwar erweitert, aber doch in einer Weise, die die starke Stellung des Emirs nicht gefährdet. Laut Verfassung führt der Monarch den Oberbefehl, kann völkerrechtliche Verträge schließen, das Parlament auflösen und das Kriegsrecht verhängen. Beamte, Militärs und Diplomaten werden von ihm berufen. Außerdem leitet er den Ministerrat, dessen Mitglieder er – inklusive des Premierministers – ernennt und entlässt.[16] Premierminister ist seit 2007 Hamad, ein Cousin des Emirs, der den offenbar amtsmüden Abdullah, einen Bruder des Emirs, ablöste. In der Position des Kronprinzen ersetzte 2003 Tamim, der vierte Sohn des Emirs, seinen älteren Bruder Jassim, der bis dahin als Thronfolger vorgesehen war. Auch die Minister sind zu einem guten Teil Mitglieder der Familie Al Thani, die nach wie vor die zentralen Positionen in Politik und Wirtschaft besetzt hält.

Mit dem Amtsantritt von Emir Hamad im Jahr 1995 ist eine neue, vielfach an westlichen Colleges und Militärakademien

12 Siehe Art. 77 und 81 der Verfassung.

13 Siehe Art. 100 und 105 bis 107 der Verfassung.

14 Siehe Art. 106 der Verfassung.

15 Siehe Art. 111 und 70 der Verfassung.

16 Zur Stellung des Monarchen siehe Art. 64ff. der Verfassung. Vgl. auch Al-Hamarneh 2007: 123ff.

ausgebildete Generation von Scheichen an die Macht gekommen, die das Land geöffnet hat. Die Entwicklung ist vergleichbar mit den Nachbarländern Bahrain und Vereinigte Arabische Emirate, wo nach den dortigen Wechseln an der Staatsspitze 1999 bzw. 2004 ebenfalls spürbare bzw. vorsichtige Reformen eingeleitet wurden.[17] Der Generationswechsel in Katar hat bewirkt, dass das Land auf dem Weg von einer absoluten zu einer konstitutionellen Monarchie ist. Gleichwohl ist das politische System von einer Demokratie im westlichen Sinne noch weit entfernt.[18] Parteien und Gewerkschaften existieren nicht, Ausländern ist politische Betätigung verboten und unliebsame Proteste, die sich gegen die starke US-Militärpräsenz[19] richten, werden „im Keim erstickt".[20] Es ist nach wie vor nicht das Parlament, sondern die Person des Emirs, oder besser: seine Familie, die die Politik bestimmt. Katar ist insofern eine „Familienmonarchie" oder – wie Michael Herb sagt – eine „dynastic monarchy",[21] deren Dynastie sich 1995 für einen etwas liberaleren Kurs entschieden hat, ohne dass sie deshalb grundsätzlich auf ihren Machtanspruch verzichtet hätte. Bei der Entwicklung der letzten Jahre handelt es sich weniger um eine „Demokratisierung", als um einen Generationswechsel innerhalb der regierenden Familie Al Thani.

---

17 Vgl. die Beiträge zu Bahrain und den Vereinigten Arabischen Emiraten in diesem Band.

18 Partizipationsmöglichkeiten in einem „orientalischen Sinne" sind mit der traditionellen *Madschlis* – eine Versammlung, bei der die Bevölkerung ihre Anliegen dem Emir persönlich vortragen kann – allerdings vorhanden. Die *Madschlis*, die auch in anderen Golfmonarchien bekannt ist, wird von den Katarern durchaus als „Instrument der direkten Demokratie und Partizipation verstanden", so Al-Hamarneh 2007: 125.

19 Die Schutzmacht USA, die in Katar eine der bedeutendsten Militärbasen des Nahen und Mittleren Osten unterhält, hat 2003 ihre militärische Kommandozentrale für die Golfregion von Saudi-Arabien nach Doha verlegt.

20 Al-Hamarneh 2007: 131.

21 In seinem grundlegenden Werk *All in the Family. Absolutism, Revolution, and Democracy in the Middle Eastern Monarchies* unterscheidet Michael Herb „dynastic monarchies" (wie Katar und Saudi-Arabien) und „nondynastic monarchies" (wie Marokko und Jordanien).

Literatur

Al-Hamarneh, Ala 2007: Katar, in: Walter M. Weiss (Hrsg.), Die arabischen Staaten. Geschichte, Politik, Religion, Gesellschaft, Wirtschaft, Heidelberg, 120-132.

Bahry, Louay 1999: Elections in Qatar. A Window of Democracy Opens in the Gulf, in: Middle East Policy, Bd. 6, Nr. 4, 118-128.

Bahry, Louay/Marr, Phebe 2005: Qatari Women. A New Generation of Leaders?, in: Middle East Policy, Bd. 12, Nr. 2, 104-119.

Ebert, Matthias 1995: Qatar. Zur Verfassungsentwicklung des Landes, in: Herbert Baumann/Matthias Ebert (Hrsg.), Die Verfassungen der Mitgliedsländer der Liga der Arabischen Staaten, Berlin, 573-579.

Ehteshami, Anoushiravan 2003: Reform from above: the politics of participation in the oil monarchies, in: International Affairs, Bd. 79, 53-75.

Herb, Michael 1999: All in the Family. Absolutism, Revolution, and Democracy in the Middle Eastern Monarchies, Albany.

Mattes, Hanspeter 2000: Die Golfstaaten (Bahrain, Kuwait, Oman, Qatar, VAE), in: Sigrid Faath (Hrsg.), Konfliktpotential politischer Nachfolge in den arabischen Staaten, Hamburg, 70-85.

Rathmell, Andrew/Schulze, Kirsten 2000: Political Reform in the Gulf: The Case of Qatar, in: Middle Eastern Studies, Bd. 36, Nr. 4, 47-62.

Scholz, Fred/Stern, Werner 1999: Qatar – Wüstenstaat mit industrieller Zukunft?, in: Fred Scholz (Hrsg.), Die kleinen Golfstaaten, 2. Auflage, Gotha/Stuttgart, 182-206.

Internet

Golfkooperationsrat: *http://www.gcc-sg.org/eng*

Emir Hamad: *http://www.diwan.gov.qa*

Scheicha Mozah: *http://www.mozahbintnasser.qa*

Kuwait

Tilman Lüdke

Das 17.820 km^2 große Emirat Kuwait liegt in der äußersten nordwestlichen Ecke des Persischen Golfes. Es grenzt im Norden und Westen an den Irak, im Süden an Saudi-Arabien und im Osten an den Persischen Golf. Kuwait besteht größtenteils aus Wüste, weswegen die Einwohner sich in hauptsächlich an der Küste gelegenen Städten konzentrieren („Stadtstaat"). Hauptstadt ist Kuwait-City, das an einer etwa 40 km ins Land hinein reichenden Bucht liegt. Die Bevölkerung beläuft sich auf etwas mehr als 2,5 Millionen Menschen, von denen jedoch nur etwa 50 Prozent die kuwaitische Staatsbürgerschaft besitzen. Rund 85 Prozent der Einwohner sind Muslime (davon etwa 70 Prozent Sunniten und 30 Prozent Schiiten). Der Rest der Bevölkerung besteht aus Christen, Hindus und Parsen.[1]

Der hohe Ausländeranteil an der Bevölkerung resultiert aus dem kuwaitischen Staatsbürgerschaftsrecht und der Notwendigkeit des Imports von Arbeitskraft. Offiziell sind nur Angehörige von Familien, die schon 1920 auf dem Territorium Kuwaits ansässig waren, Staatsbürger. Diese Gruppe (hauptsächlich Kaufleute und Beduinen) stellt den „Adel". Daneben existieren auch später eingebürgerte „Neo-Kuwaiter." Nur die Kuwaiter haben vollen Anteil am Reichtum des Landes. Fast alle qualifizierten Arbeitskräfte (freie Berufe, Industrie) sind jedoch Ausländer mit unterschiedlichem Status (abhängig von ihrer Herkunft). 1990 waren nur zwei Prozent der im privaten Sektor tätigen Personen Kuwaiter.[2] Der hohe Ausländeranteil ist seitens der kuwaitischen Monarchie spätestens seit 1990 als Problem wahrgenommen worden.[3] Auch die Integration der *Bidun* (arabisch „ohne", im Sinne von staatenlos), Menschen ohne Staatsbürgerschaft, die in Kuwait leben und arbeiten, ist bisher nur unzureichend gelungen.[4]

---

1 Quelle: https://www.cia.gov/library/publications/the-world-factbook/geos/ku.html (Stand: 1.4.2008).
2 Vgl. Stöger 1992: 105.
3 Vgl. ebd.: 107.
4 Vgl. Zahlan 1998: 33.

Geschichte der Herrschaft der Al-Sabah-Dynastie

Seit 1752/56 wird Kuwait von der Familie der Al-Sabah regiert, die damals die Herrschaft über das um 1716 gegründete Kuwait-City übernahm. Zu diesem Zeitpunkt war das Rückgrat der kuwaitischen Wirtschaft das Meer (Handel, Perlenfischerei, Fischfang).[5] Die Al-Sabah-Scheiche konnten sich infolge ihrer Aufgaben als Regenten und Verteidiger Kuwaits nur wenig an Geschäften beteiligen, keinen persönlichen Reichtum anhäufen, und waren daher auf finanzielle Zuwendungen der wohlhabenden Händlerfamilien angewiesen. Dies garantierte eine gewisse Kontrolle des Monarchen durch die kuwaitische Elite. Auch verfügten die Al-Sabah nicht über eine religiöse Legitimation ihrer Herrschaft. Sie mussten daher im Einvernehmen mit den Händlerfamilien regieren. Bis in die Mitte des 20. Jahrhunderts besaß Kuwait keinen institutionalisierten bzw. bürokratisierten Regierungs- und Verwaltungsapparat.[6]

Als Herrscher eines kleinen und schwachen Staatsgebildes mussten die kuwaitischen Herrscher versuchen, sich an mächtige Verbündete anzuschließen, um sich gegen die Begehrlichkeit benachbarter Mächte verteidigen zu können. Scheich Mubarak al-Sabah (genannt „der Große“) schloss daher 1899 ein Schutzbündnis mit Großbritannien gegen das Osmanische Reich. Im Austausch gegen seinen Schutz erhielt Großbritannien Handelsprivilegien sowie das Recht zur alleinigen Vertretung der auswärtigen Interessen des Scheichtums. Bis in die 1960er Jahre musste britische Unterstützung mehrmals in Anspruch genommen werden, vornehmlich gegen Saudi-Arabien und den Irak (1922/23, 1961). Großbritannien schloss 1922/23 im Namen Kuwaits auch Grenzverträge mit den benachbarten Staaten, die das Land mehr als zwei Drittel seiner Fläche kosteten.[7]

Für die kuwaitische Monarchie war die Unterstützung von Verbündeten gegen äußere Feinde stets eine Notwendigkeit, da das Land sich nicht selbst verteidigen konnte (und kann). Zum eigenen Überleben hat Kuwait daher stets eine auf Konfliktvermeidung ausgerichtete Außenpolitik betrieben. Dies wurde besonders

---

5 Vgl. Abu Hakima 1983: 1.

6 Zum Konzept von Herrschaft innerhalb arabischer Stämme und Stammesfürstentümer siehe Al-Rashid 1991.

7 Vgl. Geiss 2002: 460.

wichtig (und besonders schwierig), nachdem auf dem Gebiet des Scheichtums gewaltige Ölvorkommen entdeckt wurden. Kuwait wurde ein wichtiger Energielieferant für den Westen, gleichzeitig aber auch aufs Neue Zielscheibe von Begehrlichkeiten seitens ärmerer arabischer Staaten. Doch auch im Inneren Kuwaits hat das Öl gewaltige Veränderungen bewirkt, nicht zuletzt im Verhältnis zwischen Monarch und Bevölkerung.

Ab 1946 exportierte Kuwait Öl, wodurch die Staatseinnahmen im Laufe weniger Jahre bedeutend zunahmen. Das alleinige Verfügungsrecht über die Verwendung dieser Öleinnahmen stellen bis heute einen wichtigen Machtfaktor für die Al-Sabah dar. Die Dynastie hat die Gelder nicht zuletzt dazu verwendet, einen klassischen „Rentenstaat“ zu errichten. Kuwait baute seit den 1950er Jahren einen umfassenden Wohlfahrtsstaat auf, der den Bürgern Bildung, Wohnraum, kommunale Dienstleistungen und medizinische Versorgung unentgeltlich zur Verfügung stellt. Die Bürger müssen weder Steuern zahlen noch Militärdienst leisten. Dadurch mobilisiert und „erkauft“ die Monarchie die Loyalität der Bevölkerung und sichert sich das eigene Überleben.

Die Ölwirtschaft bedingte auch die Errichtung eines komplexen Staatsapparates (Ministerien, Bürokratie), der der Monarchie sowohl nützte als auch potenziell schadete. Einerseits standen nun viele gut bezahlte Arbeitsplätze in der Regierung zur Verfügung, andererseits entfernte dieses institutionalisierte System den Herrscher von der Bevölkerung. Der traditionelle *Madschlis*, die buchstäbliche „Sitzung“, in der jeder Untertan dem Herrscher seine Beschwerden vortragen konnte, gehörte für immer der Vergangenheit an. Die Rechnung der Al-Sabah, sich durch den Wohlfahrtsstaat die absolute Macht zu sichern, ging jedoch nicht auf. Die lange Tradition konstitutioneller Bestrebungen in Kuwait hielt auch nach den 1950er Jahren an und hat in jüngerer Vergangenheit die Umwandlung des Landes von einer absoluten zu einer konstitutionellen Monarchie erreicht.

Von der absoluten zur konstitutionellen Monarchie (1918-2006)

Schon 1918 forderten einige Händlerfamilien die Einrichtung eines *Madschlis* im Sinne eines Parlamentes. Der erste provisorische *Madschlis* (1920) hatte nur für kurze Zeit Bestand. Nicht besser erging es dem zweiten *Madschlis*, der 1938 zusammentrat. Dennoch stellen beide Versuche, ein Parlament einzurichten, wichtige Stationen in der politischen Entwicklung Kuwaits dar. In beiden Fällen war es den kuwaitischen Eliten gelungen, ihre Forderungen nach repräsentativer Regierung durchzusetzen und dem Scheich beträchtliche Machtzugeständnisse abzutrotzen. Das Vorgehen der Al-Sabah wurde dabei maßgeblich von äußeren Faktoren beeinflusst und versuchte, sozialen und politischen Veränderungen in der arabischen Welt Rechnung zu tragen. Der *Madschlis* von 1938 war das Ergebnis der Politisierung zweier Gruppen in der kuwaitischen Bevölkerung: Einerseits hatten viele junge Kuwaiter eine Ausbildung im Irak erhalten und waren dort mit arabisch-nationalistischem Gedankengut in Berührung gekommen. Dies hatte für die kuwaitische Monarchie besorgniserregende Konsequenzen. Es kam zur Gründung einer *Gesellschaft der Golfaraber* in Basra, die für die Vereinigung von Kuwait und Irak eintrat.[8] Andererseits regte sich Widerstand der kuwaitischen Kaufleute gegen Scheich Ahmad al-Dschabir (Monarch 1921-1950), als dieser mit Rücksicht auf Großbritannien Spenden für den arabischen Aufstand in Palästina verbot. Die Einrichtung eines *Madschlis* schien dem Scheich daher ein geeignetes Mittel, um die Opposition zu beschwichtigen.

Obwohl beide *Madschlis* einen Schritt hin zum Parlamentarismus bedeuteten, waren sie kein Schritt zur Demokratie. Nur Angehörige der 150 führenden kuwaitischen Familien besaßen das aktive Wahlrecht. Ausweitung der Wählerbasis für das Parlament ist deshalb bis heute eine Priorität der verschiedenen kuwaitischen Oppositionsgruppen.

Nach dem Entstehen des Ölscheichtums wurde diese Opposition durch eine junge, gut ausgebildete Intelligenzija einerseits und eine wachsende Industriearbeiterschaft andererseits verstärkt. Bis 1961 jedoch verfuhr der Scheich nach der Maxime „no representation without taxation." Dann jedoch war der Scheich, wieder einmal infolge äußerer Faktoren, gezwungen, seine Politik zu ändern. Der sinkende Stern Großbritanniens in der Region beraubte Kuwait seines wichtigsten Verbündeten und führte zu erneuten Anschlussforderungen durch den Irak. Das Scheichtum erklärte sich daher – mehr oder weniger gezwungenermaßen – für unab-

8 Vgl. Zahlan 1998: 36.

hängig. Scheich `Abdallah al-Salim (Monarch 1950-1965) nahm den Titel Amir an.[9]

Die irakischen Forderungen erfuhren in der kuwaitischen Bevölkerung spontane Ablehnung. Der Amir, der dies als Anzeichen für innere Stabilität und Loyalität zum Herrscherhaus verstand, gestand daher die Wahl einer verfassungsgebenden Versammlung zu. 25 Prozent der Kuwaiter besaßen das Wahlrecht. Die Versammlung entwarf innerhalb eines Jahres eine Verfassung, die vom Amir ratifiziert und im November 1962 in Kraft gesetzt wurde. Ebenso wurden Wahlen zur Nationalversammlung abgehalten, für die eine beträchtlich ausgeweitete Wählerschaft 50 Abgeordnete berief. Verfassung und Nationalversammlung sind seitdem permanente Institutionen, obwohl mehrere Amire Nationalversammlungen auflösten und erst nach einigen Jahren Neuwahlen zugestanden. So löste Amir Sabah al-Salim (Monarch 1965-1977) 1976 die Nationalversammlung auf, und erst unter seinem Nachfolger Dschabir al-Ahmad (Monarch 1977-2006) wurden wieder Neuwahlen abgehalten. 1986 kam es, diesmal infolge einer inneren Krise (Bombenattentate auf Ölinstallationen und heftige Kritik an zur Al-Sabah-Familie gehörenden Ministern) wieder zur Auflösung der Nationalversammlung. Kurz vor der irakischen Invasion 1990 berief der Amir ein beratendes Gremium ein. Diese Maßnahme führte jedoch nicht zum Verstummen der Forderungen nach demokratischen Wahlen.

Allen antiparlamentarischen Maßnahmen verschiedener Amire zum Trotz wurden die kuwaitischen Monarchen immer durch ein wirksames Instrument kontrolliert, nämlich ihre eigene Familie. Die Al-Sabah-Familie umfasst etwa 1.000 Mitglieder. Es mangelt daher nicht an Ersatzkandidaten, falls die Familie mit der Amtsführung eines Amirs unzufrieden ist. In jüngster Zeit haben jedoch äußere Faktoren diese familiäre Selbstkontrolle weniger bedeutsam werden lassen, als politische Bestrebungen der kuwaitischen Bevölkerung nach mehr Mitspracherechten.

Die bei Beginn der irakischen Besetzung Kuwaits ins Exil geflohenen Al-Sabah kehrten kurz nach der Befreiung des Landes wieder zurück. Die kuwaitische Monarchie sah sich gewaltigen Aufgaben gegenüber. Die weitestgehend zerstörte Infrastruktur musste wieder errichtet und die im Zuge der Okkupation auf-

9 Vgl. Scholz 1999: 127.

gebrochenen inneren Spaltungen des Landes wieder überbrückt werden. Der Versuch der Al-Sabah, die absolute Macht wieder in ihren Händen zu vereinigen, schlug diesmal aus inneren wie äußeren Gründen fehl.

Einerseits regte sich bald heftige Kritik im Inneren gegen die Al-Sabah. Sie wurden beschuldigt, wenig Führerqualitäten gezeigt und beim Wiederaufbau versagt zu haben. Der Privatsektor beklagte sich über zu wenig staatliche Hilfen, auch ging der Großteil lukrativer Kontrakte an ausländische und nicht an kuwaitische Firmen. Diese Kritik verband sich mit dem Wunsch nach Parlamentswahlen: ein Parlament, so weite Teile der öffentlichen Meinung, hätte die Krise von 1990/91 besser meistern können als die Al-Sabah.[10]

Andererseits übten die USA diplomatischen Druck aus. Sie wollten sich nicht dem Vorwurf ausgesetzt sehen, ein „undemokratisches" Land befreit zu haben. Der Amir kündigte daher freie Wahlen für Oktober 1992 an.[11] Tatsächlich wurde das politische System Kuwaits seit dieser Zeit beträchtlich demokratisiert. Dies hat jedoch nicht zur Lösung aller Probleme der kuwaitischen Monarchie geführt.

Probleme und Zukunftsaussichten der kuwaitischen Monarchie: Konstitutionalisierung als Rettungsanker?

Die kuwaitische Monarchie scheint in ihrer Existenz momentan nicht unmittelbar bedroht. Dennoch sieht sie sich mehreren Problemen gegenüber, die langfristig gelöst werden müssen: Sicherung der Loyalität der Bevölkerung zum Herrscherhaus, Verringerung der Abhängigkeit von potenziell politisch unzuverlässigen Ausländern und Integration der *Bidun* sowie eine weise Zukunftsplanung über die Erschöpfung der Ölressourcen hinaus und Garantie der äußeren und inneren Sicherheit des Landes.

Die irakische Besetzung und das Verhalten von Teilen der kuwaitischen Bevölkerung während dieser Periode – insbesondere Palästinensern und *Bidun* wurde Kollaboration mit den Irakern vorgeworfen – haben der Monarchie deutlich vor Augen geführt, wo die Schwächen des Rentenstaatssystems lagen.[12] Loyalität zu

---

10 Vgl. Stöger 1992: 279-281.

11 Vgl. Zahlan 1998: 56.

12 Vgl. Stöger 1992: 249f.

Staat und Herrscherhaus schien klar von der Höhe des Profits abhängig zu sein, den die beteiligten Gruppen aus einer solchen Haltung dem Staat gegenüber ziehen konnten. In drastischer Form ausgedrückt: „Der Kuwaiti scheint es nicht etwa als Grundrecht des Staatsbürgers zu erachten, zu wählen, sondern von der Regierung ein Haus gestellt zu bekommen."[13] Die kuwaitische Monarchie muss diesen Wohlfahrtsstaat erhalten, um ihr Überleben zu sichern. Ebenso müssen bisher unterprivilegierte Gruppen in der Bevölkerung entweder besser integriert werden (z.B. durch Ausweitung und Liberalisierung des Staatsbürgerschaftsrechts) oder weitestgehend durch Kuwaiter ersetzt werden („Kuwaitisierung").[14] Für beides ist die Monarchie auf weiterhin hohe Einnahmen aus dem Ölgeschäft angewiesen. Obwohl die kuwaitische Regierung einen *Fonds für künftige Generationen*, der mehrere hundert Milliarden Dollar umfasst, eingerichtet hat, ist wie auch im Falle anderer Golfmonarchien vorauszusehen, wie schwer ein Wegfall der Öleinnahmen das Land im Allgemeinen und die Monarchie im Besonderen belasten wird.

In außenpolitischer Hinsicht hat sich die Position Kuwaits dagegen seit 2003 zunächst verbessert. Der Irak-Krieg und das daraus resultierende Verschwinden des Iraks als potenzieller Aggressor hat die Sicherheit Kuwaits zweifellos gestärkt. Andererseits ist das Land in unmittelbarer Nähe zu Iran gelegen, was aufgrund der gegenwärtigen Spannungen zwischen Iran und dem Westen Anlass zur Besorgnis gibt. Die geostrategische Lage des Landes mit den daraus resultierenden Konsequenzen hat sich also nicht grundlegend verändert. Noch immer ist Kuwait „ein kleines, enorm reiches Land mit den falschen Nachbarn."[15]

Politischer Islam hat sich in Kuwait bisher wenig, und insbesondere nicht aggressiv, bemerkbar gemacht. Die Bedeutung des Landes als wichtiger Öllieferant für den Westen könnte das Land jedoch in Zukunft zum Schauplatz von Anschlägen werden lassen. Ein Vergleich mit der 1973 angewendeten „Ölwaffe" liegt hier nahe. Es bleibt abzuwarten, ob Kuwait weiterhin darin Erfolg haben wird, als kleiner und militärisch schwacher Staat mit allen Konfliktparteien gute Beziehungen zu unterhalten.[16]

---

13 Sapsted 1980: 106.
14 Vgl. Cordesman 1997: 61.
15 Ebd.: 70.
16 Vgl. Sapsted 1980: 81.

Wie bereits ausgeführt, hat die kuwaitische Monarchie in Krisenzeiten regelmäßig Zugeständnisse an die Opposition gemacht und teilweise beträchtliche Einschränkungen ihrer Macht hingenommen.[17] Eine derartige Politik kann auch ein Weg für die Zukunft der Monarchie sein. Noch gibt es kein Gesetz, das den Amir hinsichtlich der Verwendung von Öleinnahmen konstitutioneller Kontrolle unterwirft. Bei einer Verknappung der Ressourcen und daher der Einnahmen könnte ein solches Gesetz die öffentliche Kritik am Herrscherhaus wirkungsvoll abmildern.[18] Aus diesem Grund gestanden die Al-Sabah 1992, wie schon erwähnt, Wahlen zu. Schon drei Tage nach seiner Rückkehr 1991 hatte Scheich Sa'ad al-Sabah größere Mitspracherechte für die Bevölkerung versprochen. Dabei berief sich der Scheich jedoch auf eine „demokratische Tradition" des Landes, das „stets eine Demokratie, nie eine Diktatur" gewesen sei.[19]

Allen Versprechungen und Entwicklungen zum Trotz hat Kuwait bis heute nicht den Schritt zur parlamentarischen Demokratie vollzogen. Politische Parteien sind weiter verboten, obwohl Oppositionsgruppen unterschiedlicher Couleur geduldet werden. Die wichtigsten davon sind *Konstitutionelle Verbindung*, *Demokratisches Forum*, *Parlamentarische Verbindung*, *Unabhängige* sowie diverse islamische Gruppen, wie etwa *Islamische Verbindung*, *Islamische Konstitutionelle Bewegung* (aus den früheren *Muslimbrüdern* entstanden) und *Nationale Islamische Koalition.* Das 1992 versprochene Parlament trat erst 1996 zusammen. 1997 wurde die Verfassung geändert und Kuwait von einer absoluten zur konstitutionellen Erbmonarchie erklärt. Nach der neuen Verfassung ist der Amir weltliches und geistliches Staatsoberhaupt, kann Regierungen ernennen und das Parlament auflösen, dessen Existenz damit das erste Mal verfassungsmäßig verankert ist.

Auch wenn Oppositionsgruppen seit 1996 eine Mehrheit im Parlament darstellen und das Parlament 2006 sogar Einfluss auf die Nachfolge des verstorbenen Amirs nahm, darf nicht übersehen werden, dass die kuwaitische Monarchie immer noch eine gewaltige Machtfülle besitzt. Kabinettsmitglieder (davon regelmäßig viele Angehörige der Al-Sabah-Familie) besitzen Stimmrecht im

---

17 Vgl. Cordesman 1997: 5.

18 Vgl. ebd.: 30.

19 Ebd.: 63.

Parlament und sichern der Regierung normalerweise eine Mehrheit in dem nur 50 Mitglieder starken Gremium. Das Tauziehen zwischen monarchischem und konstitutionellem System setzt sich also in der Gegenwart fort.

Literatur

Abu Hakima, Ahmad Mustafa 1983: The Modern History of Kuwait 1750-1965, London.

Alaolmolki, Nozar 1996: The Persian Gulf Region in the Twenty-First Century, Lanham/New York/London.

Al-Rashid, Madawi 1991: Politics in an Arabian Oasis. The Rashidi Tribal Dynasty, London.

Cordesman, Anthony H. 1997: Kuwait. Recovery and Security after the Gulf War, Boulder.

Fähndrich, Hartmut (Hrsg.) 2005: Vererbte Macht. Monarchien und Dynastien in der arabischen Welt, Frankfurt a. M.

Geiss, Immanuel 2002: Geschichte Griffbereit, Bd. 5: Staaten. Die nationale Dimension der Weltgeschichte, Gütersloh/München.

Sapsted, David 1980: Modern Kuwait, London.

Scholz, Fred (Hrsg.) 1999: Die kleinen Golfstaaten, 2. Auflage, Gotha/Stuttgart.

Stöger, Christian 1992: Kuwait. Geburt und Wiedergeburt eines Wüstenstaats, Mödling.

Zahlan, Rosemarie Said 1998: The Making of the Modern Gulf States. Kuwait, Bahrain, Qatar, the United Arab Emirates and Oman, 2. Auflage, Reading.

Internet

Kuwait-Portal: *http://www.kuwait-info.com*

Info-Seite zu Kuwait: *http://www.arab.net/Kuwait*

Info-Seite zu Kuwait: *http://www.infoplease.com/ipa/A0107694.html*

Lesotho

Martin Adelmann[1]

„A Chief is a Chief by the People."

Eingeschlossen von südafrikanischem Territorium liegt inmitten der Drakansberge das kleine Königreich Lesotho. Nur wenige Autostunden von der boomenden Metropole Johannesburg entfernt, zählt Lesotho zu den ärmsten Staaten der Welt. Lediglich ein etwa 40 km breiter Streifen im Osten des Landes ist landwirtschaftlich nutzbar, der überwiegende Teil des Königreiches besteht hingegen aus bis zu 3.350 Meter hohen Bergen.

Unter den drei Monarchien des afrikanischen Kontinents (Lesotho, Marokko und Swasiland) ist Lesotho die einzige, in der der König keine Exekutivmacht mehr besitzt, sondern nach britischem Vorbild lediglich die zeremonielle Funktion eines Staatsoberhauptes ausfüllt. Der kurze Weg von der royalen Staatsgründung zur politischen Bedeutungslosigkeit der Monarchie ist dabei eng mit den zahlreichen innenpolitischen Verwerfungen verbunden, die Lesotho in den letzten Jahrzehnten heimgesucht haben und in die die Monarchie als Spielball der Interessen stets involviert war.

Die Gründung des Königsreiches durch Moshoeshoe I.

Das Königreiche Lesotho verdankt seine Entstehung in der ersten Hälfte des 19. Jahrhunderts dem Aufeinandertreffen von historischen Umwälzungen mit der Vision und Führungsstärke des Staatsgründers Moshoeshoe I. (1786-1870). Die Volksgruppe der Sotho, die seit dem 16. Jahrhundert im Gebiet zwischen dem Fluss Vaal und den Drakansbergen siedelte, war, wie Richard F. Weisfelder belegt, nicht zentral organisiert, sondern lebte in kleinen, lose verbundenen Einheiten unter Schutz und Führung lokaler Chiefs.[2] Den Kriegszügen des Zulukönigs Shaka (*Lifaqane*[3])

---

1 Der Autor dankt Christian Altpeter für die Unterstützung bei der Recherche zu diesem Artikel.

2 Vgl. Weisfelder 1972: 11. Eine gekürzte und leicht aktualisierte Version legte Weisfelder 1977 in einem Sammelband vor. Zum Konzept der Chiefdoms siehe auch Coplan/Quinlan 1997: 32f.

konnten die zahlreichen Kleingruppen jedoch wenig entgegensetzen. 1824 zog Moshoeshoe, der aufstrebende Sohn eines lokalen Chiefs aus dem Koena-Klan, deshalb zur besseren Verteidigung mit einigen hundert Gefolgsleuten in die Bergfestung Thaba-Bosiu. Basierend auf diplomatischem Geschick und ökonomischem (Vieh-)Reichtum, erwies er sich dort als effektiver *morena* (Beschützer bzw. Versorger), weshalb sich innerhalb kurzer Zeit zahlreiche Stämme und Flüchtlinge seiner Führung anschlossen. Bereits in den 1830er Jahren war sein Königreich, das er durch Einsetzung seiner Söhne und Verwandten als Chiefs dezentral verwaltete, konsolidiert. Das Königreich war das größte der Region und umfasste 1848 schon etwa 80.000 Menschen.[4] Der Führungsstil des Staatsgründers war dabei konsensual. Getreu dem lokalen Sprichwort *morena ka morena ke batho* (a chief is a chief by the people) zog der König seine Legitimation aus der demokratischen Rückbindung an seine Untertanen, die er in Form von lokalen Versammlungen (*pitso*) und Ratgebergremien (*khotla*) in das politische Handeln einband.[5]

Nachdem Moshoeshoe in Auseinandersetzung mit den Zulu sein Reich aufgebaut hatte, musste er es bald gegen eine andere Gruppe verteidigen: die Buren. Nach ihrer Vertreibung aus dem Kap durch die Briten zogen die weißen Siedler 1835 im so genannten „großen Treck" auf das südafrikanische Hochplateau und machten den Basotho dort das Land streitig. Zur Sicherung des Königreiches ging Moshoeshoe eine Allianz mit der britischen Kapkolonie ein. Diese Verbindung konnte zwar nicht verhindern, dass das Königreich einen Großteil seines fruchtbaren Landes an die Buren verlor, die letztendliche Annexion von Basutoland durch Großbritannien im Jahr 1868 sicherte aber den Fortbestand des Staates in Form einer britischen Kolonie.[6]

Den Nachfolgern Moshoeshoes (Letsi I., Lerotholi, Letsi II., Griffith und Seeiso) gelang es zwar die staatliche Unabhängigkeit (gegen Südafrika) zu wahren, keiner konnte aber einen ähnlichen

3 In südafrikanischem Sesotho *difaqane,* in Zulu *mfecane* genannt.

4 Vgl. Weisfelder 1972: 25.

5 Vgl. u.a. Coplan/Quinlan 1997: 35f.

6 Basutoland wurde zunächst der Verwaltung der Kapkolonie unterstellt, bevor es 1884 eine eigenständige Kolonie wurde.

innenpolitischen Einfluss erlangen wie der Staatsgründer. Thronfolgerivalitäten innerhalb des Königshauses, koloniale Reformversuche des lokalen *chieftancy*-Systems, wirtschaftlicher Niedergang sowie insbesondere die Schwäche der Monarchie unter der Regentin Mantsebo (1941-1960)[7] führten zu einem Niedergang der Krone. Im Gegensatz zu Swasiland, das von einem starken König in die Unabhängigkeit geführt wurde,[8] lag die politische Macht im Land am Vorabend der Unabhängigkeit bei den neu entstandenen politischen Parteien.

Die Monarchie im Spiel der politischen Kräfte

Die Stellung der Monarchie in einem unabhängigen Lesotho stellte die zentrale Frage der Regentschaft Moshoeshoe II. dar, der 1960 den Thron bestieg. Schon die Wahl des Namens zeigt, dass der junge Regent an die Ära des Staatsgründers anknüpfend eine politische Neubegründung der Monarchie im Sinn hatte. Bei den Verhandlungen um eine Verfassung für ein unabhängiges Lesotho konnte er seine Vorstellungen von exekutiven Vollmachten jedoch nicht durchsetzen, sodass ihm bei der Unabhängigkeit 1966 nur die Rolle des zeremoniellen Staatoberhauptes nach britischem Vorbild zufiel. Stand zunächst die linke *Basotho Congress Party* (*BCP*) der Monarchie kritisch gegenüber, so wurde nach dem Wahlsieg der *Basotho National Party* (*BNP*) 1965 Premierminister Chief Leabua Jonathan, ein Urenkel Moshoeshoes I. aus nachgeordneter Linie, zum Gegenspieler des Königs (der nun wiederum von der oppositionellen *BCP* unterstützt wurde). Der Konflikt zwischen Premier und König eskalierte nur zwei Monate nach der Unabhängigkeit, als Moshoeshoe II. in seiner politischen Hochburg Thaba-Bosiu eine große öffentliche Versammlung abhielt, die von der Regierung gewaltsam aufgelöst wurde. Der König wurde daraufhin unter Hausarrest gestellt und musste eine so genannte *suicide clause* unterzeichnen, die besagt, dass künftig jede Einmischung in die Politik zur automatischen Abdankung des Königs führt. Als Premier Jonathan 1970 nach verlorenen Wahlen im Handstreich die Demokratie abschaffte, musste auch der Kö-

7 Sie regierte nach dem Tod ihres Mannes in Vertretung des 1940 erst zwei Jahre alten Thronfolgers, ihres Neffen Moshoeshoe II.

8 Vgl. den Beitrag zu Swasiland in diesem Band.

nig, der den Coup missbilligte, vorübergehend ins Exil gehen.[9] Da Moshoeshoe II. die komplette Abschaffung der Monarchie befürchtete, stimmte er jedoch schließlich zu, nach Lesotho zurückzukehren und sich vollständig der Macht des Premiers zu unterstellen.[10] Für die Diktatur bedeutete die Rückkehr des Königs eine Stärkung ihrer eigenen Legitimität.

Das Blatt wendete sich erneut, als das Militär 1986 gegen Jonathan putschte[11] und dem König unter Aufsicht des Militärs nun wieder exekutive und legislative Macht zuviel. Doch die Einheit von König und Militär währte nicht lange, sodass Moshoeshoe II. 1990 erneut ins Exil gezwungen wurde und der Thron vorübergehend an seinen Sohn Letsi III. viel.

Der Machtverzicht des Militärs zu Beginn der 1990er Jahre erlaubte Moshoeshoe II. die Rückkehr nach Lesotho (1992) und brachte in demokratischen Wahlen die oppositionelle *BCP* an die Macht. Als diese jedoch eine Untersuchungskommission zur Rolle des Königs während der Militärherrschaft einsetzte, ergriff Letsi III. 1994 die Chance politischer Unruhen, um die demokratische Regierung für abgesetzt zu erklären und gemeinsam mit der *BNP* (der Partei Jonathans, des Erzrivalen Moshoeshoes II.) eine Übergangsregierung zu stellen. Der Putsch des Königs sollte offensichtlich seinen Vater Moshoeshoe II. zurück an die Macht bringen. Internationale Vermittlungsbemühungen führten schließlich zu einem Kompromiss, der die gewählte Regierung zurück an die Macht und Moshoeshoe II. zurück auf den Thron führte, den er bis zu seinem Tod 1995 als parlamentarischer Monarch verwaltete.[12]

Die Versuche Moshoeshoes II., die Macht der Monarchie in einem unabhängigen Lesotho zu restaurieren, waren letztlich fehlgeschlagen. Das Streben nach Wiedererlangen des aus seiner Sicht legitimen Führungsanspruches brachte ihn in Opposition zu den illegitimen – und 1994 auch zu den legitimen – Machthabern. Letztlich wagte es der König aber nie, völlig mit den Herrschen-

---

9 Der Konflikt zwischen dem König und Chief Leabua Jonathan wird ausführlich dargestellt in Khaketla 1972.

10 Vgl. Government of Lesotho Gazette 1970.

11 Der Putsch wurde von Südafrika unterstützt. Jonathan hatte sich aus innenpolitischen Gründen in den 1980er Jahren zunehmend vom einstmaligen Verbündeten, dem Apartheid-Staat Südafrika, abgewandt.

12 Vgl. Reinhardt 1994: 14.

den zu brechen und die Rolle eines politischen Oppositionsführers oder Führers eines Volksaufstandes einzunehmen. Der Erhalt der Monarchie als Institution war als übergeordnetes Ziel letztlich wichtiger und nicht mit einer machpolitischen Rolle vereinbar.

Im Gegensatz zu seinem Vater scheint der jetzige König Letsi III. seine Rolle als parlamentarischer Monarch zu akzeptieren. Nach britischem Vorbild sind seine Funktionen als Staatsoberhaupt, wie etwa die Ernennung des Premiers, die Auflösung des Parlaments, die Zustimmung zu Gesetzen und das Recht der Konsultation mit der Regierung, eher formaler Natur. Als Gegengewicht und Aufsicht der Regierung – insbesondere bei Verhängung des Ausnahmezustandes, eine Funktion die Moshoeshoe II. traditionell beim König sah – fungiert heute ein Staatsrat. Diesem Gremium, das sich unter anderem aus Premier, Parlamentssprecher, Polizei- und Armeechef sowie Oppositionsvertretern zusammensetzt, steht der Monarch zwar vor, er ist in seinem Handeln aber in das moderne parteipolitische Gefüge eingebunden.[13]

Legitimität ohne Macht – Macht ohne Legitimität: Wer führt Lesotho aus der Krise?

Trotz der verfassungsmäßig unpolitischen Rolle, die Letsi III. seit dem gescheiterten Coup im Jahr 1994 einhält, kommt der Monarchie potenziell nach wie vor eine wichtige Rolle zu. Bei innenpolitischen Krisen, wie etwa 1997 oder 1998, wendet sich das Volk, insbesondere die Opposition, nach wie vor an den König. Eine vermittelnde, balancierende Funktion in innenpolitischen Konflikten, wie sie der König als *chief of chiefs* traditionell ausfüllte, scheint immer noch gewünscht. Seine Entscheidung nach den Wahlen 1998, trotz schwerer Unruhen im Land und Demonstrationen vor seinem Palast, nicht in die Politik einzugreifen,[14] sodass letztlich die südafrikanische Armee einschritt, um Ruhe und

13 Vgl. Matlosa 2002: 86.

14 Vgl. Reinhardt 1998: 8f. 1998 erreichte die Regierungspartei aufgrund des Mehrheitswahlrechts mit etwa 60 Prozent der Stimmen 79 von 80 Parlamentssitzen. Die mit nur einem Parlamentssitz vertretene Opposition fühlte sich betrogen und rebellierte gewaltsam gegen die Regierung. Als Reaktion darauf gilt seit 2002 ein gemischtes Wahlsystem, wonach 80 Abgeordnete direkt und 40 nach Proporz gewählt werden.

Ordnung gewaltsam wiederherzustellen, kann durchaus als Versagen der traditionellen Führungsrolle des Königs gewertet werden.

Die hohe Legitimität, die die machtlose Monarchie als Institution genießt, steht dabei im ausgeprägten Gegensatz zum fehlenden Vertrauen der Bevölkerung in das krisengeschüttelte politische System. Auch im demokratischen Lesotho steht für die politische Klasse der eigene Machterhalt, nicht die politische Vision für das gesamte Land im Vordergrund. Das Mehrheitswahlsystem, das den Verlierer von der Macht – und in einem Land wie Lesotho damit fast zwangsläufig auch von wirtschaftlichem und sozialem Aufstieg – ausschließt, trägt dabei wesentlich zur Radikalisierung der Innenpolitik bei.[15] David B. Coplan und Tim Quinlan urteilen deshalb im historischen Vergleich von Monarchie und Demokratie: „The Westminster system [...] proved possibly an even greater danger than a post-colonial monarchy [...]".[16]

Die politische Einheit Lesothos angesichts der innenpolitischen Zerrissenheit des Landes zu wahren, stellt aufgrund der konstitutionell vorgeschriebenen unpolitischen Rolle des Königs eine beinahe nicht zu bewältigende Aufgabe dar. Gleichzeitig bieten die politischen Krisen der Monarchie jedoch die Chance, als durch Tradition und breite Zustimmung des Volkes legitimierte, über der Parteipolitik stehende Institution, ein Stück realpolitischen Einfluss zurückzugewinnen. Auch wenn die Monarchie mehrfach am Abgrund stand, sieht Roger Southall auch in Anbetracht des ambivalenten Verhältnisses von staatlicher Macht und königlicher Legitimität die Monarchie aufgrund ihrer tiefen Verwurzelung im Bewusstsein der Basotho nicht in Gefahr:

> „[…] Lesotho's Monarchy […] has never been in severe danger of being overthrown, for if adopted as a political agenda, republicanism would strike at what the overwhelming majority of the king's subjects understand what it means to be a Mosotho. Whatever the individual flaws of the individual monarch, the monarchy remains one of the few undisputed symbols of Basotho nationalism, and serves as a unifying force which, ultimately, no government has thought it wise to disrespect (Weisfelder 1977). Hence it is that ‚Moshoeshoe Day', a public holiday which celebrates the original construction of the nation by its peculiarly wise, diplomatic and humane founder king, is popularly regarded as

15 Siehe vorherige Fußnote.
16 Coplan/Quinlan 1997: 55.

rather more important than ‚Independence Day', which marks the country's freedom from colonial oppression."[17]

Ob König Letsi III. auch tatsächlich die Chance erhält, als überparteilicher Monarch eine aktive Rolle zu spielen, wird auch davon abhängen, ob das Volk und die politische Klasse ihm diesen Freiraum gewähren. Denn auch heute noch gilt der Satz: „A chief is a chief by the people."

Literatur

Coplan, David B./Quinlan, Tim 1997: A Chief by the People: Nation versus State in Lesotho, in: Africa, 67. Jg., 27-60.

Government of Lesotho Gazette 1970: The Office of the King Order – 1970, Maseru.

Khaketla, Bennett Makalo 1972: Lesotho 1970. An African Coup under the Microscope, Berkeley/Los Angeles.

Matlosa, Khabele 2002: Lesotho, in: Tom Lodge/Denis Kadima/David Pottie (Hrsg.), Compendium of Elections in Southern Africa, Johannesburg, 82-115.

Reinhardt, Brigitte 1994: Am Rande des Abgrunds, in: Afrika Süd, 5/1994, 14.

Reinhardt, Brigitte 1998: Maseru in Flammen, in: Afrika Süd, 5/1998, 8-9.

Southall, Roger 2003: Between Competing Paradigms: Post-Colonial Legitimacy in Lesotho, in: Journal of Contemporary African Studies, 21. Jg., 251-266.

Weisfelder, Richard F. 1972: The Basotho Monarchy: A Spent Force or a Dynamic Political Factor?, Athens, Ohio.

Weisfelder, Richard F. 1977: The Basotho Monarchy, in: Rene Lemarchand (Hrsg.), African Kingships in Perspective, London, 160-192.

Internet

Internetportal der Regierung Lesothos: *http://www.lesotho.gov.ls*

Informationsstelle Südliches Afrika: *http://www.issa-bonn.org*

17 Southall 2003: 253f.

Liechtenstein

Zoltán Tibor Pállinger

Das Fürstentum Liechtenstein erstreckt sich über 160 km^2 zwischen der Schweiz und Österreich und ist damit der viertkleinste Staat Europas. Es liegt an der geographischen Grenzlinie zwischen den West- und Ostalpen und ist abgesehen von der Rheintalebene Gebirgsland.[1] Die ständige Wohnbevölkerung beträgt ungefähr 35.000 Personen, wovon 34 Prozent Ausländer sind, hauptsächlich Schweizer, Österreicher, Italiener und Deutsche.[2] Die Amtssprache ist Deutsch, die Umgangssprache hingegen ein alemannischer Dialekt.[3] Ungefähr 77 Prozent der Bevölkerung sind römisch-katholisch, sieben Prozent protestantisch. Die katholische Kirche als so genannte „Landeskirche“ ist die einzige vom Staat anerkannte Kirche und damit gegenüber den anderen Glaubensgemeinschaften, die sich nur privatrechtlich organisieren können, privilegiert.[4] Im Alltag zeigt sich die katholische Kultur insbesondere darin, dass im Fürstentum Liechtenstein neben einigen wenigen profanen hauptsächlich die katholischen Feiertage gefeiert werden.

Das heutige Fürstentum Liechtenstein ist aus der Herrschaft Schellenberg und der Grafschaft Vaduz hervorgegangen, welche die Fürsten von Liechtenstein in den Jahren 1699 bzw. 1712 erworben hatten. 1719 wurden die beiden Besitzungen zusammengeführt und von Kaiser Karl VI. unter dem Namen „Liechtenstein“ zu einem reichsunmittelbaren Fürstentum im Rahmen des Heiligen Römischen Reiches Deutscher Nation erhoben. Nach dem Untergang des Alten Reiches erlangte das Fürstentum Liechtenstein mit der Aufnahme in den Rheinbund am 12. Juli 1806 die Souveränität.[5] Allerdings blieb die liechtensteinische Souveränität im 19. und bis weit ins 20. Jahrhundert angesichts der Kleinheit

1 Vgl. Marxer 1981: 9.

2 Vgl. die amtliche Bevölkerungsstatistik unter http://www.llv.li/amtsstellen/llv-avw-statistik/llv-avw-statistik-bevoelkerung.htm (Stand: 1.4.2008).

3 Vgl. Gabriel 1981.

4 Vgl. Art. 37 der Landesverfassung.

5 Vgl. Raton 1967: 22ff.

des Landes, die sich insbesondere in der sicherheitspolitischen Verwundbarkeit und der eingeschränkten ökonomischen Überlebensfähigkeit manifestierte, prekär. In der zweiten Hälfte des 20. Jahrhunderts ist es Liechtenstein jedoch – nicht zuletzt wegen eines günstigen internationalen Umfelds – gelungen, seine Souveränität mit dem Beitritt zum Europarat und zu den Vereinten Nationen international abzusichern.

Das Land wird mittlerweile seit rund drei Jahrhunderten in einer ununterbrochenen Folge von Fürsten aus dem Hause Liechtenstein regiert. Während es im 18. Jahrhundert noch nicht von zentraler Bedeutung für die Fürstenfamilie war, die in Feldsberg (in der heutigen Tschechischen Republik) und Wien residierte, rückte das Land nach der Erlangung der Souveränität immer stärker in den Mittelpunkt des Interesses, sodass die Familie schließlich 1938 ihren ständigen Wohnsitz nach Vaduz verlegte. Im Laufe der Zeit ist zwischen dem Staat und dem Fürstlichen Haus eine tiefe Verbindung gewachsen.[6]

1923 trat Liechtenstein, das vorher über strukturell ähnliche Verbindungen zu Österreich verfügte, einer Zoll- und Währungsunion mit der Schweiz bei. Seit 1991 ist das Land Mitglied der Europäischen Freihandelsassoziation (EFTA) und 1995 konnte es schließlich sowohl dem Europäischen Wirtschaftsraum (EWR) als auch der Welthandelsorganisation (WTO) beitreten. Das ehemals arme, agrarisch geprägte Fürstentum Liechtenstein hat nach dem Zweiten Weltkrieg eine sprunghafte Entwicklung genommen und ist zu einem modernen Industrie- und (Finanz-)Dienstleistungsstandort herangewachsen, welcher heute im weltweiten Vergleich über eines der höchsten Bruttoinlandprodukte pro Kopf verfügt.[7] Das Land hat sich nicht nur im Bereich der Wirtschaft rasant verändert, sondern auch die Gesellschaft als Ganzes hat in den letzten Jahrzehnten weitreichende Modernisierungsprozesse durchlaufen. In diesen Zeiten des beschleunigten Wandels versinnbildlicht das monarchisch-dynastische Element Kontinuität und ist längst ein wichtiger Bestandteil der liechtensteinischen Identität geworden.

---

6 Vgl. Schulamt des Fürstentums Liechtenstein 1993: 118ff.

7 Vgl. Merki 2005: 167.

Stellung der Krone im politischen System

Bereits die Frage nach der Staatsform fördert einige Besonderheiten Liechtensteins zutage. Art. 2 der Landesverfassung (LV) besagt: „Das Fürstentum Liechtenstein ist eine konstitutionelle Erbmonarchie auf demokratischer und parlamentarischer Grundlage. Die Staatsgewalt ist im Fürsten und im Volk verankert und wird von beiden nach Maßgabe der Bestimmungen dieser Verfassung ausgeübt.“ Diese Formulierungen verdeutlichen, dass die Landesverfassung von 1921 weder eine rein monarchische noch eine rein demokratische ist, sondern einen Versuch darstellt, diese – scheinbar – unvereinbaren Prinzipien zu versöhnen.[8] Diese Aufteilung der Staatsgewalt auf Monarch und Volk, die häufig als „Dualismus“ bezeichnet wird,[9] prägt die gesamte liechtensteinische Verfassungsstruktur.

Die Stellung des Fürsten im Rahmen des politischen Systems lässt sich funktional aus der dualistischen Struktur des Regierungssystems ableiten. Als zweiter Teilhaber an der Souveränität neben dem Volk verfügt der Fürst über eine im internationalen Vergleich ausgesprochen starke Stellung.[10] Im Gegensatz zu den meisten anderen europäischen Monarchen kommen ihm nicht nur repräsentative, sondern auch reale politische Kompetenzen zu (siehe unten).

Spiegelbildlich zu den fürstlichen Befugnissen sind auch die Volksrechte stark ausgebaut.[11] Neben dem Initiativ- und dem Referendumsrecht, die allerdings beide unter dem Sanktionsvorbehalt des Landesfürsten stehen, kommt dem Volk im Falle eines Konflikts zwischen Landtag und Fürst bei der Richterbestellung das Letztentscheidungsrecht zu. Überdies besitzt das Volk das

8 Vgl. Wille 1994.

9 Alternativ kann die liechtensteinische Staatsform auch als eine „elliptische“ beschrieben werden: „Mit dem Bild der geometrischen Ellipse wird die Einheit des Staates zum Ausdruck gebracht, sowie die verfassungsrechtlich relevante Tatsache, dass es sich bei den beiden Faktoren Fürst und Volk um solche innerhalb des umrandenden Verfassungsrahmens handelt.“ Batliner 1994: 42.

10 Vgl. Pállinger 2003a: 30.

11 Für einen Überblick über die direktdemokratischen Instrumente in Liechtenstein vgl. Marxer/Pállinger 2006: 51.

Recht, einen Misstrauensantrag gegen den Fürsten einzureichen; und als letztes Mittel steht ihm auch die Initiative zur Abschaffung der Monarchie zur Verfügung. Neben dem direktdemokratischen ist auch das repräsentative Element in der liechtensteinischen Verfassung verankert: Das Volk wählt den 25-köpfigen Landtag, der zusammen mit Fürst und Regierung an der Gesetzgebung beteiligt ist. Dem Landtag obliegt auch die Zustimmung zu den Staatsverträgen und dem Budget sowie die Kontrolle der Verwaltung.

Zwischen den beiden Polen der liechtensteinischen Verfassung, Monarch und Volk, steht die Regierung. Diese ist zuständig für den Vollzug der Gesetze, das Erlassen von Verordnungen und die Führung der Verwaltung. Verliert sie oder eines ihrer Mitglieder das Vertrauen des Landtags oder des Fürsten (doppeltes Vertrauenserfordernis im Sinne des Dualismus), endet das Mandat sofort.

Das liechtensteinischen Regierungssystem lässt sich am besten analog zur Funktionslogik von semipräsidentiellen Systemen begreifen, mit dem Unterschied, dass an der Stelle eines gewählten Präsidenten ein erblicher Monarch steht. Da in kleinen Staaten politische Auseinandersetzungen schnell ein systembedrohendes Ausmaß annehmen können, ist das System durch starke Elemente der Konkordanz abgefedert. So stellen in der Regel die beiden Großparteien, *Freie Bürgerpartei* (*FBP*) und *Vaterländische Union* (*VU*), im Rahmen einer großen Koalition die Regierung. Auch werden Ämter und Kommissionen im Sinne eines Parteienproporzes besetzt. In diesem Zusammenhang kommt auch dem Fürsten als Verkörperung des *pouvoir neutre* eine wichtige Rolle im Rahmen des Kompromissmanagements zu.

Die Kompetenzen des Fürsten

Der Landesfürst ist das Oberhaupt des Staates und übt sein Recht an der Staatsgewalt gemäß den Bestimmungen der Verfassung und der übrigen Gesetze aus (Art. 7 Abs. I LV). Damit er seine Aufgaben neutral und unabhängig, nach bestem Wissen und Gewissen wahrnehmen kann, untersteht seine Person nicht der Gerichtsbarkeit und ist rechtlich nicht verantwortlich (Art. 7 Abs. I LV). Aufgrund dieser Immunität kann er weder für seine staatliche Tätigkeit noch für seine Handlungen als Privatmann politisch oder strafrechtlich zur Verantwortung gezogen werden. Gemäß dem alten Rechtsgrundsatz, dass die Krone kein Unrecht tun kann, übernimmt mit der Gegenzeichnung der fürstlichen Regierungsakte der Regierungschef die politische Verantwortung. Diese unabhängige Stellung soll es dem Fürsten ermöglichen, eine ausgleichende Position (*pouvoir neutre*) über den verschiedenen politischen Lagern einzunehmen.[12]

Die konkreten Aufgaben des Landesfürsten sind vielfältig. Zunächst einmal vertritt er, unbeschadet der erforderlichen Mitwirkung der verantwortlichen Regierung, Liechtenstein im Verkehr mit den auswärtigen Staaten (Art. 8 LV). Diese völkerrechtliche Vertretungsbefugnis umfasst insbesondere den Abschluss von Staatsverträgen, die der Fürst in seinem Namen schließt. Dabei bedürfen wichtige völkerrechtliche Verträge der Zustimmung des Landtages und können auf Beschluss des Landtages oder auf Begehren von 1.500 Wahlberechtigten oder vier Gemeinden einer Volksabstimmung unterworfen werden. In der Praxis werden fast alle Staatsverträge dem Landtag zur Genehmigung unterbreitet.[13]

Im Sinne des Dualismus wirkt der Landesfürst auch an der Gesetzgebung mit. Zum einen steht ihm das Initiativrecht in der Form von Regierungsvorlagen zu (Art. 64 Abs. I Buchstabe a LV).[14] Zum anderen bedürfen alle Gesetze zu ihrer Gültigkeit der Sanktion des Landesfürsten (Art. 9 LV).[15] Dabei fungiert der Fürst nicht als bloßer „Staatsnotar", der jedes vom Parlament oder vom Volk beschlossene Gesetz mit seiner Unterschrift automatisch in Kraft zu setzen hat, oder als „Hüter der Verfassung", der die Sanktionierung nur im Falle schwerer Bedenken bezüglich der Verfassungsmäßigkeit verweigern bzw. verzögern darf, sondern er entscheidet nach persönlichem, pflichtgemäßen Ermessen, ob er einen Gesetzesentwurf seine Zustimmung erteilen will oder nicht. Damit wird dem Fürsten ein absolutes Veto in der Gesetzgebung eingeräumt. Er verfügt somit über stärkere Befugnisse als alle anderen europäischen Monarchen (mit Ausnahme des Fürsten von Monaco). Diese übertreffen im Bereich der Gesetzgebung sogar die Kompetenzen

12 Vgl. Pállinger 2006: 57f.

13 Vgl. Wolff 1994.

14 Vgl. Hoch 1994: 211.

15 Vgl. ebd.: 223ff.

des amerikanischen oder des französischen Präsidenten. Allerdings wurde das Veto bisher erst zweimal direkt eingesetzt. Generell lässt sich festhalten, dass das Vetorecht eher indirekte oder präventive Wirkungen entfaltet, indem es einen Anreiz schafft, einvernehmliche Lösungen vor einer möglichen Sanktionsverweigerung zu suchen.[16]

Während die Befugnis, Vollzugsverordnungen zu erlassen, vom Fürsten auf die Regierung übergegangen ist, verblieb die Kompetenz für fürstliche Verordnungen, insbesondere Notverordnungen, weiterhin beim Monarchen. Diese erlauben es dem Fürsten, in dringenden Fällen das Nötige zur Sicherheit und Wohlfahrt des Landes vorzukehren (Art. 10 Abs. I LV). Seit 2003 sind die Notverordnungen zeitlich und materiell beschränkt. Sie dürfen die Verfassung als Ganzes oder einzelne Bestimmungen derselben nicht aufheben und treten automatisch nach einem halben Jahr außer Kraft. Seit Erlass der 1921er-Verfassung wurde vom Notverordnungsrecht dreimal Gebrauch gemacht.[17]

Die fürstlichen Befugnisse erstrecken sich auch auf den Bereich der Justiz. Die gesamte Gerichtsbarkeit wird im Namen des Fürsten und des Volkes durch verpflichtete Richter ausgeübt, die im Rahmen ihrer Tätigkeit unabhängig sind (Art. 95 Abs. LV). Zudem wirkt der Fürst bei der Auswahl der Richter mit (Art. 96 LV) und ist für deren Ernennung zuständig (Art. 11 LV). Des Weiteren besitzt er das Recht der Begnadigung, der Milderung und Umwandlung sowie das Abolitionsrecht (Art. 12 LV).[18]

Dem Fürsten steht außerdem das Recht zu, den Landtag einzuberufen, zu schließen und aus erheblichen Gründen, die der Versammlung jedes Mal mitzuteilen sind, auf drei Monate zu vertagen oder ihn aufzulösen (Art. 48 Abs. I LV). Die Einberufung des Landtages liegt jedoch nicht im freien Ermessen des Fürsten. Er ist von Verfassungswegen verpflichtet, den Landtag Anfang jeden Jahres einzuberufen (Art. 49 Abs. I LV). Der Landtag wird traditionell mit der Thronrede des Fürsten oder seines Bevollmächtigten eröffnet (Art. 54 Abs. I LV).[19] Diese Rede gibt dem Staatsober-

16 Vgl. Pállinger 2003b: 22ff.

17 Vgl. ebd.: 25ff.

18 Vgl. Pállinger 2006: 59.

19 Vgl. Schulamt des Fürstentums Liechtenstein 1993: 140f.

haupt die Möglichkeit, eine politische Standortbestimmung vorzunehmen und Anregungen für die zukünftige Politik zu formulieren.[20] Mit dem Recht, den Landtag aufzulösen, ist dem Fürsten ein wichtiges politisches Instrument in die Hand gegeben. Nach jeder Auflösung müssen innerhalb von sechs Wochen Neuwahlen stattfinden, und der neu gewählte Landtag ist innerhalb von 14 Tagen einzuberufen (Art. 50 LV). Das Recht zur Landtagsauflösung ist Ausdruck der Schiedsrichterfunktion des Staatsoberhauptes und soll zum ordnungsgemäßen Funktionieren der Institutionen beitragen. Deshalb wird es in der Regel zur Behebung parteipolitischer Pattsituationen im Parlament eingesetzt, kann aber auch als gewichtiges Druckmittel im Rahmen von politischen Konflikten fungieren. Parallel zur fürstlichen Kompetenz steht – als Ausfluss der dualistischen Staatskonzeption – auch dem Volk und den Gemeinden das Recht zu, den Landtag einzuberufen oder aufzulösen (Art. 48 LV).[21]

Der Fürst verfügt auch über Kompetenzen in Bezug auf die Regierung. Er ernennt den Regierungschef und die übrigen Mitglieder der Regierung einvernehmlich mit dem Landtag auf dessen Vorschlag (Art 79 Abs. II LV). Außerdem können sowohl der Fürst als auch der Landtag einseitig der Gesamtregierung das Vertrauen entziehen, was den Verlust der Befugnis zur Amtsausübung zur Folge hat. Für die Zeit bis zum Antritt der neuen Regierung ernennt der Fürst eine Übergangsregierung. Sofern keine neue Regierung im Einvernehmen zwischen Monarch und Parlament bestellt werden kann, muss sich die Übergangsregierung vor Ablauf von vier Monaten im Landtag einer Vertrauensabstimmung stellen (Art. 80 Abs. I LV). Falls ein einzelnes Mitglied der Regierung das Vertrauen des Fürsten oder des Landtages verliert, entscheiden diese einvernehmlich über den weiteren Verbleib des Regierungsmitglieds in der Regierung. Bis zum definitiven Entscheid werden die Amtsgeschäfte von der Stellvertreterin oder dem Stellvertreter weitergeführt (Art. 80 Abs. I LV).[22]

Schließlich hat der Regierungschef über Angelegenheiten, die in den Zuständigkeitsbereich des Landesfürsten fallen, bei diesem

20 Vgl. Pállinger 2006: 59.

21 Vgl. ebd.

22 Vgl. ebd.: 60.

Vortrag zu halten oder Bericht abzustatten (Art. 86 Abs. I LV). Auf Antrag des Regierungschefs unterzeichnet der Fürst eigenhändig diejenigen Entscheidungen, die er annimmt. Diese wiederum werden vom Regierungschef gegengezeichnet, der damit die politische Verantwortung übernimmt (Art. 86 Abs. II LV). Diese Bestimmungen über die Konsultations- und Informationsverpflichtungen stellen sicher, dass der Fürst über die laufenden Angelegenheiten der Regierung informiert ist, damit er seine verfassungsmäßigen Aufgaben adäquat wahrnehmen kann. Überdies tragen diese Konsultationen auch dazu bei, das Verhältnis zwischen Fürst und Regierung zu vertiefen.

Eine Darstellung der monarchischen Komponente des liechtensteinischen politischen Systems wäre unvollständig, ohne einen Blick auf die Stellung des Fürstenhauses zu werfen. Neben den fürstlichen Kompetenzen, die durch Verfassung und Gesetze geregelt sind, werden staatsrechtlich relevante Sachverhalte von Verfassung wegen in die Kompetenz des Hausgesetzes[23] verwiesen. So werden etwa die Thronfolge, die Behandlung des Misstrauensantrags, disziplinarische Maßnahmen bis hin zur Absetzung des Fürsten hausgesetzlich geregelt.[24] In diesem Zusammenhang gilt es, auf die Problematik des Verhältnisses von Landesrecht und Hausgesetz hinzuweisen: Der rechtliche Status des Hausgesetzes ist unklar. Dieses stellt zwar autonomes Satzungsrecht der Fürstlichen Familie dar, ist aber kein gültiges Gesetz des Staates, da der

---

23 Vgl. Marxer 2003.

24 Gemäß Art. 13 LV können mindestens 1.500 Landesbürger einen begründeten Misstrauensantrag gegen den Landesfürsten einreichen. Daraufhin muss der Landtag in seiner nächsten Sitzung eine Empfehlung abgeben und eine Volksabstimmung ansetzen. Wird der Misstrauensantrag angenommen, ist er dem Landesfürsten zur Behandlung nach dem Hausgesetz mitzuteilen. Daraufhin entscheidet gemäß Hausgesetz die Gesamtheit der stimmberechtigten Mitglieder des Fürstlichen Hauses auf Antrag des Familienrates über den Antrag. Die getroffene Entscheidung, welche auf Ablehnung des Misstrauensantrags, Verwarnung oder Absetzung des Landesfürsten lautet (Art. 14, 15 und 16 Hausgesetz), ist dem Landtag binnen sechs Monaten durch den Landesfürsten mitzuteilen. Mit dem Misstrauensantrag soll der Landesfürst einer in Demokratien für Staatsoberhäupter üblichen politischen Kontrolle unterstellt werden.

Landtag beim Erlass dieser Norm nicht mitgewirkt hat (vgl. Art. 65 LV). Da das Legalitätsprinzip gebietet, dass staatliches Handeln einer gesetzlichen Grundlage bedarf, entsteht die paradoxe Situation, dass in gewissen, äußerst bedeutsamen Fragen die Letztentscheidungsmacht bei Gremien (Gesamtheit der stimmberechtigten Mitglieder des Fürstenhauses oder Familienrat) liegt, die aufgrund ihrer Aufgaben und Kompetenzen materiell die Funktion eines Staatsorgans einnehmen, aber formell keine sind. Die Beschlussfassung solcher Organe in Sachen, die Liechtenstein als Staat betreffen, ist aus rechtsstaatlicher und souveränitätspolitischer Perspektive als problematisch anzusehen.[25]

Bedeutung und Perspektiven der Monarchie

Die Geschichte des Staates Liechtenstein ist untrennbar mit der fürstlichen Dynastie verbunden. Die Verbindung zum Fürstenhaus stellte zunächst die einigende Klammer für das Land dar. Eine eigenständige liechtensteinische Identität begann sich erst im Laufe des 19. Jahrhunderts herauszubilden. Mit der Einführung der konstitutionellen Verfassung von 1862 und der heute gültigen Landesverfassung von 1921 wurde die Stellung des Volkes schrittweise gestärkt und die Volksrechte kontinuierlich ausgebaut, was wiederum zur Festigung des Nationalbewusstseins beigetragen hat.[26] Trotz des Erstarkens des demokratischen Elements, bleibt die Monarchie auch weiterhin ein wichtiger Bestandteil der nationalen Identität.[27] So erstaunt es kaum, dass es in Liechtenstein bis heute (abgesehen von einigen wenigen Einzelpersonen) keine Bewegung gegeben hat, die die Abschaffung der Monarchie auf ihre Fahnen geschrieben hätte.[28] Allerdings wurde

25 Vgl. Pállinger 2006: 61ff.

26 Vgl. Marxer 2006: 207.

27 In einer kürzlich erschienenen Studie erklärten 65 Prozent der Befragten, dass sie in der Monarchie einen sehr wichtigen Faktor für die nationale Identität sehen. Vgl. ebd.: 213ff.

28 Allerdings forderte die nationalsozialistische „Volksdeutsche Bewegung" während des Zweiten Weltkrieges den Anschluss an „Großdeutschland", was zur Aufgabe der staatlichen Eigenständigkeit Liechtensteins und damit auch zur Abschaffung der Monarchie geführt hätte. Vgl. Geiger/Brunhart/Bankier u.a. 2005: 52.

das Verhältnis Monarchie – Volk im Laufe der Geschichte wiederholt kontrovers diskutiert.[29]

Als 1989 Fürst Franz Josef II. im Alter von 83 Jahren starb, ging eine Epoche der liechtensteinischen Geschichte zu Ende. Unter ihm ist die fürstliche Familie nach Vaduz gezogen. Im Zweiten Weltkrieg wuchs er zu einem Symbol des liechtensteinischen Unabhängigkeitswillens. Im Bewusstsein der Liechtensteinerinnen und Liechtensteiner ist sein Name auch eng mit der beispiellosen Entwicklung verbunden, die aus dem einst armen Land ein modernes, wohlhabendes gemacht hat. Franz Josef II. wird eine lautere Gesinnung, großes staatspolitisches Verantwortungsbewusstsein und ein hohes Maß an politischer Klugheit bescheinigt. Er hat die parteipolitische Verständigung und die demokratische Zusammenarbeit befördert und sich stets für die sozial Benachteiligten eingesetzt.[30] Trotz seiner freundlichen und zurückhaltenden Art, war er bereit, wenn notwendig, von seinen konstitutionellen Prärogativen Gebrauch zu machen.[31] Getragen von einer christlich-konservativen Grundüberzeugung und einer Sensibilität für soziale Fragen standen Ordnung, Konsens und Fortschritt im Zentrum seines Denkens. Der vorherrschende Konsens führte dazu, dass gewisse Probleme und Konflikte im politischen Diskurs nicht aktiv aufgegriffen wurden, sondern latent schwelten.[32]

Mit der Thronbesteigung des gegenwärtigen Landesfürsten Hans-Adam II., der seit 1984 als Stellvertreter seines Vaters faktisch die Staatsgeschäfte geführt hatte, kündigte sich eine radikale Änderung im monarchischen Stil an. Der neue Fürst machte von Anfang an klar, dass er eine aktive Rolle beanspruchte und nicht bereit war, sich in seinen Kompetenzen einschränken zu lassen: „Das Fürstenhaus hat es aber nicht notwendig, und ich werde es auch nie akzeptieren, dass der Fürst de facto nur noch mehr der Grüssaugust der Regierung ist, wie das teilweise in

29 Zu den Verfassungsdiskussionen von 1848 und 1862 vgl. Geiger 1981. Zu den Kontroversfragen der 1921er-Verfassung vgl. Wille 1994.

30 Vgl. Waschkuhn 1994: 85.

31 Vgl. Beattie 2005: 173.

32 Vgl. Waschkuhn 1994: 90.

anderen Monarchien der Fall ist."[33] Hans-Adam II., der neben seiner Aufgabe als Staatsoberhaupt ein großes Unternehmen sowie eine der größten privaten Kunstsammlungen führt und außerdem Regierer des Fürstenhauses ist, sieht seine Rolle nüchtern und unsentimental: „Ich muss vormittags Geld verdienen, um mir am Nachmittag leisten zu können Fürst zu sein."[34] Solche und andere „technokratisch" wirkenden Aussagen lösten Befürchtungen aus, die emotionale Komponente der Monarchie könnte durch eine allzu geschäftsmäßige Amtsauffassung geschwächt werden. Im Unterschied zur staatspolitisch klugen Distanziertheit des Vaters neigt Hans-Adam II. dazu, unkonventioneller zu denken und provokativer oder ironisch zugespitzter zu formulieren. Probleme werden von ihm ohne Umschweife direkt angesprochen.[35]

Die aktive Einforderung und extensive Interpretation der monarchischen Kompetenzen durch Hans-Adam II. rieb sich an der politischen Praxis, die im Laufe der Zeit zu einer gewissen Verschiebung des politischen Gleichgewichts Richtung Regierung und Landtag geführt hatte. Die latent vorhandenen Meinungsverschiedenheiten über die Verfassung kamen in der so genannten „Staatskrise"[36] vom 28. Oktober 1992 schlagartig zum Vorschein und führten zum „Verfassungsstreit", der die liechtensteinische Politik bis 2003 stark beschäftigte. In diesem Konflikt ging es nie um die Abschaffung der Monarchie, sondern bloß um die Aus-

33 Hans-Adam II., zitiert nach Waschkuhn 1994: 123.

34 Hans-Adam II., zitiert nach Zwergstaat der Superlative, in: Salzburger Nachrichten, 15. Dezember 2004. Diese Aussage ist vor dem Hintergrund zu sehen, dass die liechtensteinische Monarchie dem Steuerzahler keine direkten Lasten verursacht, weil die fürstliche Familie von eigenem Vermögen lebt. Obwohl der Landtag wiederholt eine Entschädigung für die Repräsentationsaufgaben angeboten hat, haben die Fürsten auf diese verzichtet. Im Gegenzug sind sowohl der Landesfürst als auch der Thronfolger von allen staatlichen Steuern befreit.

35 Waschkuhn 1994: 92ff.

36 Bei der „Staatskrise" handelte es sich um einen Konflikt zwischen Fürst und Regierung, wer für die Ansetzung von Volksabstimmungen in einer Frage der Außenpolitik zuständig sei. Der Konflikt konnte damals zwar mittels eines Kompromisses beigelegt werden, er markierte aber den Beginn des zehn Jahre dauernden Verfassungsstreits.

gestaltung der monarchischen Kompetenzen.[37] Vereinfacht lässt sich sagen, dass im Rahmen dieser Auseinandersetzung, die die liechtensteinische Gesellschaft tief spaltete, über die Rolle der Monarchie in grundsätzlicher Hinsicht diskutiert wurde. Dabei wurde, nicht zuletzt auch seitens des Fürstenhauses, das auch vor persönlichen Angriffen gegen die Gegner seiner Vorschläge nicht zurückschreckte, mit harten Bandagen gekämpft.[38] Die Verfassungsdiskussion war einerseits Ausdruck der lebendigen liechtensteinischen Demokratie. Sowohl auf Seite der Befürworter als auch der Gegner der vom Fürsten vorgeschlagenen Verfassungsänderungen engagierten sich zahlreiche Menschen und Gruppierungen im Rahmen des Abstimmungskampfes. Andererseits zeigte sich auch der große Einfluss des Fürstenhauses: Durch eine geschickte, offensive Kommunikationsstrategie konnte es das *agenda setting* dominieren und die eigentliche Sachfrage (Ausgestaltung der monarchischen Kompetenzen) in eine Vertrauensfrage zugunsten des Fürstenhauses umwandeln.[39] Dies führte dazu, dass sich letzten Endes die Position des Fürsten durchsetzte: Am 14./15. März 2003 stimmte das Volk mit einer Zweidrittelmehrheit seinen Vorschlägen zu und verwarf gleichzeitig eine alternative Volksinitiative, welche Schritte in Richtung einer repräsentative(re)n Monarchie unternehmen wollte, wuchtig mit 83,5 Prozent.

Nimmt man die revidierte Verfassung als Maßstab, lässt sich festhalten, dass das Ziel der stärkeren demokratischen Legitimierung der Monarchie verfehlt wurde und sich das Gleichgewicht zwischen Volk und Fürst zugunsten des Monarchen verschoben hat. Einerseits wurden seine Kompetenzen bestätigt (Sanktionsrecht, Notrecht) oder gar ausgebaut (Regierungsentlassung, Richternennung), andererseits sind die neuen Instrumente (Misstrauensantrag, Initiative auf Abschaffung der Monarchie) nicht geeignet, die Monarchie demokratisch zu legitimieren, da sie keine Konfliktlösungsverfahren für das demokratische Alltagsgeschäft, sondern nur für den Fall einer Staatskrise installieren (der Fürst behält das absolute Vetorecht in allen Sachfragen), sodass sich der

37 Vgl. Beattie 2005: 219. Siehe dort (219-245) auch den Überblick über Verlauf und Themen des Verfassungsstreits.

38 Vgl. Marcinkowski 2004: 21.

39 Vgl. Marcinkowski 2007: 99ff.

Fürst, solange kein Misstrauensantrag oder Initiative zur Monarchieabschaffung ergriffen wird, auf eine Art von „Dauerlegitimation" für seine persönliche Politik berufen könnte.

Nach Abschluss des „Verfassungsstreits" hat sich die liechtensteinische Innenpolitik beruhigt. Fürst Hans-Adam II. hat seinen Sohn, den Erbprinzen Alois II., als Stellvertreter eingesetzt und weitgehend mit der Wahrnehmung der Funktion des Staatsoberhauptes betraut. Allerdings ist die Verfassungsfrage nicht ganz vom Tisch, da verschiedene Gruppen aus dem Umfeld der Demokratiebewegung die Möglichkeiten zur Einschränkung des absoluten Vetorechts weiterdiskutieren.

Obwohl das Vertrauen in die Institution des Landesfürsten etwas zurückgegangen ist,[40] steht die Monarchie als solche weiterhin auf einem soliden Fundament. Allerdings hat die aktive Rolle des Herrscherhauses im Verfassungskonflikt die Stellung des Monarchen als unparteiisches, über den Interessenkonflikten stehendes Symbol der Einheit des Staates geschmälert und ihn näher zu den „normalen" Akteuren der Politik gerückt. Grundsätzlich jedoch bietet die originelle Verbindung von Monarchie und Demokratie in Liechtenstein ein gangbares Modell, Legitimität mit politischer Konkurrenz zu verbinden. Aus dieser Perspektive stellt der liechtensteinische Dualismus einen – auch weiterhin – praktikablen Versuch dar, das inhärente Spannungsverhältnis zwischen dem monarchischen und dem demokratischen Prinzip durch ein System der Konkordanz zu überwinden.

Literatur

Batliner, Gerard 1994: Einführung in das liechtensteinische Verfassungsrecht (1. Teil), in: ders. (Hrsg.), Die liechtensteinische Verfassung 1921. Elemente der staatlichen Organisation, Vaduz, 15-104.

Beattie, David 2005: Liechtenstein. Geschichte und Gegenwart, Triesen.

40 Die Nachwahlbefragung 2005 zeigt, dass der Anteil der Bevölkerung, der dem Fürsten „eher viel Vertrauen" entgegenbringt, von 69,3 auf 61,8 Prozent zurückgegangen ist. Ich danke Wilfried Marxer für die bisher unveröffentlichten Zahlen der Nachwahlbefragung 2005.

Gabriel, Eugen 1981: Die Mundart von Liechtenstein, in: Wolfgang Müller (Hrsg.), Das Fürstentum Liechtenstein. Ein landeskundliches Portrait, Bühl/Baden, 175-216.

Geiger, Peter 1981: Die liechtensteinische Volksvertretung in der Zeit von 1848 bis 1919, in: Liechtensteinische Akademische Gesellschaft (Hrsg.), Beiträge zur geschichtlichen Entwicklung der politischen Volksrechte, des Parlaments und der Gerichtsbarkeit in Liechtenstein, Vaduz, 29-58.

Geiger, Peter/Brunhart, Arthur/Bankier, David u.a. 2005: Fragen zu Liechtenstein in der NS-Zeit und im Zweiten Weltkrieg: Flüchtlinge, Vermögenswerte, Kunst, Rüstungsproduktion. Schlussbericht der Unabhängigen Historikerkommission Liechtenstein Zweiter Weltkrieg, Vaduz/Zürich.

Hoch, Hilmar 1994: Verfassung- und Gesetzgebung, in: Gerard Batliner (Hrsg.), Die liechtensteinische Verfassung 1921. Elemente der staatlichen Organisation, Vaduz, 201-229.

Marcinkowski, Frank 2004: Deliberation, Medienöffentlichkeit und direktdemokratischer Verfassungsentscheid – Der Fall Liechtenstein, Bendern.

Marcinkowski, Frank 2007: Beyond Information and Opinion. The Importance of Public Communication in the Referendum Process, in: Zoltán Tibor Pállinger/Bruno Kaufmann/Wilfried Marxer/Theo Schiller (Hrsg.), Direct Democracy in Europe. Developments and Prospects, Wiesbaden, 94-107.

Marxer, Felix 1981: Geschichtlicher Überblick, in: Wolfgang Müller (Hrsg.), Das Fürstentum Liechtenstein. Ein landeskundliches Portrait, Bühl/Baden, 9-12.

Marxer, Wilfried 2003: Das Hausgesetz des Fürstenhauses von Liechtenstein und dessen Verhältnis zur staatlichen Ordnung Liechtensteins, Bendern.

Marxer, Wilfried 2006: Nationale Identität. Eine Umfrage aus Anlass 200 Jahre Souveränität des Fürstentums Liechtenstein, in: Jahrbuch des Historischen Vereins für das Fürstentum Liechtenstein, Bd. 105, 197-235.

Marxer, Wilfried/Pállinger, Zoltán Tibor 2006: Direkte Demokratie in der Schweiz und in Liechtenstein – Systemkontexte und Effekte, Bendern.

Merki, Christoph Maria 2005: Der Finanzplatz Liechtenstein: Zürichs attraktive Aussenstelle, in: ders. (Hrsg.), Europas Finanzzentren im 20. Jahrhundert. Geschichte und Bedeutung im 20. Jahrhundert, Frankfurt a. M./New York, 167-195.

Pállinger, Zoltán Tibor 2003a: Monarchien im Europa von heute unter besonderer Berücksichtigung der neusten Verfassungsentwicklung im Fürstentum Liechtenstein, Bendern.

Pállinger, Zoltán Tibor 2003b: Die Stellung des Fürsten von Liechtenstein im internationalen Vergleich, Bendern.

Pállinger, Zoltán Tibor 2006: Monarchie. Der Fürst als Souverän, in: Organisationskomitee „200 Jahre Souveränität 1806-2006" (Hrsg.), Das Fürstentum Liechtenstein. 1806-2006, Vaduz, 54-65.

Raton, Pierre 1967: Le Liechtenstein. Histoire et institutions, Genève.

Schulamt des Fürstentums Liechtenstein 1993: Fürst und Volk. Eine liechtensteinische Staatskunde, Vaduz.

Waschkuhn, Arno 1994: Politisches System Liechtensteins: Kontinuität und Wandel, Vaduz.

Wille, Herbert 1994: Monarchie und Demokratie als Kontroversfragen der Verfassung von 1921, in: Gerard Batliner (Hrsg.), Die liechtensteinische Verfassung 1921. Elemente der staatlichen Organisation, Vaduz, 141-199.

Wolff, Peter 1994: Die Vertretung des Staates nach aussen, in: Gerard Batliner (Hrsg.), Die liechtensteinische Verfassung 1921. Elemente der staatlichen Organisation, Vaduz, 267-288.

Zwergstaat der Superlative, in: Salzburger Nachrichten, 15. Dezember 2004, einsehbar unter: http://www.salzburg.com/nwas/archiv_artikel.php?xm=1330670&res=0 (Stand: 1.4.2008).

Internet

Fürstenhaus: *http://www.fuerstenhaus.li*

Landesportal: *http://www.liechtenstein.li*

Landtag: *http://www.landtag.li*

Liechtensteinische Gesetzessammlung: *http://www.gesetze.li*

Landesverfassung:
http://www.gesetze.li/Seite1.jsp?LGBlm=1921015

Hausgesetz des Fürstlichen Hauses:
http://www.gesetze.li/Seite1.jsp?LGBlm=1993100

Luxemburg

Paul Dostert

Die Geschichte des Großherzogtums

Als am 9. Juni 1815 die in Wien versammelten Staatsmänner die Schlussakte des Wiener Kongresses unterzeichneten, war in diesem Werk auch die völkerrechtliche Schaffung des Großherzogtums Luxemburg besiegelt worden. Territorial umfasste das neugeschaffene Großherzogtum das Gebiet der Grafschaft Bouillon sowie des ehemaligen Herzogtums Luxemburg abzüglich der Gebiete östlich der Flüsse Mosel, Sauer und Our, die an Preußen fielen. Dieses zum Großherzogtum erhobene Territorium wurde dem König der Niederlande, Wilhelm I. von Oranien-Nassau, als Ausgleich für an Preußen abgetretenen rechtsrheinischen Hausbesitz (Dillenburg, Siegen, Hadamar und Dietz) übertragen. Laut Art. 67 der Wiener Schlussakte sollte er diese Gebiete „auf ewig“ und „in vollem Eigentum und in voller Souveränität“ besitzen. Der König der Niederlande wurde so in Personalunion Großherzog von Luxemburg. In der Folgezeit behandelte er Luxemburg aber wie eine Provinz seines Königreiches. Daran änderte auch die Mitgliedschaft Luxemburgs im Deutschen Bund nichts.

Im Gefolge der belgischen Revolution wurde das Gebiet des Großherzogtums erheblich verkleinert: Durch den Londoner Vertrag vom 19. April 1839 wurde der französischsprachige Teil Luxemburgs als Provinz Luxemburg Teil des Königreiches Belgien. Seit dieser Zeit umfasst das Großherzogtum Luxemburg nur noch 2.586 km^2 Fläche.[1] Sprachlich war das Großherzogtum zu einem Staat geworden, dessen Bewohner eine einzige, gemeinsame Sprache besaßen: das „Luxemburger Deutsch“, aus dem sich im Laufe der Zeit das „Lëtzebuergesch“ entwickelt hat.[2]

1839 gilt bis heute als eigentliche Geburtsstunde des unabhängigen Staates Luxemburg, da er durch den Vertrag von London in

1 Die Fläche ist seither gleich geblieben. Die Bevölkerung ist bis heute auf über 450.000 Menschen angewachsen, wobei ein hoher Ausländeranteil von rund 42 Prozent auffällt.

2 Lëtzebuergesch wurde 1984 zur Nationalsprache erhoben. Verwaltungssprachen sind Französisch und Deutsch.

seinen heutigen Grenzen international anerkannt wurde.[3] Dazu kommt, dass Luxemburg im folgenden Jahrzehnt eine erste landständische Verfassung erhielt (1841), die 1848 durch eine liberale Verfassung ersetzt wurde. Im gleichen Zeitraum entwickelten sich eigene politische Institutionen und eigene Verwaltungen. König Großherzog Wilhelm II., der diese Entwicklung förderte, besuchte mehrmals Luxemburg, was ihm bis heute zu einer sehr positiven Wahrnehmung beim Volk verholfen hat.[4] Sein Sohn und Nachfolger, König Großherzog Wilhelm III., sah Luxemburg wieder stärker als seinen Privatbesitz, den man bei günstiger Gelegenheit gegebenenfalls verkaufen könnte.[5] Als er Verhandlungen mit Napoléon III. über einen Verkauf Luxemburgs aufnahm, widersetzte sich Preußen jedoch diesem Ansinnen. Auf Anregung der Niederlande und Russlands trat in London eine Konferenz zusammen, die am 11. Mai 1867 das Großherzogtum unter der kollektiven Garantie der Signatarmächte auf ewig für neutral und unabhängig erklärte.[6] Wilhelm versicherte seinerseits, an den bestehenden Verträgen festzuhalten, die Luxemburg mit dem Hause Oranien-Nassau verbanden.

In der Bevölkerung stießen die König-Großherzöge auf wenig Gegenliebe, sieht man von Wilhelm II. ab. Wilhelm I. hatte Luxemburg nie bereist und Wilhelm III. hatte es verkaufen wollen. Neben der territorialen Entfernung hat wohl auch die religiöse Distanz zwischen einem calvinistischen Herrscherhaus und einer tief katholischen Bevölkerung die Entstehung eines innigen Verhältnisses verhindert. Erst als 1912 die älteste Tochter von Wilhelm IV. auf den Thron kam, wurde die Dynastie katholisch und in der Folgezeit von der katholischen Kirche verteidigt.[7]

---

3 1939 und 1989 wurden der 100. bzw. 150. Jahrestag der Unabhängigkeit mit entsprechenden Feierlichkeiten begangen.

4 Vgl. Huberty 2007. Huberty bezeichnet Wilhelm II. als „père de l'autonomie et des libertés".

5 Dies stand im Widerspruch zu den Bestimmungen des „Nassauischen Erbvereins" und Art. 1 der Verfassung des Großherzogtums von 1856.

6 Signatarmächte waren: Die Niederlande, Belgien, Frankreich, Preußen, Österreich, Großbritannien, Russland und Italien. Vgl. Schoos 1955: 580.

7 Vgl. Trausch 1984: 90f.

1914 verhinderte die genannte Kollektivgarantie der Mächte die militärische Besetzung Luxemburgs durch deutsche Truppen nicht. Für Großherzogin Marie-Adelheid und die luxemburgische Regierung schuf die deutsche Besetzung eine schwierige Situation. Am Ende des Krieges warfen die Alliierten ihr nämlich vor, eine deutschfreundliche Haltung eingenommen zu haben und verweigerten jegliche Gespräche mit ihrer Regierung. Ihre Abdankung zugunsten ihrer Schwester Charlotte rettete den Thron und Luxemburgs Unabhängigkeit.[8]

Bereits 1890 hatte das Großherzogtum eine eigene Dynastie erhalten. Als in den Niederlanden auf Grund der dortigen Erbfolgeregelung Königin Wilhelmine, die Tochter von König Wilhelm III., die holländische Krone erbte, fiel Luxemburg an Herzog Adolph von Nassau, den einzigen männlichen Erben im Hause Nassau, aus der älteren, walramschen Linie Nassau-Weilburg, denn in Luxemburg gilt eine rein männliche Erbfolge.[9] Die Erbfolge in Luxemburg war und ist bis heute entsprechend den Bestimmungen des „erneuerten Erbvereins" des Hauses Nassau von 1783 geregelt.[10] Dieses Dokument beschreibt und bestimmt einerseits den Hausbesitz der Nassauer und regelt dessen Verwaltung, andrerseits klärt es die Erbfolge. Grundsätzlich gilt das Recht der linearen Primogenitur im Mannesstamm.[11] Der Familienpakt wird in Art. 3 der luxemburgischen Verfassung als Grundlage der Erbfolge genannt.

1907, als sich erwies, dass Großherzog Wilhelm IV. nur Töchter als Thronerben haben würde, bemühte er sich, dem von ihm verfügten Familienstatut Gesetzeskraft zu verleihen,[12] um so die Erbfolge seiner ältesten Tochter, Marie-Adelheid, zu sichern. Dadurch wurde die von der Verfassung den Agnaten des Hauses Nassau zugestandene Freiheit, den Familienpakt nach eigenem

8 Vgl. Trausch 2005.

9 Adolph zahlte eine Entschädigung an Königin Wilhelmine wegen des Verlustes des luxemburgischen Hausbesitzes.

10 Art. 71 der Wiener Schlussakte übertrug den „Erbverein" auf das Großherzogtum Luxemburg. Vgl. Des Gesamthauses Nassau im Jahre 1783 erneuerter Erbverein, o.O. 1786.

11 Vgl. Schoos 1984: 177.

12 Vgl. das Gesetz vom 10. Juli 1907, wodurch dem Familienstatut des Hauses Nassau vom 16. April 1907 Gesetzeskraft verliehen wird.

Gutdünken zu ändern, eingeschränkt, da zukünftig die Zustimmung der Abgeordnetenkammer notwendig wurde. Als ein weiteres Problem aus dem Familienstatut erweist sich heute die dort noch festgelegte männliche Erbfolge, die im Gegensatz zu Art. 11 Abs. II der Verfassung steht, welcher Männern und Frauen gleiche Rechte garantiert.

Die Stellung des Großherzogs in den Verfassungen seit 1841

Bis heute fußt die Monarchie in Luxemburg auf drei verschiedenen rechtlichen Grundlagen: einer völkerrechtlichen (der Wiener Schlussakte vom 9. Juni 1815 und dem Londoner Vertrag vom 11. Mai 1867), einer privatrechtlichen (dem Nassauischen Erbverein vom 30. Juni 1783) und einem staatsrechtlichen (der luxemburgischen Verfassung von 1868).

Ein Überblick über die Entwicklung der Stellung des Großherzogs in den Verfassungen des 19. Jahrhunderts zeigt, dass von 1841 bis 1868 der Weg von einem fast absoluten Herrscher (1841) über die konstitutionelle Monarchie (1848) mit einem reaktionären, autokratischen Zwischenspiel (1856) zum Herrscher, dessen Regierung dem Parlament gegenüber verantwortlich ist (1868), führte. Mit der Auflösung des Deutschen Bundes (1866) und der Neutralisierung Luxemburgs (1867) wurden diese neuen internationalen Begebenheiten in der Verfassung verankert. Der König Großherzog unterzeichnete 1868 schließlich einen Kompromisstext, der die Verantwortung der Regierung vor dem Parlament wieder einführte. Die klassische Gewaltenteilung der Funktionen, wie sie eine parlamentarische Monarchie charakterisiert, zeichnete sich ab: Der Großherzog herrscht, die Abgeordnetenkammer kontrolliert und die Regierung regiert. Der Text von 1868 gilt bis heute – trotz zahlreicher Abänderungen, insbesondere in den Jahren 1919, 1948 und seit 1999[13] – als Grundlage der heutigen Verfassung. Die Verfassung ist entsprechend nicht das Resultat revolutionärer Veränderungen, sondern das Ergebnis einer Evolution, welche die Verfassungstexte mit jeweils größerer zeitlicher Verzögerung der Verfassungswirklichkeit anpasst.

13 Seit den 1990er Jahren gibt es noch andauernde Bemühungen, den Text der Verfassung den realen Gegebenheiten und dem heutigen Sprachgebrauch anzupassen.

Die Großherzöge Adolph und Wilhelm IV. haben sich nicht in die Regierungsgeschäfte eingemischt. Dadurch verloren die in der Verfassung eingeschriebenen Regalien ihre praktische Bedeutung. Regierung und Abgeordnetenhaus verwalteten eigenständig das Land. Großherzog Adolph empfand sich selbst als „Unterschriftenmaschine“ der Gesetze, Beschlüsse und Reglemente von Regierung und Parlament. Die junge Großherzogin Marie Adelheid, die katholisch erzogen worden war, unternahm hingegen, wohl unter dem Einfluss ihrer Berater, ab 1912 mehrfach den Versuch, die ihr laut Verfassung zustehenden Vorrechte wieder in Anspruch zu nehmen. 1918 kulminierten die antimonarchistischen Tendenzen, die seit 1907 feststellbar gewesen sind, in einem Versuch, die Republik auszurufen. Am 9. Januar 1919 dankte Marie Adelheid zugunsten ihrer Schwester Charlotte ab. Eine verfassungsgebende Versammlung veränderte dann am 29. Januar 1919 mehrere Artikel der Verfassung. Von besonderer Bedeutung war hierbei Art. 32, der nun eindeutig festlegte: „Die souveräne Gewalt beruht in der Nation. Der Großherzog übt dieselbe aus in Gemäßheit der gegenwärtigen Verfassung und der Gesetze des Landes. Er hat keine anderen Gewalten als diejenigen, welche ihm ausdrücklich durch die Verfassung und die auf Grund der Verfassung selbst erlassenen besonderen Gesetze zustehen [...].“ Am 28. September 1919 entschied dann ein Referendum über das zukünftige Regime in Luxemburg: 78 Prozent der Wähler stimmten für die Beibehaltung der Monarchie unter Großherzogin Charlotte. 19 Prozent hatten sich für die Republik ausgesprochen. Durch diese Volksabstimmung gilt die Monarchie bis heute als die vom Volke gewünschte Staatsform und wird auch kaum infrage gestellt.[14]

Ihre unerschütterliche Legitimität gewann die Monarchie dann unter Großherzogin Charlotte, die sich eindeutig „über die Politik stellte“ und sich nicht zur Tagespolitik äußerte. Durch ihr patriotisches Verhalten während des Zweiten Weltkrieges, als sie mit der Regierung das Land verließ, sich klar auf die Seite der Alliierten stellte, in ihren Radioansprachen über die BBC das Volk zum Durchhalten gegen die deutschen Besatzer aufrief und sich bei Präsident Roosevelt für die Wiederherstellung der Unabhängigkeit

14 Vgl. Portante 2001. 88 Prozent sprachen sich in einer repräsentativen Umfrage für die Monarchie aus, sechs Prozent für die Republik.

Luxemburgs einsetzte, wurde sie zur Symbolfigur für das freie Luxemburg. Sowohl ihr Sohn Jean, der ihr 1964 auf dem Thron folgte, als auch ihr Enkel, der heutige Großherzog Henri, der seit 2000 an der Spitze des Staates steht, folgten ihrem Beispiel und überließen der Regierung die Führung der Tagesgeschäfte.

Die Stellung des Großherzogs heute

Eine offizielle Darstellung der großherzoglichen Familie fasst die Stellung des Großherzogs so zusammen:

> „Der Großherzog ist das Staatsoberhaupt, Symbol der Einheit und Garant für die Unabhängigkeit des Landes. Im Einklang mit der Verfassung und den Gesetzen des Landes übt er die Exekutive aus. Er vertritt den Staat in den auswärtigen Beziehungen und hat einen maßgeblichen Anteil an der Ausübung der legislativen Gewalt. Urteile werden in seinem Namen gesprochen, ohne dass er jedoch eingreifen kann."[15]

Als Staatschef nimmt der Großherzog eine besondere rechtliche Stellung ein, die gekennzeichnet ist durch den repräsentativen Charakter seiner Funktion, die Verfassungsmäßigkeit seiner Befugnisse, die Unverletzlichkeit seiner Person (Art. 4 der Verfassung), seine Nicht-Verantwortlichkeit sowie durch Sonderbestimmung in Bezug auf seine Vermögensrechte und die Zivilliste (Art. 43)[16]. Die Liste der Regalien des Großherzogs ist recht lang: Er schließt Verträge und befehligt die bewaffnete Macht (Art. 37). Er verfügt über das Gnadenrecht (Art. 38), übt das Münzrecht aus (Art. 39) und ernennt zu den militärischen sowie zivilen Ämtern (Art. 35). Außerdem hat er das Recht, Adelstitel zu verleihen (Art. 40)[17] und die Zivil- und Militärorden zu vergeben (Art. 41). Als formeller Chef der Exekutive ernennt und entlässt er zudem die Mitglieder der Regierung, deren Organisation er regelt (Art. 76 und 77).

---

15 Die großherzogliche Familie von Luxemburg, Luxembourg 2001: 84.

16 Die Zivilliste ist seit der Verfassungsrevision von 1948 auf 300.000 Goldfranken pro Jahr festgesetzt. Die Sonderbestimmungen hinsichtlich der Vermögensrechte sind im Gesetz vom 16. Mai 1891 das Privatvermögen des Großherzoglich-Luxemburgischen Hauses betreffend geregelt worden.

17 Die Verleihung eines Adelstitels kann allerdings nicht mit der Zuerkennung irgendwelchen Privilegien verbunden sein.

Im legislativen Bereich besitzt der Großherzog das Recht der Gesetzesinitiative (Art. 47) sowie der Sanktionierung und Verkündung der Gesetze (Art. 34)[18]. Außerdem erlässt er die zur Ausführung der Gesetze erforderlichen Verordnungen und Erlasse (Art. 36). Der Monarch kann die Abgeordnetenkammer auflösen (Art. 74) und sie zu außerordentlichen Sitzung zusammenrufen (Art. 72). Ferner eröffnet und schließt er jede Sitzungsperiode persönlich oder durch einen von ihm hierzu ernannten Bevollmächtigten (Art. 72); meist ist dies der Premierminister.

Im judikativen Bereich verfügt der Monarch über das Recht, die Richter zu ernennen (Art. 90). Auch ernennt er die Mitglieder des Rechnungshofes und des Staatsrates, wobei dem Großherzog hierzu Vorschläge von Regierung, Abgeordnetenkammer und Staatsrat unterbreitet werden. Recht wird in seinem Namen gesprochen (Art. 49).

In der Wirklichkeit ist die Macht des Großherzogs sehr beschränkt. Wie schon weiter oben dargestellt verloren die Großherzöge im Laufe der Zeit immer mehr die eigentliche Macht der ihnen zugestandenen Regalien. Tatsächlich sind die Gesetzesvorlagen und die Ausführungsbestimmungen das Werk der Regierung. Die Zusammensetzung der Regierung ergibt sich aus den Verhandlungen zwischen den politischen Parteien, jeweils nach Wahlen zur Abgeordnetenkammer. Bis zum heutigen Tag hat der Großherzog noch alle beschlossenen Gesetze auch sanktioniert. Das Kommando über die bewaffnete Macht ist nur noch ein theoretisches Vorrecht, da die Armee dem Verteidigungsminister unterstellt ist.

Die Entscheidungen des Großherzogs werden im Allgemeinen von der Regierung initiiert und vorbereitet und dann dem Staatschef zur Unterschrift vorgelegt. Die Gegenzeichnung der Verfügungen des Großherzogs durch ein verantwortliches Regierungsmitglied überträgt sodann die politische Verantwortung auf die Regierung (Art. 45). Dies stellt die Gegenleistung für den Verzicht des Großherzogs auf eine direkte Einmischung in die konkrete Alltagspolitik dar. Das Interesse des Großherzogs, der über den Parteien steht, gilt eher den langfristigen Fragen. Natürlich ist ihm

---

18 Er muss seine Entscheidung innerhalb von drei Monaten nach der Abstimmung in der Abgeordnetenkammer mitteilen.

als Staatschef dabei immer noch ein gewisser Einfluss geblieben. Der regelmäßige Kontakt mit dem Premierminister den anderen Mitgliedern der Regierung garantiert, dass der Großherzog laufend über die Regierungsgeschäfte informiert wird. In diesen Gesprächen kann der Großherzog seine eigene Meinung zum Ausdruck bringen, Vorschläge unterbreiten und Kritik üben. Dennoch bleibt die Regierung frei in ihrer Entscheidung. Eigentlich sind heute die tatsächlichen Vorrechte des Herrschers das Recht zu wissen, das Recht zu ermutigen und das Recht zu warnen.[19] Ohne Zustimmung der Regierung kann der Großherzog nicht handeln.

Bestrebungen, die Monarchie abzuschaffen, gibt es kaum. Die öffentliche Meinung kritisiert aber schon hier und da manche Pläne der großherzoglichen Familie.

In seiner Thronrede hatte Großherzog Henri versprochen, im Sinne der Gleichberechtigung der Geschlechter die männliche Erbfolge durch die geschlechtsneutrale Erbfolge des oder der Erstgeborenen zu ersetzen. Noch wird an den Textänderungen gearbeitet. Da aber mit Erbgroßherzog Guillaume der Nachfolger schon feststeht, hat diese Verfassungsänderung im Augenblick nur theoretische Bedeutung.

Literatur

Bodry, Alex 2007: La fonction du Grand-Duc dans le système politique Luxembourgeois, in: Tageblatt, 13., 14. und 15./16. September 2007, 14-15, 16-17 und 14-15.

Des Gesamthauses Nassau im Jahre 1783 erneuerter Erbverein, o.O. 1786.

Die großherzogliche Familie von Luxemburg, Luxembourg 2001.

Huberty, Christiane 2007: Wëllem II. Guillaume II., in: Sonja Kmec/Benoît Majerus/Michel Margue/Pit Péporté (Hrsg.), Lieux de mémoire au Luxembourg. Erinnerungsorte in Luxemburg. Usages du passé et construction nationale. Umgang mit der Vergangenheit und Konstruktion der Nation, Luxembourg, 79-84.

19 Vgl. Bodry 2007: 17 mit Bezug auf den britischen Verfassungsjuristen Walter Bagehot.

Portante, Jean 2001: La monarchie plébiscitée, in: Le Jeudi, 25. Oktober 2001, 45-47.

Schoos, Jean 1955: Die nassauische Thronfolge in Luxemburg, in: Rheinische Vierteljahrsblätter, Bd. 19, 556-594.

Schoos, Jean 1984: Die Herzöge von Nassau als Großherzöge von Luxemburg, in: Nassauische Annalen, Nr. 95, 173-192.

Trausch, Gilbert 1984: Aux origines du sentiment national luxembourgeois: Histoire et coup de pouce ou mythes et réalités, in: Nos cahiers, Nr. 5, 73-111.

Trausch, Gilbert 2005: La stratégie du faible: Le Luxembourg pendant la Première guerre mondiale (1914-1919) in: Le rôle et la place des petits pays en Europe au XXe siècle, Baden-Baden/Bruxelles, 45-176.

Internet

Großherzogliches Haus: *http://www.monarchie.lu*

Regierungsinformationen zur Monarchie: *http://www.gouvernement.lu/dossiers/famille_grand_ducale/index.html*

Malaysia

Patrick Ziegenhain

Das in Südostasien gelegene Malaysia wurde 1957 aus der britischen Kolonialherrschaft entlassen und ein eigenständiger Staat. Von der britischen Kolonialmacht wurden nicht nur große Teile des Verwaltungs- und Justizsystems übernommen, sondern auch zahlreiche Elemente des Regierungssystems. So ist Malaysia wie Großbritannien eine parlamentarische Monarchie, in der die Regierungsverantwortung bei einem gewählten Premierminister liegt, während dem Monarchen nahezu ausschließlich repräsentative und zeremonielle Aufgaben zukommen. Bereits während der britischen Kolonialzeit waren die verschiedenen Sultane als traditionelle Herrscher „a key stone of the colonial system and then transformed again to accord with modern requisites of a parliamentary system".[1]

In geographischer Hinsicht besteht das rund 330.000 km^2 große Malaysia aus zwei Teilen: Zum einen aus dem auf der malaiischen Halbinsel gelegenen Westteil und zum anderen aus dem auf der Insel Borneo gelegenen Ostteil. Beide Landesteile unterscheiden sich stark in Bezug auf die Bevölkerungsdichte und die wirtschaftliche Leistungsfähigkeit. Während im ökonomisch weiter entwickelten Westteil, der rund 40 Prozent der malaysischen Gesamtfläche umfasst, über 20 Millionen Menschen leben, sind es in Ostmalaysia nur rund fünf Millionen Menschen.

Das seit der Unabhängigkeit autoritär regierte Malaysia ist ein Föderalstaat und besteht aus 13 Bundesstaaten sowie drei Bundesterritorien (Kuala Lumpur, dem neuen Regierungssitz Putrajaya und der Insel Labuan in Ostmalaysia). Von den 13 Bundesstaaten sind neun traditionelle Sultanate (Johor, Kedah, Kelantan, Negeri Sembilan, Pahang, Perak, Perlis, Selangor und Terengganu), die alle in Westmalaysia liegen. In diesen Sultanaten wird der Sultanstitel erblich weitergegeben. Die nicht als Sultanate konstituierten Bundesstaaten (Sabah, Sarawak, Penang und Malakka) haben einen von der Zentralregierung ernannten Gouverneur (*Yang di-*

1 Means 1991: 302.

Pertua Negeri). In allen Bundesstaaten nehmen die Sultane und Gouverneure repräsentative Aufgabe wahr, während die Regierungsführung von gewählten Chief Ministers (*Menteri Besar*) übernommen wird.

Die ethnische Zusammensetzung der Bevölkerung von Malaysia ist ein Politikum. Unbestritten ist, dass die ethnischen Malaien die Mehrheit stellen (55 bis 65 Prozent der Bevölkerung), wobei jedoch der genaue Prozentsatz nur schwer zu ermitteln ist. Angaben zur Höhe des Anteils hängen unter anderem davon ab, ob und in welcher Größe man andere ethnische Gruppen (*orang asli*) zu den Malaien zählt. Die bedeutendste ethnische Minderheit bildet die chinesischstämmige Bevölkerungsgruppe, die zwischen 25 und 35 Prozent der Bevölkerung ausmacht. Rund acht bis zehn Prozent der malaysischen Bevölkerung stellen indischstämmige Minderheiten, die zumeist tamilischer Abstammung sind.

Seit der Staatsgründung wurde von allen Regierungen größten Wert daraufgelegt, dass die ethnischen Malaien, die die Bevölkerungsmehrheit stellen, auch die politische bzw. administrative Sphäre dominieren (*bumiputera*-Politik). Dies richtet sich insbesondere gegen die chinesische Minderheit, die in Handel und Wirtschaft die dominierende Kraft ist. Um das Malaientum weiter zu stärken, wurde in der Verfassung der Islam zur Staatsreligion erhoben.[2] Die Verfassung legt fest, dass alle ethnischen Malaien von Geburt an automatisch Muslime sind. Austritt aus der islamischen Gemeinschaft oder Konversion zu einer anderen Religion wird mit Freiheitsstrafe bestraft. Als Nationalsprache wurde das Malaiische (*Bahasa Melayu*) festgelegt.

Die Stellung des Königs im politischen System

Im vorkolonialen und kolonialen Malaysia gab es keinen zentralen malaiischen Herrscher, sondern verschiedene traditionelle Sultanate. Die Institution des malaysischen Königs wurde erst in der Verfassung geschaffen, die einherging mit der nationalen Unabhängigkeit des Landes im Jahr 1957. Seitdem ist Malaysia eine parlamentarisch-demokratische Wahlmonarchie, das heißt eine

2 Siehe Art. 3 Abs. I der Verfassung. Allerdings wird in Art. 11 die Ausübung anderer Religionen ausdrücklich gestattet.

Monarchie, in der der König nicht durch Erbfolge, sondern durch Wahl bestimmt wird. Der malaysische König (*Yang di-Pertuan Agong*) wird alle fünf Jahre aus den Reihen der Herrscher der neun Sultanate nach dem Rotationsprinzip ausgewählt. Die nicht verlängerbare Amtszeit jedes Königs beträgt somit fünf Jahre, es sei denn, der König scheidet vorzeitig aus dem Amt, zum Beispiel im Falle seines Todes.

Schaubild: Stellung des Königs im Regierungssystem Malaysias[3]

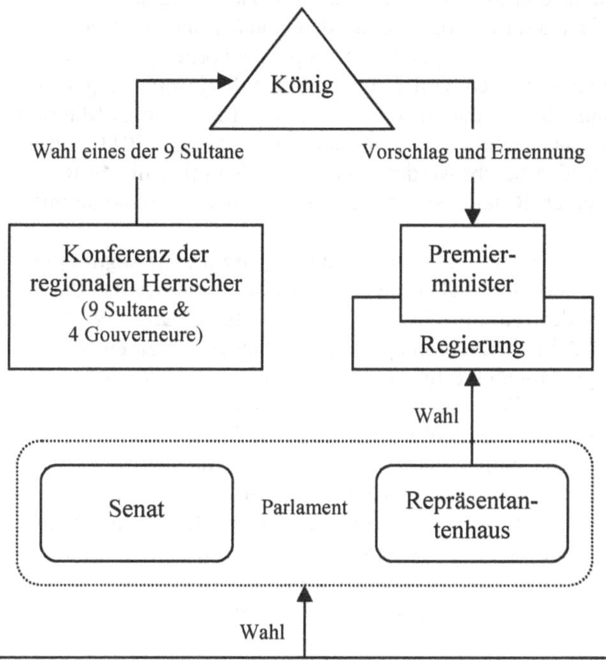

3 Darstellung von Karin Goeres, Universität Trier.

Die Auswahl der möglichen Kandidaten ist eingeschränkt. Der zu wählende König muss einer der neun erblichen Herrscher (Sultane) sein, die gleichzeitig Oberhaupt in ihren jeweiligen Bundesstaaten sind. Der König wird von der Versammlung der Erbherrscher (*Majlis Raja-Raja*) gewählt, zu der neben den neun Sultanen auch die Gouverneure der vier weiteren Bundesstaaten gehören. Inoffiziell besteht eine Einigung unter den Sultanen, dass alle neun Staaten nacheinander den König stellen. Während bei den ersten neun Wahlen noch Seniorität, Prestige und Ansehen eine Rolle spielten, gibt es seit 1994 diese inoffiziell festgelegte Reihenfolge für die Wahl des Königs unter den Bundesstaaten mit Sultanat.

Der seit 2006 regierende König, der vorherige Sultan von Terengganu, dessen voller Titel „Seine Majestät Yang di-Pertuan Agong XIII., Tuanku Mizan Zainal Abidin ibn al-Marhum von Malaysia" lautet, wird also spätestens im Jahr 2011 vom Sultan von Kedah beerbt werden. Man kann also mit einigem Recht auch von einer Rotationsmonarchie statt einer Wahlmonarchie sprechen.

Der König ist Staatsoberhaupt (*kepala utama negara*) und formal Oberbefehlshaber der Streitkräfte. Dennoch ist die heutige Rolle des Königs in Malaysias parlamentarischer Monarchie hauptsächlich zeremonieller Art. Im Gegensatz zu einer konstitutionellen Monarchie hat in Malaysia nicht der König, sondern das Parlament die Möglichkeit, die Regierung abzusetzen. In der Verfassung ist zudem festgelegt, dass die ausführende Gewalt, die theoretisch beim Staatsoberhaupt liegt, von der Regierung unter Führung des Premierministers ausgeübt wird. Eine formal wichtige Rolle hat der malaysische König bei der Regierungsbildung. Ihm steht laut Verfassung das Recht zu, nach den nationalen Wahlen dem Parlament einen Kandidaten zur Wahl des Premierministers vorzuschlagen. Da in Malaysia seit der Unabhängigkeit im Jahr 1957 die *Barisan Nasional* (Nationale Front, eine multiethnische Parteienkoalition, in der die malaiische *UMNO*[4] dominiert) stets die Parlamentsmehrheit stellte, wurde deren Spitzenkandidat vom malaysischen König jeweils dem Parlament zur Wahl gestellt. Der König richtet sich hier nach den Mehrheitsverhältnissen. David Seth B. Jones führt jedoch aus, dass, wenn doch

4 *UMNO* steht für *United Malays National Organisation.*

einmal der Fall eintreten würde, dass eine Partei oder Parteienkoalition keine absolute Mehrheit im Parlament hätte, die Verfassung dem König viel Spielraum bei seiner Entscheidung lässt.[5]

Zusätzlich hat der malaysische König die Aufgabe, auf Vorschlag des Premierministers die Minister und stellvertretenden Minister zu ernennen. Formal hat der malaysische König auch das Recht, das Parlament auf Vorschlag des Premierministers aufzulösen. Er wird hier in der Regel dem Ansinnen des Regierungschefs folgen: „Where the Rulers are constitutionally required to act on advice, they should accept the advice“, so Raja Nazrin Shah.[6] Ähnlich dem britischen Vorbild ist der malaysische König formal ein Teil des Parlaments, auch wenn er nie an den Sitzungen teilnimmt. Ihm kommt die Aufgabe zu, Sitzungsperioden zu eröffnen bzw. zu schließen.[7]

Der malaysische König ist ferner formal Oberbefehlshaber der Streitkräfte (Art. 137 der Verfassung), wobei die faktische Verfügungsgewalt beim Premierminister liegt. Außerdem überträgt die Verfassung dem König in Art. 153 ausdrücklich die Aufgabe, für den Schutz der ethnischen Malaien und der Einheimischen (*bumiputera*, wörtlich: Söhne der Erde) zu sorgen. Es heißt dort: „It shall be the responsibility of the Yang di-Pertuan Agong to safeguard the special position of the Malays and natives of any of the states of Sabah and Sarawak“. Der König hat ebenfalls das formale Recht, die Gouverneure in den Bundesstaaten zu ernennen, in denen es keinen Sultan gibt. Diese Ernennung erfolgt jedoch auf Vorschlag des gewählten Premierministers des jeweiligen Bundesstaates. Als letzte gerichtliche Instanz kann zudem ein Gnadengesuch beim König in seiner Funktion als Staatsoberhaupt Malaysias eingereicht werden.

Ursprünglich war in der malaysischen Verfassung festgelegt, dass jedes zu verabschiedende Gesetz der Zustimmung des Königs bedarf. Mittels einer Verfassungsänderung legte das Parlament im Jahr 1984 dann jedoch fest, dass der König zwar ein Gesetz ablehnen kann, dieses jedoch dann mit einer schriftlichen Begründung zurück ins Parlament überweisen muss. Falls sich dort eine Zwei-

---

5 Vgl. Jones 1995: 16.

6 Shah 2004: 20.

7 Vgl. Jawan 2003: 68.

drittelmehrheit für das Gesetz fand, galt es als beschlossen.[8] Mit einer weiteren Verfassungsänderung im Jahr 1994 wurde dann komplett auf das Recht des Königs verzichtet, Gesetze an das Parlament zurück überweisen zu können. Seitdem hat er nur noch die Aufgabe, die Gesetze formal vor dem Inkrafttreten zu unterschreiben.

Der König und die Sultane in den Bundesstaaten sind in ihren Herrschaftsbereichen die geistlichen Führer für die dort lebenden Muslime. Sie interpretieren religiöse Fragen und beschäftigen sich mit der Auslegung des traditionellen Gewohnheitsrechts (*adat*). Sie benennen die Mitglieder der *Shari'ah*-Gerichte, betreuen den Bau und die Aktivitäten von Moscheen und anerkennen Religionslehrer und Missionare. Auf nationaler wie bundesstaatlicher Ebene müssen die Sultane religiösen Weisungen (*fatwa*) von anderen islamischen Gelehrten zustimmen, bevor diese wirksam werden.[9]

Gesellschaftliche Bedeutung der Monarchie

Die politische Gestaltungsmacht der malaysischen Könige ist sehr eingeschränkt. Neben seinen limitierten, aus der Landesverfassung resultierenden Rechten sorgt auch die festgeschriebene und nicht verlängerbare Amtszeit von fünf Jahren dafür, dass er auf nationaler Ebene nur einen Titel auf Zeit besitzt und keine größere eigene politische Machtposition aufbauen kann.

Die malaysische Monarchie gilt vor allem als ein Symbol der nationalen Einheit in einer ausgesprochen multi-ethnischen Gesellschaft und als eine über der Politik stehende Institution.[10] Der derzeitige Kronprinz aus dem Bundesstaat Perak schrieb hierzu: „The monarchy is placed above the political fray, yet remains an indispensable part of the social fabric, conferring its own brand of psychological security to the *rakyat* [people] of all races".[11] Er fährt fort:

> „The monarchy provides a kind of social glue helping to bind us. It is true that the monarchy is a potent symbol of Malaysia being the ‚Land

8 Vgl. Jones 1995: 10.
9 Vgl. Shah 2004: 15.
10 Vgl. Jawan 2003: 70.
11 Zitiert nach Shah 2004: 4.

of the Malays', and thereby primarily a bastion of Malay culture, identifying the Malays as the definitive people. But is not exclusive. The monarchy is extended to Malaysians of all ethnic groups who accept its constitutional identity and live comfortably with its Malay-oriented social dimension".[12]

Kritisch gegenüber diesen Ansichten kann eingewandt werden, dass die Wahl eines Königs aus dem Kreis der neun Sultane lediglich als Vorwand dient, um zu garantieren, dass ein Malaie und kein Angehöriger einer anderen Ethnie Staatsoberhaupt ist. Somit wird die Monarchie oft vor allem als ein Symbol der malaiischen Vorherrschaft im multi-ethnischen Malaysia[13] gesehen: „This function enables the monarchy to appeal to a powerful, ethnic vested interest in support of its own perpetuation".[14]

Die malaysische Monarchie ist auch ein Symbol für die malaiische Vergangenheit. Da der Staat Malaysia erst 1957 gegründet wurde, sorgte der Rückgriff auf die jahrhundertelange Tradition der Sultansherrschaft für eine Identifikation mit der eigenen malaiischen Geschichte und versuchte gleichzeitig, eine Kontinuität dieser Geschichte herzustellen. Die Institution der Monarchie versucht, den Stolz auf die eigene Kultur und Tradition zu befördern und zu bewahren. Dies ist eine Aufgabe, die im sich rasant modernisierenden Malaysia durchaus schwierig ist. Gerade die jüngeren, technisch gut ausgebildeten Malaysier stehen der Relevanz und dem Wert der Monarchie skeptisch gegenüber.[15] Sie empfinden weniger Nostalgie und sind zukunftorientierter. Eine öffentliche Diskussion über die Abschaffung der Monarchie hat in Malaysia dennoch nie stattgefunden.

Probleme, Reformen und Perspektiven der Monarchie

Für ernsthafte Abschaffungsüberlegungen ist das unter der muslimisch-malaiischen Bevölkerung nach wie vor vorhandene Ansehen der Sultane zu groß. Ein kritischer Zeitpunkt war die Schaffung der Unabhängigkeitsverfassung von 1957. Anders als bei-

---

12 Zitiert nach ebd.: 6.

13 Vgl. Möllers 1993: 4.

14 Kershaw 2001: 100.

15 Vgl. Shah 2004: 18.

spielsweise im Nachbarland Indonesien, das sich trotz einiger existierender traditioneller Sultanate für eine republikanische Staatsform entschied, gab bei der Gründung Malaysias wohl das monarchische Vorbild der ehemaligen Kolonialmacht Großbritannien den Ausschlag, ein nationales Königtum einzuführen.

Reformiert wurde die malaysische Monarchie jedoch mehrfach, nachdem sie in Machtkämpfen gegenüber der politischen Elite den Kürzeren gezogen hatte. So gab es in den 1980er und 90er Jahren politische Auseinandersetzungen zwischen den malaysischen Königen und der politischen Führung Malaysias unter Premierminister Mahathir Mohamad. Dieser hatte sich zum Ziel gesetzt, den politischen Einfluss des Königs und der Sultane weiter einzuschränken. Mahathir hatte wenig Sympathien für die Sultane und den König, die er als feudale Überbleibsel sah, die den Modernisierungsprozess verlangsamten.[16]

Mittels einer Verfassungsänderung wurde 1984 die Ablehnung eines vom Parlament verabschiedeten Gesetzes durch den König erschwert. Zusätzlich wurde das Veto der Versammlung der Erbherrscher (*majlis raja-raja*) gegenüber Gesetzen und Verfassungsänderungen, die den Status und die Privilegien der Sultane betreffen, aus der Verfassung gestrichen.[17] Die Auseinandersetzung Anfang der 1980er Jahre muss vor allem als ein Zusammenstoß zwischen dem institutionalisierten und eher statischen Konzept der Bewahrung des Malaientums durch die Monarchie und dem dynamischen Konzept der wirtschaftlichen Modernisierung des Landes durch die politische Führung verstanden werden.[18]

Gegen den Widerstand des Königs und der Sultane setzte die Regierung im Jahr 1993 eine weitere Verfassungsänderung durch, die die bis dahin geltende rechtliche Immunität der Monarchen stark einschränkte.[19] Unterstützt durch eine von der Regierung gelenkte Medienkampagne, die unter anderem den extravaganten Lebensstil, nichtbezahlte Einfuhrsteuern beim Import von Luxusautos und illegale Vergabe von Lizenzen zum Holzeinschlag[20]

16 Vgl. Singh 1995: 198.
17 Vgl. Rüland 1998: 73.
18 Vgl. Kershaw 1984: 117f.
19 Siehe Lee 1995.
20 Vgl. Hassall/Saunders 2002: 136.

durch manche Sultane zum Inhalt hatte, schuf die Regierung ein gesellschaftliches Klima, das förderlich für die zügige Umsetzung der Verfassungsänderungen war. Das öffentliche Image der malaysischen Monarchie wurde durch die enthüllende Medienberichterstattung beschädigt.[21]

Dennoch genießen die Sultane bzw. der malaysische König bis heute ein relativ hohes gesellschaftliches Ansehen. Ihre politischen Handlungsmöglichkeiten sind jedoch stark eingeschränkt. Neben den genannten Verfassungsänderungen ist hier insbesondere die seit Jahrzehnten autoritäre Regierungsform zu nennen. In einem politischen System, das durch Exekutivdominanz gegenüber Legislative und Judikative gekennzeichnet ist, in dem Meinungs-, Versammlungs- und Pressefreiheit nicht gegeben sind, unfaire Wahlen stattfinden[22] und in dem es zahlreiche politische Gefangene gibt, haben es auch respektierte Persönlichkeiten wie die malaysischen Könige schwer, unabhängige und überparteiliche Positionen zu beziehen.

So hat die malaysische Monarchie vor allem eine symbolische Funktion. In einer stark fragmentierten, multi-ethnischen Gesellschaft verweist sie auf die muslimisch geprägte Geschichte und zementiert den malaiischen Führungsanspruch auf staatlicher Ebene. Der malaysische König nimmt daher, wie vergleichbare Monarchen in westlichen parlamentarischen Regierungssystemen, vor allem zeremonielle und repräsentative Funktionen als Staatsoberhaupt Malaysias wahr.

Literatur

Hassall, Graham/Saunders, Cheryl 2002: Asia-Pacific Constitutional Systems, Cambridge.

Jawan, Jayum Anak 2003: Malaysian Politics and Government, Shah Alam.

Jones, David Seth 1995: Resolving the constitutional question of the Malaysian king and rulers, in: Asian Journal of Political Science, Bd. 3, Nr. 1, 13-32.

---

21 Vgl. Singh 1995: 204.

22 Siehe Ziegenhain 2004.

Kershaw, Roger 1984: Malay Monarchy since Yahya Petra. Riding for a Fall?, in: Contemporary Review, Bd. 245, Nr. 1424, 113-120.

Kershaw, Roger 2001: Monarchy in South-East Asia. The Faces of Tradition in Transition, London/New York.

Lee, Hoong P. 1995: Constitutional conflicts in contemporary Malaysia, Kuala Lumpur.

Means, Gordon P. 1991: Malaysian Politics. The Second Generation, Singapore/Oxford.

Möllers, Wolfgang 1993: Verfassungskrise in Malaysia. Die Sultane in Bedrängnis, in: KAS-Auslandsinformationen, Nr. 3/1993, 1-7.

Rüland, Jürgen 1998: Politische Systeme in Südostasien. Eine Einführung, Landsberg.

Shah, Raja Nazrin 2004: The monarchy in contemporary Malaysia, Singapore.

Singh, Hari 1995: UMNO leaders and Malay rulers. The erosion of a special relationship, in: Pacific Affairs, Bd. 68, Nr. 2, 187-205.

Ziegenhain, Patrick 2004: Pole Position gehalten: Regierungskoalition triumphiert bei den Parlamentswahlen in Malaysia, in: Südostasien, Nr. 3/2004, 34-35.

Internet

Malaysisches Außenministerium: *http://www.kln.gov.my*

Deutsch-Malaysische Gesellschaft e.V.: *http://www.deutsch-malaysische-gesellschaft.de*

Deutsche Botschaft Kuala Lumpur: *http://www.kuala-lumpur.diplo.de/Vertretung*

Aktuelle unzensierte Nachrichten: *http://www.malaysiakini.com*

Marokko

Sigrid Faath

Mit König Mohammed VI. wurde am 30. Juli 1999 der dritte König Marokkos seit Einführung dieses Titels 1957 inthronisiert. In Nordafrika ist Marokko seit der Absetzung des libyschen Königs 1969 der einzige Staat mit monarchischer Staatsform. Seine etwa 30 Millionen Einwohner, die auf rund 459.000 km² leben,[1] gehören mehrheitlich dem sunnitischen Islam an, der Staatsreligion ist.[2] Marokko ist von der berberischen (*Amazigh*) Zivilisation und seit der Islamisierung und Arabisierung, die in mehreren Phasen seit dem 7. bis ins 13. Jahrhundert hinein erfolgte, von der arabisch-islamischen Kultur geprägt. Die offizielle Landessprache ist Arabisch, das in seiner standardisierten Hocharabischvariante an den Schulen unterrichtet wird; im Alltag dominiert jedoch das Marokkanisch-Arabisch, das Elemente der Berbersprachen[3] und des Französischen[4] enthält.

---

1 Die von Marokko beanspruchte Westsahara mit über 250.000 km² ist wegen des nach wie vor ungeklärten völkerrechtlichen Status hier nicht berücksichtigt.

2 Die marokkanische jüdische Gemeinschaft, die größte verbliebene jüdische Gemeinde in Nordafrika, zählt ca. 10.000 Mitglieder. Die hauptsächlich aus Ausländern bestehende christliche Gemeinde umfasst etwa 24.000 Personen.

3 Die drei Hauptberbersprachen *Tachelhit*, *Tamazight* und *Tarifit*, die zwar nicht als offizielle Sprachen, sondern lediglich als nationale Sprachen anerkannt sind, werden nach massivem Engagement kultureller Vereinigungen, die sich für die Aufwertung der kulturellen und sprachlichen *Amazigh*-Wurzeln der Bevölkerung einsetzen, an den Schulen der Hauptverbreitungsgebiete der Berbersprachen unterrichtet. Vgl. hierzu auch die vom König unterstützten Aktivitäten des *Institut Royal de la Culture Amazighe* unter http://www.ircam.ma (Stand: 1.4.2008).

4 Französisch ist bedingt durch das französische Protektorat (1912-1956) bis heute eine wichtige Geschäfts- und Bildungssprache. Im ehemals von Spanien kolonisierten Norden Marokkos ist zudem Spanisch verbreitet.

Marokkos heutige Monarchie wurde erst 1957 mit der Übernahme des Titels „König" durch den damals herrschenden Sultan Mohammed und die folgerichtige Einführung der Bezeichnung „Königreich Marokko" begründet. Die seither amtierenden Könige[5] gehören der Dynastie der Alaouiten an, die seit dem 17. Jahrhundert die in Marokko regierenden Sultane stellt.[6] Die Alaouiten führen ihre Abstammung auf den Propheten Mohammed zurück und leiten aus dieser Abstammung ihren doppelten Herrschaftsanspruch als weltliche und religiöse Führer („Führer der Gläubigen" bzw. *Amir al-mu'minin*) ab. Diese von der Bevölkerungsmehrheit anerkannte Legitimationsgrundlage wirkt bis in die Gegenwart hinein und ist nicht nur verantwortlich für die zentrale Stellung, die dem König als religiösem Führer zukommt, sondern bestimmt zudem sowohl den Aufbau als auch die Funktionsweise des politischen Systems.

Die marokkanische Monarchie rekrutiert zwar ihre Monarchen aus einer Dynastie von weltlichen und religiösen Führern, sie unterscheidet sich aber von den nahöstlichen Monarchien, weil sie im Gegensatz zu Saudi-Arabien und den Golfstaaten die politischen Schlüsselpositionen nicht mit Familienmitgliedern besetzt.[7] Alle weltliche und religiöse Macht konzentriert sich in Marokko ungeteilt und ausschließlich in der Person des Königs. Die übrige Familie ist nicht beteiligt. Selbst die Vergabe des Titels einer Königin, die (wie beispielsweise in Jordanien) neben die Person des Königs treten könnte, ist für viele Marokkaner und Marokkanerinnen nicht denkbar und – wie Umfragen erkennen lassen – eher eine schockierende Vorstellung.[8]

---

5 Mohammed V. (König 1957-1961, zuvor seit 1927 Sultan), Hassan II. (König 1961-1999), Mohammed VI. (König seit 1999).

6 Der „Stammvater" der Dynastie der Alaouiten, Hassan al-Dakhil, wanderte im 13. Jahrhundert von der Arabischen Halbinsel nach Nordafrika und ließ sich im südmarokkanischen Tafilalet nieder. Zu einem kurzen Überblick über die Geschichte Marokkos vgl. die offizielle Internetseite http://www.maroc.ma (Stand: 1.4.2008).

7 Vgl. hierzu ausführlich Herb 1999.

8 Die junge und modern auftretende Ehefrau von König Mohammed VI., Prinzessin („Lalla") Salma, solle sich aus der Politik heraushalten und sich auf soziale Aufgaben beschränken, so der Tenor der zitierten Stimmen. Vgl. Lamlili 2007.

Sultan Mohammed brach in einem „revolutionären“ Akt 1957 gleich mehrfach mit der Tradition, als er den Titel Sultan ablegte, Marokko zum Königreich erklärte und die Erbmonarchie auf Primogeniturbasis einführte. Mit der Festlegung der Nachfolge, die seit 1962 verfassungsmäßig geregelt ist, beschnitt er gleichzeitig den Einfluss der religiösen Gelehrten (*Ulama*) und Notabeln, die in der Vergangenheit bei der Besetzung des höchsten weltlichen und religiösen Amtes eine zentrale Rolle innegehabt hatten. Die Verabschiedung der angekündigten Verfassung für das Königreich Marokko wurde durch den plötzlichen Tod König Mohammed V. 1961 vereitelt. Sein Sohn und Nachfolger, König Hassan II., löste jedoch 1962 das Versprechen seines Vaters ein, Marokko eine Verfassung zu geben: Die erste, per Referendum angenommene Verfassung des Landes arbeitete König Hassan persönlich aus; sie schrieb neben der Erbfolgeregelung als wichtige Bestimmung in Bezug auf die Ausgestaltung des politischen Systems Parteienpluralismus und gewerkschaftlichen Pluralismus fest. Weitere „revolutionäre Schritte“, die in vergleichbarer Weise mit Traditionen gebrochen hätten, folgten keine, obwohl seither mehrere Verfassungstexte verabschiedet wurden. Zuletzt wurde die Verfassung 1996 modifiziert; aber auch diese Modifikation sah keine grundlegenden Änderungen hinsichtlich der Machtfülle und Machtbefugnisse des Königs vor.[9]

Die doppelte Legitimität und doppelte Funktion des Königs als weltliche und religiöse Autorität, die herrscht und regiert, spiegelt sich in allen marokkanischen Verfassungen wider. Marokko ist zwar eine Monarchie mit Verfassung, aber keine konstitutionelle Monarchie, die nach dem Bild europäischer Monarchien mittels Verfassung die königlichen Befugnisse einschränkt und die eigentliche gesetzgeberische Gestaltungsmacht einem gewählten Parlament zuweist. Die Formulierung in Art. 1 der marokkanischen Verfassung von 1996 „Marokko ist eine konstitutionelle, demokratische und soziale Monarchie“ darf nicht darüber hinweg täuschen,

---

9 Zur Verfassungsentwicklung in Marokko vgl. Basri/Rousset/Vedel 1993. Die derzeit gültige Verfassung von 1996 ist über http://www.maroc.ma (Stand 1.4.2008) einsehbar.

dass allen verfassungsmäßig verankerten, formal modernen Institutionen eine nur sehr beschränkte Funktion zukommt, die wiederum durch die über der Verfassung stehende Person des Königs und „Führers der Gläubigen" kraft seiner Befugnisse ausgehebelt wird. Diese besondere Position des Königs wird unter anderem in Art. 23 deutlich, in dem die Person des Königs als „unantastbar und heilig" bezeichnet wird.

Grundlegend für das Selbstverständnis des Königs ist die ihm zugewiesene dreifache Aufgabe erstens als „Befehlshaber der Gläubigen", zweitens als „Herrscher" und drittens als regierender Monarch, in dem die weltliche und religiöse Dimension der Legitimität miteinander verknüpft werden. Die weltlichen Aufgaben des Königs umfassen unter anderem den Schutz der Verfassung und damit der in ihr festgeschriebenen Freiheiten, Rechte und Bestimmungen. Der König ist der Oberbefehlshaber der Streitkräfte und wacht über die Unabhängigkeit der Nation und die territoriale Integrität (Art. 19). Er ernennt und entlässt nicht nur den Premierminister, die Regierungsmitglieder und die Richter (Art. 24 und 33), sondern allgemein die zivilen und militärischen Amtsinhaber (Art. 30). Er präsidiert dem Ministerrat (Art. 25) und allen wichtigen Räten (unter anderem dem Höchsten Rat der religiösen Gelehrten, dem Höchsten Rat der Richter und dem Höchsten Planungsrat). Er kann das Parlament oder eine der beiden Kammern auflösen (Art. 27) und verfügt über weitreichende Gesetzgebungskompetenzen (Art. 29).

Der König steht kraft religiöser Legitimität außerhalb des verfassungsrechtlichen Systems, denn der Stellvertreter Gottes auf Erden, der „Führer der Gläubigen" als Nachfahre des Propheten Mohammed, ist der Kontrolle durch weltliche Institutionen enthoben. Die mit der religiösen Funktion und Legitimität verbundene „Superiorität" des Königs wurde von König Hassan II. am 13. November 1978 in seiner Rede an die Parlamentarier exemplarisch beschrieben:

> „Ihr, die Gewählten, ihr habt eine Kontrollaufgabe. Aber wer hat die Aufgabe, die Kontrolleure zu kontrollieren? Das ist Gott, sein Prophet und die Gläubigen. [...] Somit stellen wir im Sinne des Heiligen Buches fest, dass all jene, die Gott mit legislativer oder exekutiver Verantwortlichkeit betraut, einer Kontrolle unterliegen müssen: zunächst einer Kontrolle Gottes, dann einer Kontrolle dessen, den Gott mit den Ange-

> legenheiten der muslimischen Gesellschaft beauftragte [der König, S.F.] und schließlich einer Kontrolle der Wähler."[10]

Diese Aussage ist bis in die Gegenwart gültig und beschreibt treffend die Beziehung von König und Parlament und die Stellung beider Institutionen im formal modernen System.

Der Religion in der in Marokko offiziell als gültig anerkannten Auslegung der sunnitisch-malikitischen Rechtsschule kommt eine bedeutende Rolle bei der Legitimitätssicherung zu. Sie dient als unanfechtbare Begründung für die bisherige Ausgestaltung des politischen Systems, für die Machtbefugnisse des Königs und für die Machtverteilung zwischen den Institutionen. Der König bzw. die Monarchie ist in Marokko darüber hinaus Schöpfer und Wahrer der Identität und der nationalen Einheit des Landes. Die Triade Gott, Prophet, Nachfahre des Propheten auf Erden (d.h. im marokkanischen Kontext: der König) steht außerhalb jeglicher Disposition des Volkes und der Volksvertreter im Parlament, was auch bedeutet, dass ihre Handlungen und Entscheidungen sich jeder Infragestellung und Kritik entziehen. Damit ist der Primat des Königs über alle anderen Machtquellen festgeschrieben. Wenn z.B. die Verfassung öffentliche Freiheiten sowie politische, soziale und kulturelle Rechte garantiert, so ist wiederum der König als Schützer der Verfassung ihr eigentlicher Garant. Die Stellung des einzelnen Staatsbürgers ist in diesem System entsprechend den mehrfachen Funktionen des Königs auch in mehrfacher Hinsicht funktional aufgeschlüsselt: Jeder Marokkaner und jede Marokkanerin ist erstens Staatsbürger, wenn vom formal modernen System ausgegangen wird; jeder Bürger ist gleichzeitig aber auch – zweitens – königlicher Untertan und – drittens – Gläubiger. Das besondere daran ist, dass der Einzelne in jeder dieser drei Funktionen dem König gegenüber zu einem spezifischen Verhalten der Unterordnung und der Gefolgschaft verpflichtet ist. Allerdings ist diese Verpflichtung nicht einseitig. Die Gefolgschaft, die der Bürger, Untertan und Gläubige unter anderem bei den jährlichen Feiern des Thronfestes symbolisch durch Loyalitätsbezeugung (*Bai'a*)

10 Zitiert nach Benani 1986: 59.

erneuert, verpflichtet wiederum den König zur „Fürsorge". Der gegenwärtige König Mohammed VI. hat dieses System geerbt.[11]

Die Regentschaft König Mohammeds VI.

Auch für Mohammed VI. gilt, selbst wenn sein Auftreten und Stil altersbedingt – er wurde 1963 geboren und repräsentiert somit die jüngere Generation – außerhalb der sehr formalisierten religiösen Festakte moderner wirkt, dass er seine verfassungsmäßig verankerte herausragende Stellung als „unantastbar und heilig" (Verfassungsartikel 23) einsetzt und nutzt. Die Tatsache, dass der König über der Verfassung steht und das Wort des Königs die höhere Rechtsquelle ist, somit über den Gesetzestexten des positiven Rechts steht, legt ihm die Pflicht auf, seine Führungs- und Orientierungsfunktion zu nutzen. Den Reden des Königs, den Königlichen Direktiven und seinen Botschaften an die Nation und das Parlament, die gemäß Art. 28 der Verfassung nicht Gegenstand einer Debatte sein können, kommt deswegen eine zentrale Funktion als Handlungsanleitung und insbesondere auch als Instrument zur Durchsetzung von Maßnahmen in allen Bereichen zu. Insofern regiert der König mittels dieser Direktiven und Botschaften. Parallelinstitutionen wie die je nach Bedarf vom König gegründeten und besetzten Königlichen Kommissionen und Räte (z.B. der Konsultativrat für Menschenrechte oder das Königliche Institut für *Amazigh*-Studien) bereiten seine politischen Entscheidungen vor. Sein eigener Beraterstab und der von ihm nominierte Premierminister sowie die ausschließlich von ihm berufenen Minister für Inneres, Äußeres, islamische Angelegenheiten und Justiz sind zusätzliche Garanten für die Kompatibilität der Regierungsentscheidungen mit den königlichen Vorstellungen und Vorgaben. König Mohammed VI. hat sich zudem seit Beginn seiner Amtszeit in hohem Maße für soziale Belange und Armutsbekämpfung, Frauenförderung und Alphabetisierung sowie die Aufarbeitung der Menschenrechtsvergehen während der Amtszeit seines Vaters eingesetzt. Spezielle königliche Stiftungen kümmern sich um

11 Vgl. zur Ausprägung des Systems unter Hassan II. ausführlich Waterbury 1970 und Faath 1991. Vgl. zum „Stil" und den ersten Jahren der Herrschaft König Mohammeds VI. z.B. El Ghissassi 2006.

sozial benachteiligte Bevölkerungsgruppen. Seine regelmäßigen landesweiten Reisen, die den König vor allem in entlegene Regionen führen, sollen seine Fürsorge für alle Provinzen herausstellen; die Regionalförderung wurde in den letzten Jahren ausgebaut. Seine „Volksnähe“ und die sozialen und entwicklungspolitischen Projekte wurden intensiv medial verbreitet. Dadurch gelang es König Mohammed, zentrale Kritikpunkte vor allem der islamistischen Opposition am fehlenden sozialen Engagement zu entkräften und ihnen das Monopol auf soziale Themen zu entziehen. Sein Einsatz im sozialen und Menschenrechtsbereich brachte Mohammed viele Sympathien ein, wodurch die Bindung großer Bevölkerungsteile an das Königshaus erneuert und intensiviert wurde.

Das Verhalten des Königs entspricht durchaus der verbreiteten Erwartungshaltung in der Bevölkerung: Nicht „Mittler“ wie die Parteien soll er sein, sondern der König soll sich ihrer Anliegen selbst annehmen und für Problemlösungen sorgen. Die patriarchalischen Strukturen, Denk- und Verhaltensweisen, die in Marokko bis heute prägend sind, begünstigen diese Hinwendung zu einer Führungspersönlichkeit, der Macht und Einfluss zugeschrieben wird, um sowohl die persönlichen als auch gesellschaftlichen Anliegen zu regeln. Direkter Adressat für Klagen oder Forderungen über fehlende Berufschancen bis zu unzureichenden Infrastrukturmaßnahmen ist dementsprechend auch bei der jungen Generation stets der König.

Monarchie mit Zukunft?

Die Sakralisierung der Monarchie und des Monarchen besteht neben der formal modernen Verfassungsstaatlichkeit des marokkanischen Systems fort und ist wirksam. Im Gewand eines – oberflächlich betrachtet – formal modernen Staates mit verfassungsmäßig verankertem Parteien-, Gewerkschafts- und Vereinigungspluralismus lebt in Marokko eine Form monarchischer Herrschaft fort, die sich aus der Religion legitimiert und auf die Religion stützt, um ihren Herrschaftsanspruch abzusichern. Gleichzeitig nutzt der König seine herausragenden Machtbefugnisse, um das Land schrittweise an veränderte soziale und ökonomische Bedingungen anzupassen und partikularistische Interessen zugunsten gesamtgesellschaftlicher Interessen und Ziele in wichtigen Entwicklungssektoren zurückzudrängen.

Seine Popularität konnte König Mohammed zudem durch seine Hochzeit mit einer modern auftretenden, bürgerlichen Marokkanerin, Salma Benani, am 21. März 2002 und durch die Geburt eines Thronfolgers, Moulay Hassan, am 8. Mai 2003 steigern. Dennoch hat der König es nicht in erster Linie seiner Popularität zu verdanken, wenn sich seine Stellung als der zentrale Akteur des Landes und Garant einer „moderaten" Religionsinterpretation weiter festigt. Dieser Zuwachs an Ansehen hängt vielmehr eng mit den Anschlägen marokkanischer islamistischer Selbstmordattentäter zusammen, die einen Tag nach den offiziellen Feierlichkeiten zur Geburt des Thronfolgers auf Einrichtungen in Casablanca, die von Ausländern und jüdischen Marokkanern besucht wurden, erfolgten. Die Anschläge vom Mai 2003 erschütterten die verbreitete Selbstwahrnehmung als moderaten Werten verpflichtete Gesellschaft; die islamistische Aggression stärkte den Ruf nach Sicherheit und einer Instanz, die Extremismus Einhalt gebietet.

Marokkanische Politik- und Sozialwissenschaftler sind sich weitgehend einig, dass – trotz einzelner Stimmen, die für eine konstitutionelle Monarchie nach europäischen Vorbildern plädieren und trotz der Nichtanerkennung des religiösen Führungsanspruchs des Königs durch die islamistische, nicht legalisierte Organisation *al-Adl wal-Ihsan* (Gerechtigkeit und Wohltätigkeit) – die Mehrzahl der Marokkaner „Monarchisten" sind, in denen paternalistische und religiöse Traditionen und Hierarchien noch stark präsent sind und das Verhalten bestimmen. Die marokkanische Variante einer Monarchie mit Verfassung und eines herrschenden und regierenden Königs, der außerhalb parlamentarischer Kontrolle agiert, hat in dieser Gesellschaft noch nicht ausgedient.

Literatur

Basri, Driss/Rousset, Michel/Vedel, Georges (Hrsg.) 1993: Trente années de vie constitutionnelle au Maroc, Paris.

Benani, Ahmed 1986: Légitimité du pouvoir au Maroc: consensus et contestation, in: Génève-Afrique, Bd. 34, Nr. 2, 47-71.

El Ghissassi, Hakim 2006: Regard sur le Maroc de Mohammed VI, Neuilly-sur-Seine.
Faath, Sigrid 1991: „Le Hassanisme“. Das marokkanische Konzept von Demokratie, in: Wuqûf, Bd. 4-5, 9-89.
Herb, Michael 1999: All in the family. Absolutism, revolution and democracy in the Middle Eastern monarchies, New York.
Lamlili, Nadia 2007: Lalla Salma. Un symbole et les questions, in: Telquel, Nr. 263, einsehbar unter: http://www.telquel-online.com/263/couverture_263_1.shtml (Stand: 1.4.2008).
Waterbury, John 1970: The Commander of the Faithful, London.

Internet

Marokkanische Regierungsseite: *http://www.maroc.ma*

Marokkanisches Außenministerium: *http://www.maec.gov.ma/en/default.html*

Marokkanische Botschaft Berlin: *http://www.maec.gov.ma/berlin*

Marokko-Plattform mit weiteren Links: *http://marokko.net*

Institut Royal de la Culture Amazighe: *http://www.ircam.ma*

Deutsch-marokkanische Gesellschaft: *http://www.deutschmarokkanischegesellschaft.de*

Monaco

Emanuel Richter und Jan Rohwerder

Das Fürstentum Monaco besitzt ein auffälliges politisches und gesellschaftliches Profil. Monaco präsentiert sich als ein monarchisch regierter Kleinstaat, als Steuerparadies, als Industriestandort, als beliebter Schauplatz der Berichterstattung der Regenbogenpresse und als mondäner Touristenort an der landschaftlich reizvollen Mittelmeerküste. Das Land scheint aus Widersprüchen zu bestehen: Während es mit seinem Regierungssystem wie ein überkommenes Relikt aus der Vormoderne in das 21. Jahrhundert hineinragt, nimmt es mit seinem wirtschaftlichen, wohlfahrtsstaatlichen und kulturellen Profil mühelos am zeitgemäßen *trend setting* teil.

Es stellt sich die Frage, wie einer der kleinsten Staaten in Europa, regiert als Monarchie, in der Umgebung von großflächigen, republikanischen Nationalstaaten bis heute seine unerschütterliche Bestandsfähigkeit bewahren konnte. Die typischen Herausforderungen des kleinstaatlichen *survival problems*, das sich mit der Frage nach der Überlebensfähigkeit von Kleinstaaten im Schatten von politisch und ökonomisch dominanten Großstaaten befasst, scheinen Monaco nicht zu tangieren.[1] Ein kurzer historischer Rückblick ist daher erforderlich.

Die historischen Entwicklungsstufen der kleinstaatlichen Unabhängigkeit

Monaco trägt seit jeher die schlichte, aber anschauliche Bezeichnung *rocher* – der Felsen. Dieses Bild spielt auf die physische Beschaffenheit des Territoriums an, nämlich auf das schmale Felsplateau, das sich halbkreisförmig um eine geschützte Meeresbucht rankt. Dieses Felsplateau liegt an einer strategisch äußerst wichtigen Stelle. Für alle Anrainerstaaten des Mittelmeeres ist es leicht zu erreichen, doch seine Unzugänglichkeit vom Landesinnern her bewahrt es vor überraschenden Invasionen vom Festland aus. 1215 wurde die Stadt Genua zur Schutzmacht des „Felsens“

1 Vgl. Abt 1993: 22.

erhoben, wodurch Monaco in ein Spannungsverhältnis entlassen wurde, das mehrere Jahrhunderte andauerte und seine Entwicklung entscheidend bestimmte: die Konfrontation zwischen Frankreich und Italien. Es wurde damit in ein politisches Ränkespiel um Einflusszonen eingebunden, aus dem es in Hinblick auf die eigene Bestandserhaltung schon immer größte Vorteile zu ziehen vermochte.[2] Monaco behauptete sich von nun an als selbständige, kleine politische Einheit am Rande des Territoriums fremder Großstaaten. Damit praktizierte es eine geradezu „klassische" Form der Selbsterhaltungspolitik von Kleinstaaten.[3]

Die heutige Fürstenfamilie lässt sich in ihrer Blutsverwandtschaft bis auf die genuesischen Wurzeln zurückverfolgen. Im Jahr 1342 dokumentierte eine Urkunde erstmals für den Kommandanten des Forts den Titel *Seigneur de Monaco*. Gleichzeitig sicherten sich die Grimaldis testamentarisch die Erbfolge als monegassische Regierungsoberhäupter.[4] Erbmonarchie und territoriale Integrität gelangten also von Anfang an zur Deckung, die Festigung der Familiendynastie ging mit der wachsenden politischen Selbständigkeit Monacos einher. Schon damals speisten sich die Haupteinnahmen Monacos aus indirekten Steuern: Man erhob Meereszölle, die im stark befahrenen Mittelmeer zunächst eine ausreichende Einnahmequelle bildeten.

In den langwierigen kriegerischen Auseinandersetzungen zwischen Frankreich und Spanien wechselte Monaco strategisch geschickt die Fronten und wurde für mehr als hundert Jahre, von 1525 bis 1641, spanisches Protektorat, bevor es in den Schoß der französischen Schutzmacht zurückkehrte. Die Französische Revolution verlangte dem absolutistischen Fürsten zunächst nur geringe politische Zugeständnisse ab, wie die Einführung einer Verfassung, die einen „Rat der Bürger" etablierte. 1792 jedoch besetzten revolutionäre Truppen das Fürstentum und gründeten einen jakobinischen *Club des Amis de l'Égalité de Monaco*. Der Fürst wurde kurzerhand abgesetzt, Monacos Souveränität aufgehoben. Die

2 Robert stilisiert die historische Ausgangslage Monacos entsprechend zum doppelten Spannungsverhältnis zwischen Land und Meer sowie zwischen Italien und Frankreich. Vgl. Robert 1973: 8.

3 Vgl. Hroch 1993.

4 Vgl. Cars 2005; Labande o. J.: 40.

monegassische Bevölkerung schien jedoch über die Jahrhunderte hinweg reichlich politisches Vertrauen in die nutzbringende Machtfülle des Fürsten gesammelt zu haben und zeigte für die revolutionären Ereignisse wenig Begeisterung. Vor allem aber verletzte die jakobinische Bilderstürmerei die religiösen Gefühle der streng katholischen Monegassen zutiefst und schürte ihr Misstrauen gegenüber den revolutionären Zielvorstellungen. Es gab in Hinblick auf die monarchische Regierungsform erstaunlicherweise keinen ernsthaften „Abschaffungsdiskurs“.

Bereits mit der europäischen Neuordnung im Jahre 1814 war die kurze Phase der verlorenen Fürstenherrschaft schon wieder beendet. 1861 wurde Monaco wiederum französisches Protektorat. Dieser französische Einfluss hat sich bis heute bewahrt – politisch, wirtschaftlich und kulturell. Bezeichnenderweise konnten sich nur schwach ausgeprägte Restbestände einer eigenständigen monegassischen Sprache halten, die in spärlichen Quellen fiktionaler monegassischer Literatur und durch mündliche Weitergabe überliefert wird.[5] Formell ist Monaco seit langem – abgesehen von der Besetzung im Zweiten Weltkrieg, erst durch die Italiener, dann durch die Deutschen – ein souveräner Staat. Außen- und wirtschaftspolitisch war es jedoch, zumindest bis 2002,[6] ein teilsouveränes Land, das ohne den nachbarschaftlichen Schutz durch Frankreich nicht bestandsfähig war.[7] Informell spielt Frankreich bei der Bestimmung des Premierministers, bei der außenpolitischen Vertretung Monacos und bei der Versorgung des Kleinstaates mit Grundgütern und Energie immer noch eine entscheidende Rolle.[8] Ein bedeutsamer Schritt in die außenpolitische Selbständigkeit gelang Monaco im Zuge des Beitritts zum Europarat am 5. Oktober 2004. Gegenüber der Europäischen Union firmiert Monaco weiterhin als „Drittstaat“, ist aber durch entsprechende Abkom-

---

5 Vgl. Magocsi 1991.

6 Im Jahr 2002 stellten Monaco und Frankreich ihre Beziehungen durch einen bilateralen Vertrag auf eine neue Grundlage, die dem Fürstentum mehr Selbständigkeit gewährt. Nähere Ausführungen weiter unten.

7 Damit wies es Ähnlichkeiten mit jenem kleinstaatlichen Modell der Selbstbehauptung auf, das aus den Funktionen eines „Puffers“ zwischen angrenzenden Flächenstaaten zehrt. Vgl. Hroch 1993: 236.

8 Vgl. Laurent 2003: 537.

men mit Frankreich Teil des europäischen Binnenmarkts, gehört dem Schengener Abkommen an und hat, wie Frankreich, den Euro als Zahlungsmittel eingeführt.[9]

Das politische System Monacos

Das Fürstentum Monaco ist eine Erbmonarchie. Das Geschlecht der Grimaldis – *La Famille Souveraine* – stellt seit 1297 den Herrscher, der seit 1619 den Titel Fürst (*Prince*) trägt.[10] Die Erbfolge ist in der monegassischen Verfassung dahingehend geregelt, dass die aus legitimer Ehe stammenden, direkten biologischen oder adoptierten Nachfahren des Fürsten – mit männlichem Vorrecht – die Nachfolge antreten. Falls es keine direkten Nachkommen gibt, wird das Nachfolgerecht auf die Geschwister des Fürsten und deren Kinder übertragen.[11] Monaco ist eine konstitutionelle Monarchie und ein Rechtsstaat, in dessen Zentrum der Fürst als Bezugspunkt aller staatlichen Gewalt steht. Das Regierungssystem zeichnet sich neben einer Reihe von Beratungsgremien, wie dem Kronrat, dem bei Regierungsunfähigkeit des Monarchen zusammentretenden Regentschaftsrat, dem Staatsrat oder dem Wirtschafts- und Sozialrat, durch die zentrale Stellung des Fürsten aus. Er vertritt Monaco nach außen, verkörpert nach innen die exekutive Gewalt, hat legislative Kompetenzen und die Justiz spricht in seinem Namen Recht. Darüber hinaus entscheidet der Fürst über die Besetzung zentraler politischer und administrativer Ämter im politischen System Monacos.

Im Gegensatz zu den Regenten in den übrigen westeuropäischen Monarchien (mit Ausnahme Liechtensteins) hat also der monegas-

---

9 Vgl. Grinda 2006: 37ff.

10 Vgl. Cars 2005: 120.

11 Vgl. Art. 10 der Verfassung. Diese Regelung stellt eine grundlegende Neuerung dar, die im Jahre 2002 mit der Änderung der monegassischen Verfassung und dem franko-monegassischen Vertrag vom 24. Oktober 2002 geschaffen wurde. Bis zu diesem Zeitpunkt waren nur die direkten männlichen Nachfahren des Fürsten nachfolgeberechtigt und Monaco lebte unter dem drohenden „Damoklesschwert", dass bei Fehlen eines legitimen Erben das Fürstentum durch automatische Abschaffung der Monarchie zu einem „Staat von Monaco" unter französischem Protektorat geworden wäre (vgl. Weil 2003: 66).

sische Fürst – *Son Altesse Sérénissime le Prince Souverain* – nicht nur repräsentative Aufgaben. Er hat im Gegenteil eine für europäische Verhältnisse erstaunliche Machtfülle behalten. Der Fürst gestaltet eigenständig die außenpolitischen Beziehungen und schließt internationale Verträge. Seit der Verfassungsänderung von 2002 können internationale Verträge allerdings nur per Gesetz ratifiziert werden, was wiederum die Zustimmung des Nationalrates notwendig macht. Der Fürst besitzt das alleinige Initiativrecht für Gesetze, die erst nach Zustimmung durch den Nationalrat und Verkündung durch den Fürsten in Kraft treten. Darüber hinaus kann der Fürst in Kooperation mit dem Regierungsrat souveräne Verordnungen (*ordonnances souveraines*) erlassen. Betreffen sie das Justizwesen, Angelegenheiten der *Famille Souveraine*, konsularische Angelegenheiten oder die Auflösung des Nationalrates, dann sind sie sogar von der Deliberation im Regierungsrat ausgenommen.[12]

Die Ausführung der exekutiven Aufgaben wird vom Fürsten an einen von ihm ernannten Staatsminister delegiert. Dieser wird in seiner Arbeit von den so genannten Regierungsberatern (im Rang von Ministern) unterstützt, die zusammen die Regierung Monacos, den Regierungsrat (*Conseil de Gouvernement*) bilden. Die Regierungsberater stehen den zurzeit fünf Ministerien[13] vor, die wiederum den jeweiligen Verwaltungen vorgeschaltet sind. Bemerkenswert ist, dass der Regierungsrat eine Regierung ohne Ressortprinzip und ohne besondere Rechte des „Regierungschefs" darstellt. Die Regierungsberater werden, ebenso wie der Staatsminister, vom Fürsten ernannt und sind ihm gegenüber direkt verantwortlich. Sie können jederzeit von ihm wieder entlassen werden.

Neben der Leitung der Verwaltung besteht die Hauptaufgabe der Regierung in der Vorbereitung von Gesetzesvorhaben. Das Initiativrecht jedoch liegt allein beim Fürsten. Nur er kann Gesetzesvorlagen zur Abstimmung in den Nationalrat einbringen. Hieran zeigt sich die marginale Rolle, die der Nationalrat (*Conseil National*), immerhin das einzige gewählte Organ im Regierungs-

---

12 Vgl. Art. 45 und 46 der Verfassung.

13 Dies sind: Außenministerium, Finanzministerium, Innenministerium, Sozial- und Gesundheitsministerium sowie das Umwelt- und Stadtentwicklungsministerium.

system Monacos,[14] spielt. Die auf fünf Jahre gewählten Abgeordneten, 24 an der Zahl, besitzen nur wenige der Kompetenzen, die in demokratischen Systemen üblich sind. Weder steht ihnen ein Mitspracherecht bei der Auswahl und Kontrolle der Regierung zu, noch haben sie das Recht, auf direktem Wege eigene Gesetzentwürfe einzubringen.[15] Zugleich hat der Fürst das Recht, den Nationalrat aufzulösen und Neuwahlen anzuberaumen. Von diesem Recht hat der Fürst allerdings seit der Verfassungsreform von 1962 keinen Gebrauch mehr gemacht.[16]

Der Nationalrat stimmt über die Gesetze ab. Im Gesetzgebungsprozess selbst haben die Abgeordneten nur das Recht, in beschränktem Umfang Zusätze (*amendements*) zu den Gesetzesvorhaben zu formulieren. Die Regierung kann jedoch die Gesetzesinitiative vor der letzten Abstimmung zurückzuziehen und so auch die *amendements* verhindern.[17] Der Nationalrat kann Vorschläge zur Gesetzgebung vortragen, die aber durch die Regierung zu Gesetzesvorlagen ausgearbeitet werden müssen, bevor sie durch den Fürsten eingebracht werden können. Da dieser Prozess im Zuge der Verfassungsrevision von 2002 strikt kodifiziert wurde und die Regierung in den Fällen eines Parlamentsvorschlages nun unumgänglich handeln muss,[18] kann man in diesem Sinne von einem „sekundären Initiativrecht" sprechen.[19] Größter Machtfaktor des Nationalrates ist die Budgetkontrolle, da das Budget per

14 Ausgenommen ist die kommunale Ebene, auf der ein fünfzehnköpfiger Stadtrat (*Conseil Communal*) alle vier Jahre gewählt wird (Art. 80 der Verfassung).

15 Vgl. Balmond 2003: 54f.

16 Vgl. Grinda 2006: 60.

17 Vgl. ebd.: 98f.

18 Siehe Art. 67 der Verfassung; die Regierung kann aus dem Gesetzesvorschlag entweder eine Gesetzesvorlage ausarbeiten oder die Ausarbeitung begründet ablehnen. Wird sie innerhalb einer festgelegten Frist nicht tätig, wird aus dem Gesetzesvorschlag automatisch ein Gesetzesvorhaben.

19 Von diesem Recht wird nach Georges Grinda zumindest so häufig Gebrauch gemacht, dass er zu dem Schluss kommt: „The proportion of parliamentary law proposals that become projects and are voted by the National Council to receive force of law is no less than in other parliaments" (Grinda 2006: 97).

Gesetz verabschiedet wird – eine klassische parlamentarische Kompetenz. Auch in der Ausnahmesituation einer Verfassungsänderung kommt dem Nationalrat eine tragende Rolle zu, denn Verfassungsänderungen können nur vom Fürsten und vom Nationalrat gemeinsam beschlossen werden.[20]

Die Rechtsprechung in Monaco ist unabhängig von der Exekutive. Ihre Organisation obliegt dem Justizdirektorat (*Direction des Services Judiciaires*), welches seit 1918 unabhängig von der Regierung operiert. Laut Verfassung besitzt der Monarch die justiziellen Rechte, die er aber de facto vollkommen an Gerichte und Tribunale delegiert, die in seinem Namen Recht sprechen.[21] Dennoch hat der Fürst auch hier großen Einfluss, denn er bestimmt, neben der Ernennung des Justizdirektors (*Directeur des Services Judiciaires*), auf Vorschlag der verschiedenen Räte die Richter des Obersten Tribunals (*Tribunal Suprême*), das in Verfassungs- und Administrationsfragen entscheidet.[22]

Insgesamt zeichnet sich die institutionelle Struktur Monacos durch ein Geflecht von Beratungsgremien, so genannten Räten, aus. Der Kronrat (*Conseil de la Couronne*)[23] berät den Monarchen in der Ausgestaltung seiner Politik. Auch wenn die Beschlüsse des Kronrates keine bindende Wirkung entfalten, ist die Konsultation in bestimmten, in der Verfassung festgelegten Angelegenheiten (beispielsweise bei der Unterzeichnung von internationalen Abkommen oder bei der Auflösung des Nationalrates) obligatorisch. Die sieben Mitglieder werden auf je drei Jahre vom Fürsten ernannt, davon drei auf Vorschlag des Nationalrates. Der Staatsrat (*Conseil d'État*)[24] berät den Fürsten und die Regierung in rechtlichen Fragen, vor allem neue Gesetzesvorhaben betreffend. Seine zwölf Mitglieder werden nach Konsultationen mit dem Staatsminister und dem Justizdirektor – der zugleich der Vorsitzende des Staatsrates ist – vom Fürsten ausgesucht und ernannt. Der Staatsrat hat das Recht, Staatsbedienstete und Experten zur Beratung der

20 So Art. 94 der Verfassung.

21 Vgl. Art. 88 der Verfassung; Grinda 2006: 146ff.

22 Zur Besetzung siehe Art. 89, zu den Kompetenzen Art. 90 und 91 der Verfassung.

23 Siehe Art. 75 bis 77 der Verfassung.

24 Siehe Art. 52 der Verfassung.

Gesetzesvorhaben hinzuzuziehen. Kronrat und Staatsrat besitzen Verfassungsrang. Weitere Beratungsfunktionen ohne Verfassungsrang haben der Wirtschafts- und Sozialrat, in dem unter anderem Arbeitgeber- und Arbeitnehmervertreter sitzen, und die verschiedenen Konsultativen Kommissionen, die die Regierung und den Fürsten auf Anfrage in speziellen Themengebieten beraten.[25]

Wichtig für das Verständnis des monegassischen politischen Systems ist die Berücksichtigung des besonderen Verhältnisses zu Frankreich – vor allem, weil Frankreich lange Zeit einen nicht zu unterschätzenden Einfluss auf Monaco ausübte und in vielen Bereichen weiterhin ausübt. Seit mehreren Jahrhunderten ist dieses Verhältnis durch verschiedene Verträge kodifiziert worden. Von besonderer Bedeutung ist der mit der monegassischen Verfassungsreform von 2002 einhergehende franko-monegassische Vertrag vom 24. Oktober 2002.[26] Dieser garantiert stärker als bislang die Unabhängigkeit Monacos. Zwar geschieht die Ausübung der politischen Souveränität Monacos noch immer in der Annahme einer „Übereinstimmung mit den fundamentalen Interessen der Französischen Republik in politischer, ökonomischer, sicherheits- und verteidigungspolitischer Hinsicht"[27]. Die frühere Formulierung einer „vollständigen Konformität" der Interessen ist damit jedoch deutlich abgeschwächt worden.[28] Gleiches gilt für die Rechte Frankreichs bei der Besetzung hoher offizieller Posten im Fürstentum. Musste der Staatsminister lange Zeit französischer Staatsangehöriger sein und hatte der Fürst bisher nur das Recht, ihn aus drei von der französischen Regierung vorgeschlagenen hohen französischen Staatsbeamten auszuwählen, so stehen nun alle Ämter, einschließlich das des Staatsministers, grundsätzlich auch allen monegassischen Staatsbürgern offen. Allerdings können auch heute noch bestimmte Schlüsselpositionen nur mit Personen besetzt werden, die das uneingeschränkte Vertrauen

25 Vgl. Grinda 2006: 81ff.

26 Traité destiné à adapter et à confirmer les rapports d'amitié et de coopération entre la Principauté de Monaco et la République Française du 24 octobre 2002 (im Folgenden: Traité d'amitié).

27 „[...] l'exercice de sa souveraineté s'accordent avec les intérêts fondamentaux de la République française dans les domains politique, économique, de sécurité et de défense" (Art. 1 Traité d'amitié).

28 Vgl. Grinda 2006: 32ff.

beider Staaten genießen.[29] Spätestens mit diesen Veränderungen der monegassischen Verfassung und des franko-monegassischen Verhältnisses gilt Monaco als vollsouveräner, unabhängiger Staat.

Schaubild: Der Fürst im Regierungssystem Monacos[30]

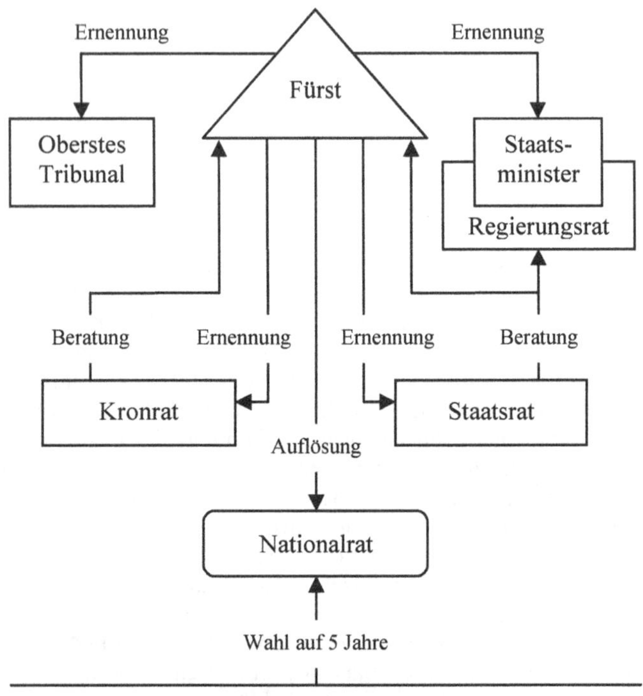

29 „[...] la Convention règle le choix de hautes personnalités jouissant de la confiance respective des deux États dans les domains touchant à leurs intérêts fondamentaux" (Convention franco-monégasque du 8 novembre 2005: 1).

30 Eigene Darstellung.

Zwischen traditioneller Fürstenherrschaft und innovativer Modernisierungspolitik

Monaco führt vor Augen, wie sich die Bewahrung von Elementen einer traditionellen Fürstenherrschaft mit einer unmittelbar vom Fürstenhaus betriebenen und gelenkten Modernisierungspolitik verbinden kann. Merkmale einer Monarchie wie „Integration" und „Repräsentation" erhalten so ein ganz eigentümliches Gepräge. Dem nach wie vor erkennbaren und sorgfältig gepflegten Glanz der Monarchie steht gleichgewichtig eine nüchterne, vom Fürsten selbst initiierte Innovationspolitik gegenüber, die das Land zu einem fortschrittlichen Industriestaat im Kleinformat entwickeln soll.

Der Monarch Rainier III., der 1949 im Alter von 26 Jahren den Thron bestieg, ließ von Anfang an keinen Zweifel über den reklamierten Umfang seiner fürstlichen Prärogative und machte von seiner nicht sehr klar eingegrenzten Machtposition offensiven Gebrauch. In einem öffentlichen Kommuniqué vom 2. August 1956 ließ er beispielsweise provokativ verlauten: „Vergesst nicht, dass das Fürstentum ohne den souveränen Fürsten nicht existieren, überleben und Bestand haben würde".[31] Um wirtschaftliche Modernisierungspläne gegen den erbitterten Widerstand des Parlamentes durchsetzen zu können, zögerte Rainier III. nicht, von 1959 bis 1962 die Verfassung Monacos kurzerhand außer Kraft zu setzen. Er löste den *Conseil National* und den *Conseil Communal* auf und verfügte, dass deren Mitglieder vorübergehend vom Fürsten ernannt werden.[32]

Mit der politischen Machtfülle korrespondierte ein traditionsbewusster monarchischer Lebensstil, der die Klischees einer sensationshungrigen Klatschpresse passgerecht bediente. Die Eheschließung des Fürsten mit der amerikanischen Filmschauspielerin Grace Kelly 1956 erwies sich als eine medienwirksame Doppelstrategie, nämlich einerseits als ein Affront gegen einen bornierten monegassischen Traditionalismus, andererseits als Dienst am märchenhaften, aber auch skandalträchtigen öffentli-

31 „N'oubliez pas que la principauté n'existe, n'a survécu et ne se maintiendra que par le prince souverain [...]", zitiert nach Laurent 2003: 320.

32 Vgl. ebd.: 325.

chen Bild eines extravaganten monarchischen Lebensstils. Das Paar bekam drei Kinder: Caroline, Albert, der als erstgeborener Sohn 2005 nach dem Tod Rainiers III. die Thronfolge antrat, und Stéphanie. Der Nachfolger Rainiers III., sein Sohn Albert II., scheint die autoritative Inanspruchnahme der fürstlichen Prärogative in Richtung eines Kabinetts-Prinzips mit Ressortverantwortung reduzieren zu wollen. So beklagte er nach seinem Amtsantritt die „Schwerfälligkeit" des alten Regierungssystems, insbesondere die intransparente Struktur der Beratung und Entscheidungsfindung im engsten Kreis um den verstorbenen Fürsten.[33] Er hat das alte Ministerkabinett personell komplett erneuert und erfahrene Konzern- und Finanzmanager in die Exekutive berufen.[34] Damit wird zwar die Personalisierung der monarchischen Herrschaft reduziert, aber die Elitenkonnektivität, ein typisches Merkmal kleinstaatlicher Exekutivmacht, vermutlich sogar noch gestärkt.[35]

Im Vordergrund steht nach wie vor die wirtschaftliche Modernisierung. Schon Rainier III. hatte sich sehr erfolgreich um die Ansiedlung einer Reihe von Unternehmen der chemischen, pharmazeutischen und kosmetischen Industrie in Monaco bemüht, er lockte die Elektroindustrie in das Fürstentum und erweiterte über eine staatliche Gesellschaft die Beteiligung Monacos an ausländischen Unternehmen. Der Erfolg dieses straffen wirtschaftspolitischen Managements lässt sich an Zahlen ablesen: Zwischen 1975 und 1981 verdreifachte sich das Bruttosozialprodukt Monacos auf 9,68 Milliarden Francs, im Jahr 2004 lag es schon bei 9,8 Milliarden Euro. Der Bau einer Reihe von Hotels, eines Kongresszentrums, von Sportanlagen und sogar eines im Meer aufgeschütteten Strands ließen die zeitweilig verminderten Besucher- und Touristenströme wieder anschwellen.[36] Während sich Monaco noch bis zum Ende des 19. Jahrhunderts als ein spärlich bebauter Landstrich präsentierte, in dem die Fürstenresidenz das weithin auffälligste Gebäude darstellte, zeigt sich Monaco heute als urbane Metropole mit dicht aneinander gedrängten Hochhäusern. Die

33 Vgl. Wiegel 2005: 9.

34 Vgl. Veszelits 2006: 189ff.

35 Vgl. Waschkuhn 1993: 8.

36 Zur Entwicklung des Tourismus vgl. Gay 1998.

Grundstückspreise haben sich dementsprechend an die Verhältnisse in den Weltmetropolen angenähert.

Die vorteilhafte Standortpolitik wird durch die Kleinräumigkeit der Administration erleichtert. Leicht kontrollierbare Vorschriften kanalisieren den Grunderwerb für Ausländer und die Einwanderung, steuern die umfassende Sozialfürsorge und pflegen die öffentliche Ordnung, die sich zu einer geradezu beängstigenden Perfektion verdichtet hat. Wohl auch weil Banken, Straßenkreuzungen, Fahrstühle und Parkhäuser von Kameras und zum Teil sogar von Mikrofonen überwacht werden, gibt es praktisch keinerlei Kriminalität in Monaco. In Hinblick auf die unter Rainier III. begonnene Modernisierungspolitik wird unter Albert II. weitere Landgewinnung betrieben, um noch mehr Wohnungen, Industrieanlagen und touristische Attraktionen errichten zu können. Prestigeträchtige Messen, Tagungen, Shows und Kulturveranstaltungen sollen nach Monaco gelockt werden. Monacos Bedeutung für die Zulieferindustrie und für die Produktion in der Unterhaltungsbranche soll wachsen, die einseitige Architektur der Stadt soll innovative städtebauliche Impulse erhalten und die Meeres- und Umweltforschung soll aufgrund der hohen Umwelt- und Meeresverschmutzung rund um Monaco und aufgrund des steigenden Bedarfs in aller Welt ausgedehnt werden.

Monaco bleibt von eigentümlichen Gegensätzen gezeichnet: Einerseits bewahrt es sich auf der Basis von autokratischer Fürstenherrschaft und religiöser Sittenstrenge ein merkwürdig traditionalistisches Selbstverständnis, andererseits öffnet es sich bereitwillig den Trends einer urbanen Dynamik, die in der wirtschaftlichen Innovationspolitik, in der touristischen Eventkultur und in der Pflege seiner Anziehungskraft auf die *high society* ihren Ausdruck findet. Das Fürstentum Monaco erscheint heute wie ein auffälliges Fossil, in dem monarchischer Paternalismus und die kühle Professionalität kleinräumiger Modernisierungspolitik eine stabile Verbindung eingehen, die den Kleinstaat vor einschneidenden konstitutionellen Reformplänen sowie monarchiekritischen Abschaffungsdiskursen bewahrt.

Literatur

Abt, Clarke C. 1993: Basic problems of small countries, in: Arno Waschkuhn (Hrsg.), Kleinstaat. Grundsätzliche und aktuelle Probleme, Vaduz, 21-30.

Balmond, Louis 2003: Le contexte de la révision constitutionelle à Monaco, in: Revue de Droit Monégasque, Bd. 5, Monaco, 45-58.

Cars, Jean des 2005: S.A.S. Rainier III et Monaco. 700 ans d'histoire des Grimaldi, Monaco.

Convention franco-monégasque du 8 novembre 2005, in: Journal de Monaco. Bulletin Officiel de la Principauté Nr. 7730, 18. November 2005, einsehbar unter: http://www.gouv.mc/dataweb/Jourmon.nsf/9bf97b0da6308cfdc12568c40037f873/8ff56cab55d18818c12570bd0038d8a4!OpenDocument (Stand: 1.4.2008).

Gay, Jean-Christophe 1998: Nécessité fait loi. Le développement touristique de la principauté de Monaco, in: L'Éspace Géographique, Bd. 27, Nr. 2, 169-182.

Grinda, Georges 2006: The Principality of Monaco. State, International Status, Institutions, Den Haag.

Hroch, Miroslav 1993: Der Kleinstaat in der europäischen Geschichte. Außenpolitische Aspekte, in: Arno Waschkuhn (Hrsg.), Kleinstaat. Grundsätzliche und aktuelle Probleme, Vaduz, 233-245.

Labande, Léon-Honoré o. J.: Annales de la principauté de Monaco, 2. Auflage, Monaco.

Laurent, Frédéric 2003: Le Prince sur son Rocher, Paris.

Magocsi, Paul Robert 1991: Monégasque Nationalism: A Terminological Contradiction or Practical Reality?, in: Canadian Review of Studies in Nationalism, Bd. XVIII, 83-94.

Robert, Jean-Baptiste 1973: Histoire de Monaco, Paris.

Traité destiné à adapter et à confirmer les rapports d'amitié et de coopération entre la Principauté de Monaco et la République Française du 24 octobre 2002, in: Revue de Droit Monégasque, Nr. 5, 39-41.

Veszelits, Thomas 2006: Die Monaco AG. Wie sich die Grimaldis ihr Fürstentum vergolden, Frankfurt a. M./New York.

Waschkuhn, Arno 1993: Einleitung, in: ders. (Hrsg.), Kleinstaat. Grundsätzliche und aktuelle Probleme, Vaduz, 7-16.

Weil, Prosper 2003: Les nouvelles règles constitutionelles régissant la succession au Trône, in: Revue de Droit Monégasque, Nr. 5, 65-69.

Wiegel, Michaela 2005: Albert II. will Monaco unabhängiger machen, in: Frankfurter Allgemeine Zeitung, 13. Juli 2005, 9.

Internet

Palast: *http://www.palais.mc*

Regierung: *http://www.gouv.mc*

Allgemeine Informationen: *http://www.monaco.net*

Nepal

Alexander Thumfart

Zwischen den Atommächten China und Indien liegt das Königreich Nepal (*Nepāl Adhirājya*) mit seinen 147.181 km^2 im östlichen Teil des Himalajas. Nahezu parallel zur Längsachse der fast rechtwinkligen Fläche des Landes können drei Klimazonen unterschieden werden. An der südlichen Grenze zu Indien bis zu den Vorgebirgen des Himalajas liegt auf etwa 20-50 km Breite das Terai, ein bewaldetes relativ flaches Gebiet, das zunehmend erschlossen und urbanisiert wird, gefolgt von dem breiten Gürtel des Mittelgebirges, in dessen teilweise steilen Schluchten intensive Bewirtschaftung stattfindet und in dessen breiteren Hochtälern auch die Hauptstadt Kathmandu (mit mittlerweile knapp 700.000 Einwohnern) liegt. Daran anschließend erhebt sich der Himalajahauptkamm mit dem Mount Everest und weiteren 8.000ern, an denen der Bergtourismus zunehmend Spuren in Form von Müllbergen hinterlässt. Mit einem Pro-Kopf-Einkommen von 240 US-Dollar pro Jahr (2003) ist das Königreich das zwölftärmste Land der Welt. Von den rund 27 Millionen Einwohnern sind 40 Prozent unter 14 Jahren. Die Bevölkerungszunahme beträgt jährlich 2,23 Prozent.[1]

Nepal definiert sich in der Verfassung von 1990 als multiethnisches und multilinguales Hindu-Königtum (Art. 4). Mehr als 75 ethnische Gruppen und Kasten, etwa der Bhote, der Pahariya, der Parbatiya, Avaliya, der Tarai-Kasten, sprechen neben diversen tibetischen Dialekten und Urdu unter anderem im Kathmandutal Sprachen der tibeto-birmanischen und indo-arischen Sprachfamilien.[2] Etwa 80 Prozent der nepalesischen Bevölkerung sind Hindus, etwas mehr als zehn Prozent Buddhisten, während Muslime vier Prozent der Bevölkerung ausmachen und Christen weniger als 0,5 Prozent stellen, folgen die übrigen Bevölkerungsteile animistischen Glaubensvorstellungen.

1 Zahlen nach Forster-Latsch 2005; Nepal, in: Der Fischer Weltalmanach 2008: 345.

2 Siehe Krämer 1991: 239.

Die Landwirtschaft stellt mit über 90 Prozent der Beschäftigten den alles überragenden Arbeitsbereich dar.[3] Das Bruttoinlandsprodukt lag 2004 bei einem realen Zuwachs von 3,5 Prozent bei etwa 6,7 Milliarden US-Dollar und wurde zu etwas mehr als jeweils 38 Prozent in der Landwirtschaft und dem Dienstleistungssektor, nicht zuletzt im Tourismus, erbracht. Die Industrie hielt einen Anteil von etwa 20 Prozent. Das Königreich Nepal exportiert neben landwirtschaftlichen Produkten (Reis, Kartoffeln, Tabak) und Fellen vor allem Textilien, Teppiche und kunsthandwerkliche Waren. Hauptabnehmer sind Indien, die USA und Deutschland.

Geschichte des Königreiches

Die Geschichte des einzigen hinduistischen Königreiches der Welt lässt sich zumindest für die letzten 200 Jahre charakterisieren durch ständig aufbrechende Fraktionierungen innerhalb der Machteliten und innere Kämpfe bis hin zu Bürgerkriegen, in die zum Teil weitrechende Umwälzungen im politischen System verwoben waren. Einer der Bereiche, der trotz politischer Veränderungen bis in die 1990er Jahre eine deutliche Kontinuität in seiner Struktur und Verfassung aufweist, ist die monarchische Regierungsform.

Durch militärische Expansion entstand Mitte des 18. Jahrhunderts unter der Führung von Prithvi Narayan Shah, Mitglied eines kleinen *Gorkha/Gurkha*-Königreiches in Zentral-Nepal, erstmalig ein zumindest politisch geeintes Königreich Nepal, dessen Regenten sich als Inkarnationen des Gottes Vishnu betrachteten. Boten diese Expansionsbewegungen unter monarchischer Herrschaft den diversen lokalen, weitestgehend hinduisierten Eliten reichlich Möglichkeiten, ihre ökonomische, politische und kulturelle Machtbasis zu sichern und auszubauen, läutete das Ende der Expansion mit der Steigerung der Konkurrenz innerhalb der lokalen Machtträger und Familienverbände auch einen Macht- und Bedeutungs-

3 Die landwirtschaftlichen Bedingungen in den diversen Regionen variieren stark, sind aber in den steilen Tälern und im Hochgebirge ausgesprochen ungünstig. Nicht zuletzt weist die Mehrzahl der bebauten Felder eine Hangneigung von mehr als 30 Prozent auf. Zu den sozio-ökonomischen, klimatischen und räumlichen Bedingungen und den Entwicklungschancen der Landwirtschaft siehe Bahadur 2005.

verlust der Monarchie ein. Die seit dem Beginn des 19. Jahrhunderts zunehmenden Kämpfe um Land, Macht und Einfluss zwischen verschiedenen Familienverbänden gipfelten 1846 in einem blutigen Massaker, in dem Jang Bahadur, Führer des Kunwar-Clans, die Eliten rivalisierender Verbände ermorden ließ. Als unangefochtener Sieger ließ sich Jang Bahadur als Premierminister einsetzen, rekrutierte speziell aus dem Militär eine neue Elite und errichtete das so genannte *Rana*-System, das mehr als 100 Jahre die politische Herrschaftsform Nepals bilden sollte.

Das *Rana*-System, das seinen Namen von der verliehenen Ehrenbezeichnung für Tapferkeit im Kampf herleitet, beruhte auf den Mechanismen von Patronage, Exklusion und Sanktionen. An der Spitze stand der Premierminister, dessen Position 1856 für erblich erklärt wurde. Alle politischen Kompetenzen waren in seiner Position und Person vereint. Die Monarchie (und die königliche Familie) diente lediglich als Fassade, hinter der sich der Premierminister verbarg und mit der er sich zugleich schmückte, ohne jedoch selber jemals den Titel eines (göttlichen) „Königs" annehmen zu können. In diesem System absoluter Souveränität wurden die politisch-administrativen Privilegien und Ehrenbezeichnungen jährlich größtenteils nach einem System der Zugehörigkeit zur Familie des Premiers vergeben, was Wohlverhalten und Loyalität erforderte und beförderte. Verfolgten die *Rana*-Premierminister außenpolitisch einen deutlich isolationistischen Kurs, der pragmatisch auf distanziert-freundschaftlichen Beziehungen zu China und der britischen Kolonialmacht in Indien basierte, setzten sie innenpolitisch auf Repression und die Verhinderung von jeglichem Wandel, von Modernisierung und Bildung. Ein neu eingeführtes Kastensystem mit klar abgegrenzten sozialen Rängen tat ein Übriges, um die autoritären, feudalen Herrschaftsverhältnisse zu zementieren.

Drei Faktoren sorgten dennoch für eine Erosion und schließlich den Zusammenbruch des *Rana*-Systems Mitte des 20. Jahrhunderts: Die *Gurkha*-Soldaten, die in der britischen Armee in beiden Weltkriegen gekämpft hatten, brachten – erstens – liberale, westliche politische Ideen mit nach Nepal bzw. in ihr Exil nach Nord-Indien. Unterstützung fanden diese demokratischen Vorstellungen durch – zweitens – das Vorbild der indischen, anti-kolonialen Nationalbewegung und die 1947 errungene staatliche Souveränität der dann weltweit bevölkerungsreichsten Demokratie. Aufgenommen und propagiert wurden diese Konzepte und Leitvorstellungen von dem in Nord-Indien agierenden, 1947 gegründeten *Nepali National Congress* (ab 1950 *Nepali Congress*), der stärksten politischen Oppositionspartei Nepals, die ihrerseits Anlaufstelle und Unterstützungsressource wurde für – drittens – jene oppositionelle Elite, die im *Rana*-System kaum noch bzw. immer weniger zum Zuge kam und von der Chance auf Karriere, Macht und Subsidien ausgeschlossen wurde. Zusammen mit der 1949 gegründeten *Nepal Communist Party* forderten die politischen Akteure der Opposition die Abschaffung des *Rana*-Systems, die Einführung demokratischer Institutionen (mit sozialistischen Politikzielen) und die Befreiung der (Land-)Bevölkerung aus jeglicher Abhängigkeit.

Veranlasst durch die Flucht der königlichen Familie in die indische Botschaft in Kathmandu im Herbst 1950 und die Kontrolle von mehr als einem Viertel des Landes durch die von Indien nur sehr widerwillig unterstützte Armee der Opposition willigte der *Rana*-Premierminister Mohan Shamsher im Januar 1951 schließlich ein, Verhandlungen zur Neugestaltung des politischen Systems Nepals zu führen. Einer Reihe von instabilen Interims-Regierungen aus alten *Rana*-Eliten, *Rana*-Neu-Eliten und Funktionären des *National Congress* folgte 1955 die Wiederherstellung der Monarchie unter König Mahendra. Die Wahlen von 1959 auf der Grundlage der Verfassung mit starken Elementen einer konstitutionellen Monarchie aus dem selben Jahr sahen bei extrem geringer Wahlbeteiligung den *Nepali Congress* als Sieger, der mit Bishweshwar Prasad Koirala den Premierminister stellte, während die *Gorkha-Parishad*-Partei und die pro-chinesische *Communist Party* die zwei wichtigsten Oppositionsparteien stellten.

Hatte bereits König Tribhuvan 1954 in einer Adresse proklamiert, dass die höchste Macht in allen Bereichen von Politik und Gesellschaft ausschließlich in seiner Person begründet liegt,[4] setzte König Mahendra diese Politik eines de facto monarchischen Absolutismus nun unter den neuen Bedingungen fort. Die von der neuen Verfassung von 1959 vorgesehene doppelte Machtstruktur – gewähltes Parlament bzw. Premierminister einerseits und Hof

4 Siehe Shaha 1990: 303-305.

andererseits – hatte nicht lange Bestand. Bereits 1960 löste König Mahendra aus dem vorgeschobenen Grund einer Bedrohung der nationalen Souveränität durch die sozialistische Politik des *National Congress* das Parlament auf, lies Premier Koirala verhaften, alle Parteien verbieten und führte 1962 das *Panchayat*-System ein.

Das *Panchayat*-System, das zum Teil auf nepalesische Traditionen zurückgriff, basierte überwiegend auf indirekter Vertretung. Auf Dorfebene wurden Versammlungen (*Panchayat*) gewählt, die dann Vertreter in die 75 Distrikt-Versammlungen delegierten, die ihrerseits Repräsentanten in die 14 Zonen-*Panchayats* wählten, von wo aus schließlich knapp 100 Vertreter in die Nationale Versammlung (*Rashtriya Panchayat*) entsandt wurden, die zudem mit vom König ernannten Personen und Repräsentanten von Kasten- und Berufsständen bestückt wurde. Das *Panchayat*-System schloss somit den größten Teil der Bevölkerung von politischer Partizipation und Gestaltung aus, prämierte die lokalen und regionalen Eliten, sorgte für eine klare Hierarchisierung und zugleich Segmentierung der Gesellschaft, förderte Korruption und belohnte Wohlverhalten, Unterordnung sowie politische Abstinenz. Zugleich involvierte dieses starre und exklusive System den König und das Palastsekretariat als Zentrum aller politischen Entscheidung, dem die Nationale Versammlung samt Ministern de facto lediglich beratend zur Seite standen, direkt in die Tagespolitik und machte den Bestand der Monarchie und des hoch personalisierten *Panchayat*-Systems vom Erfolg politisch-administrativen Handelns abhängig.[5]

Trotz einer insgesamt sehr moderaten Landreform und Versuchen einer infrastrukturellen und technologischen Entwicklung mit internationaler Hilfe blieb dieser Erfolg aus. Unter König Birendra, der seinem Vater 1972 auf dem Thron folgte, häuften sich die Proteste und die Stimmen der Unzufriedenheit. Auch eine Verfassungsreform, die 1980 eine Direktwahl des *Rashtriya Panchayat* und die Verantwortlichkeit der Exekutive (Premierminister) gegenüber dem Elektorat einführte, vermochte diese Unzufriedenheit nicht zu dämpfen, verfügte der König doch über extrakonstitutionelle Machtquellen, wie etwa das Militär, die Polizei und das *Nationale Koordinierungs-Komitee für Soziale Entwick-*

5 Siehe Rose/Fisher 1970: 40-45.

lung (*SSNCC*).[6] Die Unfähigkeit des Palastes, 1988 den auslaufenden Handels- und Transitvertrag mit Indien neu zu verhandeln, lieferte schließlich den Auslöser für einen Volksaufstand (*Jana Andolan*), den die teilweise im Untergrund agierenden, teilweise mittlerweile geduldeten, intern massiv zerstrittenen und fraktionierten Parteien zu steuern und zu nutzen versuchten.

Die Verfassung von 1990

In extrem kurzer Zeit, die mit der Implosion der Herrschaft sowjetischen Typs in Mittelosteuropa durchaus vergleichbar war, gelang es der urbanen Bevölkerung in Kathmandu und anderen Städten der Hochtäler und des Terai 1990 das *Panchayat*-System wenn schon nicht gänzlich abzuschaffen, so doch zu erschüttern. Durch eine Serie von Generalstreiks, auf die die Regierung mit äußerster Brutalität reagierte, und die Vereinigung oppositioneller Kräfte zu zwei miteinander (unter großem Misstrauen) kooperierenden Blöcken der (an China orientierten) Kommunisten und der Mittelinks-Partei des *National Congress* wurde der König Birendra gezwungen, eine neue Verfassung in Kraft zu setzen, die ausdrücklich die Parteien als politische Akteure wieder zuließ. Die Verfassung nahm vorhergehende Reformen auf, etwa die Verantwortung des Premiers (in aller Regel der vom König ernannte Führer der größten Parlamentspartei) gegenüber dem Parlament, führte aber auch gänzlich neue, bisher unbekannte Elemente ein. So stellte die Präambel klar fest, „that the source of sovereign authority of the independent and sovereign Nepal is inherent in the people“ und erteilte allen anderen Quellen politischer Macht eine Absage.[7] Weiterhin wurde die Administration dem Rat der Minister unterstellt, der auch die politischen Akte des Königs, mit spezifischen Ausnahmen, genehmigen musste. Die Legislative formierte sich aus zwei Kammern, dem mit 205 direkt gewählten Mitgliedern besetzten Repräsentantenhaus (*Pratindhi Sabha*) und dem 60-köpfigen, zum Teil auf Vorschlag des Königs besetzten Nationalrat (*Rashitriya Sabha*), dessen suspensives Veto bei

6 Siehe Brown 1996: 84-113; Chadda 2000: 122-127.

7 Zitiert nach der offiziellen englischen Übersetzung der Verfassung vom 9. November 1990, in: Himalayan Research Bulletin 1991.

Gesetzesvorlagen (mit Ausnahme von Haushaltsgesetzen) vom Repräsentantenhaus überstimmt werden konnte (Art. 44-72).

Noch deutlich radikalere Veränderungen brachte die Verfassung für die Position des Königs selbst, dem lediglich eine zeremonielle Rolle als Symbol der nepalesischen Nation und der Einheit des Volkes („symbol of the Nepalese nationality and the unity of the Nepalese people“; Art. 27 Abs. II) zugewiesen wurde und dessen Privilegien ebenso wie seine ökonomische Ausstattung Regelungen des Gesetzgebers vorbehalten wurden (Art. 29). Presse-, Religions- und Meinungsfreiheit waren weitere Neuerungen, die in der Verfassung formuliert und garantiert wurden (Art. 11-23). Ging die Verfassung damit in die Richtung einer konstitutionellen Monarchie mit Mehr-Parteien-Demokratie, so gab es gleichzeitig weiterhin auch starke autokratische Elemente. Oberbefehlshaber der Armee war der König, der ein dem Premier unterstelltes Gremium zur Führung des Militärs im Krisenfall jederzeit überspielen konnte (Art. 118/119). Im Falle einer Bedrohung nationaler Souveränität etwa durch ökonomische, politische oder militärische Krisen verfügte der Monarch außerdem über die Kompetenz, den Notstand auszurufen. Mit Ausnahme des Habeas-corpus konnten dadurch alle Rechte außer Kraft gesetzt werden und der Monarch konnte die alleinige politische Führung übernehmen (Art. 115). Diese Notstandsregierung durch den König musste innerhalb von drei Monaten vom *House of Representatives* genehmigt werden, wobei – wie es in reichlicher Unschärfe hieß – eine Zweidrittelmehrheit der „anwesenden Mitglieder“ („Members [...] present at that meeting“) nötig sei und genüge, ebenso wie für eine mögliche Verlängerung um sechs Monate (Art. 115 Abs. III). Art. 127 enthielt zudem die (nahe der Willkür liegende) Möglichkeit, dass der Monarch alles seiner Meinung nach Notwendige anordnen dürfe, um Schwierigkeiten im Falle der Implementation der Verfassung zu beseitigen.

Die neue Verfassung erwies sich dergestalt als ein Kompromiss zwischen einer konstitutionellen Monarchie mit Parteiendemokratie und einer autokratischen Monarchie, wenngleich die Gewichte innerhalb dieser Doppelpolung sehr viel deutlicher als zuvor in Richtung der parlamentarischen Monarchie verschoben waren.[8]

8 Siehe Chadda 2000: 119-136.

Trotz dieser zwischen den system-konformen und den systemkritischen Eliten ausgehandelten Verfassungsreform konnte nur sehr eingeschränkt von einem Sieg der Demokratie gesprochen werden. Denn größtenteils blieben die hierarchischen Verwaltungsapparate und Klientelnetzwerke erhalten, die weiterhin auf allen Ebenen große Bereiche der Politikimplementation organisierten. Ohne allzu große Schwierigkeiten konnten sich zudem namhafte Vertreter des *Panchayat*-Systems in einer Partei organisieren und das Mehrparteiensystem als andere Umweltbedingung des Machterhaltes nutzen.[9] Schließlich traten mit den wieder zugelassenen Parteien auch die (zum Teil exilierten) alten Eliten wieder auf den Plan, deren Rivalitäten und Animositäten zunehmend an Bedeutung gewannen. Innerhalb kurzer Zeit steigerte sich das Misstrauen zwischen den in der *ULF* (*United Left Front*) vereinigten (mit neuen Kadern verstärkten) Kommunisten und dem *Nepali Congress* (*NC*) zu offener Ablehnung, sah doch die *ULF* durch Aufnahme royalistisch-absolutistischer Gruppen in den *Nepali Congress* eine Fortsetzung des alten Systems mit neuen Mitteln.

Die Interimsphase, der Weg in den Bürgerkrieg und königliche Willkürregierung

Die Wahlen vom Mai 1991 sahen den *Nepali Congress* mit 40 Prozent der Stimmen und 110 (von 205) Sitzen als Sieger, gefolgt von der inzwischen aus den Marxisten und Marxisten-Leninisten zur *Communist Party of Nepal* (*Unified Marxist-Leninist*) (*CPN* [*UML*]) fusionierten Partei mit 30 Prozent und 69 Sitzen und den radikalen Kommunisten (*Samyukta Jana Morcha Nepal*) mit neun Sitzen (fünf Prozent), während alle anderen Parteien sich den Rest der Sitze teilten. Die Regierung unter Premierminister Girija Prasad Koirala (*NC*) agierte ausgesprochen unglücklich und ungeschickt, zersplitterte sich in innerparteiliche Fehden, enttäuschte ihre Anhänger und weite Teile der Bevölkerung durch eine Politik des Nicht-Handelns, konnte (und wollte) gegen Korruption nur begrenzt vorgehen und brachte die Wirtschaft kaum in Schwung.[10] Ein Wirtschaftsvertrag mit Indien, die schweren

9 Siehe Krämer 1991: 190f.

10 Siehe Khadka 1993.

Überschwemmungen von 1993, die die Überforderung und Inkompetenz von Politik und Administration deutlich werden ließ, und die Abspaltung von Abgeordneten aus dem *NC* brachten 1994 das Ende der Regierung Koirala. Ihr folgte nach Neuwahlen und im Auftrag des Königs das kommunistische Minderheitskabinett unter dem Führer der *CPN/UML*, Man Mohan Adhikari, nach. Ausgesprochen pragmatisch versuchte das Kabinett eine Quadratur des Kreises: die Aufrechterhaltung der Monarchie bei gleichzeitiger volksrepublikanisch-maoistischer Propaganda, die Förderung des privaten Sektors bei programmatischer Kollektivierung und die Herstellung innerparteilicher Einheit bei zunehmender Fraktionierung.[11]

Kam das schnelle Scheitern dieser Politik nicht überraschend, verfolgte die *NC*-dominierte neue Regierung unter Premier Sher Bahadur Deuba eine repressive Politik mit Verfolgung und willkürlichen Verhaftungen in jenen (westlichen) Landesteilen mit starker kommunistischer Unterstützung in der Bevölkerung. Die brutale Polizeiaktion unter dem Code-Namen „Operation Romeo" im Rolpa im Oktober 1995 war der Auftakt zum Bürgerkrieg. Marxistische Splittergruppen, namentlich die *SJM* (*Unity Centre – United People's Front Nepal*) unter Baburam Bhattarai mobilisierten (unterstützt von der *CPN*) die unzufriedenen jungen und armen Männer mit wenig Zukunftshoffnung in den Städten und aus dem Hügel- und Hochland. In den zehn Jahren, die der Bürgerkrieg dauern sollte, in dem die maoistischen Kämpfer bis zu 40 Prozent des nepalesischen Territoriums kontrollierten (und terrorisierten), verloren über 11.000 Menschen ihr Leben.

Keine der *NC*-beherrschten Regierungen konnte den Bürgerkrieg beenden. Nicht zuletzt scheiterten Friedensverhandlungen immer wieder daran, dass es kein Einvernehmen über die marxistische Forderung nach substantiellen Reformen und der Wahl einer verfassungsgebenden Versammlung hergestellt werden konnte. Und so stellte König Gyanendra, der nach einem Massaker im Königspalast durch Kronprinz Dipendra und dem Tod seines Bruders Birendra den Thron kurz zuvor eingenommen hatte, unter Rückgriff auf Art. 115 und 127 der Verfassung im November 2001 das Land unter eine königliche Notstandsregierung und

11 Siehe Subedi 1999: 173-181.

ernannte in Verletzung der Verfassung im Oktober 2002 ein eigenes Kabinett. Die königliche Alleinherrschaft, gestützt auf das Militär, die Polizei, große Teile der Verwaltung und Segmenten der royalistischen lokalen Eliten, handelte, wie nicht zuletzt der UN-Hochkommissar für Menschenrechte mehrfach feststellte, mit großer Brutalität und Willkür, ließ neben dem ehemaligen Regierungschef Deuba auch Studentenaktivisten verhaften und töten und zeigte sich zu keinerlei Kompromiss bereit.[12] Die für Februar 2006 angesetzten Kommunalwahlen gerieten zum Fanal und zum Debakel. Die *Allianz für die Wiederherstellung der Demokratie*, bestehend aus sieben Parteien (darunter auch der *NC*), Gewerkschaften, den Rebellen, Journalisten und Studenten, rief zum Boykott der inszenierten Wahlen auf. Anfang April begann ein mehrtägiger, schließlich unbefristeter Generalstreik, der in einer Massendemonstration in Kathmandu Ende April 2006 den König zwang, zur Verfassung von 1990 und zu der konstitutionellen Einhegung monarchischer Politikgestaltungskompetenz zurückzukehren. Das aufgelöste Parlament trat wieder zusammen und der mittlerweile 84-jährige, frühere Vorsitzende der *NC* und mehrmalige Regierungschef Girija Prasad Koirala wurde erneut Premier.

Eine neue Verfassung: der König als versteuertes Symbol?

Zusammen mit den maoistischen Rebellen unter Prachanda („der Kämpferische"; bürgerlicher Name Pushpa Kamal Dahal) formulierte die Regierung in einem Waffenstillstands- und Friedensabkommen (*Peace Agreement*) im November 2006 neben Regelungen zu Armee und Polizei Leitlinien der gemeinsamen Politik sowie den groben Rahmen für eine Verfassung, die von einer verfassungsgebenden Versammlung ausgearbeitet werden sollte. Programmatisch hieß es unter Abschnitt 3 Absatz 3: „No state powers shall remain with the king". Außerdem wurde festgehalten, dass aller königliche Besitz in nationales Eigentum überführt werden soll. Eine Proklamation des Parlaments hatte bereits ein paar Wochen zuvor die Legislative allein in die Hände der gewählten Volksvertretung gelegt, die ausschließlich dem Parlament verantwortliche Exekutive von *His Majesty's Government* in

12 Siehe Bleie 2005: 400-412.

Government of Nepal umbenannt und die Armee (nicht mehr *Royal Nepal Army*, sondern *Nepalese Army*) einzig dem Premierminister unterstellt. Die Regelungen zur Thronfolge sollten – unter der Rubrik „On Royal Palace“ – ebenfalls in den Händen des Parlaments liegen, ebenso wie Aufstellung und Bewilligung des königlichen Haushalts, während das private Vermögen der königlichen Familie versteuert und die Verwaltung des Palastes der Staatsverwaltung (*civil service*) unterstellt werden sollte. Im Dezember 2007 kamen die Parteien überein, nach den für April 2008 angesetzten Wahlen die Monarchie ganz abzuschaffen.

Auch wenn diese Konzepte bisher noch Absichtserklärungen sind und erst noch in eine neue Verfassung gegossen werden müssen, ist doch eindeutig erkennbar, dass die Monarchie in Nepal – falls sie überhaupt bestehen bleibt – zukünftig (und vielleicht in Analogie zu Japan) ausschließlich repräsentativ-symbolische Funktionen übernehmen wird. Jegliche politische und öffentliche Entscheidungskompetenz wird ihr genommen werden. Das geht eindeutig unter die Schwelle einer konstitutionellen Monarchie. Diese Stoßrichtung dürfte nach den Jahren des Bürgerkrieges, der königlichen Alleinherrschaft und den autokratischen Herrschaftsweisen der 1960er/70er Jahre auch kaum verwundern. Ob mit dieser (vielleicht erneut radikalen) Verfassungsreform und weitreichenden *negotiated transition to parliamentary democracy*[13] der tatsächliche Einfluss des Palastes ausgeschaltet werden wird und ob dadurch die Rivalitäten zwischen den Parteieliten in der klassischen Konstellation *NC* versus Marxisten reduziert und vielleicht sogar produktiv genutzt werden können, bleibt allerdings abzuwarten.[14] Viel wird neben einer gerechtigkeits-orientierten Wirtschaftspolitik auch davon abhängen, wie und ob eine sich entwickelnde, von internationalen Organisationen und NGO's gestützte, kritische Zivilgesellschaft in Nepal auf Dauer Bestand und unab-

13 Siehe vor allem Mishra 2006.

14 Der Austritt der maoistischen Rebellen aus der Regierung am 18. September 2007 mit der Begründung, die Abschaffung der Monarchie gehe nicht schnell genug, reiht sich ein in die Rituale der Elitenkämpfe, die sich überbietenden Monarchie-Umgestaltungskonzepte und stimmt nur sehr begrenzt optimistisch.

hängig von den Parteieliten Einfluss auf politische Entscheidungen gewinnen kann.[15]

Literatur

Bahadur, Krishna K. C. 2005: Combining Socio-Economic and Spatial Methodologies in Rural Resources and Livelihood Development: A Case from Mountains of Nepal, Weikersheim.

Baral, Lok Raj (Hrsg.) 2006: Nepal. Quest for Participatory Democracy, Dehli.

Bleie, Tone 2002: The Historical Path to Violent Destabilisation in Nepal: Elements of Explanatory Framework, in: Human Rights in Development: Yearbook, 373-415.

Brown, T. Louise 1996: The Challenge to Democracy in Nepal. A Political History, London/New York.

Chadda, Maya 2000: The King vs. Parliament: Democratization in Nepal, in: dies., Building Democracy in South Asia. India, Nepal, Pakistan, London, 111-142.

Forster-Latsch, Helmut 2005: Nepal – Armut und Krieg, in: Forum Kommune. Politik, Ökonomie, Kultur, 2/2005, 31-32.

Ganguli, Sumit/Shoup, Brian 2005: Nepal. Between Dictatorship and Anarchy, in: Journal of Democracy, Bd. 16/4, 129-143.

Gurung, Harka (Hrsg.) 2006: Nepal: Atlas and Statistics, Lalitpur.

Himalayan Research Bulletin 1991: Vol. XI, Nos. 1-3, Portland (erscheint nun als Himalayan).

Khadka, Narayan 1993: Democracy and Development in Nepal: Prospects and Challenges, in: Pacific Affairs, Bd. 66/1, 44-71.

Krämer, Karl-Heinz 1991: Nepal – der lange Weg zur Demokratie, Unkel/Bad Honnef.

Kumar, Ram Narayan 2005: King Gyanendra and Democracy in Nepal, in: Contemporary Review, 285-289.

Mishra, Navin 2006: Nepal. Democracy in Transition, Dehli.

Nepal, in: Der Fischer Weltalmanach 2008, Frankfurt a. M. 2007, 345.

15 Siehe dazu den Sammelband von Baral 2006.

Rieger, Hans Chr. 1994: Nepal, in: Dieter Nohlen/Franz Nuscheler (Hrsg.), Handbuch der Dritten Welt, Bd. 7: Südasien und Südostasien, 3. Auflage, Bonn, 287-301.

Rose, Leo E./Fisher, Margaret W. 1970: The Politics of Nepal. Persistence and Chance in an Asian Monarchy, Ithaca/London.

Shaha, Rishikesh 1990: Modern Nepal. A Political History 1769-1955, Bd. II: 1885-1955, New Dehli.

Subedi, Surya P. 1999: The Journey from an Oligarchy to a Parliamentary Democracy: A Case Study of Parliament in Nepal, in: Philip Norton/Nizam Ahmed (Hrsg.), Parliaments in Asia, London/Portland, 163-182.

Internet

Nepalesische Regierungsseite: *http://www.nepalgov.gov.np*

Deutsche Botschaft Kathmandu: *http://www.kathmandu.diplo.de*

Nachrichten aus Nepal: *http://www.nepalnews.com*

Himalaya Research Bulletin: *http://www.himalayan.pdx.edu*

Niederlande

Wichard Woyke

Das Königshaus

Ausgangspunkt für das heutige politische System der Niederlande ist die Verfassung von 1814, als die Erbmonarchie eingeführt wurde. Die Beziehungen des Hauses Nassau, später Nassau-Oranien, zu den Niederlanden datieren von 1403, als der deutsche Graf Engelbrecht I. Johanna von Polanen, eine reiche holländische Erbin, heiratete. Als Graf Hendrik III. von Nassau (1483-1538) später Claudia von Chalon heiratete, wurden Ländereien im Osten und Süden dem nassauischen Besitz zugefügt. Da Hendriks Sohn kinderlos starb, erbte sein ältester Cousin Wilhelm von Nassau seinen Besitz und den Titel Prinz von Oranien. Als Gründer des Hauses Nassau-Oranien wird somit Wilhelm von Oranien oder Wilhelm der Schweiger (1533-1584) angesehen.

Niederländische Monarchen zeichnen sich durch eine lange Regierungszeit aus. Seit der Einführung der Monarchie 1815 hat es erst sieben Regenten gegeben: Wilhelm I. (1815-1840), Wilhelm II. (1840-1849), Wilhelm III. (1849-1890), Emma I. (1890-1898), Wilhelmina (1898-1948), Juliana (1948-1980) und seit 1980 Königin Beatrix. Obwohl die Verfassung nur vom König spricht, haben über ein Jahrhundert lang ausschließlich Königinnen die Niederlande regiert. Erst 1983 wurde eine Verfassungsänderung vorgenommen, die das älteste Kind des Monarchen als Thronrebe ausweist, gleich welchen Geschlechts es ist. Gegenwärtiger Kronprinz ist Prinz Willem-Alexander. Hat der Monarch keine leiblichen legitimen Kinder, fällt der Thron an ein anderes Mitglied des Königshauses. Die Einzelheiten der Thronfolge sind seit der Zeit, als Beatrix ihrer Mutter Juliana folgte, in der Verfassung geregelt.

Das niederländische Königshaus besteht aus Königin Beatrix, ihren Söhnen Prinz Willem-Alexander und Prinz Constantijn, deren Ehefrauen und Kinder, der jüngeren Schwester der Königin, Prinzessin Margriet, ihrem Ehemann Pieter van Vollenhoven und zwei ihrer Söhne und Schwiegertöchter. Frühere Mitglieder des Königshauses sind Prinz Claus (gestorben 2002), Königin Juliana (gestorben 2004) und Prinz Bernhard (gestorben 2004). Neben den

Mitgliedern des Königshauses gehören zur königlichen Familie im weiteren Sinne Prinz Friso und Prinzessin Mabel, Prinz Pieter-Christiaan und Prinzessin Anita, Prinz Floris und Prinzessin Aimée, die Prinzessinnen Irene und Christina und ihre Kinder und Schwiegerkinder. Im Oktober 2003 verzichtete der zweite Sohn von Königin Beatrix, Prinz Johan Friso, auf einen Platz in der Thronfolge. Prinz Johan Friso hatte falsche Angaben über die Vergangenheit seiner bürgerlichen Braut gemacht. Die zur Thronfolge berechtigten Mitglieder des Königshauses müssen zu einer Eheschließung die gesetzliche Zustimmung einholen. Prinzessin Irene, zweitjüngste Schwester der Königin Beatrix, heiratete 1964 ohne Zustimmung des Parlaments Carlos-Hugo von Bourbon-Parma, trat zum Katholizismus über und verlor damit ihren Thornfolgeanspruch. Prinzessin Christina, jüngste Schwester der Königin, heiratete 1975 Jorge Guillermo, trat ebenfalls zum Katholizismus über und schied somit ebenfalls aus der Thronfolge aus. Ohne Zustimmung des Parlaments heirateten auch Prinz Johan Friso, zweiter Sohn von Königin Beatrix, sowie Prinz Pieter-Christiaan Michiel und Prinz Floris Frederik Martijn (beides Söhne von Prinzessin Margriet). Auch sie sind folglich nicht mehr zur Thronfolge berechtigt. Der rangerste Thronfolger ist Kronprinz Willem-Alexander.

Eine Apanage als Mitglieder des Königshauses erhalten Königin Beatrix (2007 4,068 Millionen Euro), Kronprinz Willem-Alexander (977.000 Euro) und Prinzessin Maxima (226.883 Euro). Davon sind Personalkosten sowie Ausgaben für den königlichen Haushalt zu begleichen.

Niederländische Monarchen werden nicht gekrönt. Ein neuer Monarch übernimmt in dem Moment die königlichen Aufgaben, wenn sein Vorgänger abdankt oder stirbt. Dazu sieht die Verfassung vor, dass der Monarch baldmöglichst eingesetzt und vereidigt wird. Die Investitur muss in der Hauptstadt Amsterdam während einer gemeinsamen Sitzung von Erster und Zweiter Kammer erfolgen. Der Monarch schwört auf die Verfassung und spricht den in der Verfassung vorgeschrieben Treueeid (Art. 32).

Seit 1932 ist die offizielle Nationalhymne *Wilhelmus van Nassouwe*. Ein weiteres Symbol der niederländischen Monarchie ist der *Koninginnendag* (Königinnentag), der jeweils am 30. April begangen wird. Der Königinnentag ist ein Feiertag, an dem schulfrei ist und zahlreiche Straßenfeste stattfinden.

Stellung und Rolle der Monarchin im politischen System

Die Niederlande sind eine parlamentarische Monarchie mit gleichberechtigter männlicher und weiblicher Erbfolge. Das Haus Oranien-Nassau stellt seit den Freiheitskriegen die Monarchen, weshalb das Königshaus in den Niederlanden tief verwurzelt ist. Der Monarch gilt als Träger der obersten Staatsgewalt, kann sie aber nur gemeinsam und im Einvernehmen mit den verantwortlichen Ministern ausüben. Der Monarch ist unverletzlich, das heißt die Minister sind verantwortlich für die Regierungsgeschäfte. Parlamentsdekrete werden immer von der Königin unterzeichnet, die damit ihre königliche Zustimmung gibt. Sie werden durch einen Minister gegengezeichnet, der die volle verfassungsgemäße Verantwortung für solch ein Gesetz übernimmt. Als Staatsoberhaupt nimmt die Königin heute im Wesentlichen repräsentative Aufgaben wahr und besucht Konferenzen, Feierlichkeiten, Zeremonien und andere offizielle Veranstaltungen.

Gleichwohl dürfte sie durchaus versuchen, Einfluss auf den politischen Entscheidungsprozess zu nehmen. Der Königin steht als wichtiges Beratungsorgan der Staatsrat zur Verfügung, der aus bis zu 28 Mitgliedern besteht. Seit 1964 ist der Staatsrat auch oberste Berufungsinstanz in Rechtsstreitigkeiten zwischen Bürgern und Verwaltung. Das politische System kennt keine Verfassungsgerichtsbarkeit. Oberstes Rechtssprechungsorgan in Verwaltungsgerichtsangelegenheiten ist die Rechtskammer des Staatsrates.

Im Zentrum des politischen Systems steht das Parlament, die Generalstaaten, die sich aus zwei Kammern zusammensetzen. Die Erste Kammer besteht aus 75 Mitgliedern (Senatoren), die von den Mitgliedern der Provinziallandtage (Provinzialstaaten) für vier Jahre gewählt werden. Der Zweiten Kammer gehören 150 Abgeordnete an, die nach dem Verhältniswahlsystem ohne Sperrklausel gewählt werden. Norbert Lepszy verweist auf das besondere Selbstbewusstsein des niederländischen Parlaments gegenüber der Regierung. Zum einen sei es im parlamentarischen System der Niederlande eine zentrale Aufgabe der die Regierung tragenden Abgeordneten, die Regierung zu unterstützen; zum anderen verstehe sich das Parlament als Ganzes – einschließlich der Regierungsfraktionen – aber auch als eigenständiges, der Regierung gegenüberstehendes Verfassungsorgan.[1] Weder die Regierung noch der Regierungschef werden durch das Parlament ausdrücklich bestätigt. Auch gehören die Regierungsmitglieder dem Parlament aufgrund des Inkompatibilitätsgebotes nicht an, sodass sich die Zweite Kammer zu einem sehr selbstbewussten, unabhängigen Organ entwickeln konnte. Der Ministerpräsident ist primus inter pares, das heißt er besitzt keine Richtlinienkompetenz. Auch die ständige Notwendigkeit, mit mehreren Koalitionsparteien regieren zu müssen, beeinträchtigt seine Position als Chef der Regierung. Bis Ende der 1970er Jahre wurde das Amt des Regierungschefs von den führenden Parteipolitikern nicht als höchstes Ziel angestrebt. Ministerpräsident Ruud Lubbers gelang es aber in seiner Amtszeit (1982-1994), dem Amt durch seine Persönlichkeit ein Profil zu geben.

Die Königin eröffnet an jedem dritten Dienstag im September in einer feierlichen Zeremonie das Parlamentsjahr, wenn sie im Rittersaal vor beiden Häusern vom Thron aus gemäß Art. 65 der Verfassung die Rede über die Politik der Regierung verliest, die diese im nächsten Jahr vornehmen will. Auch wenn die Rede von der Regierung geschrieben wurde, wäre es ein Fehler daraus zu schließen, dass die Königin keinen politischen Einfluss hätte. Sie empfängt wöchentlich den Ministerpräsidenten, um mit ihm über politische Entwicklungen zu sprechen und hält Kontakt zu den Ministern. Auch Konflikte zwischen Monarch und Regierung sind nicht auszuschließen. So weigerte sich z.B. Königin Juliana 1948, Todesurteile gegen drei deutsche Kriegsverbrecher zu unterschreiben, was zur Umwandlung in lebenslange Haftstrafen führte. 1996 gestand der Außenminister, dass ausdrücklich aufgrund der Intervention der Königin eine Botschaft in Jordanien errichtet wurde.[2] Eine einflussreiche Rolle hat der Monarch auch bei der Regierungsbildung. Die Königin bildet die Regierung zwar nicht selbst, benennt aber einen *informateur* zur Sondierung von Koalitionsmöglichkeiten oder ernennt einen *formateur*, der die Verhandlungen über die Regierungsbildung leitet. Vor solch einer Ernennung

1 Vgl. Lepszy 2003: 352.

2 Vgl. Andeweg/Irwin2002: 13.

bespricht sich die Königin mit allen Parteiführern. Wenn sich eine Koalitionsmöglichkeit herausschält, wird die Königin dem Ratschlag der Parteiführer folgen und einen Politiker der potenziellen Koalitionsparteien mit der Regierungsbildung beauftragen. Es ist aber auch vorgekommen, dass in Ausnahmefällen die Königin persönlich interveniert und einen *informateur* bzw. *formateur* ihrer Wahl ernannt hat. Offensichtlich sieht sich die Königin in der Rolle, den Regierungsbildungsprozess nicht unnötig lange zu verzögern. Allerdings hat solches Verhalten durchaus auch zu Kritik geführt, wird darin doch eine Berücksichtigung ihrer persönlichen politischen Präferenzen gesehen. Gerade aufgrund des Vielparteiensystems in den Niederlanden und einer daraus folgenden Notwendigkeit zur Koalitionsbildung unter mehreren, meist drei Parteien, besitzt die Monarchin, anders als in Großbritannien, beim Regierungsbildungsprozess größeren politischen Handlungsspielraum.

Die Verankerung der Monarchie in der Gesellschaft

Die Monarchie ist in den Niederlanden vollkommen unumstritten. Umfragen über längere Zeit zeigen, dass nicht mehr als zehn Prozent der Befragten die Monarchie abschaffen wollen. Königshaus und Königsfamilie werden von der Gesellschaft akzeptiert und größtenteils geachtet. Ganz wesentlich zum Ansehen des Königshauses hat Königin Wilhelmina beigetragen, die bei der Besetzung der Niederlande durch Deutschland 1940 ins Exil nach Großbritannien ging und von dort den Widerstand gegen das Nazi-Regime organisierte. Durch ihre regelmäßigen Radioansprachen wurde sie zum Symbol des Widerstandes. Die sozialdemokratische *Partij van de Arbeid* (*PvdA*) gilt als einzige Partei, die die Monarchie abschaffen will. Ironischerweise aber haben gerade sozialdemokratische Ministerpräsidenten dem Königshaus dreimal aus kritischen Situationen geholfen. Nämlich Anfang der 1950er Jahre, als Königin Juliana unter den Einfluss eines Wunderheilers geraten war, der die schwere Augenkrankheit ihrer Tochter zu heilen versprach, in den 1970er Jahren, als Prinzgemahl Bernhard angeklagt war, in der Lockheed-Schmiergeld-Affäre Schmiergelder angenommen zu haben (was er kurz vor seinem Tode bestätigte) und 2000/2001, als in den Niederlanden über die Vergangenheit des Schwiegervaters des Kronprinzen – er war Minister unter dem argentinischen General und Diktator Videla – debattiert wurde.

Eine schwere Krise erlebte die niederländische Monarchie, als Kronprinzessin Beatrix 1965 den deutschen Diplomaten Claus von Amsberg, geboren 1926, heiraten wollte. Claus von Amsberg war Mitglied der Hitlerjugend gewesen und hatte in der deutschen Wehrmacht gedient, was in Teilen der niederländischen Bevölkerung zu großen Aufwallungen führte. Auch die Zweite Kammer debattierte heftig über die Beziehung von Prinzessin Beatrix mit Claus von Amsberg. Erst als ein bekannter niederländischer Historiker festgestellt hatte, dass Claus von Amsberg keinesfalls Kriegsverbrechen vorgeworfen werden konnten und keinerlei Antisemitismus in seiner Biographie festzustellen war, sicherten die Fraktionsvorsitzenden im Parlament dem Gesetzesvorschlag für die vorgesehene Eheschließung eine Mehrheit zu. Im März 1966 heirateten Prinzessin Beatrix und Claus von Amsberg, der nun zum Prinz der Niederlande und Junker von Amsberg erhoben wurde. Prinzgemahl Claus hatte sich in der Folgezeit in den Niederlanden große Anerkennung erworben. So konnte er in Umfragen zum sympathischsten Mitglied des Königshauses von Oranien-Nassau aufsteigen. 2002 starb Prinz Claus, der lange durch Krankheiten an seinen Repräsentationspflichten gehindert wurde, als eines der populärsten Mitglieder des niederländischen Königshauses.

Kronprinz Willem-Alexander heiratete 2002 eine junge bürgerliche Frau aus Argentinien, die durch die Eheschließung zu Prinzessin Maxima wurde. Aus dieser Verbindung sind inzwischen drei Prinzessinnen hervorgegangen, die in der Thronfolge nach ihrem Vater die Positionen zwei bis vier einnehmen. Es wird sich zeigen, ob die Popularität, die über ein Jahrhundert durch die Frauen auf dem niederländischen Thron erreicht worden ist, auch unter einem männlichen Monarchen aufrechterhalten werden kann.

Literatur

Andeweg, Rudy B./Irwin, Galen A. 2002: Governance and Politics of the Netherlands, Houndsmills/Basingstoke.

Boyer, Jean-Claude 1994: Pays-Bas, Belgique, Luxembourg, Paris/Mailand/Barcelona.
Daalder, Hans/Irwin, Galen A. (Hrsg.) 1989: Politics in the Netherlands. How much change?, London.
Gladdish, Ken 1991: Governing from the Centre. Politics and Policy-Making in the Netherlands, London.
Lepszy, Norbert 2003: Das politische System der Niederlande, in: Wolfgang Ismayr (Hrsg.), Die politischen Systeme Westeuropas, 3. Auflage, Opladen, 349-387.
Lepszy, Norbert/Woyke, Wichard 1985: Belgien, Niederlande, Luxemburg – Politik, Gesellschaft, Wirtschaft, Opladen.
Schilling, Jörg/Täubrich, Rainer 1988: Niederlande, München.

Internet

Niederländisches Königshaus: *http://www.koninklijkhuis.nl*

Niederländische Regierung: *http://www.government.nl*

Niederländisches Außenministerium: *http://minbuza.nl/de/home*

Zentrum für Niederlande-Studien: *http://www.niederlandenet.de*

Niederländische Vertretungen in Deutschland: *http://www.dutch embassy.de*

Norwegen

Bernd Henningsen

1905: „Revolution in Norwegen"

Die Monarchie vererbt sich – normalerweise. In Norwegen tut sie das seit 1905. Was der preußische König in der Mitte des 19. Jahrhunderts nicht wollte – von Parlament und Volk als deutscher Kaiser gerufen zu werden – darauf bestand der kommende Amtsinhaber (das Parlament selbst war über dieses Prozedere gar nicht glücklich): Bei einer Wahlbeteiligung von 75,3 Prozent stimmten am 12./13. Oktober nach einer kurzen, aber heftigen innernorwegischen Debatte 259.563 Norweger (das waren 78,9 Prozent der Wahlberechtigten, damals nur Männer über 25 Jahren) für die Monarchie und gaben damit den Auftrag an die Regierung, Verhandlungen mit dem dänischen Prinzen und Kapitän der Marine Carl aufzunehmen, sich zum norwegischen König wählen zu lassen; nur 69.264 stimmten dagegen, also für die Republik (das waren 21,1 Prozent). Dem designierten Monarchen war damit eine überwältigende, demokratische Legitimation gegeben. Informelle Verhandlungen waren seit längerem im Gange gewesen: Die Geschichte der Königsfindung in diesem Jahr unter den beteiligten gekrönten und ungekrönten Häuptern (und ihren Gattinnen) in Kopenhagen, Stockholm, Berlin, London und St. Petersburg ist eine höchst spannende – und anregend zum Studium von Konfliktvermeidungsstrategien ist sie überdies.[1]

Es waren die Republikaner gewesen, die nachdrücklich eine Volksabstimmung verlangt hatten, aber Carl, die Stimmung im Lande richtig einschätzend, bestand ebenfalls auf der Legitimation durch das Volk. Im Sommer war die seit 1814 bestehende, ungeliebte schwedisch-norwegische Union trickreich aber friedlich aufgelöst worden. Die europäischen Zeitungen titelten von einer „Revolution in Norwegen": Bei einer Wahlbeteiligung von 85,4 Prozent hatten am 13. August 368.208 Norweger für die Auflösung gestimmt, nur 184 votierten dagegen. Es ist mehr als eine

1 Vgl. schon Bull 1926 und Bull 1928. Zur norwegischen Ereignisgeschichte siehe hier und im Folgenden Fuglum 1978.

Fußnote in der Geschichte des demokratischen Parlamentarismus wert, dass im norwegischen Falle die *schwedische Regierung* eine Volksabstimmung über die Auflösung der Union verlangte und der *dänische Prinz* eine solche über die monarchische Frage – nicht der Souverän, nicht das Parlament hatten diese Verlangen aufgestellt...

Am 18. November wählte das *storting*, wie das norwegische Parlament heißt, Carl zum König. Er, der Sohn des dänischen Königs, traf zusammen mit Frau und Sohn am 25. November in Norwegen ein, schwörte zwei Tage später den Treueeid auf die Verfassung und nahm den Namen Haakon VII. an (1905-1957).[2]

Für Haakon sprach seine dänische Abkunft und er verstand die norwegische Sprache. Politisch war überdies von großer Bedeutung, dass er mit Maud, der Tochter Edvards VII. von England, verheiratet war, wodurch die politische Distanz zu Schweden und Deutschland garantiert war. Die enge Verbindung mit England sollte das norwegische Königshaus über Jahrzehnte prägen. Das galt für politische Entscheidungen, aber nicht zuletzt auch für die familiären Beziehungen nach England, die während der (häufig recht langen) Urlaubszeiten gepflegt wurden. Dass 1905 auch bereits ein Thronfolger – der spätere Olav V. – im monarchischen Angebot mitgeliefert werden konnte, erleichterte die Entscheidung für die dänisch-englische Dynastie ungemein.

Für den zukünftigen Bestand der norwegischen Monarchie musste sich eine weitere Verstetigung der Legitimation einstellen. Von großer politischer Weisheit erwies sich in dieser Hinsicht, die Namenswahl: Der dänische Prinz Carl, im Dom zu Nidaros/Trondheim am 22. Juni 1906 gekrönt, hatte sich für den Namen Haakon VII. und damit für die Anknüpfung an den letzten selbständigen und selbst regierenden norwegischen König, Haakon VI., entschieden. Haakon VI. (um 1341-1380) war mit Margarete (1353-1412), der Tochter des dänischen Königs Waldemar Atterdag, verheiratet. Ihr gemeinsamer Sohn Olav IV. (1370-1387)

2 Zum Ende des 19. Jahrhunderts hatte Sigurd Ibsen, der Sohn des Dichters und norwegischer Minister in Stockholm während der Zeit der Unionsauflösung, den Vorschlag unterbreitet, einen (schwedischen) Bernadotte auf einen norwegischen Thron zu setzen. Vgl. Hoelseth 1998.

war der erste Monarch der dänisch-norwegischen Union; mit ihm verlor Norwegen seine Selbständigkeit für über 400 Jahre. Margarete I. etablierte sich als Regentin für ihren minderjährigen Sohn als Herrscherin über Dänemark, Norwegen und Schweden: die von ihr 1397 durchgesetzte Kalmarer Union währte bis 1523. Dass der dänische Prinz Carl sich den Namen Haakons gab und dass sein Sohn Alexander in Olav umbenannt wurde, hatte eine ungemeine symbolische Bedeutung im Nationwerdungsprozess Norwegens im 20. Jahrhundert.

Norwegen, als sehr späte Nation, konnte eine solche werden mit der Erfahrung der politischen Unselbständigkeit (zunächst mit Schweden und Dänemark in einer Union, danach bis 1814 in einer Art Reichseinheit mit Dänemark, die von Norwegen als dänische Kolonialherrschaft interpretiert wurde und schließlich bis 1905 mit Schweden verbunden) – und mit der Wucht der historischen Symbole, legitimiert durch das Volk. Die „nationale Monarchie" war der politische Schlussstein zur norwegischen Nationbildung, noch nicht der kulturelle oder soziale.

Nicht zuletzt half das lange Leben Haakons der gesellschaftlichen und politischen Verankerung des monarchischen Prinzips; er starb erst 1957 nach einer Regentschaft, die über ein halbes Jahrhundert gedauert hatte. Aber in erster Linie war es die Entscheidung, nach der deutschen Besetzung Norwegens am 9. April 1940 nicht zu kapitulieren und stattdessen mit Regierung und Parlament ins Londoner Exil zu gehen, was sich als politisch richtig erweisen sollte und einen besonderen Nachhaltigkeitseffekt für das monarchische Prinzip hatte.

Die Nationwerdung Norwegens im 19. und frühen 20. Jahrhundert folgt mit Verspätung dem bekannten europäischen Muster: über die Konstrukte von Sprache, Geschichte, Kultur und ihre Ver-Geistigung, wie sie durch Johann Gottfried Herder vorformuliert worden war. Allerdings ist Nation in Norwegen ein „linkes" Projekt, das tendenziell prodemokratisch und in Opposition zur „Kolonialherrschaft" gewachsen war, zunächst (sehr schwach) gegen Dänemark, dann (umso stärker) gegen Schweden. 1814 wählte die Eidsvoll-Versammlung bereits einmal einen dänischen Prinzen, Christian Frederik, zum König, der sich aber gegen die Bestimmungen des Kieler Friedens und des Wiener Kongresses nicht halten ließ. Ein letztes Mal marschierten in diesem Jahr drohend schwedische Truppen in ein Nachbarland und erzwangen so den norwegischen Verzicht auf ein eigenes Staatsoberhaupt – der schwedische König wurde als solcher ausgerufen.

Verfassung und Verfassungswirklichkeit

Das norwegische Grundgesetz ist auf dem europäischen Kontinent das älteste in Kraft befindliche. Es wird in Norwegen – etwas übertrieben – als eine der ersten freiheitlichen Verfassungen der Weltgeschichte gefeiert.[3] 1814 im kleinen Ort Eidsvoll nach nur wenigen Wochen Beratung verabschiedet, atmet aus der Verfassung trotz vieler Veränderungen immer noch der Geist des frühen 19. Jahrhunderts. Norwegen, das im Zuge des napoleonischen Untergangs von Dänemark gelöst wurde, war verfassungsrechtlich bis dato dem aufgeklärten Absolutismus zuzurechnen – die neue Eidsvoll-Verfassung von 1814 war insofern ein großer Fortschritt. Sie blieb auch nach der Errichtung der schwedisch-norwegischen Union in Kraft, allein die Außenpolitik und die Ernennung der Regierung war Sache Stockholms. Die Lektüre der Verfassung hinterlässt beim heutigen Leser – wie im dänischen Fall[4] – einen antiquarischen Eindruck; sie hat über weite Strecken mit den Verfahrensregeln der Politik des Landes wenig zu tun.[5]

Von den insgesamt 112 Paragraphen des Codex handelt die überwiegende Zahl von Amt, Aufgaben und Pflichten des Königs: Die beiden ersten Abschnitte der Verfassung (A und B), insgesamt 48 Paragraphen, fast die Hälfte also, befassen sich mit der ausübenden Gewalt, dem König und der königlichen Familie – mit Fug und Recht kann man sagen, dass die Institution des Königs im Zentrum der verfassungsmäßigen Ordnung steht. Die Staatsform ist die beschränkte und erbliche Monarchie (§ 1). Wir haben es mit einer konstitutionellen Monarchie zu tun, in der der Monarch Exekutive (§ 3) und Legislative (§§ 78-81) zugleich ist. Der König ist immun (§ 5), ernennt die obersten Beamten und Richter des Landes (§ 21), ist Oberbefehlshaber der Streitkräfte (§ 25), ent-

---

3 Vgl. etwa die Beschreibung unter http://www.norwegen.no/facts/political/constitution/constitution.htm (Stand: 1.4.2008).

4 Vgl. den Beitrag zu Dänemark in diesem Band.

5 Zu diesen vgl. Groß/Rothholz 1997.

scheidet über den Kriegsfall (§ 26) und ist Oberhaupt der lutherischen Staatskirche (§ 16) – er *muss* dieser Kirche angehören (§ 4). Die Erbfolge ist nunmehr linear (§ 6), die Begrenzung auf „agnatisch", das heißt männlich, ist seit 1990 abgeschafft.

Wie in der dänischen Verfassung ist auch in der norwegischen nicht die Person des Königs gemeint, wenn von diesem die Rede ist, sondern in der Regel die Exekutive als Ganze. Der König lässt sich formell durch die Mitglieder des Staatsrates (neben ihm selbst und dem Kronprinzen sind dies der Ministerpräsident und die Minister), die er berufen hat, beraten. De facto ist heute, den Regeln der Demokratie folgend, natürlich die Regierung dem Parlament verantwortlich: Parlamentarismus besteht in Norwegen seit 1884, ist aber im Verfassungstext nicht zu finden. Nach der Verfassung ist es der König, der die Sitzungsperiode eröffnet (§ 74) und die vom Parlament verabschiedeten Gesetze unterschreibt. Seine Widerspruchsmöglichkeiten sind dabei äußerst gering. Insofern ist auch in Norwegen „der König" die Verkörperung der Staatsmacht und als Staatsoberhaupt die symbolische Repräsentanz Norwegens. Als Person ist er zusammen mit seiner Familie eine mediale Erscheinung und von handgreiflicher Bedeutung (darüber wird noch zu sprechen sein) für den Seelenhaushalt der Nation.[6] Politische Macht in der engeren Bedeutung hat er nicht.

Die Unterscheidung in Verfassung und Verfassungswirklichkeit, in de jure und de facto, verweist auf den hohen Formalisierungsgrad norwegischer Politik und Verwaltung sowie auf die hohe Bedeutung von Symbolhandlungen – nach ihnen kann man die Uhr stellen: Der Staatsrat unter dem Vorsitz des Königs und unter Beisein des Kronprinzen versammelt sich jeden Freitag um elf Uhr im königlichen Schloss in Oslo.[7] Der Ministerpräsident (*statsminister*) und die Minister tragen vor, was am Tag zuvor im Kabinett, welches ohne den Monarchen tagt, behandelt worden ist; diskutiert wird nicht, der König mag Fragen stellen. Danach steht ein gemeinsames Mittagessen auf der Tagesordnung. Monatlich

---

6 Vgl. hierzu die „Machtuntersuchung" von Østerud/Engelstad/Selle 2004: 257-269.

7 Vgl. http://www.regjeringen.no/nb/om_regjeringen/Regjeringen-i-arbeid/Statsrad.html?id=270325 (Stand: 1.4.2008). Vgl. auch Hernes 1983: 208-212.

hat der Ministerpräsident ein Treffen mit dem König – früher hätte man wohl von einer Audienz gesprochen – zur Vorstellung und Beratung der politischen Lage. Kabinettsitzungen, denen gemeinsame Mittagessen vorausgehen, finden zweimal die Woche statt, montags und donnerstags.

Politische Kultur und monarchischer Stil

Die norwegische politische Kultur und das monarchische Prinzip stehen in direkter Beziehung zueinander; das eine hängt vom anderen ab. Insofern ist die Frage nach dem Überleben der Monarchie auch eine Frage nach der Spezifik der norwegischen politischen Kultur. Eines dieser Spezifika ist die Tatsache, dass die norwegische Monarchie ohne Adel auskommt. 1821 verabschiedete das norwegische *storting* ein Gesetz, wonach alle Privilegien und Titel für die Nachkommen der wenigen Adligen aufgehoben wurden. Der Adel, der bis zum Ende der dänischen Herrschaft 1814 vorwiegend ein dänischer war, spielte als Machtfaktor hinfort kaum mehr eine Rolle – in Politik, Wirtschaft und Gesellschaft. Damit unterscheidet sich die norwegische Gesellschaft, die nie einen Feudalismus gekannt hatte, von anderen europäischen, aber auch von der der direkten Nachbarn. Die „norwegische Gesellschaft des 19. Jahrhunderts", so Edvard Bull, ist „als eine durchaus ‚bürgerliche' Gesellschaft" aufzufassen, „aber eben nur in dem negativen Sinn: dass sie nicht adlig war."[8] Herrschend waren damals (allenfalls) die Beamten. Die „Periode von 1814 bis 1884 ist die Zeit des Beamtenstaates":[9] Waren die Beamten bis 1814 loyale Diener der dänisch-norwegischen Monarchie, so besetzten sie nach 1814 die politischen Kontrollinstanzen selbst. Die Besonderheit dieser „Beamtenelite" aufgreifend, spricht Rune Slagstad vom „Regime der Professorenpolitiker".[10]

Betrachtet man die norwegische politische Geschichte vor dem Hintergrund der oben geschilderten Symbolkraft der monarchischen Verfahrensregeln und verfassungstextlichen De-jure-Formulierungen, so wird deutlich, dass der Monarch nach 1905

8 Bull 1969: 9.
9 Ebd.: 10.
10 Slagstad 1998: 11-25.

die Chance gehabt hat, die norwegische Gesellschaft in Zeiten der Umbrüche, insbesondere in den ersten Jahren der Unabhängigkeit und während der instabilen Zwischenkriegsjahre, glückhaft zu einen. Bedeutsam scheint mir diese eher symbolische Kraft vor dem Hintergrund der politischen Instabilität vor 1936 und dann wieder in den 1970er Jahren und folgenden Dezennien zu sein. Eine norwegische Regierung kann so lange regieren, wie sie keine Mehrheit gegen sich hat (sie bedarf keiner Bestätigung im Parlament!). Der politische Alltag kann insofern geprägt sein von der Suche nach (im günstigen Falle) Ad-hoc-Mehrheiten oder (im ungünstigen) der Vermeidung von Oppositionsmehrheiten; wir haben es also mit einem „negativen Parlamentarismus" zu tun. Das Epitheton „Konsensdemokratie" rührt von dieser politischen Ausprägung, darf aber über die großen sozialen Konflikte im Lande nicht hinwegtäuschen. Über diesem Alltag – in anderen Ländern ja durchaus als politisches Chaos interpretiert – thront der Monarch als gute Verkörperung des staatlichen Leviathans. Zur Verstetigung – und also zur Anerkennung der politischen Instabilität als Normalfall – trägt nicht unwesentlich das Auflösungsverbot des Parlamentes bei: Das *storting* kann nicht vorzeitig aufgelöst, die vierjährige Wahlperiode nicht verkürzt werden. Die Einigung in Sachfragen und auf Regierungsbündnisse ist damit durch die Verfassung zwingend vorgeschrieben.

Von den Apologeten der norwegischen Monarchie wird häufig auf die Volksnähe der bisherigen Amtsinhaber hingewiesen und damit auf ihre Verankerung in der norwegischen Nation. Das ist in einer Gesellschaft, für die Gleichheit eines der höchsten Ideale ist,[11] nicht zu unterschätzen. Bereits Haakon VII. erwarb sich den Titel eines Volkskönigs – trotz seines ausländischen Tonfalls; der Begriff der „demokratischen Monarchie" fällt oft.[12] Überliefert ist das Entsetzen von bürgerlichen Politikern am Ende der 1920er Jahre, als Haakon die Sozialdemokraten, die die stärkste Fraktion

11 Vgl. Ramsøy 1968. In allen Beiträgen dieses umfangreichen, für ein internationals Publikum als politische Einführung verfassten Bandes werden Gleichheit und Legalität als hervorstechende Merkmale der Gesellschaft beschrieben – der monarchischen Staatsform ist kein eigenes Kapitel gewidmet, sie kommt überhaupt nicht vor...

12 Vgl. insgesamt Ramberg 1987.

im *storting* stellten, aufforderte, die Regierung zu bilden. Auf den Vorhalt, er ließe Kommunisten an die Regierung, antwortete er, dass er auch König der Kommunisten sei.[13] Haakon war zu sehr von der Ambition getrieben, die ganze Gesellschaft zu repräsentieren, die von erheblichen sozialen, ökonomischen und kulturellen Gegensätzen geprägt war, als dass er bereit gewesen wäre, die aufstrebende Arbeiterbewegung, die ja monarchiekritisch eingestellt war, zu ignorieren (sein Bruder hatte mit der „Osterkrise" 1920 in Dänemark diesen Fehler begangen).[14]

Als einen nachhaltigen Sympathiegewinn für ihn persönlich, aber auch für die Monarchie, sollte sich Haakons Widerstand gegen die deutsche Okkupation ab 1940 und die Flucht ins Londoner Exil[15] erweisen. Als die königliche Familie am 7. Juni 1945 unter dem Jubel der Menge wieder norwegischen Boden betrat (Kronprinz Olav war bereits am 13. Mai gekommen), war das zugleich eine Huldigung der Monarchie. Haakon, der gewählte Monarch, war zu einem nationalen Symbol geworden, ja zu einem nationalen Helden. Sein Name verbindet die drei norwegischen Schicksalsjahre des 20. Jahrhunderts: 1905, 1940, 1945. Mit Haakon VII. und seinem nachfolgenden Sohn Olav V. hatte die norwegische Monarchie das Glück gehabt, Persönlichkeiten an der Staatsspitze zu haben, die diesem Begriff in Leben und Denken Würde gaben. Ihr Motto „Alles für Norwegen!" haben sie überzeugend vorgelebt.

Der Begriff „Volksmonarchie"[16] beschreibt die Integration von Familie und Staatsoberhaupt in mehr oder weniger alltäglichen Verrichtungen: Olav gewann 1928 eine Segel-Goldmedaille bei den Olympischen Spielen in Amsterdam. Auch der gegenwärtige Monarch hat an Olympiaden erfolgreich teilgenommen; sein Vater konnte als Benutzer der Straßenbahn angetroffen werden, der

---

13 Vgl. Hegge 2004: 92.

14 Vgl. Bull 1967.

15 Kronprinz Olav wurde dort 1944 norwegischer Verteidigungsminister. Die Königin und die Prinzessinnen lebten auf Einladung des amerikanischen Präsidenten während des Krieges in Washington.

16 Carl-Erik Grimstad, der sich auf Trygve Bulls Bändchen von 1967 bezieht, widerspricht allen diesbezüglichen Epitheta, sie wären literarische Konstruktionen ohne Realitätsgehalt, vgl. Grimstad 2001: 41 und passim.

seinen Fahrschein selbst löste (ein symbolisch trefflicher Akt während der Ölkrise 1973!)[17] und auch ein ausgezeichneter Skispringer war – Könige zum Anfassen. In der Tat konnte es dann auch im öffentlichen Diskurs rascher vermittelt werden, als sowohl Harald V. (geboren 1937) als auch sein Sohn, Kronprinz Haakon (geboren 1973), Bürgerliche heirateten. Der „Skandal", dass die gegenwärtige Kronprinzessin Mette-Marit (geboren 1973) aus dem – vorsichtig ausgedrückt – „falschen" Milieu kam, bereits früher eine Beziehung hatte und einen Sohn mit in die Ehe brachte, scheint heute ignoriert zu werden, größtenteils.

Die Zukunft der norwegischen Monarchie

Die Diskussionen für und gegen die Monarchie haben in Norwegen eine sehr lange Dauer; die Argumentationen sind darüber nicht unbedingt origineller geworden. Es scheint akzeptierte Meinung im Land zu sein, dass es, außer den notorischen Wortmeldungen „des einzigen reichsweit bekannten Republikaners, Trond Norby, Professor für Politikwissenschaft an der Universität Oslo"[18] und den rituellen Vorschlägen zur Grundgesetzänderung durch die Linkssozialisten im Parlament, keine breite und ernste Debatte über die Staatsform gegeben hat. Prinzipieller Gegner war zunächst die Arbeiterbewegung, für die es sich offenbar aber eher um ein theoretisches Problem zu handeln schien.[19] Nicht wirklich die Staatsform stand für sie zur Debatte, sondern die sozialen und wirtschaftlichen Verhältnisse. Späterhin sind dann demokratietheoretische Ablehnungsgründe vorherrschend, aber auch solche, bei denen Abnutzungserscheinungen des Systems im Vordergrund stehen, etwa: „Was soll eine Monarchie heute noch?" oder „Die Monarchie ist eine Staatsform, die ihre Zukunft hinter sich hat."[20]

---

17 Vgl. Grimstad 1994: 90f. In diesem Band findet man die meisten königlichen Anekdoten inklusive Illustrationen versammelt.

18 Tretvoll 2004.

19 Vgl. Bull 1967: 16-19.

20 Grimstad 2003: 9.

Die seriöse, wissenschaftliche Literatur zur norwegischen Monarchie ist spärlich;[21] allerdings gibt es einen nicht unerheblichen Mediendiskurs zur Abschaffung derselben: Als beispielsweise eine spanische (!) Hofberichterstatterin 2005 über das Verschwinden der europäischen Königshäuser spekulierte und das norwegische als das erste nannte, dem der Untergang sicher sei,[22] da stimmten norwegische „Republikaner" den Untergangsvisionen gerne zu. Lag für die spanische Journalistin der Grund für den bevorstehenden Wechsel zur Republik in dem aus ihrer Sicht als nicht akzeptabel geltenden Vorleben Mette-Marits und dem daraus folgenden Sympathieverlust in der Öffentlichkeit, so konnten die (etwas seriöseren) norwegischen Kommentatoren immerhin darauf verweisen, dass die Meinungsumfragen im Lande über die Jahre ein kontinuierliches Ansteigen der Monarchiegegnerschaft verzeichneten.[23] Dies wird biologisch mit dem Aussterben der Kriegsgeneration erklärt, die die bindende Kraft der Monarchie erfahren habe; den Jüngeren fehle diese Erfahrung.

Von den Gegnern wird allerdings die positive, stützende Funktion der eingeheirateten Bürgerlichen übersehen, sind es in letzter Zeit doch häufig gerade sie, die wesentlich für die monarchische Sympathie im Lande verantwortlich sind. Am Ende der 1960er Jahre stellte sich das „bürgerliche" Problem bei der anstehenden Verheiratung Kronprinz Haralds: Harald musste neun Jahre warten bis König, Parlament und Regierung die Erlaubnis zur Verheiratung mit der Osloer Kaufmannstochter Sonja Haraldsen (geboren 1937) gaben. Was aber kann man in einem Land ohne Adel erwarten? Zur Disposition stehen eben nur Bürgerliche oder Ausländer(innen).

Wenn man sich die (Medien-)Debatten über die „Eingeheirateten" (und die Einzuheiratenden) anschaut und diese dann mit der Situation ex post gegenliest, dann ist es gerade auf diesem Feld, auf dem die stärksten positiven Argumente vorgebracht werden

21 Carl-Erik Grimstad dürfte gegenwärtig in Norwegen der fleißigste, lesbarste und informierteste Monarchiegegner sein. Vgl. z.B. Grimstad 1994; Grimstad 2001; Grimstad 2003.

22 Vgl. Dahl 2005.

23 Vgl. u.a. Grimstad/Dalen 2005.

könnten: Was wäre die norwegische Monarchie ohne Sonja, was die schwedische ohne Silvia?

Im Vorfeld des 100-jährigen norwegischen Unabhängigkeitsjubiläums veranstaltete die angesehene gesellschaftswissenschaftliche Zeitschrift *Samtiden* 2004 einen Essaywettbewerb zum Thema „Monarchie oder Republik?".[24] Die Mehrzahl der Autorinnen und Autoren argumentierte für die Monarchie – offen, nüchtern und auch nicht ohne Humor. Den Monarchiegegnern, die die Sympathieverluste für die Royals mit Meinungsumfragen herbei beschworen, müssten einige Argumente nun abhanden gekommen sein: Die bindende Kraft der Monarchie scheint über die Kriegsgeneration hinweg wirksam zu sein. Ein ernsthaftes, akademisches Problem scheint für die Norweger die Frage nach der Staatsform jedenfalls nicht zu sein.

Literatur

Bull, Edvard 1969: Sozialgeschichte der norwegischen Demokratie, Stuttgart.

Bull, E. Hagerup 1926: Fra 1905. Erindringer og betragtninger, in: Samtiden, 37. Jg., 521-542.

Bull, E. Hagerup 1928: Om kongevalget i 1905, in: Samtiden, 39. Jg., 1-15.

Bull, Trygve 1967: Kongedømmets dilemma: Alt for Norge?, Oslo.

Dahle, Yngve Dag 2005: Spår at kongehuset faller, in: Aftenposten, 7. Oktober 2005, einsehbar unter: http://www.aftenposten.no/nyheter/kongelige/article1130167.ece (Stand: 1.4.2008).

Fuglum, Per 1978: Norge i støpeskjeen. 1884-1920, Oslo.

Grimstad, Carl-Erik 1994: Bak fassaden. Historien om den kongelige væremåten, Oslo.

Grimstad, Carl-Erik 2001: Hva brast så høyt? Folkemonarkiets vekst og fall, Oslo.

24 Sechs Beiträge wurden prämiert und veröffentlicht. Siehe Samtiden 1/2004: 4-66.

Grimstad, Carl-Erik 2003: Den forkledte republikk. Regimer foran undergangen, Oslo.

Grimstad, Carl-Erik/Dalen, Erik 2005: Norsk republikanere leser ikke Fantomet, in: Samtiden, 2/2005, 19-29.

Groß, Hermann/Rothholz, Walter 1997: Das politische System Norwegens, in: Wolfgang Ismayr (Hrsg.), Die politischen Systeme Westeuropas, Opladen, 125-157.

Hegge, Per Egil 2004: Das Land, das keinen Mittelpunkt hatte, in: Tove Bull/Harald Norvik (Hrsg.), Norwegen, Oslo, 79-108.

Hernes, Gudmund 1983: Makt og styring, Oslo (= Hans Fredrik Dahl/Arne Martin Klausen [Hrsg.], Det moderne Norge, 7 Bde., Bd. 5).

Hoelseth, Dag. T. 1998: Det nasjonale kongedømmet, in: Øystein Sørensen (Hrsg.), Jakten på det norske. Perspektiver på utviklingen av en norsk nasjonal identitet på 1800-tallet, Oslo, 211-214.

Ramberg, Tygve 1987: Med folket. Historien om vårt kongehus, Oslo.

Slagstad, Rune 1998: De nasjonale Strateger, Oslo.

Tretvoll, Halvor Finess 2004: Kampen om statsformen, in: Ny Tid, 21. Februar 2004, einsehbar unter: http://nytid.no/?sk=9&id=1711 (Stand: 1.4.2008).

Østerud, Øyvind/Engelstad, Frederik/Selle, Per 2004: Makten og demokratiet. En sluttbok fra Makt- og demokratiutrednuingen, Oslo.

Internet

Homapage des Königshauses: *http://www.kongehuset.no*

Private Seite zum Königshaus: *http://www.kongehuset.de*

Allgemeine Norwegen-Informationen: *http://www.norwegen.no*

Regierungsseite: *http://www.regjeringen.no*

Parlamentsseite: *http://www.stortinget.no*

Oman

Tilman Lüdke

Das Sultanat Oman liegt im Südosten der Arabischen Halbinsel. Seine Nachbarstaaten sind Saudi-Arabien, die Vereinigten Arabischen Emirate und die Republik Jemen. Die Nordküste liegt am Persischen Golf (bzw. Golf von Oman), die Südostküste am Indischen Ozean. Da auch das arabische Ufer der Straße von Hormuz (einer 60 km breiten Meerenge) auf omanischem Staatsgebiet liegt, ist Oman auch ein „indirekter Nachbar“ Irans.

Die Fläche des Sultanats beträgt 309.500 km^2, wobei exakte Angaben aufgrund der nicht genau markierten Grenzen zu den Nachbarstaaten schwanken.[1] Oman ist ein von einem absoluten Monarchen regiertes Sultanat. Die Herrscherdynastie der Al-Bu-Sa'id stellt seit 1749 die Monarchen. Gegenwärtiger Amtsinhaber ist Sultan Qabus bin-Sa'id al-Bu-Sa'id (seit 1970).

Die Bevölkerungszahl beläuft sich auf etwa drei Millionen Menschen, wovon etwa 570.000 gegenwärtig nicht die omanische Staatsbürgerschaft besitzen.[2] Es handelt sich dabei hauptsächlich um Gastarbeiter aus Pakistan, Iran und Ostafrika. Amtssprache ist Arabisch; daneben werden südarabische Sprachen von einer kleinen Minderheit und andere Sprachen von den Gastarbeitern gesprochen. Der weitaus größte Teil der Bevölkerung bekennt sich zum Islam, und zwar mehrheitlich zur ibaditischen Rechtsschule. Die prozentuale Vorherrschaft dieser Gruppierung ist jedoch in jüngster Zeit in Zweifel gezogen worden. Schätzungen variieren zwischen 75 bzw. 54,4[3] und 45 Prozent.[4]

Geschichte der omanischen Monarchie

Im Unterschied zu anderen Monarchien in der Region des Persischen Golfes hat die omanische Monarchie eine lange historische Tradition. Das „Sultanat Oman“ jedoch existiert erst seit 1970. Es löste das „Sultanat von Maskat und Oman“ ab, das aus zwei

---

1 Quelle: Oman, in: Der Fischer Weltalmanach 2008: 361.

2 Vgl. ebd. und https://www.cia.gov/library/publications/the-world-factbook/geos/mu.html (Stand: 1.4.2008).

3 Vgl. Allen/Rigsbee 2000: 48.

4 Vgl. Katz 2004: 6.

verschiedenen Territorien mit unterschiedlichen politisch-sozialen Kulturen bestand: einer eher weltoffenen Region an der Küste (symbolisiert durch „Maskat“, der heutigen Hauptstadt) und einer eher abgeschlossenen im Landesinneren (das eigentliche „Oman“).

Die omanische Monarchie entstand als das Imamat der Ibaditen, einer Glaubensgemeinschaft, die sich auf die Kharijiten zurückführt. Diese verließen (arabisch *ḫarağa* = ausziehen, verlassen) aus Protest gegen die Wahl des ersten Kalifen Abu Bakr die muslimische Mehrheitsgemeinde und wählten anstatt des Kalifen einen Imam (arabisch Vorsteher, Vorbeter) als Führer (zuerst 751 n. Chr.). Die Ibaditen-Imame herrschten über „Oman“, und mehreren Dynastien von Imamen gelang es auch, Sultane von „Maskat“, also der Küstenregion, zu werden.[5]

Die Geschichte der omanischen Monarchie seit der frühen Neuzeit ist von der Auseinandersetzung mit europäischen Mächten geprägt. Ab 1507 errichteten die Portugiesen Stützpunkte an der omanischen Küste, konnten jedoch im 1650 durch die Imame der Yaruba-Dynastie wieder vertrieben werden. Bis zum 19. Jahrhundert konnte sich dann Großbritannien als wichtigste westliche Macht in Oman etablieren.

Im 18. und frühen 19. Jahrhundert begründeten die omanischen Monarchen ein Seeimperium, das weite Gebiete in Ostafrika, dem Indischen Ozean (die Insel Sansibar) und auf der asiatischen Seite des Persischen Golfs umfasste. 1749 löste die noch heute regierende Dynastie der Al-Bu-Said die Yaruba ab. Nach dynastischen Streitigkeiten trennten die Briten 1861 das omanische Imperium in einen arabischen (Hauptstadt Maskat) und einen afrikanischen (Hauptstadt Sansibar) Teil, die beide von Angehörigen der Al-Bu-Said-Dynastie regiert werden sollten (so genannter *Canning-Award*). Der Herrscher des weitaus reicheren Sansibar wurde verpflichtet, dem Sultan von Maskat einen regelmäßigen Tribut zu entrichten. Dennoch verarmte das Maskater Sultanat in der Folge fast völlig; dieser Zustand hielt bis zum Beginn der Ölexporte 1967 an.[6]

---

5 Die Ibaditen werden generell unter die sunnitischen Rechtsschulen (*madhahib*) eingeordnet, erkennen jedoch selbst die Sunniten nicht als Muslime an. Beziehungen zur muslimischen Konfession Schia sind eher gespannt, da Schiiten den Ibaditen mangelnden Respekt für die schiitischen Imame vorwerfen.

6 Vgl. Zahlan 1998: 127.

Schon im 19. Jahrhundert entwickelten sich die Küstenregionen („Maskat“) und das Landesinnere („Oman“) unterschiedlich. Sultanat und Imamat wurden nicht mehr in einer Person vereinigt; und während die Sultane von Maskat immer mehr an Macht verloren, stiegen die ibaditischen Imame zu De-facto-Herrschern des Landesinneren auf. Konflikte zwischen Sultanat und Imamat wurden nur auf Druck der Briten beigelegt. Im Vertrag von Sib beschlossen Sultan und Imam 1920, sich gegenseitig als Herrscher der Küstenregion (Sultan) und des Landesinneren (Imam) anzuerkennen.[7]

Die moderne omanische Monarchie verdankt ihre Entstehung Sultan Sa'id bin Timur (1910-1972, regierte 1932-1970) und seinem Sohn und Nachfolger Qabus bin Sa'id (geboren 1940, regiert seit 1970). Sultan Sa'id kam 1932 nach der Abdankung seines Vaters auf den Thron. Sein besonderes Interesse galt der Sanierung der prekären Staatsfinanzen, um die Abhängigkeit von den Briten zu vermindern. Der Sparkurs des Sultans ging jedoch mit dem Verzicht auf jedwede Investition in Infrastruktur und einer immer stärkerer Isolation des Landes nach außen einher. Eine Ausnahme stellten Konzessionen an Ölfirmen dar, die bereits in den 1930er Jahren erteilt wurden. Dabei stellte sich jedoch bald heraus, dass ein Großteil der Erfolg versprechenden Explorationsgebiete im vom Imam beherrschten Landesinneren lag. Dies zwang den Sultan, im Interesse der Ölexploration, die ihm einen Ausweg aus seiner chronischen Finanzkrise versprach, den Vertrag von Sib zu brechen. Die Wahl eines neuen Imams 1954, der den Ehrgeiz hatte, „Oman“ – erforderlichenfalls mit saudischer Unterstützung – zu einem unabhängigen Staat zu machen, erleichterte diese Entscheidung.

Ein saudisch-omanischer Konflikt war bereits 1952 entstanden, als saudische Truppen die Oase Buraimi, die sich Oman, die Vereinigten Arabischen Emirate (damals noch die so genannte „Trucial Coast“ oder „Trucial Oman“) und Saudi-Arabien teilten, besetzten. Die Briten hinderten Sultan Sa'id an direkten militärischen Maßnahmen, vertrieben die Saudis jedoch 1955. Im gleichen Jahr erhielt der Sultan grünes Licht, seine Macht über das gesamte Land auszudehnen. Anstatt eines Kriegszuges führte Sultan Sa'id eine prozessionsartige Reise durch das gesamte

7 Vgl. Scholz 1999: 150.

Landesinnere durch, wobei er sich als Herrscher huldigen ließ. Eine Gegenrevolte 1959 konnte der Sultan mit britischer militärischer Unterstützung niederschlagen. Das Imamat wurde im Anschluss für abgeschafft erklärt.[8]

Bereits 1958 hatte der Sultan, um sich engerer britischer Kontrolle zu entziehen, sich nach Salalah, der Hauptstadt Dhofars im Südwesten Omans, zurückgezogen. Er kümmerte sich in der Folge weder um Regierungsgeschäfte noch um den Aufbau eines Staatsapparates. 1967 änderte sich die finanzielle Situation Sultan Sa'ids grundlegend: die ersten Öleinnahmen flossen ins Land. Nach traditioneller Lesart wird dem Sultan vorgeworfen, diese Einnahmen seien, mit Ausnahme Salalahs, dem Land nicht zugute gekommen. Neuere Quellen verweisen auf geplante Infrastrukturprojekte Sultan Sa'ids, die jedoch weder der Bevölkerung noch den Briten schnell genug realisiert wurden.[9] Daher stürzte, mit britischer Billigung, Sultan Sa'ids Sohn Qabus seinen Vater im Juli 1970. Der abgesetzte Monarch ging ins Exil nach London und starb 1972. Der neue Sultan Qabus sah sich der Aufgabe gegenüber, ein verarmtes und unterentwickeltes Land in einen modernen Staat zu verwandeln. Außerdem musste der seit 1965 im Südwesten Omans ausgefochtene Dhofar-Krieg beigelegt werden. Dies gelang dem Sultan erst 1975.

Im Unterschied zu seinem Vater besaß Sultan Qabus durch die Öleinnahmen großzügige finanzielle Mittel, um die Modernisierung und Entwicklung des Landes voran zu treiben. Auch betrieb er die Öffnung Omans zur Außenwelt: 1980 wurde ein Abkommen mit den USA geschlossen, nachdem die islamische Revolution im Iran den Schah, einen wichtigen Verbündeten der omanischen Monarchie, gestürzt hatte. Dies sicherte Oman amerikanische Unterstützung gegen etwaige iranische Aggressionen. 1981 beteiligte sich Oman an der Gründung des *Gulf Cooperation Council* (Golfkooperationsrat). Sultan Qabus war besonders an der Aufstellung einer von allen Golfanrainerstaaten gemeinsam finanzierten *Peninsular Shield Force* („Halbinselverteidigungsmacht") interessiert, um die Militär- und Verteidigungsausgaben der einzelnen Mitgliedstaaten zu reduzieren. Generell verfolgte Oman in den folgenden Jahren eine neutrale Politik, so z.B. während des

8 Vgl. ebd.
9 Vgl. Owtram 2004: 132.

ersten Golfkrieges von 1980 bis 1988. 1991 beteiligte sich das Land mit kleinen Einheiten an der Koalition gegen den Irak. Als ungewöhnlich für einen arabischen Staat sind die seit 1995 bestehenden offiziellen Beziehungen mit Israel anzusehen.

Monarchischer Stil – monarchische Politik in Oman

Die omanische Monarchie hat es spätestens seit 1970, vielleicht schon seit 1958, verstanden, die politische Macht in Oman in den Händen des jeweiligen Amtsinhabers zu konzentrieren. Dies bedeutete nicht nur die Stärkung des Monarchen gegenüber internen Rivalen, sondern auch größere Unabhängigkeit von Großbritannien. Letzteres Ziel hat Sultan Qabus seit seinem Amtsantritt 1970 erreicht. Obwohl schon im 1951 erneuerten britisch-omanischen Freundschaftsvertrag von der „vollständigen Unabhängigkeit Omans" die Rede war, mussten die omanischen Sultane bis 1975 immer wieder britische militärische Unterstützung in Anspruch nehmen. Seit dieser Zeit hat der britische Einfluss im Land jedoch stark abgenommen. Während sich Sultan Sa'id noch nach Salalah zurückzog, um eine Art stummen Protest gegen britische Bevormundung auszudrücken, verstand es sein Sohn, sich aktiv immer größeren Freiraum zu verschaffen.[10] Seit dem Amtsantritt Sultan Qabus' werden hohe militärische und diplomatische Positionen fast ausschließlich von Omanern besetzt. Großbritannien ist jedoch immer noch bedeutend als wichtigster Lieferant von Militärmaterialien (insbesondere Panzer und andere schwere Waffensysteme).

Seit dem Coup von 1970 ist Oman eine absolute Monarchie, die sich etwa seit den 1990er Jahren im Wandel zur konstitutionellen Monarchie befindet. Der Sultan ist in Personalunion Staats- und Regierungschef und ernennt das Kabinett. Seit den 1990er Jahren wurden auch mehrere Gremien mit gewählten Mitgliedern gebildet, die an politischen Entscheidungsprozessen beteiligt werden sollten. Diese Gremien haben jedoch bis zum gegenwärtigen Zeitpunkt lediglich beratende Funktion. Sultan Qabus ist daher der Versuch vorgeworfen worden, vor seiner absoluten Monarchie lediglich eine „demokratische Fassade" errichten zu wollen und keine echte Demokratisierung zu beabsichtigen. Immerhin lässt sich sagen, dass der Sultan die Möglichkeiten zu politischer Parti-

10 Vgl. ebd.: 212.

zipation in den letzten Jahren beträchtlich ausgeweitet hat: am 4. Oktober 2003 erklärte er alle Omaner über 21 Jahren zu Wahlberechtigten. Mehr als 190.000 Menschen (74 Prozent der registrierten Wähler) nahmen im gleichen Jahr an den Wahlen teil und wählten 83 Mitglieder des *Madschlis al-Schura,* darunter zwei Frauen. Kritiker vermerken jedoch, dass der Sultan unter anderem das Recht besitzt, Wahlen für ungültig zu erklären. Diese Kritik erscheint nicht unberechtigt. Nach wie vor sind politische Parteien in Oman verboten.

Sultan Qabus hat es jedoch bis jetzt verstanden, nach innen wie nach außen eine balancierte Politik zu verfolgen und auf diesem Wege viele Sympathien zu gewinnen. Tribale, regionale und ethnische Interessen sind vom Monarchen gleichermaßen berücksichtigt worden. Auch die 1996 erfolgte Proklamation des *Basic Law of the State* (Grundgesetz des Staates) als eine Art Verfassung sowie die Einrichtung gewählter Gremien sind seitens der Bevölkerung goutiert worden. In jüngster Zeit wurde Ministern untersagt, gleichzeitig Manager oder Anteilsbesitzer von Firmen zu sein, um Korruptionsvorwürfen zu begegnen. Dies zeigt, dass sich der Sultan der Bedeutung eines guten Verhältnisses zwischen Monarch und Volk im Prinzip bewusst ist. In den letzten Jahren hat dieses Verhältnis dennoch gelitten.

Probleme und Gefahren für die Monarchie

Die omanische Monarchie ist derzeit nicht ernsthaft bedroht. Das scheint sowohl für die Monarchie an sich als auch für den momentanen Amtsinhaber zu gelten. In näherer Zukunft zu erwartende Veränderungen wirtschaftlicher und demographischer Art könnten jedoch Gefahren für die Monarchie mit sich bringen.

Ein Problem stellt, angesichts der Spannungen zwischen dem dortigen Regime und dem Westen, die Nähe zu Iran dar. Oman hat seit 1980 ein militärisches Kooperationsabkommen mit den USA (erneuert und überarbeitet 2000) und könnte im Konfliktfall ein Aufmarschplatz für westliche Truppen sein. Diesem Problem versucht Oman durch eine auf Ausgleich ausgerichtete Politik entgegenzuwirken. Ein Beispiel dafür war bereits während des zweiten Golfkrieges die Aufrechterhaltung diplomatischer Beziehungen mit dem Irak, obwohl kleinere omanische Kontingente in den Koalitionstruppen dienten. Auch unterhält Oman, wie bereits ausgeführt, diplomatische Kontakte mit Israel.

Nach dem 11. September 2001 versprach Oman volle Unterstützung für die von den USA geführte Koalition gegen den Terror und hat auch die meisten in der UNO zur Abstimmung gebrachten Abkommen gegen Terrorismus unterzeichnet.

Im Inneren versucht Sultan Qabus eine Politik zu verfolgen, die auf „Konsensus" aller beteiligten Parteien basiert und eine enge Interaktion von Monarch und Volk demonstriert, wie z.B. während ausgedehnter Reisen des Monarchen durch sein Sultanat. Gerade letztere sind jedoch oft als „Staffage" kritisiert worden.

Im Unterschied zu den benachbarten Golfmonarchien kann der omanische Sultan nur begrenzt das klassische „Rentenstaatssystem" anwenden, um sich Loyalität in der Bevölkerung zu sichern. Die Öleinnahmen werden mit Infrastruktur- und Verteidigungsausgaben weitestgehend aufgebraucht; und die zu erwartende baldige Erschöpfung der Ölreserven tut ein Übriges.

Die Stellung des omanischen Monarchen könnte auch auf religiöser Grundlage erschüttert werden. Wie bereits angeführt, sehen manche Beobachter die Ibaditen (denen auch der Sultan angehört) mittlerweile als Minderheit in Oman an. Auch die unilaterale Abschaffung des Imamats durch Sultan Sa'id muss nicht ewig Bestand haben: Längere Sedisvakanzen sind in der Geschichte der ibaditischen Imame nichts Neues. Bei Unzufriedenheit mit der Amtsführung von Sultan Qabus könnten die Erinnerung an das Imamat und der Wunsch nach seiner Erneuerung ein gewichtiges Problem werden.[11] Auch potenzielle Partizipationswünsche der prozentual im Wachsen begriffenen nicht-ibaditischen Muslime sind ein Gefahrenherd.[12]

Die Hauptgefahr droht dem Sultan jedoch auf wirtschaftlichem Gebiet. Omans Öleinnahmen sind rückläufig, seine Ölreserven bald erschöpft und die omanische Bevölkerung ist stark im Wachsen begriffen. Versuche, die Wirtschaft zu diversifizieren (Industrialisierung, Dienstleistungen, Tourismus) sind noch nicht von durchschlagendem Erfolg gekrönt gewesen. Das Ende der Ölreserven bedeutete nicht nur das Ende der Einnahmen, sondern auch den Wegfall einer Vielzahl gut bezahlter Arbeitsplätze (so war

11 Vgl. Katz 2004: 6.
12 Vgl. Wilkinson 1987: 231.

z.B. die *PDO*, die wichtigste Ölfirma in Oman, 1996 mit 5.000 Arbeitsplätzen der zweitgrößte Arbeitgeber nach der Regierung).[13]

Es steht zu befürchten, dass der jetzige Lebensstandard nicht aufrechterhalten werden kann, was zu massiver Unzufriedenheit in der Bevölkerung führen könnte. Schon jetzt wird der Sultan wegen der ungleichen Verteilung der Staatsausgaben kritisiert: Sieben Prozent Ausgaben in das Gesundheitswesen und 16 Prozent in das Bildungssystem stehen 32 Prozent Militärausgaben gegenüber. Das momentane Ausgabenniveau könnte nur mit Hilfe massiver Zuschüsse seitens der reicheren Nachbarstaaten gehalten werden und damit Oman einen Teil seiner Unabhängigkeit kosten.[14]

Neben diesen allgemeinen Problemen wird die omanische Monarchie auch durch Sultan Qabus selbst sowie durch die kleine Anzahl von Mitgliedern der Al-Bu-Said-Dynastie gefährdet. Im Unterschied zu Saudi-Arabien oder Kuwait, wo je eine große Herrscherfamilie mit potenziellen Konkurrenzkandidaten den Amtsinhaber kontrollieren kann, sieht Sultan Qabus sich keiner derartigen Kontrolle unterworden. Er hat zudem dafür gesorgt, dass Mitglieder der Dynastie nur selten in hohen militärischen und Staatsämtern zu finden sind.[15] Außerdem hat er sich bis jetzt nicht auf einen Nachfolger festgelegt: der immerhin 67-jährige Sultan ist kinderlos. Das erwartete Procedere – die Bestimmung eines Nachfolgers aus der Al-Bu-Said-Dynastie erst nach dem Tode Sultan Qabus' – gäbe seinem Nachfolger keinerlei Zeit, sich angemessen auf die Regierungsgeschäfte vorzubereiten und eine Loyalitätsbasis in der Bevölkerung zu errichten.[16]

Ein unmittelbares Problem könnte der mittlerweile als offenes Geheimnis gehandelte Grund für die Kinderlosigkeit des Sultans sein: Er wird fast öffentlich der Homosexualität bezichtigt. Sultan Qabus war nur 1976 für einige Monate verheiratet und die bald geschiedene Ehe blieb kinderlos. Dies stellt in einem Land mit muslimisch geprägter Kultur, in der Homosexualität abgelehnt wird, einen gewichtigen Makel dar. Auch wird dem Sultan vorgeworfen, größere Geldsummen für seine wechselnden Affären mit jungen Männern auszugeben. Insgesamt ist in den letzten Jahren eine Entfremdung des Sultans von seinem Volk festzustellen. Wie

13 Vgl. Allen/Rigsbee 2000: 129.

14 Vgl. Cordesman 1997: 123.

15 Vgl. Katz 2004: 3.

16 Vgl. Allen/Rigsbee 2000: 92.

sein Vater führt er einen zunehmend zurückgezogenen Lebensstil.[17] Auch seine kulturellen Aktivitäten sind auf Kritik gestoßen. Der von westlicher klassischer Musik begeisterte Sultan hat ein beeindruckendes Orchester gegründet, das jedoch von Omanern als „Geldverschwendung" bezeichnet und mit der Begründung abgelehnt wird, Musik sei der Ausübung der wahren Religion „hinderlich". Es bleibt abzuwarten, ob seine unbestreitbaren Verdienste um das Wohl des Landes Sultan Qabus auch bei derartigen Konfliktsituationen den Thron sichern können.

Literatur

Allen, Calvin/Ringsbee, Lynn 2000: Oman under Qaboos. From Coup to Constitution 1970-1996, London.

Cordesman, Anthony H. 1997: Bahrain, Oman, Qatar and the UAE. Challenges of Security, Boulder.

Eickelman, Dale F. 1985: From Theocracy to Monarchy: Authority and Legitimacy in Inner Oman 1935-1957, in: International Journal of Middle Eastern Studies, Bd. 17, Nr. 1, 3-24.

Katz, Mark N. 2004: Assessing the Political Stability of Oman, in: Middle East Review of International Affairs, Bd. 8, Nr. 3, 1-10.

Melamid, Alexander 1986: Interior Oman, in: Geographical Review, Bd. 76, Nr. 3, 317-321.

Oman, in: Der Fischer Weltalmanach 2008, Frankfurt a. M. 2007, 361.

Owtram, Francis 2004: A Modern History of Oman: Formation of the State since 1920, London.

Scholz, Fred (Hrsg.) 1999: Die kleinen Golfstaaten, Gotha/Stuttgart.

Skeet, Ian 1974: Muscat and Oman. The End of an Era, London.

Wilkinson, John C. 1971: The Oman Question. The Background to the Political Geography of South-East Arabia, in: Geographical Journal, Bd. 137, Nr. 3, 361-371.

Wilkinson, John C. 1987: The Imamate Tradition of Oman, Cambridge.

17 Vgl. Katz 2004: 4.

Zahlan, Rosemarie Said 1998: The Making of the Modern Gulf States. Kuwait, Bahrain, Qatar, the United Arab Emirates and Oman, 2. Auflage, Reading.

Internet

Oman-Informationen des US-Außenministeriums: *http://www.state.gov/r/pa/ei/bgn/35834.htm*

Allgemeine Oman-Informationen: *http://www.arab.net/oman*

Samoa

Hermann Mückler

Der seit 1997 von West-Samoa in Independent State of Samoa umbenannte souveräne Staat umfasst den westlichen Teil der im Pazifik gelegenen Samoa-Inselgruppe. Bestehend aus den beiden großen Inseln Upolu mit der Hauptstadt Apia und Savai'i sowie mehreren kleineren Inseln, darunter die bewohnten Inseln Apolima und Manono, besitzt Samoa im Vergleich zum östlich liegenden American Samoa, welches geographisch ebenfalls zur Samoa-Inselgruppe zählt, eine wesentlich größere Landfläche und größere landwirtschaftliche Entwicklungsperspektiven. Kulturell zählt Samoa eindeutig zu Polynesien. Die Gesamteinwohnerzahl liegt bei etwa 185.000 Personen, wobei weitere rund 100.000 Samoaner als Arbeitsmigranten im Ausland leben.[1] Die Gesamtlandfläche aller Inseln beträgt 2.831 km^2. Die Inseln sind vulkanischen Ursprungs, das Land ist durch mehrere Vulkankrater geprägt, von denen sich einige in der Vergangenheit durch Eruptionsphasen bemerkbar machten. Hauptanbauprodukte sind Kokosnuss, Taro, Yams, Bananen, Brotfrucht und Kakao, in kleineren Quantitäten aber auch Vanille, Kava und Noni. Da ungefähr die Hälfte des Landes bewaldet ist, stellte der Einschlag von Holz lange Zeit eine wichtige Einnahmequelle dar, die jedoch durch Zyklone limitiert wird und Wiederaufforstungen notwendig macht. Ernteerfolge hängen stark von den klimatischen Bedingungen ab. Die zu Samoa zählenden Gewässer sind reich an maritimen Ressourcen, die bisher jedoch nur in begrenztem Umfang und in küstennahen Gewässern genutzt werden. Dort kam es in den vergangenen Jahrzehnten zu Überfischung und ökologischen Beeinträchtigungen.

Zur Geschichte des Inselstaates

Die Geschichte ist von wiederholter äußerer Einflussnahme gekennzeichnet.[2] In voreuropäischer Zeit gab es Kontakte zu und

1 Vgl. Ahlburg 1991.
2 Vgl. Meleisea 1987; Melaisea 1997.

Konflikte mit den Nachbarinselgruppen Fidschi und Tonga, die ihren Einflussbereich auszudehnen versuchten. Die von Europäern erstmals durch Jakob Roggeven im Jahr 1722 besuchte Inselgruppe weckte strategische, ökonomische und koloniale Interessen der europäischen Großmächte Deutsches Reich und Großbritannien sowie der USA. Alle drei Mächte involvierten sich im 19. Jahrhundert in die internen Machtkämpfe und Konflikte der Samoaner und spielten die einzelnen Häuptlingsfamilien und deren Anhänger gegeneinander aus, was zu teilweise blutigen Kämpfen und zu mehreren Jahrzehnten politischer Instabilität in der Region führte. Die internationale Rivalität zwischen den drei Mächten eskalierte für alle Beteiligten zu einem kostspieligen und ressourcenverzehrenden Unternehmen, bei dem die Samoaner zwischen die Fronten gerieten und interne Machtkämpfe rivalisierender samoanischer Häuptlinge von Seiten der ausländischen Mächte geschickt zur Durchsetzung eigener Interessen instrumentalisiert wurden.[3] Die zeitweise bürgerkriegsähnlichen Zustände konnten nur durch eine übergeordnete gemeinsame Lösung beendet werden. Nachdem eine gemeinsame Verwaltung aller drei Mächte – geregelt in einem Vertrag des Jahres 1889 (Berliner Konferenz) – sich aber als undurchführbar erwies, wurden im Jahr 1899 (Washington Convention) die Einflussbereiche klar getrennt. Dies führte zur Teilung der Samoa-Gruppe. Der größere westliche Teil fiel dabei den Deutschen zu, der kleinere östliche Teil wurde unter dem Namen American Samoa amerikanisch. Die Engländer wurden mit Gebietsabtretungen in anderen Teilen des Pazifiks und in Afrika abgefunden.[4] Die Jahre zwischen 1900 und 1914 waren durch Maßnahmen der deutschen Kolonialverwaltung zur Steigerung der Produktivität und der Vergrößerung von Anbauflächen in der Plantagenwirtschaft gekennzeichnet. Politisch kam es zu einer Beruhigung der Situation. Mit Ausbruch des Ersten Weltkrieges verlor Deutschland seine Kolonie kampflos an Neuseeland, welches in der Folge massive Widerstände seitens der Samoaner durch die Implementierung einer rigiden Kolonialadministration herausforderte. Neuseeland, ab 1920 offiziell mit einem Mandat der Siegermächte ausgestattet, unterband in den Jahren bis zum

3 Vgl. Gilson 1970; Kennedy 1974; Keesing 1934.
4 Vgl. Masterman 1934.

Zweiten Weltkrieg sämtliche Bestrebungen der Samoaner, eine Selbstverwaltung aufzubauen und auf eine mittelfristige Unabhängigkeit hinzuarbeiten.[5] Im Jahr 1962 wurde Samoa als West-Samoa in die politische Unabhängigkeit entlassen. Der Staat schuf sich ein Regierungssystem, welches eine Verknüpfung traditioneller und moderner demokratischer politischer Institutionen darstellt und in der spezifischen Zusammensetzung des *fono*, der traditionellen Ratsversammlung bzw. dem Parlament, seine Entsprechung findet.

Samoa – eine Monarchie, die keine mehr ist?

Samoa ist eine Republik, die 1962 als erstes pazifisches Territorium den Übergang von der Kolonie zum unabhängigen Staat schaffte. Immer wieder fand und findet sich jedoch in der einschlägigen Literatur die Bezeichnung „Monarchie" für das Staatswesen. Eine Bezeichnung, die ambivalente Sichtweisen und innere und äußere Interpretationszugänge widerspiegelt, nach westlichen Maßstäben jedoch nur partiell zutreffend und daher erklärungsbedürftig ist. Samoa ist zwar zusammen mit 53 anderen Staaten Mitglied des Commonwealth of Nations, gehört aber nicht zu jenen sechzehn Ländern, die explizit die britische Königin als Staatsoberhaupt anerkennen und unter der Bezeichnung „Commonwealth Realm" zusammengefaßt werden. Die auch heute noch zu findende Bezeichnung „konstitutionelle Monarchie" ist nur insofern zutreffend, als es sich bei der Struktur des Amtes des Staatoberhauptes im Land selbst um eine Mischform handelt. Das Staatsoberhaupt erhielt – zumindest bis zum Jahr 2007 – seine Legitimität zur Ausübung des Amtes einerseits durch Abstammung aus einer der traditionell die Führungspersonen stellenden Familien, womit ein dynastisches Element impliziert war, andererseits aber durch den im Folgenden dargestellten *fono,* der mit der Legitimation auch eine Kontrolle traditioneller Machtbefugnisse verbindet. Seit dem Tod des langjährigen „Monarchen" Malietoa Tanumafili II. (geboren am 4. Januar 1913) im Jahr 2007 haben sich die Bedingungen jedoch in Richtung eines alle fünf Jahre zu wählenden Staatsoberhauptes geändert.

5 Vgl. Field 1984; Rowe 1930.

Warum aber wurde Samoas politisches System bis 2007 häufig als Monarchie klassifiziert?

Tatsache ist, dass das politische System des Inselstaates Merkmale aufweist, die auf überlieferten polynesischen Kulturtraditionen fußen, die in voreuropäischer Zeit den Herrschern absolutistische Machtfülle zuerkannten. Der relativ hohe Grad des Bezugs auf und die Inkorporation traditioneller politischer Strukturen in das moderne westlich geprägte politische Modell schlägt hier gleichsam eine Brücke zwischen Vergangenheit und Gegenwart und ist für die Identifikation des Einzelnen mit den Führungspersönlichkeiten von zentraler Bedeutung. Letztere finden nur dann Anerkennung, wenn sie im traditionellen Kontext aus den im engeren Sinn „königlichen“ Familien stammen. Diese repräsentierten und hielten die wichtigsten und angesehendsten Titel. Der Grad monarchischer Elemente in der Amtsstruktur des Staatsoberhauptes ist mehrheitlich nur mit den schwer messbaren Kategorien Status, Symbolhaftigkeit und Ansehen in der Bevölkerung fassbar und nur in Bezug auf Amtsdauer und Machtfülle konkret messbar. So konnte beispielsweise das Staatsoberhaupt in Samoa auf Lebenszeit gewählt werden, ein Passus, der erst 2007 eine Änderung erfuhr. Dies war beim langjährigen „Chief of State“, Tanumafili II. der Fall, der den Titel der Malietoa-Dynastie trug. Er war ein Titelträger, ein *matai*. Er stammte aus einer fürstlichen Familie, die wiederum im Kontext der traditionellen, hierarchisch gegliederten polynesischen Gesellschaft zu den vier wichtigsten fürstlichen Familien (*aiga tupu*) zählte. Der Begriff *aiga* bezeichnet auf Samoa die wichtigste soziale Grundeinheit der Gesellschaft. Die *aiga* ist eine Großfamilie bzw. ein größerer Familienverband, bestehend aus den im Haushalt geborenen oder adoptierten Individuen und in anderen Dörfern lebenden Verwandten. Dabei handelt es sich nicht um eine Familie im europäischen Sinn der Blutsverwandtschaft, sondern um ein offenes System, in das Individuen von außen integriert und aus dem auch Mitglieder ausgeschlossen werden können. Jeder *aiga* steht ein *matai* (*mata i ai*, das bedeutet: erhöht, geweiht), ein Titelträger und Familienoberhaupt, vor. Dieser ist der Verwalter des Landes sowie des gemeinsamen Besitzes einer *aiga*. Dazu zählt auch die erwirtschaftete Nahrung. Der *matai* vertritt die Interessen der *aiga* nach außen im *fono*, der samoanischen Ratsversammlung. *Fono* ist auch die Bezeichnung für das Parlament, in dem die wichtigsten *matai* als Mandatare sitzen. Der *matai* wird vom titellosen *taule'ale'a* unterschieden. Überdies ist der *matai* der politische Repräsentant seiner Haushaltsmitglieder. Grundsätzlich können zwei unterschiedliche Klassen von Titel festgelegt werden: *ali'i* (high chiefs) und *tulafale* (orator chiefs, Sprecher). Erstgenannte gehören meistens berühmten alteingesessenen Familien mit langer aristokratischer Abstammung an, deren Vorfahren oft magische Fähigkeiten zugeschrieben wurden. Die *tulafale* genießen in der Gesellschaft formal ein weniger hohes Ansehen und werden mit profanen, utilitaristischen Aufgaben assoziiert, im Gegensatz zu den *ali'i*, die manchmal eine fast sakrale Aura umgibt. Bei festlichen Anlässen sind es die *tulafale*, welche die Ahnenreihen der Anwesenden *ali'i* und die Geschichte des Dorfes (*fa'alupega*) vortragen. Als Koordinatoren, die das tägliche Leben und die praktischen logistischen Aufgaben bewältigen, haben *tulafale* faktisch oft eine mächtigere Position als einige *ali'i*, da sie das Monopol auf die Verteilung von Prestige und Ansehen im Dorf innehaben. Beide Titel beinhalten eine Ambivalenz, die aus der Tatsache erwächst, dass ein *matai* sowohl herrschaftliche als auch populistische Aspekte in einer Person verkörpert. Da die Amtserlangung nicht nur durch Abstammung, Heirat und Adoption, sondern auch durch Wahl geschehen kann, muss sich der *matai* Gefolgschaft erarbeiten. Die Trennlinie zwischen „erworbener" und „ererbter" Macht kann hier nicht genau gezogen werden. Wenn der Erstgeborene keinen Anspruch auf den Titel des Vaters hat, wird in einer Versammlung, der *filifiliga*, unter Berücksichtigung der Stimmungslage innerhalb der *aiga* ein *matai* gewählt, der im lokalen *fono* dann bestätigt werden muss.[6]

Tanumafili II. – der letzt Monarch und seine Rolle im politischen System

Bis 1990 blieb das samoanische Wahlrecht auf *matai* beschränkt, eine Monopolisierung effektiver politischer Macht mit Folgen. Auch heute noch können primär nur *matai* politische Ämter

---

6 Vgl. dazu Huffer/So`o 2000; Keesing 1934; Keesing/Keesing1956; Krämer 1901/1902.

bekleiden. Die *matai* bestimmen auf allen Ebenen die Politik des auf einem Einkammerparlament basierenden Systems, in dem die seit 1991 gewählten Abgeordneten, bis auf zwei (diese vertreten Minderheiten), Titelträger aus 41 Wahlkreisen sind. Es gibt Parteien, jedoch spielt die Zugehörigkeit zu bestimmten titeltragenden Familien die größere Rolle bei Allianzbildungen in Entscheidungsfindungsprozessen. Elemente der traditionellen Kultur spielen im Alltag eine große Rolle. So ist beispielsweise die Erlangung einer angesehenen Position für junge Männer nach wie vor an die Anbringung der entsprechenden Tätowierung von der Taille bis zu den Oberschenkeln gebunden – und damit für alle potenziellen zukünftigen *matai*-Titelträger obligatorisch. Die Schaffung und Registrierung neuer Titel führte zeitweise zu einer Titelinflation. Als dies unterbunden wurde, führte eine Titel-Splittung zu neuen *matais*. Mit Einführung des allgemeinen Wahlrechtes wurde Abhilfe gegen diese unerwünschte Entwicklung geschaffen.

Das höchste Amt in Samoa wurde nach der Unabhängigkeit 1962 auf zwei der vier ranghöchsten *matais* aufgeteilt. Das seit damals amtierende Staatsoberhaupt Malietoa Tanumafili II. war ein *matai* der höchsten Kategorie. Er amtierte vom 1. Januar 1962 bis zum 5. April 1963 gemeinsam mit Tupua Tamasese Mea'ole (1905-1963). Beide verkörperten je einen der zwei notwendigen *matai*-Titel für diesen Posten. Als letzterer 1963 starb, wurde Tanumafili II. ab dem 5. April 1963 alleiniges Staatsoberhaupt und konnte später weitere Titel auf sich vereinigen. An der Spitze der Hierarchie steht traditionell der *tafaifa* (Vierbetitelte), der idealerweise die vier höchsten Titel (*Tui Autua*, *Tui Aana*, *Gatoaitele*, *Tamasoalii*) der Inselgruppe in einer Person vereinigt. Tanumafili II. war ein Titelträger, der das erste Mal seit 1899 wieder alle vier Titel der vier angesehensten Familien bzw. Dynastien in einer Person vereinen konnte und damit eine herausragende Position im Land hatte. Aufgrund der personenbezogen hier anwendbaren Kriterien hatte die Bezeichnung „Monarch“ für das Staatsoberhaupt damit eine gewisse Berechtigung. Aufgrund seiner adeligen Abstammung, die eine erbliche Komponente beinhaltete, wurde er auch als „His Highness“ angesprochen. Von einem Monarchen zu sprechen, scheint (auch) durch den Status und das Prestige, den das Staatsoberhaupt in der samoanischen Bevölkerung genoss, aus deren Sicht gerechtfertigt – eine Tatsache, die sich messbaren Kategorisierungen weitgehend entzieht und nur im hohen Ansehen der Respektsperson begründet lag. Seit August 2005 war Tanumafili II. der am drittlängsten regierende lebende Monarch der Welt, nach dem König von Thailand und der britischen Queen Elizabeth II.

Trotzdem war er in der ambivalenten samoanischen Diktion kein Monarch im engeren Sinn. Dieser wurde in der Vergangenheit, also bis 1899, mit dem Oberbegriff bzw. Namen „*O le Tupu o Samoa*“ bezeichnet, was soviel wie „König von Samoa“ heißt. Das langjährige Staatsoberhaupt Tanumafili II. hingegen wurde als „*O le Ao o le Malo*“ bezeichnet. Das bedeutet auf samoanisch „Kopf des Staates“, „Staatsoberhaupt“ oder, in einer wörtlichen Übersetzung, „Häuptling der Regierung“ (chieftain of the government). Die genaue Bedeutung der Bezeichnung verursachte wiederholt Konfusion und eine Übersetzung der Funktion des Staatsoberhauptes lautet auch „Zeremonialpräsident der Republik“. Tanumafili II. war ein Sonderfall, der nach dessen Tod am 11. Mai 2007 ein Ende fand. Der ihm nachfolgende Präsident, Tupuola Taisi Tufuga Efi, der am 20. Juni 2007 sein Amt antrat, wurde vom Volk in einer allgemeinen Wahl für eine fünfjährige Amtszeit bestimmt und kann vom Parlament auch seines Amtes enthoben werden. Tanumafili II. war ein auf Lebenszeit amtierender „Monarch“, hatte überwiegend repräsentative Funktionen und nur einen eingeschränkten Handlungs- und Entscheidungsspielraums. Ein Vergleich mit der ursprünglichen Amtsfülle in vorkolonialer Zeit, wo auch die Gerichtsbarkeit in Händen des „Monarchen“ lag, ist nur bedingt möglich. Das hängt auch mit der Teilung des Inselarchipels zwischen den Kolonialmächten Deutschland und USA im Jahr 1899 zusammen, was die politischen Verhältnisse und die Rolle der Häuptlinge bzw. Häuptlingsfamilien massiv veränderte.[7] Man wird beobachten müssen, wie unter den veränderten Bedingungen seit 2007 die kommenden Staatsoberhäupter ihren Macht- und Bewegungsspielraum nutzen können.

7 Vgl. Davidson 1967.

Herausforderungen und Perspektiven Samoas

Die aktuellen Probleme des Landes resultieren vor allem aus einer chronisch defizitären Handelsbilanz und zunehmenden Schwierigkeiten, in einer hochkompetitiven Weltwirtschaft eigene Produkte zu positionieren. Große Verwundbarkeit gegenüber externen, marktsteuernden Faktoren sowie ein kleiner Binnenmarkt und Naturkatastrophen haben immer wieder zu starken Einbrüchen geführt und eine kontinuierliche wirtschaftliche Entwicklung verhindert. Der Tourismus konnte in den vergangenen Jahren schrittweise ausgebaut werden. Das Verhältnis zum unmittelbaren Nachbarn American Samoa ist durch enge Kontakte in den Bereichen Arbeitsmigration und Verwandtschaftsbesuche gekennzeichnet, jedoch aufgrund des Wohlstandgefälles zwischen dem unabhängigen, aber ärmeren Samoa und dem abhängigen, aber von den US-Amerikanern gestützten American Samoa nicht friktionsfrei. Mit dem Wechsel von „Western Samoa“ zu „Samoa“, eine Umbenennung, die am 4. Juli 1997 Gültigkeit erlangte, hat das Land heftige Kritik vom Nachbar Amerikanisch-Samoa auf sich gezogen. Dieser Schritt, der von vielen Samoanern des Nachbarlandes als unüberlegt bezeichnet wurde, monopolisiert in deren Augen den Anspruch Samoas, das „wahre“ Samoa zu repräsentieren. Es zeigt aber auch, dass Samoa eine aktive Politik betreibt, die nicht frei von nationalistischen Tendenzen ist und in durchaus konfrontativer Weise mit dem Nachbarn im Wettstreit steht. Das Land ist heute Einflüssen veränderter Wertvorstellungen und neu entstandener Konsumbedürfnisse unterworfen, die heimkehrende Samoaner mitbringen und eine Herausforderung für die Politiker des Landes darstellen.[8] Die Zukunft des Landes wird davon abhängen, Elemente der traditionellen Kultur mit den neuen Bedingungen so zu verbinden, dass soziale Verwerfungen vermieden werden können. Die Notwendigkeit, Anpassungen an gesellschaftliche Veränderungen auch im politischen System Rechnung zu tragen, wurde – anders als beispielsweise im benachbarten Königreich Tonga – erkannt. Allein schon aus diesem Grund wird in Samoa offiziell nicht von einer Monarchie gesprochen, sondern der demokratisch-parlamentarische Charakter des Regierungssystems

8 Vgl. Hennings 1996; Mückler 2006.

betont. Anders in der Bevölkerung, in der der langjährig amtierende Tanumafili II. tatsächlich häufig als Monarch wahrgenommen wurde und ihm diese Adressierung auch aufgrund seiner Integrität und Leistungen gerne zuerkannt wurde, auch wenn hier „gefühlte Macht" und tatsächliche Machtfülle auseinanderklafften. Das *CIA World Factbook*, immerhin eine „reliable source" im Internet, verhielt sich lange diplomatisch nichtssagend, indem es eine genaue Stellungnahme zur Staatsform Samoas umging und das politische System Samoas als „mix of parliamentary democracy and constitutional monarchy" bezeichnete. Erst mit dem Wechsel an der Staatsspitze seit Mitte 2007 wird Samoa klar als „parliamentary democracy" beschrieben. Offiziell bezeichnet sich Samoa selbst in der Verfassung mit „*Malo Sa'oloto Tuto'atasi o Samoa*", was soviel wie „Unabhängiger Staat Samoa" bedeutet. In der immer noch gültigen Verfassung aus dem Jahr 1960 fehlt jeder Hinweis auf eine konstitutionelle Monarchie. Mit keinem Wort wird ein Monarch bezeichnet, aber auch eine genaue Definition einer Republik fehlt. Aus diesem Grund ist es sinnvoll, in diesem Buch Samoa zu thematisieren.

Literatur

Ahlburg, Dennis A. 1991: Remittances and their Impact. A study of Tonga and Western Samoa, Canberra.

CIA World Factbook, einsehbar unter: https://www.cia.gov/library/publications/the-world-factbook (Stand: 1.4.2008).

Davidson, James Wightman 1967: Samoa Mo Samoa. The Emergence of the Independent State of Western Samoa, Melbourne.

Field, Michael J. 1984: Mau, Samoa's struggle against New Zealand oppression, Wellington.

Gilson, Richard Philip 1970: Samoa 1830 to 1900. The Politics of a Multi-Cultural Community, Melbourne.

Hennings, Werner 1996: West-Samoa in der pazifischen Inselwelt, Gotha.

Huffer, Elise/So'o, Asofou (Hrsg.) 2000: Governance in Samoa, Canberra/Suva.

Keesing, Felix M. 1934: Modern Samoa, Its Government and Changing Life, London.

Keesing, Felix M./Keesing, Marie M. 1956: Elite Communication in Samoa. A Study of Leadership, Stanford.

Kennedy, Paul M. 1974: The Samoan Tangle. A Study in Anglo-German-American Relations 1878-1900, St. Lucia/Queensland.

Krämer, Augustin 1901/1902: Die Samoa-Inseln. Entwurf einer Monographie mit besonderer Berücksichtigung Deutsch-Samoas, 2 Bände, Stuttgart.

Masterman, Sylvia 1934: The Origins of International Rivalry in Samoa 1845-1884, London.

Meleisea, Malama 1987: Lagaga. A Short History of Western Samoa, Suva.

Meleisea, Malama 1997: The Making of Modern Samoa. Traditional Authority and Colonial Administration in the modern History of Western Samoa, Suva.

Mückler, Hermann 2006: Samoa, in: Werner Kreisel (Hrsg.), Mythos Südsee. Länderprofile Ozeaniens zu Wirtschaft und Gesellschaft, Hamburg, 216-224.

Rowe, Newton Allan 1930: Samoa under the Sailing Gods, London/New York.

Internet

Regierungsseite: *http://www.govt.ws*

Deutsche Botschaft Samoa: *http://www.konsulate.de/botschaften/botschaft_samoa_info*

Informationen des Auswärtigen Amtes zu Samoa: *http://www.auswaertiges-amt.de/diplo/de/Laender informationen/01-Laender/Samoa.html*

Saudi-Arabien

Michael Heim

Die absolute Herrschaft der Familie Saʿūd

Der Staat Saudi-Arabien wurde 1932 per herrschaftliches Dekret von Ibn Saʿūd geschaffen und ist eine absolute Monarchie. Bereits die arabische Landesbezeichnung, *al-mamlaka al-ʿarabīya as-saʿūdīya*, legt davon Zeugnis ab: Wörtlich übersetzt, kategorisiert sie das Land als „das arabische, saudische Königreich", wobei der Terminus „saudisch" nicht auf eine regionale, ethnische oder nationale Identität Bezug nimmt, sondern den Besitzanspruch einer Familie – der Āl Saʿūd – ausdrückt. Und in der Tat ist im heutigen saudischen System nicht die Herrschaft eines Individuums, also des Königs, absolut zu nennen, sondern die Herrschaft der Familie insgesamt.[1]

Der Einordnung als absolute Monarchie tut es keinen Abbruch, dass Saudi-Arabien seinem Selbstverständnis nach durchaus eine Verfassung hat: nämlich den Koran, ergänzt um die Sunna, die überlieferte Praxis des Propheten Muḥammad. Zwar bringt die formale Berufung auf Koran und Sunna die Einschränkung mit sich, dass die saudische Herrschaft sich im Rahmen der Scharia bewegen muss.[2] Da der Koran jedoch kein Verfassungswerk, sondern eine religiöse Offenbarungsschrift ist, und auch in Kombination mit der Sunna die Organisation des Staatswesens nicht eindeutig festlegt, lässt der Rekurs auf sie der staatlichen Ausgestaltung großen Spielraum. Zunächst einmal zeigt die Berufung

---

1 Zur Herausbildung familiärer Machtzentren unter König Fayṣal vgl. Kostiner/Teitelbaum 2000: 136. Die gemeinsame Entscheidungsfindung der Āl Saʿūd findet seit 2000 einen formalen Ausdruck in der Institution des Familienrates. Nach offiziellen Bekundungen befasst er sich jedoch nur mit innerfamiliären Angelegenheiten (vgl. Steinberg 2004: 83).

2 Koran und Sunna bilden gemeinsam die Grundlage des islamischen Rechts (der Scharia). Zur Scharia gehören darüber hinaus die Methoden der Rechtsfindung, mit denen aus Koran und Sunna anwendbares Recht abgeleitet und fortentwickelt wird.

auf den Koran lediglich den Anspruch islamischer Legitimation an.

Damit fällt den islamischen Rechts- und Religionsgelehrten des Landes, den wahhabitischen *ʿulamāʾ*, die Aufgabe zu, über die Einhaltung dieses Anspruches zu wachen und den islamkonformen Charakter der Herrschaftsausübung zu beurteilen. Dieses informelle Arrangement, das sich aus der Natur der religiösen Legitimation ergibt, hat sich jedoch nicht zu einer echten Kontrollinstanz entwickeln können. Denn den saudischen Herrschern gelang es im 20. Jahrhundert, die führenden *ʿulamāʾ* an sich zu binden, indem sie ihnen prestigeträchtige Ämter, eine zentrale Rolle in der Rechtsprechung und Einfluss im Erziehungswesen zugestanden. Im Gegenzug kam der religiösen Elite bei der Bewertung politischer Entscheidungen, von einigen Detailfragen abgesehen, eine weitgehend affirmierende Rolle zu.[3] So ist die Herrschaft der Familie Saʿūd formal durch islamische Prinzipien beschränkt, doch da es der allgemeinen Berufung auf den Koran – in Abwesenheit einer stringenten, verbindlichen und unabhängigen Interpretation dieses Anspruches – an definitorischer Schärfe mangelt, bekräftigt sie in der Praxis den absoluten Charakter der Monarchie. Beigeordnete Gesetze, die verfassungsähnlichen Charakter haben, jedoch selbst keinen Verfassungsrang beanspruchen, bestätigen den alleinigen Herrschaftsanspruch der Familie.[4]

Der König (seit 2005: ʿAbdallāh) ist Regierungschef und leitet als Premierminister den Ministerrat.[5] Ihm steht die beratende Versammlung (*maǧlis aš-šūrā*) zur Seite, deren Mitglieder vom König berufen werden. Dieses von Technokraten dominierte Gremium kann Empfehlungen aussprechen und Gesetzesvorschläge erarbeiten, sie jedoch nicht verabschieden.[6] Um die Position der *ʿulamāʾ* zu berücksichtigen, kann der König den „Rat der hochrangigen Religionsgelehrten" (*maǧlis hayʾat kibār al-ʿulamāʾ*)

---

3 Vgl. Al-Rasheed 2002: 68, 124f.

4 Die wichtigsten Regelungen dieser Art finden sich in der „Grundordnung der Herrschaft" von 1992. Vgl. *An-niẓām al-asāsī li-l-ḥukm* („Grundordnung der Herrschaft"), Art. 5 und 44.

5 Vgl. ebd., Art. 56.

6 Vgl. *Niẓām maǧlis aš-šūrā* („Dekret über die beratende Versammlung"), Art. 3, 15 und 17.

konsultieren. Diese formale Struktur ist für das Zustandekommen politischer Entscheidungen jedoch weniger bedeutend als das Netzwerk persönlicher Beziehungen, das den Zugang zur politischen Elite regelt und die Machtverhältnisse innerhalb der Familie Saʿūd strukturiert.[7]

Die Macht des Königs ist in der Familie, und damit auch im Staat, nicht unbegrenzt. Die Familie selbst umfasst Tausende von Mitgliedern; bedeutenden politischen Einfluss übt jedoch nur ein kleiner Kreis aus, der sich um die wichtigsten Söhne des Staatsgründers Ibn Saʿūd gruppiert.[8] Innerfamiliäre Allianzen entspringen zum Teil aus der Solidarität von Altersgruppen; so fanden sich in den 1950er und 60er Jahren eine Reihe jüngerer Söhne Ibn Saʿūds, die „freien Prinzen", zu einer konstitutionellen Bewegung innerhalb der königlichen Familie zusammen.[9] Wichtiger für die Strukturierung der Familie in Fraktionen sind jedoch verschiedene Abstammungslinien unter den Nachkommen des Staatsgründers. Die Söhne der zahlreichen Frauen Ibn Saʿūds konkurrierten um Macht und Ressourcen; die Abstammung von derselben Mutter konnte in diesem Umfeld Keimzelle der Fraktionsbildung sein. So kooperierten z.B. die „Sudairi-Sieben" – die sieben Söhne Ibn Saʿūds mit Ḥaṣṣa bint Aḥmad as-Sudayrī – als familieninterner Machtblock gegen ihre zahlreichen Halbbrüder und deren Nachkommen.

Die größte Sprengkraft kann die Konkurrenz innerhalb der Familie in Fragen der Thronfolge entwickeln. Denn eine eindeutig festgelegte Rangordnung der Prätendenten gibt es nicht und lässt sich auch aus den Traditionen auf der arabischen Halbinsel nicht ableiten. Bisher trat der älteste Sohn Ibn Saʿūds, der als geeignet gelten konnte, die Nachfolge an. Doch das Alter der möglichen

---

7 Vgl. Steinberg 2004: 82f.

8 Die genaue Größe der Familie ist nicht bekannt. Schätzungen gingen im Jahr 2001 von 5.000 bis 8.000 erwachsenen Familienmitgliedern aus (vgl. Kechichian 2001: 24). Staatsgründer Ibn Saʿūd hatte 43 Söhne und über 50 Töchter. Sein Sohn Saʿūd übertraf ihn mit 53 Söhnen und 54 Töchtern sogar noch (vgl. Al-Rasheed 2002: 75f.).

9 Vgl. Al-Rasheed 2002: 109f. Dieser Bewegung war jedoch kein Erfolg beschieden. Die Bezeichnung als „freie Prinzen" (*al-umaraʾ al-aḥrār*) ist an die „Bewegung der freien Offiziere" angelehnt, die in Ägypten 1952 gegen die Monarchie putschte und sie abschaffte.

Thronfolger – der jetzige Kronprinz, Ṣulṭān, wurde 1924 geboren – könnte kurzlebige Regentschaften nach sich ziehen und die Stabilität der Monarchie beeinträchtigen. Für den Übergang der Nachfolge auf die Enkelgeneration fehlen in der Familientradition die Leitlinien, zumal einige der Enkel den noch lebenden Söhnen Ibn Saʿūds an Alter nicht nachstehen. Im Oktober 2006 wurde deshalb per königlichem Dekret ein Familiengremium geschaffen, das über nachfolgende Kronprinzen im Konsens oder, falls erforderlich, per Abstimmung entscheidet. Dieser Prozess ist gegen Eingriffe einzelner, auch des Königs, in besonderer Weise geschützt: Der König kann die Befugnisse des Wahlgremiums nur dann verändern, wenn es dieser Änderung zustimmt.[10]

Wahhabitische Lehre und wirtschaftliche Prosperität als integrierende und stabilisierende Faktoren für die Monarchie

Aus der Berufung auf den Koran allein lässt sich der exklusive Anspruch der Āl Saʿūd auf ihr Machtmonopol nicht ableiten. Die Legitimation ihrer Herrschaft bezieht die Familie aus einer historisch begründeten Verbindung mit der wahhabitischen Reformbewegung. Diese Bewegung geht auf den Religions- und Rechtsgelehrten Muḥammad ibn ʿAbd al-Wahhāb zurück, der seit 1740 in seiner zentralarabischen Heimat wirkte. Ibn ʿAbd al-Wahhāb sah die Authentizität des Islams durch neue, der Religion fremde Einflüsse (*bidaʿ*) bedroht und predigte die Bekämpfung des neuen Unglaubens.[11] Durchsetzungsfähig wurde seine Lehre, nachdem er sich 1744 mit dem starken Mann der zentralarabischen Siedlung ad-Dirʿīya zusammentat. Der dortige Herrscher, Muḥammad ibn Saʿūd, bot ihm Schutz, machte sich seine Interpretation des Islams zu eigen und verpflichtete sich zu deren Verbreitung: zum Dschihad gegen diejenigen, die der strengen Islamauslegung nicht genügten. Im Gegenzug erkannte Ibn ʿAbd al-Wahhāb ihn als Imam, als Führer der muslimischen Gemeinschaft, an.

Der Machtbereich, den sich Muḥammad ibn Saʿūd und seine Nachkommen erkämpften, war zunächst nicht von Dauer und

10 Vgl. *Niẓām hayʾat al-bayʿa* („Dekret über das Gremium des Treueeids"), Art. 25.

11 Ausführlicher dazu Heim 2004b: 1263-1267.

wurde im 19. Jahrhundert zweimal komplett zerstört. Erst zu Beginn des 20. Jahrhunderts trat mit Ibn Saʿūd ein Familienmitglied auf den Plan, dem es gelang, die arabische Halbinsel zu großen Teilen unter seine Kontrolle zu bringen und daraus den heutigen Staat Saudi-Arabien hervorgehen zu lassen. Das gegenseitige Abhängigkeitsverhältnis jedoch, dessen Grundstein mit der Übereinkunft von 1744 gelegt wurde, hat bis heute Bestand: Die Familie Saʿūd tritt als Garant des Islams wahhabitischer Ausprägung auf und bezieht daraus die Legitimation ihrer Herrschaft.

Die wahhabitische Lehre hat auch in anderer Hinsicht eine bedeutende Rolle dabei gespielt, Arabien einer zentralen Herrschaft zu unterwerfen: Sie stand außerhalb der Stammeskonkurrenz. Während andere Versuche, die Halbinsel zu unterwerfen, dem Hegemonialstreben eines dominanten Stammesverbandes entsprangen und daran langfristig scheiterten, war die wahhabitisch motivierte Einigungsbewegung nicht dem Ruhm eines Stammes verpflichtet.[12] Die religiöse Klammer ermöglichte die Integration verschiedener Stämme in ein gemeinsames System, auch wenn der fortscheitende Verlust tribaler Autonomie nicht ohne Widerstände vor sich ging.

Die religiös motivierte Expansion bediente zugleich auch die wirtschaftlichen Interessen der Beteiligten. Da sich die Anwendung des islamischen Rechts durchsetzte, nahm die notorische Unsicherheit auf den Handelswegen Innerarabiens ab, was dem Binnenhandel förderlich war. Doch das nützte nicht allen: Die Beduinen waren auf Beutezüge und schutzgeldartige Tributzahlungen schwächerer Stämme und abhängiger Oasen angewiesen, um ihren Lebensunterhalt zu sichern. Im wahhabitischen Rechtsraum war für derlei kein Platz. Solange die Saʿūd ihren Machtbereich ausdehnten, fiel als Bestandteil des Dschihad islamrechtlich legitime Beute an und konnte die beteiligten beduinischen Stämme für die Ausfälle entschädigen. Kam die Expansion zum Erliegen, stand die Loyalität der Stämme jedoch

12 Die wahhabitisch-saudische Expansion wurde maßgeblich von sesshaften Oasenbewohnern gestützt, unter denen die Identifikation mit einem Stamm an Bedeutung verloren hatte (vgl. Al-Fahad 2002: 12f., 18f.).

infrage.[13] Erst im 20. Jahrhundert trugen neue Formen der Kapitalzufuhr zur dauerhaften Stabilisierung bei: Subsidienzahlungen der Briten, amerikanische Unterstützung und schließlich das Öl stellten Ibn Saᶜūd und seinen Söhnen die Mittel zur Verfügung, sich der Treue ihrer Untertanen zu versichern. Wirtschaftlicher Erfolg, und nicht allein die Religion, war von Beginn an Bedingung für die Akzeptanz der saudischen Herrschaft.

Der rapide Ausbau der Ölförderung nach dem Zweiten Weltkrieg finanzierte den Aufbau von Infrastruktur und staatlichen Institutionen. Nach dem Ölembargo von 1973 stiegen die saudiarabischen Staatseinnahmen nochmals stark an und ließen nun rasch eine umfangreiche Bürokratie entstehen, deren primärer Zweck die Verteilung der Zuflüsse war. Fast alle Formen der Besteuerung wurden abgeschafft oder ausgesetzt.[14] In dieser distributiven Ökonomie wurden die wichtigsten Ministerien von Brüdern des Königs geleitet. Damit entstanden neue Mechanismen, die gesellschaftlichen Eliten in den Staat zu integrieren. Zuvor waren die führenden Familien arabischer Stämme unter anderem durch Verheiratung ihrer Töchter mit den Saᶜūd zu Klienten der Herrscherfamilie geworden. Die Männer fanden sich als Verwandschaft niederen Ranges in der Hofhaltung des saudischen Herrschers wieder. Diese Beziehungen zur Stammesnobilität der arabischen Halbinsel wurden seit den 1970er Jahren vermehrt durch lukrative Patronageverhältnisse gestärkt.

Patronage konnte direkte Zuwendungen des Prinzen an seinen Klienten, aber auch dessen Einbindung in die Entourage bei Repräsentation und Reisen umfassen. Gute Beziehungen in den Verwaltungsapparat und zu Mitgliedern der königlichen Familie machten den Klienten zu einem wertvollen und angesehenen Vermittler für dessen Stamm oder Familie.[15] Seine Dienste waren zudem für ausländische Unternehmen attraktiv, für die er als saudischer Fürsprecher agieren konnte. Sein Status erleichterte eine reibungslose Projektabwicklung, etwa was behördliche Genehmigungen betraf und konnte die Vergabe von Aufträgen –

---

13 Vgl. Vassiliev 2000: 113.

14 Vgl. Chaudhry 1997: 144, 166.

15 Vgl. Al-Rasheed 1997: 254-258.

auch denen der öffentlichen Hand – maßgeblich beeinflussen.[16] Die Bedeutung persönlicher Beziehungen band nicht nur die Stammesnobilität, sondern auch die ökonomischen Eliten in das System der Saʿūd ein, denn in Anbetracht des dominanten Staatssektors konnte wirtschaftlich erfolgreich nur sein, wer gute Kontakte besaß und sie sich erhielt.

Auch die unprivilegierten Teile der Bevölkerung profitierten vom Wohlstand der Saʿūd und ihres Staatswesens. Zahlreiche Subventionen – ob für Lebensmittel oder Energie – senkten die Lebenshaltungskosten, Stipendien förderten die Ausbildung, Bittsteller in Notlagen wurden mit direkten Geldgeschenken bedacht und vor allem sorgte der Staat als Arbeitgeber dafür, die rasch wachsende, aber oft nicht besonders gut ausgebildete Bevölkerung im Arbeitsmarkt zu unterzubringen.[17] Der saudische Staat bezieht daher bis heute einen Teil seiner integrativen Kraft daraus, dass er sowohl über persönliche Patronagenetzwerke als auch über eine distributive Bürokratie als Versorger auftritt. Die Akzeptanz der Herrscherfamilie ist in diesem Punkt an die Kassenlage und damit an die Entwicklung der Rohstoffpreise geknüpft.

Mit dem Wohlstand, den das Öl mit sich brachte, erreichten auch technische und gesellschaftliche Veränderungen die arabische Halbinsel, die mit der äußerst konservativen Islamauslegung der wahhabitischen Schule in Konflikt gerieten.[18] Um den Auswirkungen der Modernisierung etwas entgegenzusetzen und sich gegen Kritik aus den Reihen der Religionsgelehrten zu schützen, gestanden die Saʿūd ihnen großen Einfluss auf die Gestaltung der

---

16 Mitglieder der königlichen Familie, Minister und Staatsbedienstete konnten nach 1975 legal als Privatunternehmer tätig sein und ihre Insiderkenntnisse bzw. ihren Einfluss auf Entscheidungprozesse für bezahlte Vermittlertätigkeiten nutzen (vgl. Chaudhry 1997: 162).

17 Vgl. ebd.: 148, 150; Steinberg 2004: 125, 129.

18 Die Einführung des Fernsehens ist dafür ein prominentes Beispiel. Sie führte nicht nur zu einer intensiven theologischen Diskussion, ob es sich dabei um eine „unislamische Neuerung“ (*bidʿa*) handele, sondern löste 1965 auch gewalttätige Demonstrationen aus. Die Verwerfungen reichten bis tief in die königliche Familie: Ein Neffe des Königs, der bei den Demonstrationen eine führende Rolle spielte, wurde bei den Auseinandersetzungen getötet; zehn Jahre später nahm dessen Bruder an König Fayṣal Blutrache.

Sozialordnung zu. Strikte Geschlechtertrennung und eingeschränkte Rechte für Frauen sind bis heute die Norm. Wahhabitische Rechtsgelehrte dominieren darüber hinaus die saudische Rechtsprechung.[19]

Zugleich betonen die Saᶜūd ihre Rolle als Schützer und Förderer des wahhabitischen Islams.[20] König Fayṣal etwa war nicht nur für persönliche Frömmigkeit bekannt, sondern bot auch Mitgliedern der ägyptischen Muslimbruderschaft ein Refugium. Einige von ihnen unterrichteten an saudischen Universitäten und bekamen dort ein Forum für ihre Lehren.[21] Religiösen Studien wurde im Ausbildungswesen ein hoher Stellenwert eingeräumt – so hoch, dass das auf Kosten der Arbeitsmarktqualifikation der Absolventen ging.[22] Die Saᶜūd förderten den Moscheebau, die wahhabitische Mission im Ausland und finanzierten wohltätige Stiftungen; einigen dieser Stiftungen wurden nach den Anschlägen vom 11. September 2001 ideologische Nähe und finanzielle Verbindungen zu al-Qāᶜida vorgeworfen.[23]

Risiken und Probleme der saudischen Herrschaft

Seit den 1960er Jahren haben saudische Könige – insbesondere Fayṣal und Fahd – die Wurzeln der saudischen Herrschaft in der radikalen Erneuerungsbewegung der *Wahhābīya* hervorgehoben. Diese Strategie birgt Risiken. Die wahhabitische Lehre zeichnet sich durch eine neuerungsfeindliche Grundausrichtung aus, begegnet gesellschaftlichem Wandel deshalb höchst misstrauisch und betont die Bedeutung des Dschihad. Die Berufung darauf legt den Maßstab fest, nach dem sich die Monarchie beurteilen lassen

19 Vgl. Teitelbaum 2000: 11f. Zu gegenläufigen Tendenzen, die Kontrolle der wahhabitischen Rechtsgelehrten über die Judikative in Teilen einzuschränken vgl. Steinberg 2004: 168f.

20 König *Fahd* nahm in diesem Zusammenhang 1986 den Titel „Hüter der heiligen Stätten" (*ḫādim al-ḥaramayn*) an.

21 Vgl. Teitelbaum 2000: 7. Der Werdegang Usāma bin Lādins wurde davon maßgeblich beeinflusst. Er kam während seines Studiums an der Universität in Dschidda mit ägyptischen Muslimbrüdern und ihren Lehren in intensiven Kontakt (vgl. Gunaratna 2003: 22).

22 Vgl. Steinberg 2004: 127; Teitelbaum 2000: 14, Anm. 18.

23 Vgl. Steinberg 2004: 155f.

muss.[24] Als irakische Truppen 1990 Kuwait besetzten und dadurch auch Saudi-Arabien direkt bedrohten, wurden die Saʿūd von ihrem Anspruch eingeholt, als Schutzmacht des Islams wahhabitischer Prägung aufzutreten. Wie sich nun erwies, waren sie nicht in der Lage, das Land der heiligen Stätten aus eigener Kraft zu schützen. Die Saʿūd mussten auf die Hilfe einer US-geführten Koalition zurückgreifen und öffneten ihr Land für das Militär einer christlichen Supermacht.

Diese Entscheidung stieß in Saudi-Arabien auf massive Kritik und wurde nicht nur in Kreisen der Radikalen als Bankrotterklärung der saudischen Herrschaft empfunden. Sie gab einer islamistischen Oppositionsbewegung Auftrieb, die die Saʿūd für die unzureichende Umsetzung der Lehre Ibn ʿAbd al-Wahhābs scharf kritisierte. Trotz staatlicher Repression war die Kritik nur schwer zu kontrollieren, da zahlreiche wahhabitische Imame dieser Position nahestanden und deren radikalen Grundgedanken in den Freitagspredigten Ausdruck verliehen. Sowohl die im Exil angesiedelte Opposition als auch der saudi-arabische Ableger al-Qāʿidas, der seit 2003 mit einer Serie blutiger Anschläge auf sich aufmerksam machte, sind aus dieser Kritik hervorgegangen.[25]

Die wahhabitische Lehre und Rhetorik sorgt auch für ein angespanntes Verhältnis zur schiitischen Minderheit, die sich in der ölreichen Ostprovinz al-Ḥasāʾ konzentriert. Schiiten wurden im wahhabitischen Diskurs – und bis in die 1990er Jahre auch in den Schulbüchern – abfällig als *ar-rāfiḍa* („die Abtrünnigen“) bezeichnet und werden bis heute religiös und sozial diskriminiert.[26] Wegen der überaus großen Bedeutung der Provinz für die saudische Ölproduktion gehen die Sicherheitskräfte massiv gegen jede Form schiitischen Aufbegehrens vor. Das Erstarken der Konfession der Schia in der Region, vor allem im benachbarten Irak, ist für die saudische Führung beunruhigend, da Auswirkungen auf die schiitische Minderheit in Saudi-Arabien nicht auszuschließen sind.

---

24 Vgl. Heim 2004b: 1266.

25 Vgl. Steinberg 2001: 96-98; Teitelbaum 2000: 77-79; Heim 2004b: 1268f.

26 Vgl. Steinberg 2004: 145.

Unter Druck wird die saudische Monarchie auch durch demographische Veränderungen gesetzt. Die hohe Geburtenrate hat dazu geführt, dass Saudi-Arabien heute eine sehr junge Gesellschaft ist.[27] Die Integration der Jungen in den Arbeitsmarkt gestaltet sich schwierig und führt insbesondere in Phasen niedriger Rohstoffpreise, die mit der Reduzierung staatlicher Beschäftigungsangebote und Transferleistungen einhergehen, zu sozialen Konflikten. Diese Probleme werden durch regionale Ungleichgewichte noch verschärft.[28] Das kann einerseits eine Abwendung vom System provozieren und bringt islamistischen Gruppen Zulauf,[29] andererseits entsteht das Verlangen nach mehr gesellschaftlichen Freiräumen, in denen Jugendliche sich ausleben können.[30]

Zwar fehlt ausdrücklichen Forderungen nach demokratischen Reformen bisher eine breite Basis – hier greift unter anderem die Einbindung der gesellschaftlichen und wirtschaftlichen Eliten in das oben beschriebene System persönlicher Netzwerke –, doch von der Verjüngung der saudischen Gesellschaft geht ein Reformdruck aus, der die Saʿūd zwingt, auf eine Bedrohung von entge-

---

27 Rund 60 Prozent der Bevölkerung sind jünger als 18 Jahre (Stand 2003, vgl. ebd.: 125).

28 Neben der bereits erwähnten Benachteiligung der Schiiten in al-Ḥasāʾ betrifft das vor allem die Region ʿAsīr im Süden des Landes. Sie steht kulturell und historisch dem Jemen nahe; ihre Bewohner genießen in der aus Stämmen hervorgegangenen, herkunftsbewussten Sozialhierarchie Saudi-Arabiens nur wenig Prestige. Die im ʿAsīr traditionell wichtige Landwirtschaft von Kleinbauern wurde durch die Agrarpolitik der 1970er Jahre, die Großbetriebe förderte, nachhaltig geschädigt. Entwicklungsimpulse waren dagegen rar (vgl. Chaudhry 1997: 179; Steinberg 2001: 102f.).

29 Vgl. Yamani 2000: 130f. Von extremistischen Organisationen wird dieses Potential zur Rekrutierung junger Kämpfer genutzt. Saudische Aktivisten waren in Afghanistan auf Seiten der Taliban in großer Zahl vertreten und sind dort eine tragende Säule von al-Qaʿida gewesen. Unter den Attentätern des 11. September 2001 befanden sich 15 Saudis; neun von ihnen stammten aus dem ʿAsīr und der daran angrenzenden Region al-Bāḥa (vgl. National Commission on Terrorist Attacks Upon the United States 2004: 231f.). Heute spielen Kämpfer aus Saudi-Arabien in den islamistischen Organisationen im Irak eine wichtige Rolle.

30 Vgl. Yamani 2000: 134, 148; Heim 2004a.

gengesetzten Seiten zu reagieren. Als exemplarisch für die politische Antwort der Saʿūd auf dieses Dilemma kann die Art gelten, mit der jüngst politische Partizipation im Königreich eingeführt wurde: 2005 wurden erstmalig Wahlen abgehalten. Gewählt wurden dabei lediglich Vertreter auf lokaler Ebene, und auch die nur zur Hälfte – die andere Hälfte wurde nach wie vor ernannt; Frauen durften sich nicht an der Wahl beteiligen. Die saudische Monarchie reagiert auf die Risiken, denen sie sich von entgegengesetzten weltanschaulichen Polen ausgesetzt sieht, bisher mit Reformen, die nur in kleinsten Schritten vorgenommen werden.

Literatur

Al-Fahad, Abdulaziz 2002: The 'Imama vs. the 'Iqal: Hadari-Bedouin Conflict and the Formation of the Saudi State, Florenz, einsehbar unter: http://hdl.handle.net/1814/1769 (Stand: 1.4.2008).

Al-Rasheed, Madawi 1997: Politics in an Arabian Oasis. The Rashidis of Saudi Arabia, London/New York.

Al-Rasheed, Madawi 2002: A History of Saudi Arabia, Cambridge/New York/Port Melbourne u.a.

An-niẓām al-asāsī li-l-ḥukm („Grundordnung der Herrschaft“), einsehbar unter: http://www.mofa.gov.sa/Detail.asp?InNewsItemID=35297 (Stand: 1.4.2008).

Chaudhry, Kiren Aziz 1997: The Price of Wealth. Economics and Institutions in the Middle East, Ithaca/London.

Gunaratna, Rohan 2003: Inside Al Qaeda. Global Network of Terror, New York.

Heim, Michael 2004a: Der Teufel wohnt im Handy, einsehbar unter: http://service.spiegel.de/digas/find?DID=32000532 (Stand: 1.4.2008).

Heim, Michael 2004b: Der tote Scheich im Hause Saud, in: Blätter für deutsche und internationale Politik, 49. Jg., 1262-1269.

Kechichian, Joseph A. 2001: Succession in Saudi Arabia, New York/Basingstoke.

Kostiner, Joseph/Teitelbaum, Joshua 2000: State-Formation and the Saudi Monarchy, in: Joseph Kostiner (Hrsg.), Middle East

Monarchies. The Challenge of Modernity, Boulder/London, 131-149.
National Commission on Terrorist Attacks Upon the United States 2004: The 9/11 Commission Report, einsehbar unter: http://www.9-11commission.gov/report/911Report.pdf (Stand: 1.4.2008).
Niẓām hayʾat al-bayʿa („Dekret über das Gremium des Treueeids"), einsehbar unter: http://www.saudiembassy.net/2006News/Statements/TransDetail.asp?cIndex=651 (Stand: 1.4.2008).
Niẓām maǧlis aš-šūrā („Dekret über die beratende Versammlung"), einsehbar unter: http://www.mofa.gov.sa/Detail.asp?InNewsItemID=48011 (Stand: 1.4.2008).
Steinberg, Guido 2001: Islamistische Opposition in Saudi-Arabien, in: ami, 31. Jg., H. 10, 94-106.
Steinberg, Guido 2004: Saudi-Arabien. Politik, Geschichte, Religion, München.
Teitelbaum, Joshua 2000: Holier than Thou. Saudi Arabia's Islamic Opposition, Washington.
Vassiliev, Alexei 2000: The History of Saudi Arabia, New York.
Yamani, Mai 2000: Changed Identities. The Challenge of the New Generation in Saudi Arabia, London.

Internet

Saudisches Außenministerium: *http://www.mofa.gov.sa/detail.asp?InServiceID=205&intemplatekey=MainPage*
Offizielle Informationsseite: *http://www.saudinf.com*

Schweden

Bernd Henningsen

Eine vergangene europäische Großmacht

Wenn die derzeitige schwedische Kronprinzessin Viktoria (geboren 1977) dermaleinst ihrem Vater Carl XVI. Gustaf (geboren 1946) im Amt nachfolgt, dann wird sie die zweite „regierende" Frau auf Schwedens Thron sein:[1] Als Gustav II. Adolf 1632 im Dreißigjährigen Krieg in der Schlacht bei Lützen, nahe Leipzig fiel, kam seine Tochter Christina (1626-1689) auf den Stockholmer Thron (bis 1644 regierte ein Vormund, was verfassungshistorisch die Folge hatte, dass Schweden ein ausformuliertes Grundgesetz bekam, mit dem die auf 1435 zurückreichende Tradition des Reichstages kodifiziert wurde).[2] Christina war – neben Elisabeth I. von England und Margarete I. von Dänemark – eine der großen weiblichen Figuren in der Geschichte europäischer gekrönter Häupter und auch insofern etwas Besonderes unter ihresgleichen, als man sie mit Fug und Recht als eine Intellektuelle wird bezeichnen dürfen: Die geistige, philosophische Auseinandersetzung interessierte sie mehr als die politischen Geschäfte. Sie wurde frühzeitig zur Regentin erzogen, genoss die beste Ausbildung. 1649 holte sie René Descartes an den schwedischen Hof, worum sich eine Reihe von Anekdoten ranken: Sie ließ ihn zum philosophischen Gespräch um fünf Uhr morgens antreten, er litt unter der

1 Diese genderorientierte Zählung erfährt allerdings zwei Einschränkung: Margarete I. (1353-1412), dänischer Abstammung, war Regentin der Kalmarer Union, tauch also auch in der schwedischen Regentinnenliste auf und Ulrike Eleonore wurde nach dem Tod Karls XII. 1719 kurzzeitig Königin (trat aber bereits im Jahr darauf zugunsten ihres Gemahls zurück).

2 Zu der hier und im Weiteren skizzierten Ereignisgeschichte siehe Grenholm/Carlsson/Rosén 1977-1979 (insbesondere die Bände 6, 8, 10 und 11). Das schwedische Regierungssystem einschließlich seiner Geschichte ist hervorragend dargestellt in Halvorson/Lundmark/Staberg 2003. Eine Gesamtdarstellung der schwedischen Monarchie vor dem Hintergrund der Verfassungsrevision bietet Lagerroth 1972.

Kälte – und starb bereits nach nur einjährigem Aufenthalt in Stockholm. Verankert im kollektiven Gedächtnis ist Christina wegen ihrer skandalgeschwängerten Abdankung im Jahr 1654 und dem Übertritt zum Katholizismus im Jahr darauf – ein Triumph für die katholische Gegenreformation, war sie doch die Tochter des protestantischsten aller protestantischen Häupter Europas der Zeit.

Wenn Viktoria auf den Thron kommt, ist dies politischer correctness und der Emanzipation geschuldet. Die lineare agnatische Thronfolge wurde in Schweden 1979 von einer bürgerlichen Mehrheit des Reichstages zugunsten der ausschließlich linearen, kognatischen aufgegeben und der Zweitgeborene, Carl Philip (geboren 1979), wurde Nummer zwei in der Thronfolge. Schweden ist das erste Land, das die Erstgeborenenregel unabhängig vom Geschlecht eingeführt hat.

Schweden war bis 1718 eine Großmacht auf dem europäischen Theater. Die Ostsee war, nach der Verdrängung der Dänen spätestens 1658, über Jahrhunderte ein schwedisches Meer. Gustav Adolf intervenierte ab 1629 erfolgreich auf dem Kontinent und wurde zum gefeierten Bannerträger des Protestantismus (beinahe wäre er deutscher Kaiser geworden). Karl XII. (1682-1718), der sich als 15-jähriger 1697 die Krone selbst aufs Haupt setze und als nordischer Alexander in die Geschichte eingehen wollte (den Beinamen „der Große" hat ihm die Geschichte versagt, sein Rivale bekam ihn), begann seinen Siegeszug 1700: Er schlug die Dänen, dann die Russen unter Zar Peter I. an der Narwa; darauf zog er gegen Polen und Sachsen. Der russische Zar gründete inzwischen St. Petersburg und erholte sich: 1709 wurde Karl vernichtend bei Poltawa geschlagen, seine Armee aufgerieben bzw. nach Sibirien verbannt. Beim Versuch, die Bühne des europäischen Kriegstheaters abermals zu betreten (sein 15-tägiger Gewaltritt 1714 über 2.400 km aus der Türkei ins schwedische Stralsund ist legendär) wurde sein Schädel an der norwegischen Grenze in mondheller Nacht ohne Feindberührung von einer Kugel durchschlagen – Schwedens Rolle als europäische Großmacht war damit zu Ende, Russland wurde Ostseemacht.

In der schwedischen Geschichte gibt es eine Reihe Aufsehen erregender, ja mysteriöser Todesfälle. Karl gehört in diese Reihe, aber auch der aufgeklärt-absolutistische Gustav III. (1746-92). Nach ihm, der ein Förderer von Kunst und Wissenschaft war, ist eine Epoche benannt: „Gustavianismus“ ist noch heute ein Epitheton für besonderen Stil und Geist, für den auch der Bildhauer Johan Tobias Sergel (1740-1814) und der Nationaldichter und Liedermacher Carl Michael Bellman (1740-95) stehen, die von ihm gefördert wurden. 1792 wurde Gustav im Zuge einer Adelsrevolte auf einem Maskenball in der von ihm begründeten Stockholmer Oper Opfer eines Attentates und starb 13 Tage später; der Putsch scheiterte.

In Schweden türmen sich im kollektiven Gedächtnis solche monarchischen Erinnerungen und mischen sich in die nationale Identität – bis in die Gegenwart. Nicht umhin kommt man daher, auch auf das schwedische Schicksalsjahr 1809 einzugehen. In Überschätzung seiner Stärke unterlag damals Gustavs Sohn und Nachfolger, Gustav IV. Adolf (1778-1837), Russland und musste Finnland abtreten, das zu einem russischen Großfürstentum wurde. Er wurde in der Folge abgesetzt, seine Familie von der Thronfolge ausgeschlossen und das Land erhielt eine der modernsten und fortschrittlichsten Verfassungen der Zeit. Seither ist Schweden eine konstitutionelle Monarchie. Die Suche nach einem Thronerben erwies sich als schwierig und endete schließlich bei einem Marschall von Napoleons Gnaden, Jean-Baptiste Bernadotte (1763-1844), der 1818 als Karl XIV. Johan schwedischer König wurde – die schwedische Dynastie der Bernadottes war begründet. Der ehemals napoleonische General und Marschall lavierte so geschickt durch die Zeiten der Freiheitskriege, dass Schweden nicht – wie Dänemark – auf der Verliererseite zu stehen kam, sondern 1814 für den Verlust Finnlands an Russland mit Norwegen entschädigt wurde, mit dem Schweden dann bis 1905 in einer Union verbunden war.

Verfassung und Verfassungswirklichkeit

Die schwedische Verfassung war bis zu Beginn der 1970er Jahre (mit einigen Änderungen) als älteste in Europa in Kraft. Las sich die Verfassung (es handelt sich dabei nicht um *einen* Codex, sondern um *vier* Texte[3]) bis 1975 ähnlich antiquiert, wie es die

3 Die vier schwedischen Grundgesetze sind: Das Thronfolgegesetz (SO), die Regierungsform (als eigentlicher Verfassungstext, RF), die

dänische und norwegische noch heute tun, so wurde die schwedische in mehreren Schritten grundlegend reformiert,[4] nicht zuletzt im Hinblick auf Rolle, Amt und Pflichten des Staatsoberhauptes. Verfassung und Verfassungswirklichkeit sind heute weitgehend kongruent; das Kapitel über das Staatsoberhaupt ist das kürzeste.

Es ist dabei hervorzuheben, dass der Parlamentarisierungsprozess in Schweden im 20. Jahrhundert recht reibungslos verlief: Zum letzten Mal hat der König Gustaf V. 1914 eine Regierungsbildung aus eigener Machtvollkommenheit betrieben; seither ist er immer den Vorschlägen des Regierungschefs gefolgt.[5] Gustaf V. soll bei der Einführung des „Ministersozialismus" (der Berufung eines sozialdemokratischen Ministers) in eine liberale Regierung 1917 gesagt haben: „Also gut, in Gottes Namen dann, ich mache mit."[6] Damit hatte sich der Parlamentarismus in Schweden durchgesetzt.

Jedweder Anflug der prämodernen monarchischen Präpotenz ist mittlerweile eliminiert worden; der schwedische König verfügt heute weder de facto noch de jure über politische Macht. Er hat praktisch nur noch zeremonielle, repräsentative Aufgaben. Geblieben sind ihm der Vorsitz eines außenpolitischen Ausschusses und die Obliegenheit, jeden Herbst die Sitzungsperiode des Reichstages zu eröffnen. Alle anderen politischen Aufgaben des Monarchen sind an die gewählten Vertreter übergegangen. Es gibt kein Land, in dem der König seiner traditionellen Rechte und Pflichten mehr entkleidet worden ist, als in Schweden. Fast könnte man meinen, dass die Schweden am gründlichsten mit ihrer monarchi-

---

Pressefreiheitsverordnung (TF) und das Meinungsfreiheitsgesetz (YGL). Vgl. auch Halvorson/Lundmark/Staber 2003: 97.

4 Zu den wichtigen Änderungen können auch die Hinzufügung des Grundgesetzes über die Meinungsfreiheit 1991 sowie spätere, im Zuge des EU-Beitritts 1995 vorgenommene Anpassungen gezählt werden.

5 Vgl. Larsson 1991: 54-56. Es war Gustaf V., der schwedische König, der am längsten regierte (1907-1950), der einen hervorragenden Ruf als Tennisspieler genoss und das kaiserliche Deutschland bewunderte. Zu Nazi-Deutschland werden ihm kaum verhüllte Sympathien nachgesagt (nach dem Krieg weigerte sich der norwegische König, ihm die Hand zu reichen). Vgl. u.a. Hadenius 2005; Thermænius 1945: 413 und passim.

6 Zitiert nach Lindgren 1955: 41.

schen Tradition abgerechnet haben – die ihnen doch den größten politischen Einfluss in der Welt beschert hatte.

Der Geist, der aus dem neuen Verfassungstext spricht, wird bereits im ersten Paragraphen deutlich formuliert: „Alle öffentliche Macht in Schweden geht vom Volke aus.“ Ja, die Verfassungsrevisoren sind den Anti-Monarchisten (in vorauseilendem Gehorsam?) so weit entgegen gekommen, dass nur noch an wenigen Stellen des Textes das Wort „König“ vorkommt; stattdessen wird der Terminus „Staatschef“ gebraucht.[7] Wenn die Monarchie eines Tages abgeschafft werden sollte, dann kann dies mit nur ganz wenigen Wortänderungen in der Verfassung geschehen. Von Olof Palme, zur Zeit der Verfassungsreform schwedischer Ministerpräsident, ist der Satz überliefert, jetzt sei man nur noch einen Federstrich von der Einführung der Republik entfernt.[8]

Im ersten Kapitel heißt es: „Der König oder die Königin, die nach dem Thronfolgegesetz den Thron innehaben, ist Staatschef des Reiches“ (§ 5). In den dann folgenden Bestimmungen ist in der Regel von dem die Rede, was der König nicht kann oder darf, und was zu tun ist im Falle von Verhinderung, Krankheit und Abwesenheit (§ 3) oder des Aussterbens des Königshauses (§ 4). Gravierend ist das neue Prozedere bei der Regierungsbildung; war es nach der alten Verfassung die Aufgabe des Monarchen, die neue Regierung (formal) zu finden und zu ernennen, so liegt die Regierungsbildung nun in der Hand des Parlamentssprechers. Er oder sie macht einen vom Parlament zu bestätigenden Vorschlag für das Amt des Regierungschefs. Der eigentliche formale, um nicht zu sagen zeremonielle Regierungswechsel findet dann zwar vor einem „besonderen Ausschuss“ im Beisein des Staatschefs statt (bei dessen Verhinderung in Anwesenheit des Parlamentssprechers), doch der Monarch ist hier nur noch Dekoration – alle seine früheren Aufgaben und seine Prärogative sind auf den Parlamentssprecher übergegangen (Kapitel 6).

---

7 Das Wort „König“ kommt nur zwölfmal, „Königin“ und „Königshaus“ je zweimal und „Staatschef“ 14-mal vor; der Präsident des Reichstages (*talman*) wird 24-mal genannt.

8 Vgl. Larsson 1991: 49. Zu den Prozessdetails der Verfassungsreform, wie sie im Folgenden beschrieben werden, siehe hier.

Dreimal im Jahr wird der König durch die Regierung über allfällige politische Belange informiert; die Sitzungen dauern jeweils eine Stunde, und es wird nicht erwartet, dass der Monarch ausgiebig von seinem Fragerecht Gebrauch macht.[9] Beim Parlament wird ein von der Regierung zu berufender Beirat für auswärtige Angelegenheiten (*utrikesnämden*) eingerichtet, dem der Parlamentspräsident, neun Abgeordnete und der Staatschef als Vorsitzender angehören (Kapitel 10, § 6f.). Dieses ist die einzige wirklich politische Aufgabe von Bedeutung, die dem Monarchen geblieben ist: Er unterschreibt nicht mehr die Gesetze und vertritt das Land nicht nach außen (er akkreditiert allerdings die Botschafter und macht Staatsbesuche bzw. empfängt Staatsgäste). Der Negativkatalog kann an dieser Stelle mit dem Hinweis abgeschlossen werden, dass der Monarch auch keine militärischen Befugnisse mehr hat und nicht über den Kriegsfall bestimmt. Vielmehr gilt gemäß Kapitel 12, § 11: „Ist das Reich im Krieg, hat der Staatschef der Regierung zu folgen". Der König ist allerdings Repräsentant der Streitmacht und trägt den je höchsten Rang aller Waffengattungen. Schon traditionellerweise hat sich der Monarch bei einem Recht selbst in den Negativkatalog eingeschrieben: Er hat das politische Wahlrecht, macht davon aber keinen Gebrauch. Und, natürlich, der König zahlt Steuern, wie jeder andere Schwede auch.

Seit der Trennung von Kirche und Staat mit dem 1. Januar 2000 ist der König auch nicht mehr Oberhaupt der Staatskirche (dieses Amt hat seither der Erzbischof von Uppsala inne). In der Thronfolgeordnung ist aber weiterhin vorgeschrieben, dass die königliche Familie der evangelisch-lutherischen Religion angehören muss; wer sich dazu nicht bekennt, wird von der Thronfolge ausgeschlossen (§ 4 der Thronfolgeordnung).

Dem Ansehen der Person des Königs und der Monarchie im Lande hat die Entmachtung keinen Abbruch getan. Wohl aber gibt es seither keine ernsthaften politischen Diskussionen mehr über die Abschaffung der Monarchie.[10]

---

9 Vgl. ebd.: 58.

10 Vgl. ebd.: 49, 59. Die Frage nach der Staatsform hat offenbar auch in einem langjährigen Forschungsprojekt keine besondere Rolle gespielt: Berggren/Karlson/Nergelius 2001. Aus Anlass des 60. Geburtstages des Königs erschien eine Anthologie mit Beiträgen führender (intel-

Über ein Königshaus, das keine politischen, sondern nur noch zeremonielle Aufgaben hat, erübrigt es sich, Fragen der politischen Kultur und des politischen Stils zu diskutieren. Und so stellt sich der monarchische Diskurs in Schweden gegenwärtig auch dar: Zwar wird in den Medien breit diskutiert (und gut Geld daran verdient), ob und wen die Thronfolgerin heiraten wird – die *personae dramatis* verhalten sich kultiviert und zurückhaltend – doch eine ernsthafte, sozialwissenschaftliche Debatte über die Staatsform gibt es, wie in ganz Skandinavien,[11] nicht. Der König hat sich durch sein Engagement sowie sein öffentliches Auftreten zu Umwelt- und Naturschutzfragen großen öffentlichen Respekt erworben, ja ist zu so etwas wie einer Leitfigur geworden. In politischen Dingen enthält er sich aber jeden Kommentars, zu welchem Ereignis auch immer[12] – ob aus kluger Selbsteinschätzung oder mangels Bedürfnisses und Vermögens sei dahingestellt; vorlaut ist er schon gar nicht.

Als um Mitternacht des 28. Februar 1986 der schwedische Ministerpräsident Olof Palme auf offener Straße ermordet wurde und der Staatschef (!) über Stunden nicht alarmiert werden konnte, weil es keine durchgeschalteten Kommunikationswege gab,[13] löste dies eine erhebliche öffentliche Debatte aus. Auch das lange Schweigen des Königs angesichts der öffentlichen, landesweiten Trauer stieß auf Unverständnis (allerdings haben sich auch andere staatliche Stellen in dieser Nacht und während der folgenden Tage und Wochen als alles andere denn professionell erwiesen). Wie dem auch sei: Als in der Nacht des 28. September 1994 die Ostseefähre *Estonia* sank und über 900 Menschen in den Tod riss, mehr als die Hälfte von ihnen Schweden, äußerte der König

---

lektueller und politischer) Vertreter des Landes, die Vorzüge und Nachteile der Monarchie debattieren: Ögren 2006.

11 Vgl. die Beiträge zu Dänemark und Norwegen in diesem Band.

12 Es gibt mindestens eine markante Ausnahme: Beim Staatsbesuch in Brunei 2004 nannte er das Sultanat eine offene Gesellschaft. Inwieweit das Außenministerium für diesen rhetorischen und politischen Missgriff (mit-)verantwortlich war, blieb offen. Vgl. Fichtelius 2007: 416-424.

13 Vgl. Henningsen 2004: 361.

öffentlich seine tiefe Betroffenheit – und traf zum ersten Mal in bedrückender Situation den Nerv der Nation. Und so wurde auch seine Rede nach der Tsunami-Katastrophe an Weihnachten 2004, durch die Schweden in Proportion zu seiner Bevölkerung überdimensional hart getroffen wurde, als richtiges Wort zur richtigen Zeit interpretiert – während sich die Regierung in die Weihnachtsferien begeben hatte.[14]

Summierend wird man feststellen können, dass die Sympathien für das Königshaus eher medial veranlasst sind, sich zu einem erheblichen Teil aber auch damit begründen lassen – das ist ein allgemeines monarchisches Argument –, dass der König über der Politik steht, als repräsentatives Staatsoberhaupt dem Alltag und der Kritik entrückt ist.[15] Prägende nationale Erfahrungen, und das sind in der Regel Krisenerfahrungen, lassen die Sympathiewerte steigen. In Norwegen war dieses in der Kriegszeit mit ihren langen Nachwirkungen zu studieren. Für den schwedischen Monarchen Gustaf V. hat dies abgeschwächt auch gegolten; seine beiden Nachfolger aber konnten, insbesondere da Schweden nicht Kriegsteilnehmer war, davon nicht profitieren. Passieren aber Katastrophen, und findet das Staatsoberhaupt den richtigen Ton, dann steigen auch Achtung und Popularitätswerte – der schwedische Fall belegt dies.

Die Zukunft der schwedischen Monarchie

Seit ihrer Gründung im Jahr 1889 steht im Programm der sozialdemokratischen Partei das Verlangen nach Abschaffung der Monarchie.[16] Anträge im Parlament, die diese Forderung umzusetzen versuchen, sind von der Partei, die seit 1932 die meiste Zeit in

---

14 Über die (Nicht-)Reaktion der schwedischen Regierung und die sich anschließende öffentliche Auseinandersetzung, die schließlich 2006 (!) zum Rücktritt der Außenministerin Laila Freivalds führte vgl. Fichtelius 2007: 501-509.

15 Siehe auch Berggren/Karlson/Nergelius 2001: 160-163.

16 Zur Thematik Arbeiterbewegung und Monarchie siehe ausführlich Lindgren 1955. Lindgren schreibt in seinem Vorwort: „Es gibt zwei Sorten von Unzufriedenheit: Die fruchtbare und die unfruchtbare. Das Verlangen nach der Republik gehört der letzteren Kategorie an“ (S. 6). Er paraphrasiert damit die Grundhaltung in der Partei.

Schweden regierte, nie eingebracht worden – es waren immer die Kommunisten bzw. Linkssozialisten, die bei Beginn einer Legislaturperiode stets einen diesbezüglichen Gesetzesantrag einbrachten, der auch regelmäßig und ausführlich beraten wurde. Mit derselben Regelmäßigkeit hat der schwedische Reichstag mit den Stimmen der Sozialdemokraten diese Anträge abgelehnt.[17] Diese pragmatische Tradition – um sie vorsichtig zu charakterisieren – zieht sich durch die Debatten innerhalb der Arbeiterbewegung: Per Albin Hansson, Vorsitzender der Jungsozialisten und später langjähriger Ministerpräsident, hatte bereits 1909 den Ton vorgegeben, als er apropos von parteiinternen Auseinandersetzungen schrieb, man müsse zwischen den wichtigen und den unbedeutenden Fragen unterscheiden; die Staatsform rechnete er zu den unbedeutenden.[18] Und Göran Persson, sozialdemokratischer Ministerpräsident bis 2006, kann bestimmt zu den Monarchiebefürwortern gerechnet werden,[19] woraus zu schließen erlaubt ist, dass es auch innerhalb der Sozialdemokratie große Sympathien für die Monarchie gibt. Die schwedische Konsensdemokratie kam in der Frage Monarchie oder Republik nie zu einem Konsens bzw. der Konsens war die Verfassungsrevision der 1970er Jahre: Es lebe der König – nur politische Rechte und Pflichten darf er keine haben!

Literatur

Berggren, Niclas/Karlson, Nils/Nergelius, Joaklim 2001: Den konstitutionella revolutionen, Stockholm.

Fichtelius, Erik 2007: Aldrig ensam, alltdid ensam. Samtalen med Göran Persson 1996-2006, Stockholm.

Grenholm, Gunvor/Carlsson, Sten/Rosén, Jerker 1977-1979 (Hrsg.): Den svenska historien, 15 Bde., Stockholm.

Hadenius, Stig 2005: Gustaf V. En biografi, Stockholm.

Halvorson, Arne/Lundmark, Kjell/Staberg, Ulf 2003: Sveriges statsskick. Fakta och perspektiv, Stockholm.

17 Vgl. für 2006/07 http://www.repf.se/?display=omrostning2007 (Stand: 1.4.2008).

18 Vgl. Lindgren 1966: 29.

19 Vgl. Fichtelius 2007: 411-424.

Henningsen, Bernd 2004: Die schwedische Tragödie oder von der Krise einer Gesellschaft: Olof Palme, Tschernobyl, die ‚Estonia' und Anna Lindh, in: Jan Hecker-Stampehl/Aino Bannwart/Dörte Brekenfeld/Ulrike Plath/Bernd Henningsen (Hrsg.), Untergangsvorstellungen im Ostseeraum, Berlin, 355-370.

Lagerroth, Fredrik 1972: Den svenska monarkin inför rätta. En författningshistorisk exposé, Stockholm.

Larsson, Torbjörn 1991: Sweden, the Crown of the state, in: Res Publica, Bd. 33, Nr. 1, 49-60.

Lindgren, John 1955: Varför Sverige icke är republik, Stockholm.

Ögren, Mats (Hrsg.) 2006: För Sverige – Nuförtiden. En antologi om Carl XVI Gustaf, Stockholm.

Thermænius, Edvard 1945: Monarkien i vår tid, in: Statsvetenskaplig tidskrift, 48. Jg., 405-426.

Internet

Königshaus: *http://www.royalcourt.se*

Umfassendes Portal zu Schweden: *http://www.sweden.se*

Regierung: *http://www.sweden.gov.se*

Reichstag: *http://www.riksdagen.se*

Republikanischer Verein: *http://www.repf.se*

Spanien

Marianne Kneuer

Historischer Hintergrund und Restauration der Monarchie

Die spanische Monarchie ist alt und jung zugleich. Darin unterscheidet sich das Land von anderen Monarchien Europas. Das spanische Königreich blickt zum einen auf eine lange und auf dem europäischen Parkett einflussreiche Geschichte zurück. Diese wurde durch drei bedeutende Königshäuser bestimmt: die Katholischen Könige (1479-1516), die Habsburger (1517-1700) und die Bourbonen (1700 bis heute). Zum anderen ist Spanien eine junge Monarchie, die erst 1975 im Zuge der Demokratisierung restauriert wurde und in der Verfassung von 1978 erstmals überhaupt in der spanischen Geschichte als parlamentarische Monarchie festgeschrieben wurde. Anders als in Italien nach 1944 oder in Griechenland nach 1974 wurde die neu entstandene Demokratie in Spanien nicht in einer republikanischen Staatsform konstituiert. Die Re-Installation der spanischen Monarchie ist somit als Spezifikum zu werten. Diese Verknüpfung von demokratischem Neuanfang und monarchischer Restauration birgt sowohl historische als auch dynastische und legitimatorische Aspekte, die im Folgenden erklärt werden, bevor der verfassungsrechtliche Rahmen, die konkrete politische Gestaltung durch König Juan Carlos I. sowie die Fragen nach Zukunft und Herausforderungen der spanischen Monarchie betrachtet werden.

Die Geschichte der Monarchie spiegelt den wechselvollen Weg Spaniens mit all seinen Brüchen wider. An der Schwelle zum 20. Jahrhundert war die Gesellschaft polarisiert in zwei schwer versöhnliche Lager von beharrenden Kräften, die monarchisch orientiert waren, und republikanisch gesonnenen Modernisierern. Für beide Seiten schlossen sich monarchische Staatsform und demokratische Regierungsform aus. Der Sieg der Republikaner und Sozialisten bei den Gemeinderatswahlen 1931 geriet zum Plebiszit gegen die Monarchie. Alfonso XIII. verließ das Land ins Exil nach Rom und die Zweite Republik (1931-1936) wurde ausgerufen. Der Bürgerkrieg (1936-1939) ließ diese Fronten auf dramatische Weise aufeinanderprallen. Das darauf folgende von General Francisco

Franco 1939 errichtete autoritäre System war zunächst staatrechtlich nicht klar definiert. Die Königsfamilie hielt sich weiterhin im Exil auf und als Alfonso XIII. 1941 starb, gingen die dynastischen Rechte auf seinen Sohn Don Juan de Borbón y Battemberg über. Don Juan und Franco hatten ein gespanntes Verhältnis, da ihre Ansichten über den Platz der Monarchie und das Regime Francos weit auseinander gingen. Als Franco aber nach dem Ende des Zweiten Weltkrieges zunehmend unter Druck geriet und sich zumindest eine kosmetische Legitimation verschaffen wollte, erließ er 1947 das Gesetz über die Nachfolge in der Staatsführung. Spanien wurde zur Monarchie erklärt, wobei sich Franco das alleinige Recht vorbehielt, den künftigen, ihm nachfolgenden König zu bestimmen. Don Juan lehnte dieses Gesetz ab, stimmte aber zu, seinen 1938 geborenen Sohn Juan Carlos zur Ausbildung nach Spanien zu schicken und somit quasi unter die Obhut Francos zu stellen.[1] 1969 dann, wiederum unter internem Druck der immer noch offenen Nachfolgefrage, ernannte Franco Juan Carlos zu seinem königlichen Nachfolger, wenngleich Juan Carlos‘ Vater seine dynastischen Rechte nicht abgab.[2]

Nachdem Franco gestorben und Juan Carlos I. am 22. November 1975 inthronisiert worden war, sah er sich vier Herausforderungen gegenüber: Erstens, die Frage der dynastischen Legitimität, die erst geklärt werden konnte, als sein Vater offiziell auf den Thron verzichtete (14. Mai 1977); zweitens, der Makel, von Franco eingesetzt und vorbereitet worden zu sein sowie drittens, die Tatsache, dass er weitgehend unbekannt war und von der Öffentlichkeit nicht sehr ernst genommen wurde.[3] Viertens war für Juan Carlos von Anfang an klar, dass er nicht, wie von Franco geplant, dessen Regime weiterführen würde. Insofern sah er sich vor die Herausforderung gestellt, Spanien in einen demokratischen Verfassungsstaat zu verwandeln.

1 Juan Carlos besuchte nach der Schule verschiedene Militärakademien sowie philosophische und rechtswissenschaftliche Vorlesungen.

2 Zur Geschichte vgl. Uboldi 1985; Palacio Atard 1989; Bernecker 1993; Villalonga 1993; Anson 1994; Seco Serrano 1996.

3 Vgl. Bernecker 1993: 156, 164.

Die verfassungsrechtliche Stellung der Krone im politischen System

Mit der Verfassung, die vom Parlament und per Volksabstimmung (7. Dezember 1978) verabschiedet wurde, gab sich Spanien die Staatsform einer parlamentarischen Monarchie. Demnach ist die Exekutive dual angelegt, bestehend aus dem Monarchen als Staatsoberhaupt und dem Regierungschef (*presidente del gobierno*). Die verfassungsrechtliche Stellung der Krone ist in Titel II (Art. 56-65) der Verfassung festgeschrieben. Danach ist der König „Oberhaupt des Staates, Symbol seiner Einheit und Dauerhaftigkeit. Er wacht als Schiedsrichter und Lenker über das regelgerechte Funktionieren der Institutionen, vertritt als höchster Repräsentant den spanischen Staat in den internationalen Beziehungen" (Art. 56 Abs. I). Seine Kompetenzen entsprechen denen eines repräsentativen, zeremoniellen Staatsoberhauptes vergleichbar mit der britischen oder den nordischen Monarchien oder auch dem deutschen Bundespräsidenten: Die Krone fertigt die Gesetze aus, beruft die beiden Kammern ein und löst sie auf, ist oberster Befehlshaber der Streitkräfte, akkreditiert Botschafter usw. (Art. 62 und 63). Gleichwohl kann der Krone aus dem Vorschlagsrecht für den Regierungschef, insbesondere bei unklaren Mehrheitsverhältnissen, eine besondere Rolle bei der Bestellung der Regierung erwachsen. So obliegt es dem König, sich nach der Parlamentswahl mit den Vertretern der Parteien zu konsultieren und einen Kandidaten für die Regierungsführung vorzuschlagen (Art. 62 d. und Art. 99 Abs. I). Bei den Wahlen von 1993 und 1996, die keine Mehrheit im Abgeordnetenhaus hervorbrachten, spielte der König insofern eine Rolle, als er bei den zwischenparteilichen Verhandlungen half, zu einer konsensuellen Lösung zu kommen.[4]

4 Vgl. Gibbons 1999: 66.

Schaubild: Der König im Regierungssystem Spaniens[5]

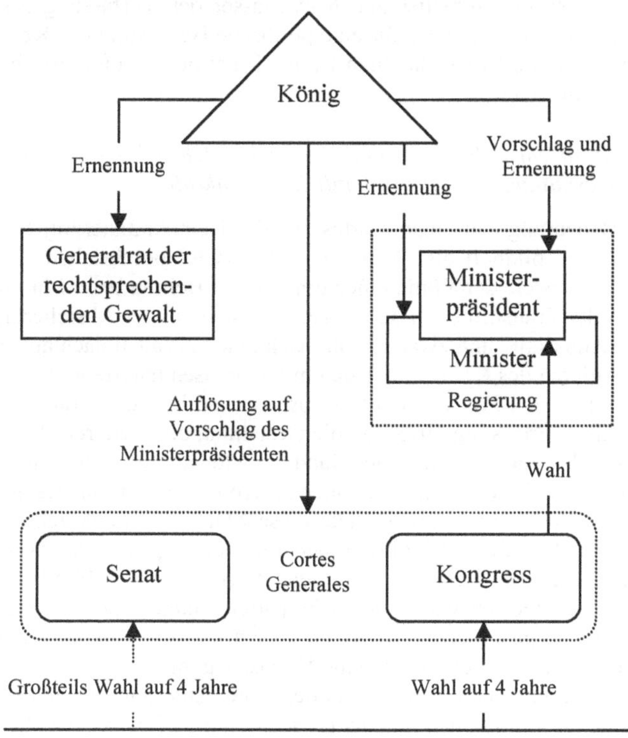

Die politische Bedeutung der Krone ergibt sich weniger aus ihrer verfassungsrechtlichen Stellung als vielmehr durch sozusagen „außer-konstitutionelle" Faktoren: die Akzeptanz bei der breiten Bevölkerung, vor allem aber die Akzeptanz durch die Parteien, insbesondere die starken republikanischen Kräfte – der Sozialistischen Partei (*PSOE*) und der Kommunistischen Partei (*PCE*) –, die der Errichtung einer Monarchie zustimmten unter der Bedin-

5 Darstellung von Tobias Friske.

gung, dass es eine demokratische, also parlamentarische Monarchie sei, so der Sozialist und Mitverfasser der Verfassung Solé Tura.[6] Entscheidend aber für eine politische Bewertung der Krone ist die zentrale Rolle, die Juan Carlos I. bei dem demokratischen Neuanfang spielte.

Die Krone im politischen und gesellschaftlichen Kontext: politische Gestaltung und gesellschaftliche Strahlkraft

Die Bedeutung von Juan Carlos für die Demokratisierung Spaniens wird bildhaft als „Motor des Wechsels" beschrieben. Tatsächlich leistete der König einen erheblichen Beitrag beim Manövrieren der Transition, bei der Einrichtung und bei der Absicherung der Demokratie, und zwar sowohl nach innen als auch nach außen. Das Agieren des Königs lässt sich in drei Phasen unterteilen:

In der *ersten Phase*, nach Francos Tod und bis zur Verabschiedung der Verfassung 1978, lag die Gestaltung des weiteren Weges des Landes maßgeblich in der Hand der Monarchie. Zwar war die Krone von Franco mit erheblichen Kompetenzen ausgestattet worden, der König jedoch setzte diese Macht nur punktuell und mit dem Ziel einer demokratischen Entwicklung ein. Das politische und symbolische Handeln Juan Carlos', seine öffentlichen Reden und Gesten waren von Überparteilichkeit geprägt, sodass auch davon gesprochen wurde, er sei ein konstitutioneller König gewesen, bevor es überhaupt eine Verfassung gab.[7]

Juan Carlos lenkte den Umbau des franquistischen Systems entscheidend. Zum einen nutzte er seine durch Franco gegebene Autorität gegenüber dem Militär und den franquistischen Institutionen und trug dazu bei, dass sich beide Gruppen nach und nach in das demokratische System integrierten. Juan Carlos erreichte, dass das Militär „in den Kasernen" blieb, gerade in der prekären Anfangszeit, und bei schwierigen Entscheidungen wie der Legalisierung der Kommunistischen Partei. Zudem traf Juan Carlos drei wegweisende Entscheidungen bei der Besetzung von Schlüsselämtern mit reformwilligen Politikern: dem Parlamentspräsidenten, dem Verteidigungsminister und dem Regierungschef. Auf dem

6 Vgl. Solé Tura 2000: 12.
7 Vgl. Tusell 2000: 11.

Posten des Ministerpräsidenten ersetzte Juan Carlos den reformunfähigen Carlos Arias Navarro durch Adolfo Suárez, der sich als glückliche Wahl erwies. Andere wichtige politische Handlung waren die Amnestien 1976/77, die zur Versöhnung beitragen sollten, und die Unterstützung der Legalisierung der Kommunistischen Partei.

Zum zweiten sicherte Juan Carlos in zahlreichen informellen Gesprächen mit den Oppositionsgruppen die Unterstützung für jene dann modellhaft gewordene Form einer ausgehandelten Transition (*transición pactada*), bei der eine konsensuelle Reform innerhalb des alten, franquistischen Gesetzesrahmens stattfand.

Drittens sicherte Juan Carlos diesen Transitionsprozess auch nach außen hin ab, indem er auf Auslandsreisen, durch Reden und Interviews, Gespräche mit seinen Homologen etc. einerseits die Ziele – Demokratie und Mitgliedschaft in der westlichen Staatengemeinschaft, insbesondere in der Europäischen Gemeinschaft – kommunizierte und andererseits für Vertrauen und Unterstützung warb.[8] Diese außenpolitische Rolle als glaubwürdiger Vertreter einer neuen Richtung war enorm wichtig.

Viertens machte der König von Reden und symbolischen Gesten (Besuche in den Regionen, Benutzen der Regionalsprache) Gebrauch, im Bewusstsein, dass man ihm im In- wie im Ausland sehr aufmerksam zuhörte.

In der *zweiten Phase*, die mit der Verabschiedung der Verfassung 1978 begann, waren die demokratischen Institutionen eingerichtet und die Kompetenzen der Krone deutlich zurück geschnitten. Der König blieb gleichwohl Moderator, Vermittler und, wie der bekannte spanische Historiker Javier Tusell es formuliert, „Schutzschild der Transition".[9] Die entscheidende politische Bedeutung des Königs in dieser Phase lag darin, einen Beitrag dazu zu liefern, dass keine Intervention die demokratische Entwicklung aufhalten konnte. Das zeigte sich insbesondere beim Militärputsch am 23. Februar 1981, den der König durch das Einsetzen seiner Autorität als Oberbefehlshaber des Militärs und durch das eindeutige Votum für die Demokratie beendete. Spätes-

8 Vgl. Powell 1996: 191ff.

9 Tusell 2000: 11.

tens seit diesem Zeitpunkt wuchs ihm die breite und unbedingte Sympathie des spanischen Volkes zu, das die positive Rolle des Königs anerkannte.

Die *dritte Phase* kann man nach 1981/82 ansetzen. Zum einen hatte sich mit der Niederschlagung des Putsches und dem problemlosen Regierungswechsel 1982 die Demokratie als konsolidiert erwiesen. Zum anderen war gerade die Konstellation eines sozialistischen Regierungschefs und eines traditionellen Erbmonarchen an der Staatsspitze ein Lackmustest für die Stabilität und die Form der Zusammenarbeit, die sich als konstruktiv und effektiv herausstellte.[10] Der König blieb gleichwohl weiterhin gefordert als mäßigende Kraft gegenüber dem Militär und als integrierende Kraft im heterogenen Spanien mit seinen verschiedenen Nationalitäten.

Herausforderungen, Perspektiven, Reformdiskussionen

Zunächst muss daran erinnert werden, dass die heutige Monarchie des demokratischen Spaniens sich bislang mit einer Person verbindet, nämlich König Juan Carlos I., und dass er den politischen Stil und die Ausübung des Amtes maßgeblich prägt. Zu Recht lässt sich sagen, dass Juan Carlos I. die Monarchie in Spanien legitimiert hat und nicht die Institution Monarchie ihren Amtsinhaber.[11] Es ist das Verdienst von Juan Carlos I., dass die Monarchie in der spanischen Bevölkerung längst unumstritten ist und breite Unterstützung findet. Von allen politischen Institutionen wird der Krone am meisten Vertrauen entgegengebracht.[12] Eine große Mehrheit der Spanier (86 Prozent) meint, dass der König viel bzw. sehr viel zur Stabilität der Demokratie beigetragen hat und 72 Prozent sagen, dass die Transition ohne ihn nicht möglich gewesen wäre.[13] Auch für die Zukunft wird dem König von einer Mehrheit (74 Prozent) eine wichtige Rolle als Schiedsrichter und Moderator für das Funktionieren der Demokratie in Spanien

10 Vgl. Powell 1999: 181ff.

11 Vgl. Linz 1987: 7.

12 Siehe CIS 1999: 3.

13 Siehe CIS 2001: 64f.

zugeschrieben.[14] Allerdings ist die Zahl derjenigen, die die Monarchie für längst überholt halten, seit 1985 auf fast 50 Prozent angestiegen (siehe Tabelle). Zudem gibt es eine stabile Mehrheit bei der Aussage, die Bedeutung der Monarchie „hänge davon ab, wie der König sei".[15]

Tabelle: Meinungen über die spanische Monarchie[16]

	1985			2000		
	ja	nein	weiß nicht	ja	nein	weiß nicht
Sie sichert die Nachfolge der politischen Macht	49	21	30	43	33	24
Sie garantiert Ordnung und Stabilität	58	19	23	60	25	15
Alles hängt davon ab, wie der König ist	61	16	23	64	21	15
Sie ist längst überholt	37	31	32	49	25	26

Es ist nicht zu übersehen, dass es einen erheblichen Teil an Skeptikern und Gegnern der Monarchie gibt, auch wenn diese gleichzeitig Juan Carlos' Rolle für die Demokratie positiv bewerten und sein Sohn Felipe hohe Beliebtheitswerte aufweist.[17] Man kann dies als Unsicherheit interpretieren, die wohl damit zusammenhängt,

14 Siehe ebd.: 78.

15 Eine Umfrage von *Demoscopia* zum 25. Jahrestag der Einsetzung Juan Carlos ergab bei dieser Aussage sogar 74 Prozent. Siehe El País, „Extra Juan Carlos I", 22. November 2000: 4.

16 Zusammenstellung Marianne Kneuer, nach Zahlen des Centro de Investigaciones Sociólogicas (CIS) 1985 und 2001. Angaben in Prozent.

17 1989 hatten 79 Prozent der Spanier eine gute Meinung von Prinz Felipe (siehe CIS 1990: 68). 2000 bewerteten 83 Prozent sein Handeln als gut bzw. sehr gut (siehe El País, „Extra Juan Carlos I", 22. November 2000: 4).

dass ein Thronwechsel noch nicht stattgefunden hat und damit das Element von institutioneller Kontinuität jenseits der Person noch nicht eingeübt ist. Diese Kontinuität herzustellen und ihr Form zu verleihen, dürfte eine der künftigen Herausforderungen der spanischen Monarchie sein. Dabei ist klar, dass Juan Carlos aufgrund der herausragenden Rolle und seines Renommees im In- wie Ausland seinem Sohn als Nachfolger sowohl Vorschusslorbeeren als auch große Fußstapfen hinterlässt.

Die Nachfolgefrage hat die spanische Gesellschaft und Politik in den letzten Jahren intensiv beschäftigt, und hier liegt die andere künftige Herausforderung. Es geht um ein elementar politisch-konstitutionelles Problem. Die spanische (Erb-)Monarchie folgt dem traditionellen habsburgischen Prinzip der bevorzugt männlichen Thronfolge (Art. 57) – anders als die gleichberechtigte Erbfolge in Schweden und den Niederlanden. Gegen dieses als überkommen empfundene und der Gleichstellung entgegenlaufende Gesetz regte sich erheblicher Widerstand in der öffentlichen Meinung, aber auch in der spanischen Regierung, als 2005 das erste Kind des Thronfolgerpaares, Prinzessin Leonor, geboren wurde. Die Regierung unter José María Zapatero geriet in eine Zwickmühle. Einerseits gibt es einen Konsens über eine Verfassungsänderung zu Gunsten einer gleichberechtigt weiblich-männlichen Thronfolge. Andererseits bedarf die Änderung aller die Monarchie betreffenden Artikel eines sehr umfangreichen und komplizierten Verfahrens: Erstens muss es für die Verfassungsänderung eine Zweidrittelmehrheit in jeder der beiden Kammern geben, zweitens werden dann die Kammern sofort aufgelöst, drittens müssen nach den Neuwahlen die neu gewählten Kammern wiederum mit Zweidritteln der Änderung zustimmen, die dann viertens einer Volksabstimmung zu unterwerfen ist. Der 2004 gewählte Ministerpräsident Zapatero rückte die Verfassungsrevision an das Ende seiner Amtszeit, also 2008. Die seit 2005 bange Frage, was passiere, wenn das nächste Kind ein Junge werden würde, beantwortete zwar im Mai 2007 die Geburt der zweiten Tochter, Prinzessin Sofía. Es gibt aber Stimmen, die befürchten, dass das Referendum über die Erbfolge zu einem Plebiszit über die Monarchie werden könnte, was andeutet, dass sich die politische Elite der Meinung des Volkes nicht sicher ist. Es werden daher in jüngster Zeit verschiedene Modelle diskutiert, so etwa mehrere

Verfassungsänderungen gleichzeitig zur Abstimmung zu stellen oder eine Reform der Thronfolge erst anzupacken, wenn Felipe den Thron bestiegen hat.

Erst der Thronwechsel wird zeigen, ob tatsächlich der Monarchie als Institution oder zuvorderst König Juan Carlos die Unterstützung der Spanier zuteil wird. Unbestritten ist aber, dass sich die parlamentarische Monarchie in diesen gut 30 Jahren bewährt hat und dass es bislang keine Phase in der Geschichte Spaniens gab, in der Demokratie und Monarchie derart im Einklang standen wie seit 1975.

Literatur

Anson, Luis María 1994: Don Juan, Barcelona.

Bernecker, Walther L. 1993: Die Rolle von König Juan Carlos, in: ders. (Hrsg.), Spanien nach Franco. Der Übergang von der Diktatur zur Demokratie 1975-1982, München, 150-171.

CIS (Centro de Investigaciones Sociólogicas) 1985: Actitudes y opiniones de los españoles ante la Constitución y las instituciones democráticas, Madrid.

CIS (Centro de Investigaciones Sociólogicas) 1990: Los Españoles ante la Constitución y las instituciones democráticas: 11 años de Constitución (1978-1989), Madrid.

CIS (Centro de Investigaciones Sociólogicas) 1999: Datos de Opinión, no. 20, April/Juni, Madrid.

CIS (Centro de Investigaciones Sociólogicas) 2001: Veinticinco años después. La memoria del franquismo y de la tranisción a la democracia en los españoles del año 2000 (Autor: Félix Moral), Madrid.

El País, „Extra Juan Carlos I", 22. November 2000.

Gibbons, John 1999: Spanish politics today, Manchester/New York.

Linz, Juan J. 1987: Innovative Leadership in the Transition to Democracy and the New Democracy: The Case of Spain, unveröffentlichtes Manuskript.

Palacio Atard, Vicente 1989: Juan Carlos I y el Advenimiento de la Democracia, Madrid.

Powell, Charles 1996: Juan Carlos. Self-Made Monarch, Houndmills.

Seco Serrano, Carlos 1996: La Corona en la Transición Española, in: Javier Tusell/Alvaro Soto (Hrsg.), Historia de la transición (1975-1986), Madrid, 138-159.

Solé Tura, Jordi 2000: La monarquía y la izquierda, in: El País „Extra Juan Carlos I“, 22. November 2000, 12.

Tusell, Javier 2000: El escudo protector de la transición, in: El País „Extra Juan Carlos I“, 22. November 2000, 11.

Uboldi, Raffaello 1985: Juan Carlos. La España de ayer, hoy y mañana, Barcelona.

Villalonga, José Luis de 1993: El Rey, Barcelona.

Internet

Königshaus: *http://www.casareal.es*

Regierung: *http://www.la-moncloa.es*

Informationen zu Spanien: *http://www.sispain.org/german*

Swasiland

Martin Adelmann[1]

„Sein Emblem, der Löwe, steht für Kraft und Mut.
Sein Wort ist Gesetz.
Seine Gesundheit ist die Gesundheit des Landes.
Seine Fruchtbarkeit die des Landes."[2]

Ohne seine Monarchie wäre Swasiland für die meisten Europäer wohl ein weißer Fleck auf der Landkarte. Weder die im afrikanischen Vergleich solide wirtschaftliche Basis (Gross National Income per capita 2004: 1.660 US-Dollar) noch die weltweit höchste HIV/AIDS-Rate (etwa 40 Prozent) haben dem zweitkleinsten Land Afrikas internationale Aufmerksamkeit gebracht. Es sind die Extravaganzen des jungen Königs Mswati III. sowie der schwelende Konflikt zwischen dem absoluten Machtanspruch der Krone und der Demokratiebewegung, die Swasiland immer wieder in den Blickpunkt der Öffentlichkeit rücken. Der königliche Dlamini-Clan gehört unter den traditionellen Führungseliten Afrikas zu den wenigen, denen es gelang, ihre Macht durch die Kolonialzeit hindurch zu behaupteten und sich an die Spitze eines modernen Staates zu setzen. Die wirtschaftliche und soziale Erneuerung des Landes sowie externer Druck haben in jüngster Zeit jedoch dazu geführt, dass der absolute Führungsanspruch des Königs zunehmend infrage gestellt wird.

Entwicklung des politischen Systems

Eingekeilt zwischen Südafrika und Mosambik ist die Staatsbildung Swasilands untrennbar mit der königlichen Familie verbunden. Die Geschichte des modernen Swasilands beginnt Ende des 18. Jahrhunderts, als König Ngawana III. sein Volk angesichts der

---

1 Der Autor bedankt sich bei Elisabeth Frey für Hintergrundrecherchen zu diesem Aufsatz.

2 Beschreibung des Königs, H.M. Ngwenyama, des Löwen Mswati III., auf der Internetseite des Honorarkonsulates Swasilands in Berlin. Siehe http://www.swasiland.de/c_swazis.asp?content=hermajesty.html (Stand: 1.4.2008).

Bedrohung durch die Zulu in die Gegend des heutigen Swasilands führte. Unter seinen Nachfolgern Sobhuza I. (1815-1836) und Mswati II. (1840-1868) entwickelte sich unter Inkorporation anderer Stämme die nach ihrem König benannte Nation der *amaSwati* (*Swasi*). Nach einer kurzen Phase burischer Verwaltung (1890-1902) fiel das Königreich im Anschluss an den englisch-burischen Krieg unter britische Verwaltung und entging so der Eingliederung in die Südafrikanische Union.

Das britische Protektorat (1906-1968) setzte der Macht des Königs zwar Grenzen in Form eines *Resident Commissioners*, der die Interessen der britischen Krone und der weißen Siedler vertrat, unter der von Großbritannien praktizierten Herrschaftspraxis des *indirect rule* behielt der König gemeinsam mit den Stammesführern aber weitgehend seinen Einfluss auf innere Angelegenheiten. Insbesondere durch die Verfügung über die Landrechte konnte der König seinen innenpolitischen Einfluss geltend machen.

Mit der Unabhängigkeit 1968 erhielt Swasiland eine Verfassung nach britischem Vorbild. Durch das Recht auf Ernennung von 20 Prozent der Abgeordneten, der Hälfte der Senatoren, des Premiers und des obersten Richters behielt der König eine herausragende Rolle. In seinem absoluten Machtanspruch war er nun jedoch durch die Verfassung und das Parlament beschränkt. Nachdem die Partei des Königs, *Imbokodvo National Movement* (*INM*), bei den noch in der Kolonialzeit abgehaltenen Parlamentswahlen 1964 und 1967 Dank des Mehrheitswahlrechts alle Sitze gewinnen konnte, verlor sie 1972 erstmals drei Mandate an die von Dr. A. P. Zwane geführte Oppositionspartei *Ngwane National Liberatory Congress* (*NNLC*). Um seine politische Macht fürchtend, löste Sobhuza II. daraufhin das Parlament auf, verbot politische Parteien und setzte die Verfassung, die er als nicht mit der Tradition Swasilands vereinbar sah, außer Kraft.

Nach vier Jahren Dekretherrschaft reaktivierte der König 1978 das traditionelle *Tinkhundla*-System als Basis seiner politischen Macht. 40 lokale Versammlungen, so genannte *Tinkhundla*[3], dienten dabei als Wahlkreise für das Parlament und stellten gleichzeitig lokale Beratungsgremien dar. Für die *Tinkhundla*-Wahlen wurden in einer öffentlichen Versammlung zunächst vier Kandida-

3 Singular *Nkhundla*.

ten ausgewählt. In einem zweiten Schritt erfolgte die öffentliche Wahl von zwei Vertretern je Wahlkreis für das *Electoral College*, das sich im Kraal des Königs traf, um in längerer Debatte aus einer vom König gebilligten 60-köpfigen Vorschlagsliste 40 Parlamentarier zu benennen. Das Wahlsystem garantierte dem König die uneingeschränkte Unterstützung des Parlamentes.

Schaubild: Das politische System Swasilands seit 1992[4]

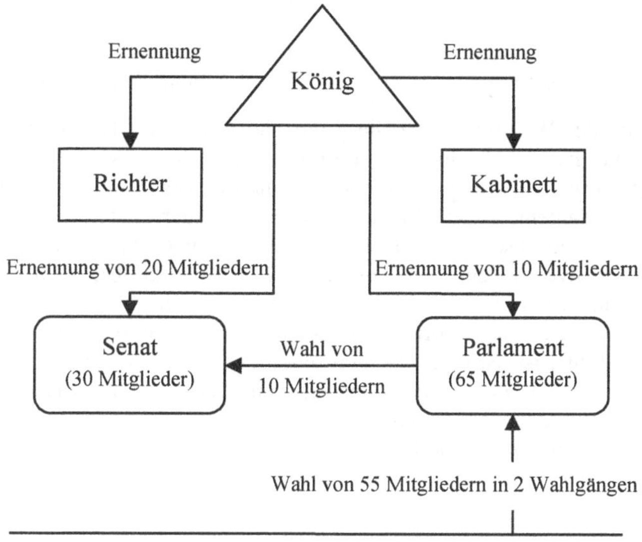

Als König Sobhuza II. nach 61 Jahren Regentschaft 1982 verstarb, schlitterte das Land in eine vierjährige Interregnumskrise. Der Machtkampf zwischen der Interimsregentin Königin Dzeliwe (der Frau König Sobhuzas), Königin Ntombi (der Mutter des Thronfolgers) und des traditionellen Ratgeberkreises *Liqoqo* endete erst nach vier Jahren mit der Inthronisierung des 18-jährigen Mswati III., der seine Macht rasch konsolidieren konnte. 1992 unternahm

4 Eigene Darstellung.

der junge König eine erste vorsichtige Reform des politischen Systems, indem er das *Electoral College* durch ein zweistufiges System direkter und geheimer Wahlen zum Parlament ersetzte. Hierbei wurden zunächst in jedem der 350 Wahlkreise in einer öffentlichen Versammlung zwischen vier und 15 Kandidaten bestimmt, die in einem Vorwahlprozess gegeneinander antraten. Aus den Vorwahlsiegern der Wahlkreise wurden in einem zweiten landesweiten Wahlgang dann 55 Parlamentarier bestimmt (vgl. Schaubild). Politische Parteien waren im Wahlprozess nach wie vor nicht vorgesehen.[5]

Stellung der Monarchie in Politik, Wirtschaft und Gesellschaft

Trotz der Wahlreform ist die politische Macht des Königs nach wie vor nahezu absolut. Das von ihm aus dem Kreis der Parlamentarier ernannte Kabinett untersteht genauso dem Monarchen wie das Parlament, dessen Entscheidungen er widerrufen und das er jederzeit auflösen kann. Dem Parlament fällt deshalb eher eine deliberative als eine gesetzgebende Funktion zu. Da auch das traditionelle Element des königlichen Ratgeberkreises, das auf eine konsensuale Politik ausgerichtet war, heute weniger stark ausgebildet ist, ist eine Machteinschränkung des Königs im Sinne von *checks and balances* kaum gegeben. Der König ist, wie Mfaniseni Fana Sihlongonyane schreibt, *Umlomo longacalimanga* – „the mouth that tells no lies“, das heißt, sein Wort ist Gesetz.[6]

Mit der politischen Macht einher geht eine substanzielle Kontrolle der Wirtschaft des Landes durch das Königshaus. Dies bezieht sich nicht nur auf die traditionellen Landrechte, sondern erstreckt sich auch auf den modernen Sektor. 1968 etablierte die königliche Familie, gespeist durch Einkünfte aus dem Bergbau, die Investmentgesellschaft *Tibiyo TakaNgwane*. *Tibiyo TakaNgwane*, frei übersetzt das Innere bzw. der Wert der Nation, soll durch seine Investitionen die wirtschaftliche und soziale Entwicklung Swasilands fördern und so den Reichtum des Landes an die Bevölkerung zurückgeben. Zusammen mit der Schwestergesell-

5 Für einen Überblick zum traditionellen und aktuellen Wahlsystem Swasilands siehe Masuku 2002.

6 Sihlongonyane 2003: 156.

schaft *Tisuka* bildet *Tibiyo* das wichtigste Wirtschaftskonglomerat des Landes. Es zahlt keine Steuern und ist allein dem König verantwortlich. Auch wenn unklar ist, ob und in welcher Höhe die königliche Familie direkte Einkünfte aus *Tibiyo* bezieht, so ist allein die Verfügungsgewalt über einen substanziellen Teil der Wirtschaft eine Stütze der royalen Macht.[7]

Das eigentliche Fundament der Monarchie bildet jedoch die Tradition. Der König steht nicht nur an der Spitze der gesellschaftlichen Pyramide, in seiner Person manifestiert sich ideologisch vielmehr das Selbstverständnis der Nation: Er hält die Gesellschaft zusammen und sein Geist schwebt gleichsam mythisch über ihr. Als integraler Bestandteil der *civil religion* Swasilands beschreibt Peter Kasenene die Monarchie wie folgt:

> „The King [...] is believed to possess divine elements and powers within him. Consequently his position is both political and religious. The King is not only the symbol of the corporate unity of the Swazi people, but also its source and sustenance. Religiously, he is the rainmaker of the kingdom and through the *inchwala* ritual, he is believed to give life to the nation."[8]

Der Mythos des Königs als Begründer, Befreier und Führer der Nation wird durch die Pflege traditioneller Rituale aktiv am Leben gehalten. Ein kultureller Nationalismus, der Identität primordial in Sprache, Herkunft und Tradition verankert, stellt den König in den Mittelpunkt der Gesellschaft und vereint ihn so trotz aller sozialen Gegensätze mit ihr. Kritiker werfen der Monarchie vor, die Deutungshoheit über Kultur und Tradition zu monopolisieren und für den eigenen Machterhalt ideologisch zu manipulieren.[9] Die Abschaffung der Demokratie 1974 und die Ablehnung politischer Parteien wurden beispielsweise wie selbstverständlich mit deren Unvereinbarkeit mit der Tradition begründet. Trotz der offensichtlichen Instrumentalisierung der Tradition, ist die monarchische Ideologie des *Swazi Way* nicht totalitär aufgezwungen. Die Selbstverständlichkeit mit der das Antlitz oder Symbole des Königs im Alltagsleben präsent sind – beispielsweise auf Gegenständen auf

---

7 Vgl. Forster/Nsibande: xxv.

8 Kasenene 2000: 27.

9 Vgl. Sihlongonyane 2003; Mzizi 2004.

dem Wochenmarkt in Manzini – zeigt, wie groß die Akzeptanz der Monarchie in weiten Teilen der Gesellschaft ist.

Das Bild der Nation als einer großen Familie, in der der König die Vaterrolle erfüllt und die alle Swasi miteinander vereint, ist dabei nicht nur Rhetorik. Als kleine, recht homogene Volksgruppe sind die Verwandtschaftsbeziehungen in der Tat vielfältig. Wenn man bedenkt, das alleine Sobhuza II. während seiner Regentschaft angeblich 600 legitime Kinder gezeugt hat (von etwa 100 Frauen), ist es kaum verwunderlich, dass ein guter Teil der Bevölkerung direkt oder indirekt mit der weitläufigen königlichen Familie verwandt ist und es kaum ein Amt, eine Schule oder Firma gibt, wo man nicht auf den Namen Dlamini trifft. Die tatsächliche oder auch nur ideologisch konstruierte Verbundenheit des Königs mit dem Volk ist eine Stütze der Herrschaft – sich gegen die Monarchie zu stellen heißt, Verrat an der eigenen (die Volksgemeinschaft umfassenden) Familie zu begehen.

Der Ruf nach politischen Reformen

Die herausgehobene Stellung des Königs wird auch in seinem Lebensstil deutlich, der immer wieder Unverständnis hervorruft. Das richtige Maß zwischen traditionellen Privilegien und extravagantem Konsum scheint der junge König noch nicht gefunden zu haben. Insbesondere der Hang zu Luxusautos – der König nennt neben einem Maybach 62 (ca. 500.000 Euro) seit neuestem auch noch acht Mercedes (Stückpreis 100.000 Euro) sein eigen – stößt auf herbe Kritik (zumindest außerhalb Stuttgarts) und hat Mswati III. in der Presse den Spitznamen „König der Maybachfahrer" eingebracht.[10] In einem Aufsehen erregenden Protest gegen den königlichen Luxus verweigerte das Parlament 2004 die Anschaffung eines Flugzeuges (45 Millionen US-Dollar) für das Staatsoberhaupt.

Auf Tradition begründet ist dagegen, dass der König sich beim traditionellen jährlichen Schilfrohrtanz *Umhlanga*, einem zu Ehren der Königin Mutter veranstaltet Ritus, bei dem sich Tausende Jungfrauen aus dem ganzen Lande dem König präsentieren, nach

10 Hintermeier 2004.

weiteren Verlobten umsieht.[11] Polygamie ist in Swasiland weit verbreitet und steht nur unter dem Vorbehalt, dass der Mann seinen Ehefrauen je einen eigenen Hausstand mit entsprechendem Einkommen garantieren kann. Dass der König eine Vielzahl an Frauen „besitzt“ entspricht dabei den Erwartungen. Zumindest finanziell fahren auch die Frauen des Königs gut: Ein angemessener Lebensstandard schlägt sich konkret in einem BMW X5 sowie einer Villa im Wert von etwa einer Million US-Dollar nieder. Bei inzwischen 13 Frauen (2007) bedeutet dies allerdings einen nicht unerheblichen Kostenfaktor. Ähnlich wie bei den aufwendigen Geburtstagsfeierlichkeiten bewegt sich der König dabei auf einem schmalen Grat zwischen einer herrschaftsstabilisierenden Betonung der Tradition und einer herrschaftsgefährdenden Verschwendung.

Obwohl die Monarchie generell auf Zustimmung stößt, wird insbesondere in den modernen Städten der Ruf nach einer Umwandlung der absoluten in eine konstitutionelle Monarchie immer lauter.[12] Das Rückgrat der Demokratiebewegung bildet dabei die Gewerkschaft *Swaziland Federation of Trade Unions* (*SFFU*), die seit den 1980er Jahren immer wieder Streiks organisiert, die radikale Oppositionspartei *Peoples United Democratic Movement* (*Pudemo*) sowie die gemäßigte, seit 2003 im Parlament vertretene Opposition *NNLC*.[13] Der König reagierte 1996 mit der Einsetzung einer Verfassungskommission unter Vorsitz seines Bruders, die allerdings fünf Jahre ohne befriedigendes Ergebnis tagte. Eine zweite Kommission legte 2003 schließlich eine neue Verfassung vor, die 2005 vom König angenommen wurde und seit 2006 in Kraft ist. Als Fortschritt im Sinne der Demokratie ist zu werten, dass die neue Verfassung einen Grundrechtskatalog enthält und

---

11 Aufsehen erregte vor allem die Hochzeit des Königs mit seiner elften Frau, deren Mutter den König beschuldigte, die 18-jährige Zena Mahlangu gegen ihren Willen in seinem Kraal festzuhalten. Ebenfalls ein Politikum war die Verlobung mit der 2004 erst 16-jährigen Phindile Nkambule, die 2007 die 13. Frau des Königs wurde, da der König hiermit gegen herrschendes Recht verstieß.

12 Für einen Überblick zur politischen Lage siehe International Crisis Group 2005.

13 Für einen Überblick über die politischen Bewegungen siehe Mzizi 2005.

Frauen vor dem Gesetz gleich stellt. Gesetze werden künftig nicht mehr per Dekret, sondern durch das Parlament gemacht. Das Parlament erhält außerdem die Möglichkeit, dem königlichen Kabinett oder einzelnen Ministern das Misstrauen auszusprechen. Des Weiteren ist ein *Supreme Court* vorgesehen. Erstmals besteht auch die nicht weiter spezifizierte Möglichkeit, den König abzusetzen und seiner Vertreterin, der Königin Mutter, die Regentschaft zu übertragen. Trotz dieser Reformen bleibt der König weiterhin die zentrale exekutive Instanz mit weitreichenden Rechten. Er steht über der Verfassung, genießt Immunität und Steuerfreiheit und kann im Notstandsfall auch die verfassungsmäßigen Grundrechte einschränken.

Unklar bleibt in der neuen Verfassung der Status von Parteien. Durch die Grundrechte ist Versammlungs- und Assoziationsfreiheit gewährleistet. Gleichzeitig werden Parteien aber nicht erwähnt und das Parteienverbot von 1973 wurde bisher nicht aufgehoben. Von Seiten des Königs gibt es bisher widersprüchliche Aussagen zu dem Thema. Mit Blick auf die Wahlen 2008 wird die Rechtmäßigkeit von Parteien zurzeit vor Gericht geprüft. Für den Fall, dass das Parteienverbot aufgehoben wird, haben sich die Anhänger des Königs bereits in der Roylistenvereinigung *Sive Siyinqaba* (die Nation ist eine Festung) zusammengeschlossen.

Der Konflikt zwischen der Monarchie und der Demokratiebewegung ist letztlich ein Kampf rivalisierender Eliten um die Macht und dem damit verbundenem Zugang zu den knappen Ressourcen des Landes. Jushua Bheki Mzini spitzt diese Sichtweise zu, wenn er argumentiert:

> „It is not overstating the case to say that Swaziland was colonised at two levels: externally by a foreign power that lasted effectively until 1968; internally by forces that predated European colonialism, with a mission to perpetuate the Dlamini aristocracy beyond independence from Britain."[14]

Die ideologische Überhöhung der Tradition ist demnach eine Strategie der herrschenden Klasse, ihre Macht zu erhalten:

> „[…] the uniqueness of the Swazi scenario lies in the fact that the Swazi cultural reality falls into the trap of being used by the dominant group to

14 Mzini 2004: 112.

> legitimate the status quo [...] traditionalism falls into the trap of social class, serving the whims of the dominant class in their agenda of power wielding and self-preservation."[15]

Die Monopolisierung der Deutungshoheit über Tradition und Kultur durch die Monarchie stellt für die demokratische Opposition ein ernstes Strategieproblem dar. Die traditionelle Denkweise kennt zwar eine Rebellion gegen Missstände innerhalb des Systems – was dieses nach Max Gluckman langfristig stärkt[16] – nicht aber eine Revolution gegen das System. Die radikale Forderung nach Abschaffung der Monarchie findet (noch) keine Mehrheit, da sie mit der kulturellen Tradition, der (von der Monarchie konstruierten) nationalen Identität bricht. Die radikale Opposition, kritisiert Mfaniseni Fana Sihlongonyane, finde bisher keine philosophische Alternative zum *Swazi Way* der Monarchie und operiere somit in einem kulturellen Vakuum.[17]

Doch auch für die Monarchie entpuppt sich die Ideologie der Tradition langfristig als gefährliches Spiel. Fortschreitende Modernisierung und wirtschaftliche Stagnation geben den Gegnern des Königs auftrieb. In Abgrenzung zur traditionellen Ideologie der Monarchie sehen viele Swasi ihre wirtschaftlichen Interessen in einem pluralistischen, demokratischen System besser vertreten. Die wiederkehrenden Dürren der letzten Jahre stehen beinahe symbolisch für die nachlassende Überzeugungskraft des mystischen Regenmachers. Gelingt es Mswati III. nicht, die politischen Reformen voranzutreiben und einen neuen *Swazi Way* zu definieren, der eine Brücke zwischen traditionellem und modernem Staatsdenken schlägt, riskiert die Monarchie langfristig die Revolution gegen das System.

Literatur

Forster, Peter G./Nsibande, Bongani J. 2000: Introduction, in: dies. (Hrsg.), Swaziland. Contemporary Social and Economic Issues, Aldershot, xvi-xlix.

15 Ebd.: 97.

16 Vgl. Gluckman 1956.

17 Vgl. Sihlongonyane 2003: 177f.

Gluckman, Max 1956: Customs and Conflict in Africa, Oxford.

Hintermeier, Hannes 2004: König der Maybachfahrer, in: Frankfurter Allgemeine Zeitung, 21. Dezember 2004, einsehbar unter: http://www.faz.net/IN/INtemplates/faznet/default.asp?tpl=common/zwischenseite.asp&dox={1F12027A-D9F4-E2FD-52B0-A7530C486E4E}&rub={117C535C-DF41-4415-BB24-3B181B8B60AE} (Stand: 1.4.2008).

International Crisis Group 2005: Swaziland. The Clock is Ticking, Pretoria/Brussels.

Kasenene, Peter 2000: Swazi Civil Religion, in: Peter G. Forster/Bongani J. Nsibande (Hrsg.), Swaziland. Contemporary Social and Economic Issues, Aldershot, 17-36.

Masuku, Muzi 2002: Swaziland, in: Tom Lodge/Denis Kadima/David Pottie (Hrsg.), Compendium of Elections in Southern Africa, Johannesburg, 319-343.

Mzini, Jushua Bheki 2004: The Dominance of the Swazi Monarchy and the Moral Dynamics of Democratisation of the Swazi State, in: Journal of African Elections, 3. Jg., Nr. 1, 94-119.

Mzizi, Jushua Bheki 2005: Political Movements and the Challenges for Democracy in Swaziland, Johannesburg.

Sihlongonyane, Mfaniseni Fana 2003: The Invisible Hand of the Royal Family in the Political Dynamics of Swaziland, in: African and Asian Studies, 2. Jg., 155-189.

Internet

Offizielle Regierungsseite: *http://www.gov.sz*

Generalkonsulat Swasilands in Berlin: *http://www.swasiland.de*

University of Swaziland: *http://www.uniswa.sz*

Thailand

Wolfram Schaffar

Einleitung

Mit 64 Millionen Einwohnern und einer Ausdehnung von etwas mehr als 500.000 km^2 zählt Thailand neben Birma (Myanmar) und Vietnam zu den drei großen Ländern des südostasiatischen Festlands. Zu Zeiten des Asienbooms in den 1990er Jahren wurde es wegen seines Wirtschaftswachstums als ‚fünfter asiatischer Tiger‘ gehandelt und stellt nach der Überwindung der Krise eine wirtschaftliche und politische Führungsmacht innerhalb der ASEAN (*Association of Southeast Asian Nations*) dar. Offiziell ist Thailand eine konstitutionelle Monarchie, doch zeigt das politische System einige Besonderheiten, die diese Beschreibung als nicht adäquat erscheinen lassen, wie noch erörtert werden wird.

Der amtierende König, Bhumibol Adulyadej, wurde 1927 in den USA in Cambridge, Massachusetts, geboren und bestieg den Thron am 9. Juni 1946. Noch vor der englischen Königin Elizabeth II. ist er somit derzeit das am längsten amtierende Staatsoberhaupt der Welt. Schon bei oberflächlicher Betrachtung fällt bei einem Besuch in Thailand die Omnipräsenz des Monarchen auf: An den zentralen Plätzen der Städte werden zu verschiedenen Feiertagen des Jahres monumentale Altäre errichtet, bei denen je nach Anlass ein Bild des Königs oder eines Mitglieds der Königsfamilie von goldenem Stuck eingerahmt und mit einem Meer von frischen Blumen in Szene gesetzt wird. In fast jedem Geschäft, Restaurant und öffentlichen Gebäude findet man eine Nische mit einem Bild Bhumibols, oft zusammen mit einem Bild des früheren Königs Chulalongkorn (Regierungszeit 1868-1910) und dekoriert mit religiösen Glücksbringern. Der König wird auf Bildern entweder in traditioneller höfischer Kleidung gezeigt oder in schlichter Arbeitskleidung im Einsatz in einem seiner zahlreichen ländlichen Entwicklungsprojekte.

Seit dem 60. Thronjubiläum im Jahr 2006 ist die Verehrung um ein augenfälliges Element reicher. Seither hat sich der Brauch etabliert, jeden Montag und im geringeren Maß auch freitags gelbe Polohemden mit dem Emblem des Königs zu tragen und damit

Verehrung und Loyalität gegenüber ihm öffentlich auszudrücken. Im Stadtbild Bangkoks folgen ungefähr drei Viertel der Bevölkerung quer durch alle Berufsgruppen und Schichten freiwillig diesem Brauch. Dieses Verhalten verweist auf zwei Besonderheiten der Popularität der Monarchie: Zum einen wird hier die stark personalisierte Verehrung der Monarchie deutlich, denn Gelb symbolisiert nicht die Institution der Monarchie an sich, sondern steht traditionell für den Montag, also den Tag, an dem König Bhumibol geboren wurde. Zum anderen verweist der Brauch auf die volkstümliche Verankerung der Verehrung: Während die fotographischen Abbildungen des Monarchen reglementiert sind und öffentlich nur offiziell genehmigte Bilder gebraucht werden, stützt sich die Königsverehrung auch auf spontane und ungeplante Elemente, wie z.B. das Tragen von Armbändchen mit der Aufschrift „Wir lieben den König". Ein Thailandkenner charakterisierte die Omnipräsenz des Königs daher einmal als eine „ans Totalitäre grenzende Hegemonie".[1]

Die herausragende politische Stellung des Königs wurde im Jahr 2006 augenfällig: Im September putschte das Militär und entmachtete Premier Thaksin Shinawatra, der als eine Mischung aus Hugo Chávez und Silvio Berlusconi eine für Thailand ungewöhnlich große Machtfülle entfaltet hatte und seit Anfang 2006 durch Massenproteste gegen seine Person unter Druck geraten war. Thailand, das seit der Zurückdrängung des Militärs aus der Politik im Jahr 1992 eigentlich als konsolidierte Demokratie galt, fiel durch den Putsch in den alten Kreislauf zurück, der die Geschichte Thailands prägt: Auf einen Putsch folgt die Aufhebung der Verfassung und mit dem Versprechen der Demokratisierung wird eine neue Verfassung entworfen. Schließlich werden Wahlen abgehalten, nur um bald in einen neuen Putsch zu münden. Der Putsch im Jahr 2006 war der achtzehnte und die jetzt erarbeitete neue Verfassung ist die zwanzigste seit 1932.

Auffällig beim Putsch von 2006 waren zwei Details: Die Putschisten wurden innerhalb weniger Stunden vom König zu einer Audienz empfangen, und dieser Vorgang wurde weithin als Unter-

1 Diese Formulierung stammt aus einem Diskussionsbeitrag zu einem Seminar am *Institute of Southeast Asian Studies*, Singapur, im September 2006.

stützung des Putsches verstanden. Damit bestätigte sich die Regel, dass ein Putsch nur dann erfolgreich ist, wenn der König ihn sanktioniert. Des Weiteren bedienten sich die putschenden Militärs symbolischer und pop-kultureller Elemente der Königsverehrung: In die Gewehrkolben und Panzerkanonen wurden gelbe Blumen gesteckt und wegen der allgegenwärtigen gelben Bändchen, die um die Waffen gebunden oder an den Uniformen befestigt wurden, etablierte sich in der englischsprachigen Presse die Bezeichnung „Yellow Ribbon Coup".

Historische Entwicklung und Stellung des Monarchen im politischen System

Durch die besondere traditionelle Höflichkeitssprache, die im Umgang mit dem Hof verlangt wird, durch die Bezeichnung Rama IX (neunte Regentschaft), die den jetzigen König in genealogische Kontinuität zur Chakri-Dynastie setzt, sowie durch eine ideelle Verbindung zum großen Modernisierer, König Chulalongkorn (Rama V, Regierungszeit 1868-1910), wird eine Kontinuität der Chakri-Dynastie seit ihrer Gründung in Jahr 1782 suggeriert. Tatsächlich ist die Monarchie in ihrer heutigen Form jedoch eine sehr junge Erscheinung, die eng mit der Person und dem Wirken Bhumibols verbunden ist.

Im Jahr 1932 wurde das politische System Thailands durch die Verkündung einer Verfassung in eine konstitutionelle Monarchie verwandelt. Mit der Formulierung „die Souveränität geht vom Volke aus" ordnete die neue Verfassung den Monarchen dem Gesetz unter,[2] und da die königliche Familie in den folgenden Jahren physisch abwesend war und nur durch einen Regenten im Gefüge der politischen Institutionen vertreten wurde, spielte die Monarchie in der politischen Ordnung der 1930er und 40er Jahre nur eine marginale Rolle. Das änderte sich auch nicht, als König Bhumibol im Jahr 1946 nach dem mysteriösen Tod seines Bruders den Thron bestieg. Auch er hatte den Großteil seines Lebens im Ausland verbracht und ließ sich zunächst ebenfalls durch einen Regenten vertreten, um in der Schweiz sein Studium beenden zu können.

2 Vgl. Handley 2006: 44ff.

Die Rolle der Monarchie änderte sich jedoch fundamental, als sich im Jahr 1959 General Sarit Thanarat an die Macht putschte. Anstatt seine Macht über eine opportun zugeschnittene Verfassung zu sichern, griff er auf thailändische Traditionen zur Legitimierung zurück. Er wertete die Monarchie nicht nur symbolisch auf, sondern verschärfte auch den Paragraphen des Strafgesetzbuches, der Majestätsbeleidigung unter empfindliche Strafe von bis zu zehn Jahren Gefängnis stellt.[3] Von dieser neuen Basis aus gelang es dem König, auch nach dem Ende der Ära Sarit in Jahr 1968 das Ansehen seiner Person und der Institution Monarchie nicht nur durch alle politischen Krisen hindurch zu retten, sondern stetig zu steigern.

Seither gab es ungefähr zehn Putsche, fünf davon waren erfolgreich, d.h. endeten in einem gewaltvollen Umsturz der jeweiligen Regierung. Es wurden zehn neue Verfassungen verkündet, nur um bei der jeweils nächsten politischen Krise wieder außer Kraft gesetzt zu werden. Vor diesem Hintergrund erschien der König mehr und mehr als einzige funktionstüchtige politische Institution und erlangte durch sein Eingreifen in Zeiten des nationalen Notstands den Status, als alleinige Quelle der Legitimation politische Krisen lösen zu können. „Wenn eine Verfassung außer Kraft gesetzt wird oder ein Parlament aufgelöst wird, fällt das Mandat des Volkes auf mich zurück", so der König.[4]

Die Stellung des Königs wird durch kein Ereignis so plastisch illustriert, wie durch sein Eingreifen in die Unruhen des Jahres 1992. Im Jahr 1991 kam es zu einem erfolgreichen Putsch und nach einer Neufassung der Verfassung wurden im März 1992 Neuwahlen ausgerufen. Die Absicht des Putschistenführers, General Suchinda Kraprayoon, nach der Wahl das Amt des Premiers zu übernehmen, löste jedoch Massendemonstrationen aus, die vom charismatischen Ex-Bürgermeister von Bangkok, Chamlong Srimuang, angeführt wurden. Als die gewalttätige Niederschlagung der Demonstrationen durch das Militär mehrere hundert Tote forderte, griff der König ein, bestellte die Kontrahenten zu einer Audienz ein und ließ im Fernsehen übertragen, wie er die beiden vor ihm knienden Politiker wie kleine Jungen zurechtwies

3 Vgl. Streckfuss 1995; Streckfuss 1996.

4 Zitiert nach Handley 2006: 433.

und ultimativ verlangte, der Konflikt müsse friedlich beigelegt werden. Einige Tage später trat Suchinda als Premier zurück, eine Übergangsregierung wurde gebildet, und der König erschien als väterlicher Retter in höchster Not und als Fürsprecher für politische Reformen und Demokratisierung.

Diese Vorfälle markieren den Zenit der Macht Bhumibols. Sein erfolgreiches Eingreifen zeigt, dass seine Machtfülle weit über die eines gewöhnlichen konstitutionellen Monarchen hinausgeht – und da sich seine Macht charakteristischerweise in Situationen zeigt, in denen die Verfassung außer Kraft gesetzt ist und alle anderen politischen Institutionen nicht funktionieren, könnte man die Monarchie unter Bhumibol als ‚formal konstitutionell, aber faktisch absolut' bezeichnen. Verfassungsrechtlich definierte Mittel der Machtausübung, wie z.B. ein Vetorecht bei Gesetzen, die Bestätigung von Kandidaten bei der Besetzung von Regierungs- und anderen Ämtern etc., spielen keine entscheidende Rolle. Vielmehr regiert der König über informelle und symbolische Mittel, etwa durch seine regelmäßigen Thronreden, die umgehend in allen Pressekanälen verbreitet werden und im Zentrum der politischen Kommentare stehen, oder mittels seiner öffentlich inszenierten Audienzen in Zeiten der Krise, durch die er die Unterstützung oder Ablehnung einzelner Personen oder Vorgänge zum Ausdruck bringt.

Zusammenfassend lassen sich zwei Charakteristika der thailändischen Monarchie festhalten: Zum einen handelt es sich um eine ‚quasi-absolute' oder ‚faktisch absolute' Monarchie. Zum anderen ist diese Form der Monarchie eine junge Erscheinung, die eng mit dem jetzigen König Bhumibol verknüpft ist.

König Bhumibols Macht als Ergebnis einer „Netzwerk-Monarchie"?

Wie kann die Entwicklung der Monarchie aus ihrer politischen Marginalisierung in den 1940er Jahren bis hin zu ihrer heutigen ungewöhnlichen Machtfülle erklärt werden?

Nicht wenige Autoren folgen dem staatlich verbreiteten Personenkult und erklären die ungewöhnliche Entwicklung der thailändischen Monarchie über die Person des Königs selbst: Durch sein großes Verantwortungsbewusstsein und seine Hingabe an sein Volk hätte Bhumibol sich seine jetzige Position hart erarbeitet.[5]

Ein anderes Deutungsmuster hebt hervor, dass durch Bhumibols achtsames Eingreifen in die Politik in Zeiten von Legitimationskrisen die Institution der Monarchie unwillkürlich in die zentrale Rolle gerückt ist, in der wir sie heute finden. Allein aus der Tatsache, dass alle anderen Institutionen sich wiederholt als dysfunktional erwiesen hätten, sei der Monarchie eine zentrale Rolle als stabiler Anker des Systems zugekommen.[6]

Der überbordende Pomp, die aufwändigen Hofzeremonien und die Tatsache, dass es sich bei all diesen Details so offensichtlich um Konstruktionen der jüngsten Geschichte handelt, haben darüber hinaus Analysen inspiriert, die die Macht Bhumibols auf einen erfolgreich gelenkten kulturellen und politischen Diskurs zurückführen. Für Peter Jackson ist das Bild des Monarchen ein Detail eines „Regimes der Bilder", die er als besondere Form der Macht im thailändischen Kontext analysiert.[7] Niels Mulder verfolgt diskursanalytisch die Etablierung des Bildes vom Monarchen anhand von Schulbüchern und legt die historische Genese der Vorstellung einer „Dreieinigkeit" von König-Nation-Religion frei.[8] Michael Kelly Connors untersucht den Diskurs und die Verbreitung der spezifisch thailändischen Formel „Demokratie mit dem König an der Spitze des Staates" anhand der Errichtung des „Rates für kulturelle Identität" und der Verlautbarungen dieser und anderer Institutionen. So analysiert er die Stellung des Königs als ein Element in der Konstruktion politischer Hegemonie.[9]

Diesen Ansätzen stellt Duncan McCargo sein Konzept der „Netzwerk-Monarchie" gegenüber, dessen Kerngedanke ist, dass die thailändische Politik nicht über ihre formalen Institutionen, sondern über politische Netzwerke zu analysieren ist, unter denen das „Netzwerk" des Königs das entscheidende sei.[10] So versucht McCargo das Phänomen zu erfassen, dass der König zwar faktisch

5 Vgl. Kobkhua 2003.
6 Vgl. u.a. Kershaw 2001.
7 Vgl. Jackson 2004.
8 Vgl. Mulder 2000.
9 Vgl. Connors 2003.
10 Vgl. McCargo 2005; McCargo 2006.

absolute Macht besitzt, trotzdem jedoch kaum in Erscheinung tritt und über keinen sichtbaren, hierarchisch geordneten Machtapparat verfügt. Die „Netzwerk-Monarchie" charakterisiert McCargo als einen neuartigen Herrschaftsmodus.[11] Diese „semi-monarchische Herrschaft" stütze sich nicht auf eine Institution im konventionellen Sinn, sondern sei eine „para-politische Institution", ein „Subsystem" oder „fluides modus operandi",[12] das ab 1970 aus der Notwendigkeit hervorgegangen sei, sich mit liberalen Kräften zu arrangieren. Konfrontiert mit dem drohenden Verlust der privilegierten Stellung, die die Monarchie unter General Sarit in den 1960er Jahren genoss, habe der König die Strategie gewählt, die mit der Liberalisierung der Politik entstehenden Institutionen nicht direkt zu bekämpfen oder in einen Konkurrenzkampf mit ihnen zu treten, sondern sie durch die Positionierung treuer Gefolgsleute in einflussreiche Positionen zu unterwandern.[13]

Zentrale Figur im königlichen Machtgeflecht ist General Prem Tinsulanonda, der zwischen 1980 und 1988 als Premierminister regierte und dank seiner Beziehungen zum Königshaus mehrere Putsche überstand. Während der König sich nur selten persönlich und dann zumeist in verklausulierter Form zum politischen Tagesgeschäft äußert, wird Prem weithin als weltliche Stimme des Königs wahrgenommen. Heute ist er Vorsitzender des Geheimen Staatsrates, eine Art „Schattenkabinett", in dem der König seine engen Vertrauten versammelt. Hier laufen die Fäden des königlichen „Netzwerks" zusammen.

Originell an McCargos Konzept der Netzwerk-Monarchie ist der Gedanke, dass in seiner Sicht die Stärke des Königs nicht infolge des chaotischen Zustands der anderen Institutionen entsteht, sondern im Gegenteil dadurch, dass der König seine Gefolgsleute in den Institutionen positioniert, sie dadurch unterwandert und ihr Scheitern bewusst betreibt, sobald sie ihm nicht mehr opportun erscheinen. Auch die kürzlich erschienene Biographie Bhumibols,[14] die eine Quelle für McCargos Arbeiten darstellte,

11 Wörtlich: „Mode of Governance", siehe McCargo 2005: 501.
12 Ebd.
13 Vgl. ebd.: 503-505.
14 Siehe Handley 2006.

lässt den König bei den verschiedenen politischen Umbrüchen als in diesem Sinne durchaus aktiven Akteur erscheinen.

Wenngleich der Anspruch McCargos, mit dem Begriff der Netzwerk-Monarchie eine qualitativ neue Form monarchischer Herrschaft zu erfassen, erst noch in einer historischen und international vergleichenden Untersuchung unterfüttert werden muss, hat er bereits eine Bresche geschlagen und die Aufmerksamkeit auf die royalistische Elite als strategisch handelnde Gruppe gelenkt.[15] Irreführend ist das Bild des Netzwerks jedoch in der Hinsicht, dass unter diesem Begriff gewöhnlich eine Organisationsform ohne funktionale Differenzierung und ohne hierarchische Strukturierung verstanden wird. Ganz im Gegenteil hierzu scheint das monarchische Netzwerk in Thailand gänzlich von der personalisierten Macht König Bhumibols abzuhängen, und gerade hierin sehen manche Autoren die größte Schwäche der Institution der Monarchie.[16] Ebenso verbreitet wie die Ehrerbietung gegenüber Bhumibol ist nämlich die Einschätzung, dass der Thronfolger Vajiralongkorn in keiner Hinsicht an das Format seines Vaters heranreicht.

Probleme und Perspektiven der thailändischen Monarchie

Vor dem Hintergrund der skeptischen Beurteilung der Fähigkeiten des Thronfolgers lassen sich die jüngsten Umbrüche und Zäsuren in der politischen Entwicklung Thailands im Sinne McCargos auch als Zeichen zunehmender Nervosität der monarchistischen Elite lesen, die versucht, den Fortbestand der Monarchie über die neunte Regentschaft hinaus zu sichern, d.h. die Macht des Königs zu entpersonalisieren und auf dauerhafte Fundamente zu stellen.

In diesem Licht erscheint die Verabschiedung einer neuen Verfassung im Jahre 1997, die gewöhnlich als juristische Vollendung der Demokratiebewegung des Jahres 1992 und als Meilenstein in der Demokratisierung Thailands gedeutet wird,[17] eher als Versuch, durch Stabilisierung des politischen Systems die Institution der

15 Vgl. einen ähnlichen Ansatz in Bezug auf die Frühzeit der Chakri-Dynastie bei Evers/Korff/Supharb 1988. Zum Konzept der strategischen Gruppen vgl. Evers/Schiel 1988.

16 Vgl. Handley 2006: 427ff.

17 Kritisch hierzu Connors 2003; Schaffar 2007.

Monarchie für den Fall einer unpopulären Thronfolge zu sichern.[18] Dieser Versuch muss jedoch nach der Ära Thaksin im Jahr 2006 als gescheitert gelten: Thaksin, der als erster Premier unter der neuen Verfassung gewählt worden war, trat als neuer charismatischer Führer an, der sich bald als wirtschaftlich erfolgreicher Geschäftsführer, bald als Anwalt der Armen stilisierte, durch seine ländlichen Entwicklungsprogramme den königlichen Entwicklungsprogrammen Konkurrenz machte und in seiner Abgrenzung zu den „alten Eliten" mehr oder weniger offen eine Begrenzung der Macht der Monarchie anstrebte. Der Putsch gegen Thaksin wurde wegen verschiedener Indizien im Vorfeld als Projekt des monarchischen Netzwerks gedeutet:[19] Zunächst waren es einzelne Einlassungen des Königs, die die Missgunst des Palastes gegen Thaksin artikulierten, dann eskalierten die Scharmützel zwischen Prem und Thaksin, bis schließlich in konzertierten Interventionen von verschiedenen, dem König gegenüber loyalen Persönlichkeiten Thaksin so weit delegitimiert war, dass er durch die Putschisten abgesetzt werden konnte, ohne auf nennenswerte Gegenwehr der Bevölkerung zu stoßen. In dieser Lesart erscheint auch der jüngste Putsch von 2006 als Strategie, die Situation zu verhindern, zum Zeitpunkt der Thronfolge mit einem charismatischen Premier konfrontiert zu sein, der den Umbruch nutzen könnte, eine Schwächung der Monarchie voranzutreiben.

Die Entwicklung der thailändischen Monarchie aus der Position der Marginalisierung hin zur Wiedererrichtung einer quasiabsoluten Monarchie hat eine Institution hervorgebracht, deren Fortdauer paradoxerweise auf dem Zenit ihrer Macht so bedroht erscheint, wie kaum je zuvor. Die heutige Stärke der Monarchie ergibt sich aus der Dysfunktionalität aller anderen politischen Institutionen. Wenn wir McCargo und Handley folgen,[20] beruht ihre Stärke sogar auf der bewussten Schwächung der anderen Institutionen durch das monarchische Netzwerk. Diese Strategie führte jedoch zu einer Monarchie, die nicht aus sich heraus, sondern durch die persönlichen Errungenschaften des Königs selbst legitimiert ist und sich gegen Ende der neunten Regentschaft in

---

18 Vgl. Hewison 1997: 47; McCargo 2005: 511.

19 Vgl. Hewison 2008.

20 Vgl. McCargo 2005; McCargo 2006; Handley 2006.

der Frage der Thronfolge mit einer Überlebensfrage konfrontiert sieht.

Literatur

Connors, Michael Kelly 2003: Democracy and National Identity in Thailand, London/New York.

Evers, Hans-Dieter/Korff, Rüdiger/Suparb, Pas-Ong 1988: Trade and State Formation. Siam in the Early Bangkok Period, in: Modern Asian Studies, Bd. 21, Nr. 4, 751-771.

Evers, Hans-Dieter/Schiel, Tilman 1988: Strategische Gruppen – Vergleichende Studien zur Staatsbürokratie und Klassenbildung in der Dritten Welt, Berlin.

Handley, Paul M. 2006: The King Never Smiles. A Biography of Thailand's Bhumibol Adulyadej, London/New Haven.

Hewison, Kevin 1997: The Monarchy and Democratisation, in: ders. (Hrsg.), Political Change in Thailand. Democracy and Participation, London, 58-75.

Hewison, Kevin 2008: Review Article: A Book, the King and the 2006 Coup, in: Journal of Contemporary Asia, Bd. 38, Nr. 1, 190-211.

Jackson, Peter 2004: The Thai Regime of Images, in: SOJOURN Journal of Social Issues in Southeast Asia, Bd. 19, 181-218.

Kershaw, Roger 2001: Monarchy in Southeast Asia. The Faces of Tradition in Transition, London.

Kobkhua, Suwannathat-Pian 2003: Kings, Country and Constitutions. Thailand's Political Development 1932-2000, London/New York.

McCargo, Duncan 2005: Network Monarchy and Legitimacy Crises in Thailand, in: The Pacific Review, Bd. 18, 499-519.

McCargo, Duncan 2006: Thaksin and the Resurgence of Violence in the Thai South, in: Critical Asian Studies, Bd. 38, Nr. 1, 39-71.

Mulder, Niels 2000: Inside Thai Society. Religion, Everyday Life, Change, Chiangmai.

Schaffar, Wolfram 2007: Verfassung in der Krise. Die thailändische „Verfassung des Volkes" von 1997, in: Stephan Conermann/Wolfram Schaffar (Hrsg.), Die schwere Geburt von

Staaten. Verfassungen und Rechtskulturen in modernen asiatischen Gesellschaften, Hamburg, 233-274.

Streckfuss, David 1995: Kings in the Age of Nations. The Paradox of Lèse-Majesté as Political Crime in Thailand, in: Comparative Studies in Society and History, Bd. 373, 445-475.

Streckfuss, David 1996: Modern Thai Monarchy and Cultural Politics. The Acquittal of Sulak Sivaraksa on the Charge of Lèse-Majesté in Siam, 1995 and Its Consequences, Bangkok.

Internet

Thailändische Regierungsseite: *http://www.thaigov.go.th/eng*

Thailändisches Außenministerium: *http://www.mfa.go.th*

Paläste des Königs: *http://www.palaces.thai.net*

Bangkok-Post-Seite zum 60. Thronjubiläum Bhumibols: *http://www.bangkokpost.com/60yrsthrone/60yrsthrone/index.html*

Sonderseite des Rama-IX-Kunstmuseums mit Werken König Bhumibols: *http://www.supremeartist.org*

Tonga

Hermann Mückler

Der polynesische Inselstaat Tonga ist die einzige und letzte konstitutionelle Erbmonarchie im Südpazifik. Mit der Kritik am im September 2006 inthronisierten König Siaosi (George) Tupou V. und den darauf folgenden politischen Unruhen im November desselben Jahres geriet Tonga in die Schlagzeilen der internationalen Medien. Die von großen Teilen der Bevölkerung gewünschten demokratischen Reformen wurden vom Königshaus und den Adeligen bisher weitgehend unterdrückt.

Zu Geographie und Geschichte des Königreiches

Das unabhängige Königreich ist Mitglied im British Commonwealth und besteht aus den vier Inselgruppen Tongatapu (mit der Hauptinsel Togatapu und der darauf befindlichen Hauptstadt Nuku'alofa), 'Eua, Ha'apai und Vava'u. Abgelegen im Norden befinden sich noch die zum Staatsgebiet gehörenden Inseln Tafahi, Niuatoputapu sowie Niuafo'ou. Von den insgesamt knapp 170 Inseln sind 36 bewohnt. Die Gesamteinwohnerzahl beträgt rund 102.000 Personen, wobei eine dynamische Arbeitsmigration zu stark schwankenden Zahlen führt. Es leben zumindest ebenso viele Tongaer im Ausland, wie auf den Inseln. Die gesamte Landfläche aller Inseln beträgt rund 748 km^2. Die Mehrheit der Inseln sind gehobene Koralleninseln, vor allem die westlich liegenden größeren Inseln sind vulkanischen Ursprungs. Die Tonga-Inseln liegen an einer Schnittstelle der Asiatisch-Australischen und der Pazifischen Platte mit hoher tektonischer und vulkanischer Aktivität. Das Klima ist subtropisch bis tropisch mit Temperaturen im Jahresmittel von rund 24° Celsius. Die Inseln liegen im Einflussbereich des Südostpassates und sind durch hohe Luftfeuchtigkeit gekennzeichnet. Hauptanbauprodukte sind Kokosnüsse, die Brotfrucht, Taro, Süßkartoffeln, Yams, Maniok, Bananen, Kürbisse, Wassermelonen, Vanille und Kava, wobei die vier letztgenannten Produkte auch für den Export Bedeutung haben. Die Landwirtschaft bildete lange das Rückgrat der tongaischen Wirtschaft, ist jedoch durch Klimschwankungen, Naturkatastrophen und eingeschleppte Pflanzenkrankheiten, aber auch durch Abwanderung von Arbeitskräften aus dem ländlichen Raum sowie gesunkene Weltmarktpreise und Zugangsbeschränkungen zu Märkten marginalisiert worden.[1]

Die Geschichte der Monarchie auf Tonga beginnt erst im 19. Jahrhundert. In der Zeit vor und während der europäischen Entdeckung der pazifischen Inselregion gab es umfassende Rivalitäten und Kampfhandlungen zwischen den einzelnen Inseln und Häuptlingstümern.[2] Der vom britischen Entdecker James Cook den Inseln gegebene Name „Friendly Islands" bzw. „Freundschaftsinseln" ist somit irreführend und spiegelt eher dessen persönliche Erfahrungen mit den Inselbewohnern bei seiner Landung im Jahre 1773 wider.[3] Zu den frühen detailgenauen Berichten, die das rivalisierende Verhältnis der lokalen Machthaber thematisieren, zählt jener von William Mariner, einem Matrosen, den es unfreiwillig für mehr als vier Jahre nach Tonga verschlagen hatte.[4] Das kompetitive Verhältnis der tongaischen Häuptlinge und deren Anhänger um die Vorherrschaft im Inselarchipel endete ab dem Jahr 1845 durch die schrittweise gewaltsame Einigung Tongas unter dem ehrgeizigen Krieger, Strategen und Erzähler Taufa'ahau (1797-1893). Er vereinte alle Inseln zum polynesischen Königreich Tonga. Taufa'ahau trug den königlichen Titel des *Tu'i Kanokupolu*, ließ sich aber 1845 auf den Namen König George Tupou I. taufen. 1852 besiegte er seine verbliebenen Gegner und wurde unumschränkter Herrscher Tongas. Mit dem *Edict of Emancipation* schaffte er auf den gesamten Tonga-Inseln die Leibeigenschaft ab und etablierte am 4. Juni 1862 das erste Parlament. Im Jahr 1865 wurde Tupou I. als 40. und letzter *Tu'i Tonga* installiert. Am 4. November 1875 wurde die erste Verfassung für Tonga eingeführt. Tupou I. wurde dadurch König nach britischem Vorbild. Tonga wurde unter der umstrittenen Mithilfe des Missionars der *Wesleyan Methodist Missionary Society*, Shirley Waldemar Baker, offiziell zu einer konstitutionellen Monarchie, die sich durch eine moderne Gesetzgebung in den Bereichen Landbesitz

---

1 Vgl. Mückler 2006.

2 Vgl. Ferdon 1987; Champbell 2001.

3 Vgl. Bain 1993.

4 Vgl. Martin 1981.

und Pressefreiheit auszeichnete. Baker trug wesentlich dazu bei, dem tongaischen Königtum sein Gepräge zu geben, indem er die Hymne, das Wappen, die Flagge und die Krone gestaltete. Als Vorsitzender der Mission wurde er persönlicher und Finanzberater des Königs. Auf sein Einwirken hin wurden mit Deutschland (1876), England (1879) und den Vereinigten Staaten (1888) Verträge zur Anerkennung der Unabhängigkeit Tongas geschlossen. 1880 wurde Baker Premierminister, was eine Krise zwischen dem tongaischen König und der *Wesleyan Society* auslöste und letztlich zur Gründung der *Free Church of Tonga* im Jahre 1885 führte. Baker war engagiert, jedoch so umstritten, dass er 1890 deportiert wurde. Tonga hat sich Kolonialisierungsbestrebungen in der Vergangenheit weitgehend widersetzen können. Im Jahre 1900 wurde Tonga allerdings im Rahmen eines Freundschaftsvertrages zu einem britischen Protektorat, nachdem europäische Siedler und rivalisierende Häuptlinge versucht hatten, den seit 1893 regierenden tongaischen König George II. (1874-1918) abzusetzen. Dieser Vertrag endete am 4. Juni 1970, wodurch Tonga die Unabhängigkeit erlangte. Internationale Bekanntheit und Beliebtheit erlangte Königin Salote Tupou III. (1900-1965), als sie 1953 an den Krönungszeremonien der englischen Queen Elizabeth II. in London teilnahm und bei strömendem Regen im offenen Fuhrwerk fuhr.

Der Monarch im politischen System

In der Gegenwart muss das System als erstarrt und reformierungsbedürftig bezeichnet werden. Korruption, Kollusion und Nepotismus kennzeichnen das Verhalten der Führungselite, die den Bezug zu den Untertanen und ihren Bedürfnissen weitgehend verloren hat. Vetternwirtschaft und eigenmächtiges Handeln des seit 1965 autoritär regierenden Königs Tupou IV. (1918-2006) haben wiederholt die tongaische Wirtschaft sowie das Ansehen im Ausland schwer beschädigt. Ein Beispiel für das mitunter fragwürdige Vorgehen des Königshauses sind illegale Passverkäufe an rund 7.000 (Hongkong-)Chinesen in den Jahren 1997 und 1998, bei denen die Königsfamilie profitiert haben soll. Ein ähnliches Beispiel ist eine ins Auge gefasste weitergespannte Fassung der Staatsbürgerschaft für Tonganer (Kinder von tongaischen Müttern mit ausländischen Vätern konnten bis 2001 nicht die tongaische

Staatsbürgerschaft erlangen): Erst auf Druck von außen kam es im Rahmen einer Ergänzung zum *Tongan Nationality Act* dazu, dass künftig auch Personen mit tongaischer Mutter Tongaer werden können. Die Zuständigkeit für alle Pass-, Emigrations- und Immigrationsangelegenheiten ist zwischenzeitig vom *Ministry of Police* zum *Ministry of Foreign Affairs* transferiert worden. Die seit Jahren stetig wachsende, jedoch bis vor kurzem zahlenmäßig kleine Demokratiebewegung, die bislang, aufgrund des noch immer herrschenden Respekts vor dem Königshaus, keine entscheidenden Fortschritte in den Bereichen Demokratisierung und Transparenz der Entscheidungen erzielen konnte, gewann während eines Streiks des öffentlichen Dienstes, der sich zu einem Generalstreik ausweitete, im Jahr 2005 entscheidend an Bedeutung. Die regierende Dynastie der Taufa'ahau Tupou zeichnet sich durch eine Kontinuität aus, die als eine wesentliche Zielsetzung die Erhaltung traditioneller Werte beinhaltet, demokratiepolitisch gesehen aber Meinungsvielfalt und Transparenz in den Entscheidungsfindungsprozessen großteils vermissen lässt und aktiv unterdrückt. Die weitgehend absolutistisch regierende Königsfamilie hat es bisher erfolgreich verstanden, die seit 1988 stetig im Wachsen begriffene, jedoch in gemäßigte und radikale Fraktionen aufgesplitterte Demokratiebewegung unter Kontrolle zu halten und entscheidende Reformen zu verhindern. Da praktisch alle wichtigen Funktionen und Positionen mittels Ernennung durch den König besetzt werden, sind die Mitglieder der Königsfamilie überproportional in den Schlüsselpositionen des Landes zu finden. Das Parlament – welches aus neun Mitgliedern adeliger Abstammung, neun durch das Volk gewählten Vertretern sowie achtzehn vom König ernannten Abgesandten (darunter der Premierminister und alle Mitglieder des Kabinetts) besteht (von den insgesamt 30 Abgeordneten sind also nur neun direkt vom Volk gewählt!) – ist in seinem tatsächlichen Einfluss auf die Geschicke des Landes nur von nachrangiger Bedeutung. Die Adeligen rekrutieren sich aus den (ehemaligen) Häuptlingen und deren Familien, die in der nach wie vor traditionell orientierten polynesischen Klassengesellschaft Respekt und Einfluss genießen.[5]

5 Vgl. Lawson 1996; Ewins 1998; Gailey 1987.

Probleme und Perspektiven der Monarchie

Die politische und wirtschaftliche Situation in Tonga gilt als reformbedürftig. Erste Schritte dazu wurden im Jahr 2002 vereinbart, aber erst ab Jahresbeginn 2005 fanden substantielle Umstrukturierungen in staatseigenen Unternehmen statt. Die Privatisierung der nationalen Elektrizitätsgesellschaft hat Unverständnis und Protest in der Bevölkerung ausgelöst, da bekannt wurde, dass die (überwiegend aus der Königsverwandtschaft stammenden) Vorstandsmitglieder des neuen Unternehmens *Shoreline Power* exorbitant hohe Gehälter erhalten würden, während gleichzeitig die Strompreise signifikant angehoben wurden. Zwar wurde von Teilen der Regierung und einzelnen Mitgliedern des Könighauses grundsätzlich die Notwendigkeit politischer Reformen erkannt und die Gewährung von Pressefreiheit versprochen, jedoch bisher nur ansatzweise umgesetzt. Angekündigte ungenügende Erhöhungen und sogar Kürzungen bei den Gehältern der öffentlichen Bediensteten lösten im Juli 2005 Proteste aus, die schnell zu einem Generalstreik anwuchsen. Der Arbeitskampf, an dem anfangs rund 1.000 öffentliche Bedienstete mit der Forderung nach einer drastischen Erhöhung der Gehälter teilnahmen, wurde zu einem landesweiten Protest, der Tausende Anhänger fand und zu einer massiven Herausforderung für das Königshaus wurde. Die Forderungen weiteten sich auf eine grundsätzliche Verfassungsänderung aus, der zufolge zukünftig alle Mitglieder des Parlamentes gewählt werden sollten – eine langjährige Forderung der *Pro-Democracy Movement* – und die damit den Einfluss des Königshauses und der Adeligen limitieren sollte. Nach einem siebenwöchigen Streik, der fast alle Bereiche des Landes erfasste, erhielten die öffentlich Bediensteten zwischen 60 und 80 Prozent Gehaltserhöhung, während die weiterreichenden politischen Forderungen nach mehr Demokratie nach wie vor unerfüllt blieben. Unruhen, bis dahin in dem Inselstaat unbekannt, begannen eine gewalttätige Form anzunehmen. Die Argumentation der Konfliktparteien radikalisierte sich dabei zunehmend. Politische Zugeständnisse fanden bisher nur in einer geduldeten Pressefreiheit ihren Ausdruck. Dass Tonga einer neuen Zeit entgegengeht und der Absolutismus der herrschenden Klasse sich einem Ende zuneigt, ist aus mehreren Indizien ablesbar. Die Ereignisse des Jahres 2005, die auch regional

Aufsehen erregten und nur durch ausländische Mediatoren beruhigt werden konnten, brachten das Land, auch durch die letztlich gemachten finanziellen Zugeständnisse, an den Rand des Bankrotts. Gleichzeitig formierte sich eine auch gewaltbereite außerparlamentarische Opposition, die in Form radikalisierter Studenten der Gruppe *'Ulu Tongo* Autos anzündete und damit drohte, Regierungsgebäude zu stürmen. Die Verhaftung von rund 200 Studenten, vermuteten Anhängern dieser Gruppe, im August 2005 konnte nicht darüber hinwegtäuschen, dass das Land instabilen Zeiten entgegengeht. Die seit langem schwelenden sozialen Spannungen verschärfen sich zusehends. Die Mitglieder des Königshauses sowie die Schicht der Adeligen erfreuen sich großen Wohlstands, während große Teile des Landes als unterentwickelt und die Bevölkerung als arm bezeichnet werden müssen. Die prekären wirtschaftlichen Verhältnisse eines Großteils der Bevölkerung sind auch Ursache für die Arbeitskräftemigration bzw. Auswanderung.

Der Tod von König Tupou IV. am 10. September 2006 wurde von vielen Tongaern als Zeitenwende und Chance für notwenige Kurskorrekturen in der Politik angesehen. Mit der Inthronisierung des umstrittenen Tupou V. (geboren 1948) als neuen König am 11. September 2006 war jedoch klar, dass allzu große Hoffnungen in Veränderungen verfrüht waren. Tupou V. hatte Privatschulen in der Schweiz sowie das *King's College* in Auckland besucht und an der *Oxford University* sowie an der *Royal Military Academy* in Sandhurst, England, studiert. Sein aufwendiger und unsteter Lebenswandel, vor allem in jungen Jahren, gilt vielen Tongaern als anstößig. Am 4. Mai 1966 war er zum Kronprinzen ernannt worden. Von 1979 bis 1998 war er Außenminister von Tonga. Daneben hatte er zahlreiche Geschäfte betrieben, vor allem mit staatseigenen Betrieben, bei denen er massiv profitierte, die er jedoch mit der Krönung aus Verfassungsgründen abgeben musste. Die Forderungen seitens der Demokratiebewegung nach demokratischen Reformen mündeten am 16. November 2006 in unerwartete Ausschreitungen. Im Anschluss an eine friedliche Demonstration mehrerer Tausend Menschen in Nuku'alofa, die das Parlament aufforderten, vor dem Abschluss der jährlichen Sitzungsperiode entsprechende Reformen zu beschließen, begann ein aufgebrachter Mob das gesamte Geschäftsviertel im Stadtzentrum zu plündern und zu verwüsten. Dabei waren neben Regierungsgebäuden vor allem Geschäfte adeliger Familien sowie solche der prosperierenden und in Tonga häufig angefeindeten chinesischen Minderheit Ziel des Volkszorns. Bei den Ausschreitungen kamen acht Menschen ums Leben. Die nicht ganz spontanen Ausschreitungen, an denen sich auch kriminelle Elemente beteiligt hatten, konnten von den lokalen Sicherheitskräften zwar gestoppt werden, die Regierung bat jedoch Australien und Neuseeland um Hilfe. Beide Länder reagierten schnell und entsandten rund 150 Soldaten und Polizisten zur Unterstützung der einheimischen Sicherheitskräfte und für kriminaltechnische Ermittlungen. König Tupou V. reagierte auf diese Unruhen, die ein bis dahin noch nicht bekanntes Maß an Gewalt in den Inselstaat gebracht hatten, mit der Aufforderung zur Beruhigung und Versöhnung und stellte Verbesserungen in mehreren Bereichen in Aussicht. Die Zukunft des Inselstaates und der Bestand der Monarchie werden davon abhängen, ob in den kommenden Jahren tatsächlich die angekündigten Reformen in Angriff genommen werden.

Literatur

Bain, Kenneth 1993: The New Friendly Islanders. The Tonga of King Taufa'ahau Tupou IV, London/Sydney/Auckland.

Campbell, I. C. 2001: Island Kingdom. Tonga Ancient and Modern, Christchurch.

Ewins, Rory 1998: Changing their minds. Tradition and Politics in Contemporary Fiji and Tonga, Christchurch.

Ferdon, Edwin N. 1987: Early Tonga As the Explorers Saw It 1616-1810, Tucson.

Gailey, Christine Ward 1987: Kinship to Kingship. Gender Hierarchy and State Formation in the Tongan Islands, Austin.

Lawson, Stephanie 1996: Tradition Versus Democracy in the South Pacific. Fiji, Tonga and Western Samoa, Cambridge.

Martin, John, M. D. 1981: Tonga Islands. William Mariner's Account, Tonga.

Mückler, Hermann 2006: Tonga, in: Werner Kreisel (Hrsg.), Mythos Südsee. Länderprofile Ozeaniens zu Wirtschaft und Gesellschaft, Hamburg, 185-192.

Internet

Tongaisches Palastamt: *http://www.palaceoffice.gov.to*

Offizielle Regierungsseite: *http://www.pmo.gov.to*

Pacific Islands Forum: *http://www.forumsec.org*

Vatikan

Thomas König

Der Vatikan, dessen korrekter Staatsname „Staat der Vatikanstadt“ (*Status Civitatis Vaticanae, Stato della Città del Vaticano*) lautet, ist in mannigfaltiger Weise ein weltweit einzigartiges politisches Gebilde: Kein anderer Staat der Welt ist so unmittelbar auf eine Religion gegründet und richtet sein politisches Handeln derart religiös aus. Der als Enklave mitten in Rom gelegene Vatikan ist der kleinste souveräne Staat der Welt und kann zugleich als die einzige noch verbliebene absolute Monarchie in Europa gelten.

Begründet mit den Lateranverträgen von 1929, die zwischen dem Heiligen Stuhl und dem faschistischen Italien geschlossen wurden, ist der Staat der Vatikanstadt zwar nicht der Rechtsnachfolger des 1871 untergegangenen Kirchenstaates, jedoch eine Art kleiner symbolischer Platzhalter des ehemaligen kirchlichen Territoriums. Schon ob seiner Größe ist der Vatikanstaat für sich wirtschaftlich nicht lebensfähig und braucht dies auch nicht zu sein. Eine Zollunion mit Italien ermöglicht die Nutzung der Infrastruktur Roms für die Bedürfnisse der Bewohner des Vatikans.

Es gibt im Staat der Vatikanstadt keine eigene vatikanische Nationalität oder gemeinsame landsmannschaftlichen Identität. Alle vatikanischen Staatsbürger besitzen eine doppelte Staatsbürgerschaft: eine provisorische des Vatikans einerseits und die ihres Herkunftslandes andererseits. Die Staatsbürger des Vatikans bilden daher ein Gemisch aus sehr vielen verschiedenen Nationalitäten, auch wenn weiterhin die italienische Herkunft dominiert. Vatikanische Staatsbürger werden Kardinäle, die in Rom wohnen, klerikale Amtsinhaber, die im Vatikan wohnen, sowie Laien und deren Familienangehörige, solange sie auf dem Staatsgebiet des Vatikans wohnhaft sind. Es stehen daher alle Staatsbürger mittelbar oder unmittelbar in einem Dienstverhältnis zur Zentrale der römisch-katholischen Kirche. Mit einem solch funktionsbezogenen Staatsvolk lässt sich denn auch kein Staat, sondern allenfalls ein Hofstaat organisieren, den der Vatikanstaat im Hinblick auf seine Dienstleistungsfunktion für den Papst auch darstellt.

Das politische System des Vatikans[1]

Der Papst ist Oberhaupt des Vatikanstaates, besitzt die Fülle der gesetzgebenden, ausführenden und richterlichen Gewalt[2] und verfügt über das Monopol der Medien des Vatikans. Eine Gewaltenteilung existiert nicht. Sein Titel als Souverän ist eindrucksvoll und zeigt die Fülle seiner potenziellen Macht, die weit über das winzige Staatsgebiet der Vatikanstadt hinausreicht: *Bischof von Rom, Statthalter Jesu Christi, Nachfolger des Apostelfürsten, Oberhaupt der Gesamtkirche, Primas von Italien, Erzbischof und Metropolit der Kirchenprovinz Rom, Souverän des Staates der Vatikanstadt, Diener der Diener Gottes.* In seinem Titel spiegelt sich die Doppelfunktion des Papstes: Er ist sowohl weltlicher Herrscher als auch geistliches Oberhaupt der römisch-katholischen Kirche, mit einem deutlichen Schwerpunkt auf den geistlichen Funktionen. Es lassen sich politisch drei Herrschaftsebenen des Papstes und drei Wortbedeutungen dessen unterscheiden, was unter dem „Vatikan“ verstanden werden kann: Der Staat der Vatikanstadt, der Heilige Stuhl und das Führungszentrum der römisch-katholischen Kirche.

Der Vatikan als Staat wird meist als eine absolute priesterliche Wahlmonarchie bezeichnet, dabei wären auch die Begriffe „Theokratie“ und deren Unterform einer „Hierokratie“ zur Beschreibung der vatikanischen Regierungsform möglich. Für eine absolute Wahlmonarchie spricht, dass der Papst ein auf Lebenszeit gewählter Monarch ist, dessen Rechte als Souverän nicht beschränkt sind. Die Theokratie als Sonderform einer Monarchie beinhaltet, dass der Monarch sein Amt als Vollstrecker göttlichen Willens ausübt und die Herrschaft religiös legitimiert ist. Auf das Papsttum trifft diese Aussage zu, denn es handelt sich sogar um eine ausschließlich religiös legitimierte Regierungsform – der weltliche und kirchliche Herrschaftsanspruch des Papstes leitet sich allein aus der Heiligkeit und der Tradition der römisch-katholischen Kirche ab. Zu einer Theokratie im eigentlichen Sinne

---

1 Vgl. hierzu Rossi 2004.

2 Vgl. Art. 1 Abs. I des Grundgesetzes des Vatikanstaates vom 26. November 2000, einsehbar unter http://www.vatican.va/vatican_city_state/legislation/index_ge.htm (Stand: 1.4.2008). Das Grundgesetz bildet die Verfassung des Staates der Vatikanstadt.

gehört allerdings auch, dass der Monarch als Gott verehrt wird, was im Falle des Papstes nicht zutrifft. Für eine Hierokratie, also eine Priesterherrschaft als Unterform der Theokratie, lässt sich das Argument anführen, dass die Staatsgewalt von einem Teil der Kurie und damit vom Klerus ausgeübt wird, auch wenn der Papst als primus inter pares unter den Bischöfen de jure immer das Recht der letzten Entscheidung für sich hat und so von einer vollständigen Entscheidungsgewalt eines geistlichen Standes in politischen und staatlichen Fragen nicht gesprochen werden kann. Die herausragende Stellung des Papstes gegenüber den anderen Bischöfen gründet sich vor allem auf das Matthäus-Evangelium[3] sowie die Tatsache, dass das Grab des Apostels Petrus in Rom unter dem Petersdom liegt und der jeweilige Papst als Nachfolger Petri gilt. Die Regierungsform des Staates der Vatikanstadt und des Heiligen Stuhles als Leitungsorgan der römisch-katholischen Kirche kann daher als eine Mischung aus absoluter Wahlmonarchie, Theokratie und Hierokratie angesehen werden.[4]

Der Papst wird im Konklave von den Kardinälen, die jünger als 80 Jahre sind, in geheimer Abstimmung auf Lebenszeit gewählt. Eine Abdankung ist für ihn zwar prinzipiell möglich, jedoch kam ein solcher Fall seit dem Jahr 1294 und Coelestin V. nicht mehr vor. Eine Absetzung des Papstes durch andere ist nicht möglich. Um seine formal absolute Macht innerhalb des Vatikanstaates auszuüben, braucht jedoch auch der Papst die Hilfe eines Regierungsapparates und einer funktionierende Verwaltung. Der Vatikanstaat wird von einer päpstlichen Kommission für den Staat der Vatikanstadt verwaltet. Diese Kardinalskommission aus Vertretern der obersten Kirchenleitung wird von einem weltlichen Gremium beraten, dem meist adelige römische Bürger angehören, und muss alle Gesetzesvorschläge durch den Kardinalstaatssekretär dem Papst zur Prüfung vorlegen. Die Mitglieder der Kommission

3 Im Matthäus-Evangelium heißt es: „Und ich sage dir auch: Du bist Petrus, und auf diesen Felsen will ich meine Gemeinde bauen, und die Pforten der Hölle sollen sie nicht überwältigen. Ich will dir die Schlüssel des Himmelreichs geben: alles, was du auf Erden binden wirst, soll auch im Himmel gebunden sein, und alles, was du auf Erden lösen wirst, soll auch im Himmel gelöst sein" (Mt. 16, 18f.).

4 Vgl. zu den unterschiedlichen Regierungsformen Weber 2005: Teil I, Kap. 3 und Teil II, Kap. 9.

werden vom Papst für fünf Jahre ernannt, ihnen sind auch die Ämter des Vatikanstaates unterstellt. Wie alle dem Papst nachgeordneten Behörden handelt auch die Leitung des Vatikanstaates nach delegiertem Recht und damit immer unter dem Primat des Papstes.

Zweck des Vatikanstaates ist die Sicherung der Unabhängigkeit des Heiligen Stuhles: Er soll die Unabhängigkeit des Papstes und der Kirche in politischen Fragen und zur Verkündigung des Wortes Gottes gewährleisten; dafür wurde der Staat im Völkerrecht verankert. Auch wenn der Staat der Vatikanstadt eine scheinbar eigenständige Verwaltung besitzt, so sind doch tatsächlich staatliche, internationale und kirchliche Aufgaben und Ämter eng miteinander verwoben und verstrickt. Der Staat der Vatikanstadt ist ein Dienstleisterstaat, sein Bestehen ist kein Selbstzweck, sondern er ist eher die „Fiktion einer geographischen Bedeutung“[5] und dient als ein Symbol der Unabhängigkeit den Belangen des Heiligen Stuhles und der katholischen Kirche zur Verkündigung des Glaubens, als Heimstatt der Geschichte und Kultur des Papsttums sowie dem Amtsinhaber als Wohnsitz.

Der Einfluss des Heiligen Stuhles

Die politische Gestaltungsmacht des Papstes liegt nicht in seiner Herrschaft über den Staat der Vatikanstadt begründet. Es ist der Heilige Stuhl, der diplomatische Beziehungen zu anderen Staaten unterhält,[6] die „Außenpolitik“ gestaltet und als völkerrechtlich souveräner Akteur in den internationalen Beziehungen aktiv ist – nicht der Staat der Vatikanstadt. Der Heilige Stuhl ist ein eigenes Völkerrechtssubjekt sui generis, der Vatikanstaat keine Voraussetzung für seine Souveränität. In den globalen Aktivitäten des Heiligen Stuhles findet sich ein schwacher Abglanz des ehemals weltweiten Machtanspruchs der Päpste wieder. Heute tritt der Heilige Stuhl vor allem für Frieden, Gerechtigkeit, Menschenrech-

---

5 Waschkuhn 2003: 775. Vgl. Kallscheuer 2005; Ring-Eifel 2004: 40-48, 251-261.

6 Im Jahr 2001 unterhielt der Heilige Stuhl diplomatische Beziehungen zu 172 Staaten sowie zur EU, dem Malteserorden und der PLO. Vgl. http://www.vatican.va/roman_curia/secretariat_state/documents/rc_seg-st_20010123_holy-see-relations_en.html (Stand: 1.4.2008).

te und Religionsfreiheit ein. Hinter diesen Zielen steht auch die Absicht, den christlichen Glauben zu verbreiten und in der Regelung kirchlicher Angelegenheiten autonom agieren zu können. Da der Vatikan weder über wirtschaftliche noch militärische Macht[7] verfügt, ist er als Vermittler in internationalen politischen Konflikten sehr gefragt. Eine Position dauerhafter Neutralität, deren Grenze lediglich erreicht wird, wenn die Interessen der römisch-katholischen Kirche berührt werden, bedingt eine sehr intensive und von vielen Staaten geschätzte diplomatische Tätigkeit des Heiligen Stuhles. Dazu passt, dass der Vatikan bei den Vereinten Nationen kein Vollmitglied ist, sondern wie in zahlreichen anderen internationalen Organisationen auch (z.B. in der WTO) lediglich einen Beobachterstatus innehat, um seine Neutralität nicht zu gefährden. Die politische Stärke des Heiligen Stuhles gründet sich auf die Symbolkraft des Papstamtes und die moralische Integrität, die dem Papst nicht nur von Katholiken zugesprochen wird. Ein reichhaltiges liturgisches, monarchisches Zeremoniell, das seine Amtsführung begleitet, weist auf ein Königtum von Gottes Gnaden hin, erlangt mit Hilfe des Heiligen Geistes im Konklave. Hinzu kommt als Handlungsgrundlage ein gefestigtes und ausdifferenziertes Fundament, dessen moralische Tragkraft sich aus dem Wissen um die existenziellen Fragen der Menschen speist und auf eine wechselvolle 2000-jährige Geschichte zurückblicken kann. Ein beinahe weltumspannendes Netz an kirchlichen Aktivitäten und Informationsmöglichkeiten tragen ein Übriges zur politischen Potenz des Heiligen Stuhles bei.

Rückblick und Bilanz

Im Zentrum sowohl des Vatikanstaates als auch des Heiligen Stuhles steht die Person des Papstes. Der monarchische Führungsstil des jeweiligen Amtsinhabers war natürlich abhängig von dessen Persönlichkeit, auch wenn jeder Papst in ein enges zeremonielles Korsett eingebunden ist. Der Führungsstil scheint sich in den letzten Jahrzehnten von einem autoritären (etwa unter dem

---

7 Die nur 110 Mann starke Schweizer Garde erfüllt protokollarische und polizeiliche Aufgaben des Personenschutzes für den Papst. Sie ist keine ernstzunehmende militärische Streitmacht mehr.

Pontifikat Pius XII. 1939-1958) zu einem eher charismatischen Habitus (vor allem unter Johannes Paul II. 1978-2005) zu wandeln, wobei jedoch immer zu berücksichtigen ist, dass es starke Unterschiede zwischen der innerkirchlichen bzw. innervatikanischen und der weltweiten, öffentlichkeitswirksamen Politik des Papstes gibt.

Die Institution des Papsttums als monarchische Führung bedeutet alles für den Vatikanstaat, er wäre ohne die Päpste und den Heiligen Stuhl nicht existent. So kann der Vatikan als Synonym des Heiligen Stuhles heute als durchaus mächtiger politischer Akteur betrachtet werden. Seine politischen Instrumente unterscheiden sich allerdings von denen anderer politischer Akteure, ebenso wie die Zeiträume, in denen politisch agiert und geplant wird.

Reform- und Abschaffungsdiskurse über die Institution des Papsttums existieren weder in der Bevölkerung des Staates der Vatikanstadt noch in der römisch-katholischen Kirche. Solche Absichten wären gleichbedeutend mit einer Abspaltung von der Kirche, da der Primat des Papsttums als conditio sine qua non der Mitgliedschaft in der römisch-katholischen Kirche von den Gläubigen akzeptiert werden muss.

Die Monarchie im kleinsten Staat der Welt ist seit 1929 eine Erfolgsgeschichte, die selbst Krisenzeiten, wie die deutsche Besetzung Roms während des Zweiten Weltkrieges, unbeschadet überstand. In ihrer dienenden Funktion für die Glaubensverkündigung der katholischen Kirche ist sie essentiell für das Verständnis der Kirche selbst und trotz vielfältiger Kritik am Papst und den Lehren der katholischen Kirche (Zölibat, Sexualmoral etc.) weitgehend politisch akzeptiert.

Literatur

Kallscheuer, Otto 2005: Der Vatikan als Global Player, in: Aus Politik und Zeitgeschichte, 7/2005, 7-14.

Ring-Eifel, Ludwig 2004: Weltmacht Vatikan, München.

Rossi, Fabrizio 2004: Der Vatikan. Politik und Organisation, München.

Waschkuhn, Arno 2003: Die politischen Systeme Andorras, Liechtensteins, Monacos, San Marinos und des Vatikan, in: Wolfgang Ismayr (Hrsg.), Die politischen Systeme Westeuropas, 3. Auflage, Opladen, 774-776.

Weber, Max 2005: Wirtschaft und Gesellschaft, Neu-Isenburg/Frankfurt a. M. 2005.

Internet

Staat der Vatikanstadt: *http://www.vaticanstate.va/DE/homepage.htm*

Heiliger Stuhl: *http://www.vatican.va/phome_ge.htm*

Radio Vatikan: *http://www.radio-vatikan.de*

Schweizer Garde: *http://www.schweizergarde.org*

Deutsche Botschaft beim Heiligen Stuhl: *http://www.vatikan.diplo.de/Vertretung/vatikan*

Vereinigte Arabische Emirate

Tobias Friske

Die Vereinigten Arabischen Emirate sind eine Monarchie ganz eigener Art. Es handelt sich um eine Föderation aus sieben monarchischen Stadtstaaten. Die sieben Emire, die diese Teilstaaten absolutistisch regieren, wählen alle fünf Jahre aus ihren Reihen den Präsidenten des Gesamtstaates. Der in dieser Weise als Wahlmonarchie ausgestaltete Bundesstaat, der heute zu den reichsten und dynamischsten Gegenden der Welt zählt, entstand 1971 nach dem Abzug der britischen Kolonialmacht als Zweckbündnis kleiner, unterentwickelter Wüstenemirate.

Geschichte: Von der Piratenküste zur Föderation

Das Küstengebiet am Persischen Golf, das heute Vereinigte Arabische Emirate heißt, war den Europäern lange Zeit unter dem Namen „Piratenküste" bekannt. Insbesondere die Briten hatten im 18. Jahrhundert mit den lokalen Scheichen und Freibeutern zu kämpfen, die ihren Handel beeinträchtigten. In einem langen Piratenkrieg rang das Empire den Widerstand nieder und konnte 1820 mit neun Scheichen – unter ihnen die sieben Herrscher der heutigen Emirate sowie die Scheiche von Bahrain und Katar – einen Vertrag schließen, in dem diese der Piraterie abschworen. Weitere Abkommen in den Folgejahren besiegelten einen „ewigen Frieden zur See" und verwandelten die Piratenküste bis zum Ende des 19. Jahrhunderts schrittweise in ein britisches Protektorat, das nun unter dem Namen Vertragsoman (*Trucial Oman*) firmierte. Großbritannien beschränkte sich bei seiner Herrschaft in den folgenden Jahrzehnten weitgehend auf die Kontrolle der Außenpolitik und gewährte den Emiraten nach innen Autonomie. Die einzelnen, untereinander zerstrittenen Emire waren miteinander nur lose durch den Anfang der 1950er Jahre von den Briten initiierten Rat der Herrscher (*Trucial States Council*) verbunden.[1]

Als die britische Regierung 1968 ankündigte, sich aus ihren Gebieten „east of Suez" zurückziehen zu wollen, begannen unter den

1 Vgl. Al-Hamarneh 2007: 352; Müller-Mahn 1999: 210ff.

Emiren schwierige Verhandlungen über die Bildung einer Föderation. Nachdem Bahrain und Katar, die sich ursprünglich ebenfalls beteiligen wollten, beschlossen hatten, eigene Staaten zu gründen, fanden sich 1971 schließlich die sechs Herrscher von Abu Dhabi, Dubai, Schardscha, Fudschaira, Umm al Kaiwain und Adschman zu einem Bündnis zusammen, gaben sich eine Verfassung und wählten den Emir von Abu Dhabi zu ihrem Präsidenten. Nachdem sich die Hoffnungen des Herrschers von Ras al Chaima auf eigene Ölfunde zerschlagen hatten, schloss auch er sich 1972 der neuen Föderation mit dem Namen Vereinigte Arabische Emirate an.[2]

Wirtschafts- und Sozialstruktur: Ölreichtum und Stammesloyalität

Als die Briten abzogen, hinterließen sie politisch und wirtschaftlich relativ schwache Emirate, die sich zusammenschlossen, um ihre Existenz gegenüber den großen Nachbarn Iran, Irak und Saudi-Arabien behaupten zu können. Ein Faktor sollte den fragilen Bundesstaat jedoch bald auf eine solide Basis stellen: das Öl. Nach dem Anstieg der Ölpreise 1973 und 1979/80 war es den Emiren möglich, umfangreich in Straßen, Häfen und Meerwasserentsalzungsanlagen zu investieren. Sie konnten ihrer Bevölkerung Bauland und zinslose Eigenheimkredite sowie freien Zugang zu Bildung und Gesundheitsversorgung gewähren. Auf diese Weise konnten Wirtschaft und Wohlfahrtsstaat aufgebaut und die Loyalität der Untertanen bis heute garantiert werden.[3]

Die Gefolgschaft des Volkes gegenüber den Emiren beruht aber nicht nur auf den Erlösen aus dem Ölgeschäft, sondern auch auf der traditionellen Gesellschaftsstruktur der Emirate. Die einheimische Bevölkerung fühlt sich in ein hierarchisches System aus Familie, Clan und Stamm eingebunden, an dessen Spitze die sieben Herrscherhäuser mit ihren Oberhäuptern stehen. Die Emire herrschen insofern nicht nur aufgrund der Ölgelder, die sie zu vergeben haben oder aufgrund ihrer staatlichen Funktion als Oberhäupter der Gliedstaaten, sondern vor allem aufgrund ihrer paternalistischen Position als Stammesführer, die ihnen Autorität

2 Vgl. Ebert 1995: 731f.; Heard-Bey 2005: 362, Fn. 12.
3 Vgl. Schliephake 1994: 297; Müller-Mahn 1999: 221f.; Al-Hamarneh 2007: 353f.

verleiht.[4] Außerhalb dieser Stammesstruktur stehen die zahlreichen Ausländer, die etwa 80 Prozent der Bevölkerung ausmachen. Neben Geschäftsleuten sind dies vor allem Tausende asiatischer Gastarbeiter, die für niedrige Löhne die schnell wachsende Zahl von Hochhäusern und Glaspalästen der neuen Reichen errichten.[5]

Politisches System: Bundesstaat und Wahlmonarchie[6]

Die sieben Emire herrschen in ihren Territorien ohne Verfassung, ohne Parlament und mehr oder weniger absolutistisch. Die einzelnen Emirate, die alle nach ihrer jeweiligen Hauptstadt benannt sind, sind recht klein und können mit Fred Halliday als „monarchische Stadtstaaten" bezeichnet werden.[7] Gleichwohl bestehen erhebliche Disparitäten zwischen ihnen. Das mit Abstand größte Emirat ist Abu Dhabi, das über mehr als 80 Prozent der Erdöl- und rund 90 Prozent der Erdgasförderung der Emirate verfügt.[8] „Several of the other emirates are not much more than villages living on the beneficence of the ruler of Abu Dhabi", so Michael Herb.[9] Streitig gemacht wird Abu Dhabi seine Rolle als Hauptstadt und „Motor der Föderation"[10] von Dubai, der international stärker wahrgenommenen Nummer zwei unter den Emiraten. Beide, Abu Dhabi und Dubai, finanzieren und dominieren die Vereinigten Arabischen Emirate.

4 Vgl. Müller-Mahn 1999: 208f., 218f.

5 Neben dem hohen Ausländeranteil ist bemerkenswert, dass 70 Prozent der Bevölkerung männlich und 45 Prozent aller Einwohner jünger als 15 Jahre sind. Vgl. Al-Hamarneh 2007: 357f.

6 Zum politischen System vgl. Ebert 1995: 732ff.; Al-Hamarneh 2007: 354ff.; Schliephake 1994: 297ff.; Müller-Mahn 1999: 217ff.

7 Fred Halliday zählt die Staaten der Vereinigten Arabischen Emirate ebenso wie Bahrain und Katar zum Typ des „monarchical city-state". Vgl. Halliday 2000: 296.

8 Vgl. Al-Hamarneh 2007: 360.

9 Herb 1999: 136.

10 Schliephake 1994: 308.

Tabelle: Sieben ungleiche Emirate[11]

Emirat	Fläche (in km^2)	Einwohner	Sitze im Nationalrat	Herrschende Dynastie
Abu Dhabi	67.350	1.292.119	8	Nahiyan
Dubai	39.000	1.200.309	8	Maktum
Schardscha	2.600	724.850	6	Qasimiy
Ras al Chaima	1.700	197.571	6	Qasimiy
Fudschaira	1.150	118.617	4	Scharqiy
Umm al Kaiwain	750	45.756	4	Um´ala
Adschman	250	189.849	4	Nu´aimiy

Anders als auf Emiratsebene existiert auf der Föderationsebene eine Verfassung, die bereits 1971 provisorisch verabschiedet und 1996 für permanent erklärt wurde. Allerdings konstituiert auch sie – wie in den einzelnen Emiraten – kein Parlament im demokratischen Sinne. Mit dem Nationalrat (*Federal National Council*) verfügt das politische System zwar über eine rege debattierende Versammlung, der aber nur eine beratende Funktion zukommt.

Das zentrale Entscheidungsgremium auf Bundesebene ist der Oberste Rat der Herrscher (*Supreme Council of Rulers*), zu dem sich die sieben Emire etwa viermal im Jahr zusammenfinden. Als oberste exekutive und legislative Instanz legt der Rat der Herrscher die politischen Leitlinien der Föderation fest, schließt internationale Verträge und entscheidet über die Gesetze. Die Emire treffen hier alle wesentlichen Sach- und Personalentscheidungen, für die jeweils eine Mehrheit von fünf Emiraten erforderlich ist, wobei Abu Dhabi und Dubai ein Vetorecht haben. Ihrem Gewicht entsprechend übernehmen die Emire von Abu Dhabi und Dubai außerdem traditionell die Ämter des Präsidenten und des Premierministers der Föderation.

Der Emir von Dubai ist Premierminister und steht als solcher dem Ministerrat vor. Die Minister wiederum – selbst zum Teil Mitglieder der herrschenden Familien – bereiten die Gesetze vor,

11 Quellen: Ebert 1995: 729; Vereinigte Arabische Emirate, in: Der Fischer Weltalmanach 2008: 499.

arbeiten dem Rat der Herrscher zu und leiten die alltäglichen Regierungsgeschäfte.

Das Amt des Präsidenten hat der Emir von Abu Dhabi inne. Er ist Staatsoberhaupt und Oberbefehlshaber, bei ihm laufen die Fäden der Macht zusammen. Seinen Einfluss verdankt er indessen nicht nur den Kompetenzen des Präsidentenamtes, sondern vor allem der Tatsache, dass er Herrscher des größten Emirates ist. Die Personalunion beider Ämter besteht seit Gründung der Emirate, ohne dass sie verfassungsrechtlich vorgeschrieben wäre. Formal wird der Präsident alle fünf Jahre von den sieben Emiren aus ihren Reihen ausgewählt. Faktisch fällt die Wahl stets auf den Emir von Abu Dhabi.

Gemeinhin versteht man unter einer Monarchie eine Staatsform, bei der das Staatsoberhaupt auf Lebenszeit und meist qua Geburt in sein Amt gelangt. Angesichts der Tatsache, dass dieses Amt in den Vereinigten Arabischen Emiraten weder erblich ist, noch auf Lebenszeit vergeben wird, können Zweifel entstehen, ob es sich hier überhaupt um eine Monarchie handelt, zumal das Staatsoberhaupt als „Präsident" und nicht etwa als „König" bezeichnet wird.[12] Allerdings sind die von den Emiren geführten Gliedstaaten eindeutig Monarchien und ihre Oberhäupter auf Lebenszeit im Amt befindliche Erbmonarchen. Insofern, und da das Oberhaupt der Föderation immer einer dieser Monarchen sein muss, kann man auch den Gesamtstaat durchaus als Monarchie qualifizieren.

Trotzdem handelt es sich um eine Monarchie ganz eigener Struktur. Die Vereinigten Emirate sind zusammen mit Kambodscha, Malaysia und dem Vatikan eine der wenigen heute noch bestehenden Wahlmonarchien. Waren Wahlmonarchien früher durchaus verbreitet (z.B. Schweden bis 1544, Dänemark bis 1660, Polen bis 1795 oder das Alte Reich bis 1806), so sind die vier aktuellen Wahlmonarchien gegenüber derzeit 40 Erbmonarchien deutlich in der Minderheit. Nicht ungewöhnlich für eine Wahlmonarchie ist, dass in den Emiraten die Wahl von einem exklusiven Kollegium aus sieben Emiren vollzogen wird. Historisch drängt sich der Vergleich mit dem Heiligen Römischen Reich Deutscher Nation auf, wo der Kaiser ebenfalls von sieben Monarchen, den Kurfürsten, gewählt wurde. Aber auch in den Wahlmonarchien der

12 Vgl. Friske 2007: 43.

Gegenwart sind die Wahlkollegien recht exklusiv: Im Vatikan wird das Staatsoberhaupt von den Kardinälen der katholischen Kirche, die jünger als 80 Jahre sind, in Kambodscha von einem neunköpfigen Thronrat und in Malaysia von neun Sultanen sowie vier Gouverneuren bestimmt. Nicht ungewöhnlich für eine Wahlmonarchie ist auch, dass immer ein bestimmter Kandidat, in diesem Fall der Emir von Abu Dhabi, gewählt wird. Auch hier lässt sich die Parallel zum Alten Reich ziehen, wo seit 1438 (fast[13]) immer Mitglieder des Hauses Habsburg gewählt wurden. Dass nur Mitglieder bestimmter Familien wählbar sind, ist in Kambodscha heute sogar verfassungsrechtlich vorgeschrieben und im Vatikan gab es zumindest von 1523 bis 1978 eine gewohnheitsmäßige Beschränkung auf Kandidaten aus Italien. Ungewöhnlich an der Wahlmonarchie der Vereinigten Arabischen Emirate ist, dass die Wahl auf Zeit erfolgt. Dies ist ansonsten nur noch von Malaysia bekannt, wo der König ebenfalls auf fünf Jahre bestellt wird. Dort wird allerdings, anders als in den Emiraten, nicht kontinuierlich der gleiche Kandidat gewählt, sondern in einem informellen Rotationsverfahren reihum abwechselnd immer einer der neun Sultane des Landes.[14]

Dass in den Vereinigten Arabischen Emiraten die Praxis, stets den Emir von Abu Dhabi zum Staatsoberhaupt zu wählen, dauerhaft Bestand hat, zeigte sich besonders deutlich im Jahr 2004, als der Emir von Abu Dhabi starb. Er war seit 1971 Präsident gewesen. Neuer Emir von Abu Dhabi wurde sein Sohn Khalifa bin Zayed Al Nahiyan. Als auch er wieder zum Präsidenten bestimmt wurde, wurde offenbar, dass die Verknüpfung beider Ämter nicht mit der charismatischen Persönlichkeit des Gründungspräsidenten zu erklären ist, sondern unabhängig davon fortbesteht. Zwei Jahre nach dem Amtsantritt des neuen Emirs von Abu Dhabi starb auch der Emir von Dubai – und auch dessen Nachfolger wurde, wie sein Vater, wieder Premierminister der Emirate. Insofern hat sich das Machtgefüge in der zu Anfang recht fragilen Föderation als beständig und stabil erwiesen. Gleichzeitig können die Thronwechsel

13 Ausnahme ist der Wittelsbacher Karl Albrecht, der 1742-1745 als Karl VII. Kaiser war.

14 Zu den Wahlmonarchien vgl. Friske 2007: 37f., 42f. sowie die Beiträge zu Kambodscha, Malaysia und dem Vatikan in diesem Band.

in Abu Dhabi (2004) und Dubai (2006) als Beginn verschiedener Reformen gesehen werden, die unter dem neuen Präsidenten und dem neuen Premierminister eingeleitet wurden.

Perspektiven: Modernisierung und Demokratisierung?

Der neue Premierminister und Emir von Dubai, Muhammad bin Raschid Al Maktum, der 2006 seine Ämter antrat, hat bereits in seiner Zeit als Kronprinz Dubais wirtschaftliche Impulse gesetzt, um sein Land aus der monoökonomischen Fixierung auf das Öl herauszuführen. Muhammad, der sowohl mit einer entfernten Verwandten als auch mit einer Tochter des früheren Königs Hussein von Jordanien verheiratet ist,[15] hat die Fluggesellschaft *Emirates* gegründet, den Ausbau der Flughäfen Dubais betrieben und begonnen, den Handel durch Freihandelszonen zu stimulieren. Neben Industrie- und Handelsunternehmen hat der Emir vor allem Tourismus im Lande angesiedelt. Dabei ist ein gewisser Hang Muhammads zur Gigantomanie nicht zu übersehen. Eines der Symbole dafür ist das 1999 von ihm eröffnete Sieben-Sterne-Hotel *Burj al-Arab*, das höchste und teuerste Hotel der Welt in Form eines riesenhaften Segelbootes. Am *Asia Asia*, dem mit 6.500 Betten größten Hotel der Welt, wird noch gebaut. Bereits fertig gestellt ist die größte Skihalle der Welt mit ihren fünf Pisten, die die Touristen bei tropischen Außentemperaturen ebenso besuchen können wie das höchstdotierte Pferderennen der Welt oder das alljährliche *Dubai Shopping Festival*. International für Aufsehen gesorgt haben auch mehrere, kilometerweit ins Meer ragende, künstlich aufgeschüttete Inseln, von denen weitere, etwa in Form der Weltkarte oder überdimensionaler Palmen, im Bau sind. Im Entstehen begriffen ist zudem die größte Shopping-mall der Welt, der größte Freizeitpark der Welt mit Namen „Dubailand“, der höchste Wolkenkratzer der Welt mit über 800 Metern Höhe, der größte Flughafen der Welt mit sechs Startbahnen sowie eine zwölfspurige Hängebrücke – freilich mit dem größten Brückenbo-

---

15 Seine erste Frau, Scheicha Hind bint Juma Al Maktum, heiratete Muhammad 1979, seine zweite, die jordanische Prinzessin Haya bint Al Hussein, 2004. Die Vielehe ist in den Herrscherfamilien der Emirate nichts Unbekanntes und nach den Gesetzen des Landes durchaus möglich.

gen der Welt –, über die auch eine Linie der ersten U-Bahn der Golfregion führen soll. Der Emir, der diese Projekte als „principal architect of Dubai of the 21st century“[16] vorantreibt, hat Dubai zur am schnellsten wachsenden Stadt der Welt gemacht und einen Bauboom ohne gleichen ausgelöst, der erfolgreich ausländische Investoren angelockt hat. Die Loslösung vom Öl erscheint möglich.[17]

Während sich der Emir von Dubai wirtschaftlich engagiert, hat der Emir von Abu Dhabi, Khalifa bin Zayed Al Nahiyan, Veränderungen politischer Art begonnen. Kurz nach seiner Wahl zum Präsidenten der Föderation im Jahr 2004 berief er zum ersten Mal eine Frau in den Ministerrat. Scheicha Lubna Al Qasimiy wurde Ministerin für Wirtschaft und internationale Kooperation. Außerdem kündigte der Präsident 2005 an, dass der beratende Nationalrat erstmals teilweise gewählt werden sollte. Bei den Wahlen im Dezember 2006 waren dann allerdings von den etwa 4,5 Millionen Einwohnern bzw. rund 800.000 Staatsbürgern der Vereinigten Arabischen Emirate gerade einmal 6.689 Personen wahlberechtigt, die von den Emiren zudem speziell ausgesucht worden waren. Außerdem konnten die Wähler nur die Hälfte der Mitglieder des Nationalrates wählen, während die andere nach wie vor von den Herrschern ernannt wurde. Zwar wurde in Aussicht gestellt, dass künftig alle Abgeordneten des Nationalrates gewählt werden sollen, doch selbst dann besäße dieses beratende Gremium noch keine Entscheidungskompetenzen. Das gleiche gilt für die Konsultativräte der einzelnen Emirate. Neben Abu Dhabi führten in den letzten Jahren auch die Emirate Dubai und Scharjah solche beratenden Ersatzparlamente ein.[18]

Ebenso wenig wie die wirtschaftlichen Reformen des Emirs von Dubai mit politischer Liberalisierung verwechselt werden sollten, können die vorsichtigen politischen Neuerungen, die der Emir von Abu Dhabi angestoßen hat, als Demokratisierung bezeichnet werden. Nach wie vor bestehen Mängel in Sachen Pressefreiheit

16 Heard-Bey 2005: 367.

17 Zu den wirtschaftlichen Aktivitäten des Emirs von Dubai vgl. Follath/Zand 2008; Mühlauer 2007.

18 Zu den politischen Neuerungen unter dem neuen Präsidenten vgl. Heard-Bey 2005: 368f.; Vereinigte Arabische Emirate, in: Der Fischer Weltalmanach 2008: 500.

und es gibt weder ein echtes Parlament noch Parteien oder Gewerkschaften. Demokratie scheint für viele Bürger aber auch kein vordringliches Ziel zu sein. Ihre Anliegen können die Menschen – zumindest die männlichen Staatsbürger – bei den traditionellen Herrscherversammlungen, den *Madschlis*, einer Art kollektiver Bürgersprechstunde, vorbringen. Ansonsten leben die Bürger weitgehend in Wohlstand bzw. teilweise in außerordentlichem Reichtum, sind stolz auf das, was ihre Monarchen in den letzten Jahrzehnten aus den Wüstenemiraten gemacht haben und sehen wenig Anlass für radikale Reformen.[19]

Die Vereinigten Arabischen Emirate bleiben also vorerst eine absolute Monarchie – eine föderale Wahlmonarchie ganz eigener Art, bestehend aus sieben ungleichen monarchischen Stadtstaaten unter Führung von Abu Dhabi und Dubai, die in mitten einer prekären Weltgegend eine eigenwillige Symbiose aus traditioneller Herrschaftsweise, tribaler Gesellschaftsstruktur, postmoderner Architektur und boomender Wirtschaft verwirklicht haben.

Literatur

Al-Hamarneh, Ala 2007: Vereinigte Arabische Emirate, in: Walter M. Weiss (Hrsg.), Die arabischen Staaten. Geschichte, Politik, Religion, Gesellschaft, Wirtschaft, Heidelberg, 350-366.

Ebert, Matthias 1995: Vereinigte Arabische Emirate. Zur Verfassungsentwicklung des Landes, in: Herbert Baumann/Matthias Ebert (Hrsg.), Die Verfassungen der Mitgliedsländer der Liga der Arabischen Staaten, Berlin, 729-737.

Follath, Erich/Zand, Bernhard 2008: Tausendundeine Pracht (Dubai. Das Über-Morgenland), in: Der Spiegel, 2. Februar 2008, 80-97.

Friske, Tobias 2007: Staatsform Monarchie. Was unterscheidet eine Monarchie heute noch von einer Republik?, einsehbar unter: http://www.freidok.uni-freiburg.de/volltexte/3325 (Stand: 1.4.2008).

Halliday, Fred 2000: Monarchies in the Middle East: A Concluding Appraisal, in: Joseph Kostiner (Hrsg.), Middle East Mon-

19 Vgl. Heard-Bey 2005: 67ff.

archies. The Challenge of Modernity, Boulder/London, 289-303.

Heard-Bey, Frauke 2005: The United Arab Emirates: Statehood and Nation-Building in a Traditional Society, in: The Middle East Journal, Bd. 59, 357-375.

Herb, Michael 1999: All in the Family. Absolutism, Revolution, and Democracy in the Middle Eastern Monarchies, Albany.

Mühlauer, Alexander 2007: Aufschlag Dubai, in: Süddeutsche Zeitung, 15./16. Dezember 2007, 34.

Müller-Mahn, Detlef 1999: Vereinigte Arabische Emirate – Bundesstaat mit Wohlstandsgefälle, in: Fred Scholz (Hrsg.), Die kleinen Golfstaaten, 2. Auflage, Gotha/Stuttgart, 207-243.

Schliephake, Konrad 1994: Vereinigte Arabische Emirate, in: Udo Steinbach/Rolf Hofmeier/Mathias Schönborn (Hrsg.), Politisches Lexikon Nahost/Nordafrika, 3. Auflage, München, 295-309.

Vereinigte Arabische Emirate, in: Der Fischer Weltalmanach 2008, Frankfurt a. M. 2007, 499-500.

Internet

Regierungsportal: *http://www.government.ae*

Offizielle Landesinformationen: *http://www.uaeinteract.com*

Deutsche Botschaft Abu Dhabi: *http://www.abu-dhabi.diplo.de/Vertretung/abudhabi/de/Startseite.html*

III. ANHANG

Autorenverzeichnis

Martin Adelmann, M.A.
(Beiträge zu Lesotho und Swasiland)
Martin Adelmann ist Wissenschaftlicher Mitarbeiter am Arnold-Bergstraesser-Institut Freiburg. Neben Regionalismus und Entwicklungspolitik ist die Region des südlichen Afrikas eines seiner Forschungsschwerpunkte.

Dr. Canan Atilgan
(Beitrag zu Jordanien)
Canan Atilgan ist Politikwissenschaftlerin und Leiterin des Auslandsbüros der Konrad-Adenauer-Stiftung in Thailand. 2002 bis 2005 leitete sie die Stiftungsbüros in Jordanien und Palästina. Zu ihren Arbeitsschwerpunkten zählen neben dem Nahen Osten auch Thailand und die Europapolitik.

Dr. Paul Dostert
(Beitrag zu Luxemburg)
Paul Dostert ist Historiker, Direktor des *Centre de Documentation et de Recherche sur la Résistance* in Luxemburg und Kammerherr S.K.H. des Großherzogs von Luxemburg. Schwerpunkt seiner Forschungen ist die deutsche Besatzung Luxemburgs während des Zweiten Weltkrieges.

PD Dr. Sigrid Faath
(Beitrag zu Marokko)
Sigrid Faath ist wissenschaftliche Mitarbeiterin am *German Institute of Global and Area Studies* in Hamburg. Sie forscht schwerpunktmäßig über den Maghreb und ist Herausgeberin eines Sammelbandes zum *Konfliktpotential politischer Nachfolge in den arabischen Staaten.*

Tobias Friske, M.A.
(Einführender Beitrag sowie Beiträge zu Bahrain, Katar und den Vereinigten Arabischen Emiraten)
Tobias Friske, der an der organisatorischen Vorbereitung dieses Bandes mitgewirkt hat, ist am Seminar für Wissenschaftliche Politik der Universität Freiburg beschäftigt und promoviert über das Thema Monarchie. In seiner Magisterarbeit geht er der Frage nach, was eine Monarchie heute noch von einer Republik unterscheidet.

Judith Gurr, M.A.
(Beitrag zu Großbritannien)
Judith Gurr ist Doktorandin des DFG-Graduiertenkollegs *Freunde, Gönner, Getreue* an der Universität Freiburg und hat als Projektkoordinatorin an der Vorbereitung dieses Bandes mitgewirkt. In ihrer Magisterarbeit untersucht sie die Bedeutung der Monarchie für Politik und Gesellschaft in Großbritannien.

Dipl.-Pol. Felix Heiduk
(Beitrag zu Brunei)
Felix Heiduk ist Wissenschaftlicher Mitarbeiter der Forschungsgruppe Asien der Stiftung Wissenschaft und Politik in Berlin. Er arbeitet derzeit unter anderem zu Fragen der Sicherheit, der Demokratisierung und der Entwicklung des Islam in Südostasien.

Michael Heim, M.A.
(Beitrag zu Saudi-Arabien)
Michael Heim ist Publizist und Mitarbeiter des Zeitgeschichte-Ressorts *einestages* bei Spiegel-Online. Schwerpunkte seiner publizistischen Tätigkeit sind Nahost- und Wirtschaftsgeschichte.

Prof. Dr. Bernd Henningsen
(Beiträge zu Dänemark, Norwegen und Schweden)
Bernd Henningsen ist Professor und Direktor des Nordeuropa-Instituts der Humboldt-Universität zu Berlin sowie Honorar- bzw. Gastprofessor in Kopenhagen und Stockholm. Er ist einer der renommiertesten Kenner Skandinaviens und unter anderem Träger des dänischen, des norwegischen und des schwedischen Verdienstordens.

PD Dr. Marianne Kneuer
(Beitrag zu Spanien)
Marianne Kneuer ist Gastprofessorin für Vergleichende Regierungslehre an der Universität Erfurt. Spanien zählt neben den Demokratisierungsprozessen in Süd- und Osteuropa sowie der Außenpolitik der Europäischen Union zu ihren Forschungsschwerpunkten.

Thomas König, M.A.
(Beitrag zum Vatikan)
Thomas König ist Wissenschaftlicher Mitarbeitet der Arbeitsstelle für das Ethisch-Philosophische Grundlagenstudium der Universität Freiburg. Neben Fragen des Sozialstaates, insbesondere der Gesundheitspolitik, sind der Vatikan, die katholische Kirche und Fundamentalismus Schwerpunkte seiner Forschungen.

PD Dr. Olaf Leiße
(Beitrag zu Kambodscha)
Olaf Leiße ist Privatdozent an der Staatswissenschaftlichen Fakultät der Universität Erfurt und vertritt derzeit die Professur für Europäische Studien an der Universität Jena. Im Mittelpunkt seiner Forschungen stehen die Entwicklung der Europäischen Union sowie die Länder Mittelosteuropas.

Dr. Tilman Lüdke
(Beiträge zu Kuwait und Oman)
Tilman Lüdke ist Lehrbeauftragter am Orientalischen Seminar der Albert-Ludwigs-Universität Freiburg i. Br. Im Zentrum seiner Forschungen steht die neuere und neueste Geschichte des Nahen und Mittleren Ostens, insbesondere die Beziehungen zwischen diesen Regionen und Europa.

Prof. Dr. Hermann Mückler
(Beiträge zu Samoa und Tonga)
Hermann Mückler ist Professor am Institut für Kultur- und Sozialanthropologie der Universität Wien und Präsident der Österreichisch-Südpazifischen Gesellschaft. Seine Forschungsschwerpunkte sind Friedens- und Konfliktforschung, Migration, Ethnohistorie und Politische Ethnologie, insbesondere zu den Regionen Ozeanien und Südostasien.

Univ.-Doz. Dr. Zoltán Tibor Pállinger
(Beitrag zu Liechtenstein)
Zoltán Tibor Pállinger ist Professurleiter an der Andrássy-Universität Budapest sowie Forscher am Liechtenstein-Institut. Seine Arbeitsschwerpunkte bilden die Demokratie-, Transformations- und Kleinstaatenforschung (mit besonderer Berücksichtigung der liechtensteinischen Monarchie).

Prof. Dr. Emanuel Richter
(Beitrag zu Monaco, zusammen mit Jan Rohwerder)
Emanuel Richter ist Professor am Institut für Politische Wissenschaft der Rheinisch-Westfälischen Technischen Hochschule Aachen. Neben Fragen der Demokratietheorie, der Europäischen Integration und republikanischer Theorien bildet die Vergleichende Systemforschung den Schwerpunkt seiner Arbeit.

Prof. Dr. Gisela Riescher
(Herausgeberin)
Gisela Riescher ist Professorin am Seminar für Wissenschaftliche Politik der Universität Freiburg. Schwerpunkte in Forschung und Lehre sind politische Theorien und die Vergleichende Regierungslehre. Seit 2004 arbeitet sie aus ideengeschichtlicher und vergleichender Perspektive über Monarchien in Europa.

Jan Rohwerder, M.A.
(Beitrag zu Monaco, zusammen mit Emanuel Richter)
Jan Rohwerder ist Wissenschaftlicher Mitarbeiter am Institut für Politische Wissenschaft der Rheinisch-Westfälischen Technischen Hochschule Aachen. Themen in den Bereichen Nichtregierungsorganisationen und Globalisierung sowie das deutsche politische System zählen zu seinen Arbeitsschwerpunkten.

Dr. Wolfram Schaffar
(Beitrag zu Thailand)
Wolfram Schaffar ist Wissenschaftlicher Assistent in der Abteilung Südostasienwissenschaft des Instituts für Orient- und Asienwissenschaften der Universität Bonn. Schwerpunkt seiner Forschungen sind Thailand und Myanmar (Burma). Im Wintersemester 2004/05 leitete er ein Seminar über Monarchien in Südostasien.

PD Dr. Alexander Thumfart
(Herausgeber; Beiträge zu Bhutan und Nepal)
Alexander Thumfart vertritt die Professur für Politische Theorie an der Universität Erfurt. Forschungsschwerpunkte sind neben der politischen und sozialwissenschaftlichen Theorie(bildung) vor allem der politische Humanismus, die Rhetorik und die Transformationsforschung.

Prof. Dr. Arno Waschkuhn
(Einführender Beitrag)
Arno Waschkuhn, der 2006 verstarb und zu dessen Gedenken dieser Band erscheint, hat sich neben Demokratietheorie, den Fragen von Denationalisierung und der Rezeption moderner Wissenschaftstheorien in der Politikwissenschaft auch mit Kleinstaaten wie etwa der liechtensteinischen Monarchie beschäftigt. Zuletzt hatte er die Professur für Politische Theorie an der Universität Erfurt inne.

Prof. Dr. Dr. h.c. Wichard Woyke
(Beiträge zu Belgien und den Niederlanden)
Wichard Woyke ist Inhaber der Professur für Europapolitik am Institut für Politikwissenschaft der Westfälischen Wilhelms-Universität Münster. Zu seinen Arbeitsschwerpunkten zählen Wahl- und Parteienforschung sowie Internationale Politik, insbesondere Europa-, Sicherheits- und französische Außenpolitik.

Dr. Patrick Ziegenhain
(Beitrag zu Malaysia)
Patrick Ziegenhain ist wissenschaftlicher Mitarbeiter im Fach Politikwissenschaft an der Universität Trier. Sein Forschungsschwerpunkt ist die politische, wirtschaftliche und soziale Entwicklung in Südostasien. Seine Dissertation befasst sich mit der Rolle des Parlaments im indonesischen Demokratisierungsprozess.

Prof. Dr. Reinhard Zöllner
(Beitrag zu Japan)
Reinhard Zöllner ist Inhaber des Lehrstuhls für Japanologie an der Universität Bonn. Schwerpunkt der Arbeiten des Ostasien-Historikers bildet die Geschichte Japans, insbesondere die des 19. und 20. Jahrhunderts.

Karte: Monarchien

der Welt

Jordanien
Kuwait
Bahrain
Katar
VAE
Saudi-
Arabien
Oman
Nepal
Bhutan
Japan
Thailand
Kambodscha
Brunei
Malaysia
Papua-Neuguinea
Salomonen
Samoa
Tonga
Australien
Neuseeland

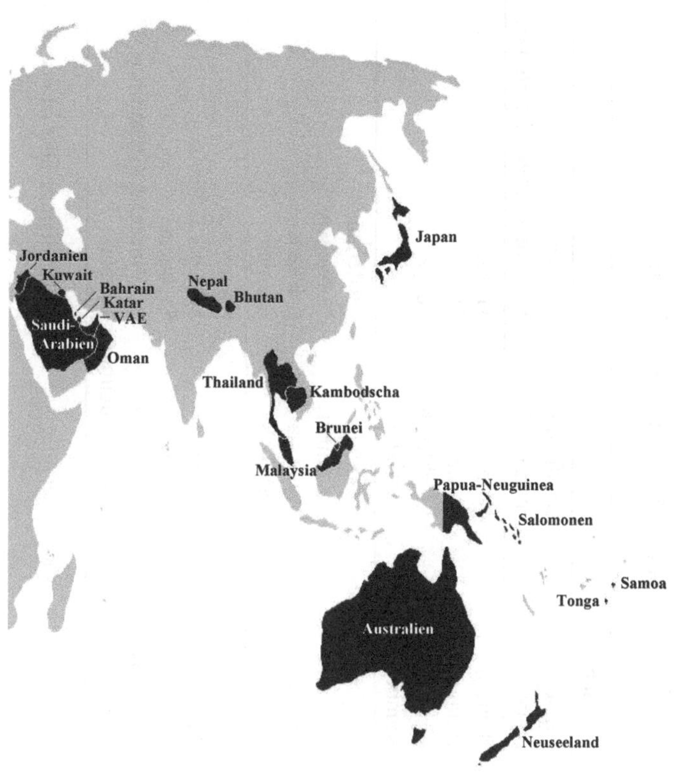

Tabelle 1: Monarchie-Formen

	Länder			Summe
Absolute Monarchien	Brunei Oman	Saudi-Arabien Swasiland	Vatikan Vereinigte Arabische Emirate	**6**
Konstitutionelle Monarchien	Bahrain Bhutan Jordanien Kambodscha	Katar Kuwait Liechtenstein Marokko	Monaco Thailand Tonga	**11**
Parlamentarische Monarchien	Belgien Dänemark Großbritannien Japan	Lesotho Luxemburg Malaysia Nepal	Niederlande Norwegen Schweden Spanien	**12**
Commonwealth-Monarchien	Antigua & Barbuda Australien Bahamas Barbados Belize	Grenada Jamaika Kanada Neuseeland Papua-Neuguinea	Salomonen St. Kitts & Nevis St. Lucia St. Vincent & Grenadinen Tuvalu	**15**

Summe aller Monarchien: **44**

Tabelle 2: Geographische Verteilung und Einwohnerzahl

	Afrika	Amerika	Asien	Australien/ Ozeanien	Europa	Einwohner
Absolute Monarchien	-	-	4	-	1	**31,7 Mio.**
Konstitutionelle Monarchien	1	-	7	1	2	**118,8 Mio.**
Parlamentarische Monarchien	1	-	3	-	8	**332,0 Mio.**
Commonwealth-Monarchien	-	10	-	5	-	**67,2 Mio.**
Summe	**2**	**10**	**14**	**6**	**11**	**549,7 Mio.**

Tabelle 3: Länderinformationen

Land	Monarchie-Form	Monarch	Eckdaten	
Antigua und Barbuda	Commonwealth-Monarchie (Erbmonarchie) (Königreich)	Elizabeth II. (britisches Staatsober-haupt, seit 6.2.1952)	Einwohner: Fläche: Hauptstadt: Sprachen: Religionen:	83.000 441,6 km^2 St. John's Englisch, Kreolisch 80 % Anglikaner, 20 % Katholiken
Australien	Commonwealth-Monarchie (Erbmonarchie) (Königreich)	Elizabeth II. (britisches Staatsober-haupt, seit 6.2.1952)	Einwohner: Fläche: Hauptstadt: Sprachen: Religionen:	20.329.000 7.692.030 km^2 Canberra Englisch 27 % Katholiken, 21 % Anglikaner, 21 % andere christliche Bekenntnisse
Bahamas	Commonwealth-Monarchie (Erbmonarchie) (Königreich)	Elizabeth II. (britisches Staatsober-haupt, seit 6.2.1952)	Einwohner: Fläche: Hauptstadt: Sprachen: Religionen:	323.000 13.939 km^2 Nassau Englisch, Kreolisch 31 % Baptisten, 16 % Anglikaner, 16 % Katholiken, 6 % Pfingstler

Bahrain	Konstitutionelle Monarchie (Erbmonarchie) (Königreich)	Hamad II. (seit 6.3.1999)	Einwohner: 727.000 Fläche: 715,9 km² Hauptstadt: Manama Sprachen: Arabisch, Englisch Religionen: 81,2 % Muslime (65 % Schiiten, 35 % Sunniten), 9 % Christen
Barbados	Commonwealth-Monarchie (Erbmonarchie) (Königreich)	Elizabeth II. (britisches Staatsober-haupt, seit 6.2.1952)	Einwohner: 270.000 Fläche: 430 km² Hauptstadt: Bridgetown Sprachen: Englisch, Bajan Religionen: 40 % Anglikaner, 8 % Pfingstler, 7 % Methodisten
Belgien	Parlamentarische Monarchie (Erbmonarchie) (Königreich)	Albert II. (seit 9.8.1993)	Einwohner: 10.479.000 Fläche: 32.545 km² Hauptstadt: Brüssel Sprachen: Niederländisch, Französisch, Deutsch Religionen: 76,3 % Katholiken
Belize	Commonwealth-Monarchie (Erbmonarchie) (Königreich)	Elizabeth II. (britisches Staatsober-haupt, seit 6.2.1952)	Einwohner: 292.000 Fläche: 22.965 km² Hauptstadt: Belmopan Sprachen: Englisch, Creole, Spanisch u.a. Religionen: 53 % Katholiken, ca. 28 % Protestanten (12 % Anglikaner, 6 Methodisten u.a.)

Fortsetzung Tabelle 3

Land	Monarchie-Form	Monarch	Eckdaten
Bhutan	Konstitutionelle Monarchie (Erbmonarchie) (Königreich)	Jigme Khesar Namgyal Wangschuk (seit 14.12.2006)	Einwohner: 637.000 Fläche: 46.500 km^2 Hauptstadt: Thimphu Sprachen: Dzongkha u.a. Religionen: 72 % Buddhisten, ca. 20 % Hindus
Brunei Darussalam	Absolute Monarchie (Erbmonarchie) (Sultanat)	Haji Hassanal Bolkiah (seit 5.10.1967)	Einwohner: 374.000 Fläche: 5.765 km^2 Hauptstadt: Bandar Seri Begawan Sprachen: Malaiisch u.a. Religionen: 67 % Muslime, 15 % Buddhisten, 10 % Christen
Dänemark	Parlamentarische Monarchie (Erbmonarchie) (Königreich)	Margrethe II. (seit 14.1.1972)	Einwohner: 5.416.000 Fläche: 43.098 km^2 Hauptstadt: Kopenhagen Sprachen: Dänisch, Deutsch Religionen: 84 % Lutheraner
Grenada	Commonwealth-Monarchie (Erbmonarchie) (Königreich)	Elizabeth II. (britisches Staatsoberhaupt, seit 6.2.1952)	Einwohner: 107.000 Fläche: 344,5 km^2 Hauptstadt: St. George's Sprachen: Englisch, Kreolisch Religionen: 55 % Katholiken, 30 % Protestanten

Groß-britannien	Parlamentarische Monarchie (Erbmonarchie) (Königreich)	Elizabeth II. (seit 6.2.1952)	Einwohner: 60.227.000 Fläche: 242.910 km^2 Hauptstadt: London Sprachen: Englisch, Irisch-Gälisch, Schottisch-Gälisch, Scots, Kymrisch (Walisisch) Religionen: 71,8 % Christen (Anglikaner u.a.)
Jamaika	Commonwealth-Monarchie (Erbmonarchie) (Königreich)	Elizabeth II. (britisches Staatsober-haupt, seit 6.2.1952)	Einwohner: 2.655.000 Fläche: 10.991 km^2 Hauptstadt: Kingston Sprachen: Englisch, jamaikanische Creole Religionen: 24 % Church of God, 11 % Adventisten, 10 % Pfingstler, 7 % Baptisten
Japan	Parlamentarische Monarchie (Erbmonarchie) (Kaiserreich)	Akihito (seit 7.1.1989)	Einwohner: 127.774.000 Fläche: 377.837 km^2 Hauptstadt: Tokio Sprachen: Japanisch, Englisch Religionen: Schintoisten, Buddhisten, Mischreligionen
Jordanien	Konstitutionelle Monarchie (Erbmonarchie) (Königreich)	Abdallah II. (seit 7.2.1999)	Einwohner: 5.473.000 Fläche: 89.342 km^2 Hauptstadt: Amman Sprachen: Arabisch, Englisch Religionen: 92 % Sunniten, 6 % Christen

Fortsetzung Tabelle 3

Land	Monarchie-Form	Monarch	Eckdaten	
Kambodscha	Konstitutionelle Monarchie (Wahlmonarchie) (Königreich)	Norodom Sihamoni (seit 29.10.2004)	Einwohner: Fläche: Hauptstadt: Sprachen: Religionen:	14.071.000 181.035 km^2 Phnom Penh Khmer, Vietnamesisch, Chinesisch u.a. 90 % Buddhisten
Kanada	Commonwealth-Monarchie (Erbmonarchie) (Königreich)	Elizabeth II. (britisches Staatsoberhaupt, seit 6.2.1952)	Einwohner: Fläche: Hauptstadt: Sprachen: Religionen:	32.299.000 9.984.670 km^2 Ottawa Englisch, Französisch u.a. 43,6 % Katholiken, 29,2 % Protestanten
Katar	Konstitutionelle Monarchie (Erbmonarchie) (Emirat)	Hamad bin Khalifa Al Thani (seit 27.6.1995)	Einwohner: Fläche: Hauptstadt: Sprachen: Religionen:	813.000 11.437 km^2 Doha Arabisch, Urdu, Persisch, Englisch u.a. 77 % Sunniten, 8 % Christen
Kuwait	Konstitutionelle Monarchie (Erbmonarchie) (Emirat)	Sabah al-Ahmed al-Dschaber al-Sabah (seit 29.1.2006)	Einwohner: Fläche: Hauptstadt: Sprachen: Religionen:	2.535.000 17.818 km^2 Kuwait Arabisch, Englisch v.a. Muslime (ca. 65 % Sunniten, 35 % Schiiten)

Lesotho	Parlamentarische Monarchie (Erbmonarchie) (Königreich)	Letsie III. (seit 7.2. 1996)	Einwohner: 1.795.000 Fläche: 30.355 km² Hauptstadt: Maseru Sprachen: Sesotho, Englisch Religionen: 90 % Christen (44 % Katholiken)
Liechtenstein	Konstitutionelle Monarchie (Erbmonarchie) (Fürstentum)	Hans Adam II. (seit 13.11.1989)	Einwohner: 35.000 Fläche: 160 km² Hauptstadt: Vaduz Sprachen: Deutsch, alemannischer Dialekt Religionen: 76,5 % Katholiken, 7,3 % Protestanten
Luxemburg	Parlamentarische Monarchie (Erbmonarchie) (Großherzogtum)	Henri (seit 7.10.2000)	Einwohner: 457.000 Fläche: 2.586 km² Hauptstadt: Luxemburg Sprachen: Lëtzebuergesch, Deutsch, Französisch Religionen: 86,5 % Katholiken
Malaysia	Parlamentarische Monarchie (Wahlmonarchie) (Föderation aus 16 Territorien, darunter 7 Sultanate)	Tuanku Mizan Zainal Abidin (seit 26.4.2007)	Einwohner: 25.347.000 Fläche: 329.733 km² Hauptstadt: Kuala Lumpur (Regierungssitz: Patrajaya) Sprachen: Malaiisch, Chinesen, Tamil u.a. Religionen: 60,5 % Muslime, 19,2 % Buddhisten, 9,1 % Christen, 6,3 % Hindus

Land	Monarchie-Form	Monarch	Eckdaten	*Fortsetzung Tabelle 3*
Marokko	Konstitutionelle Monarchie (Erbmonarchie) (Königreich)	Mohammed VI. (seit 24.7.1999)	Einwohner: Fläche: Hauptstadt: Sprachen: Religionen:	30.168.000 458.730 km^2 Rabat Arabisch, Berbersprachen, Französisch u.a. 99 % Muslime (90 % Sunniten)
Monaco	Konstitutionelle Monarchie (Erbmonarchie) (Fürstentum)	Albert II. (seit 6.4.2005)	Einwohner: Fläche: Hauptstadt: Sprachen: Religionen:	33.000 1,95 km^2 Monaco Französisch, Monegassisch, Italienisch 91 % Katholiken
Nepal	Parlamentarische Monarchie (Erbmonarchie) (Königreich)	Gyanendra Bir Bikram Shah Dev (seit 4.6.2001)	Einwohner: Fläche: Hauptstadt: Sprachen: Religionen:	27.133.000 147.181 km^2 Kathmandu Nepalesisch, Maithili, Bhojpuri u.a. 80,6 % Hindus, 10,7 % Buddhisten
Neuseeland	Commonwealth-Monarchie (Erbmonarchie) (Königreich)	Elizabeth II. (britisches Staatsober-haupt, seit 6.2.1952)	Einwohner: Fläche: Hauptstadt: Sprachen: Religionen:	4.099.000 270.534 km^2 Wellington Englisch, Maori, Einwanderer-Sprachen 14 % Anglikaner, 13 % Katholiken, 10 % Presbyterianer

Niederlande	Parlamentarische Monarchie (Erbmonarchie) (Königreich)	Beatrix (seit 30.4.1980)	Einwohner: 16.320.000 Fläche: 41.526 km^2 Hauptstadt: Amsterdam (Regierungssitz: Den Haag) Sprachen: Niederländisch, Friesisch Religionen: 30 % Katholiken, 20 % Protestanten, 9 % andere Religionen (5,7 % Muslime u.a.)
Norwegen	Parlamentarische Monarchie (Erbmonarchie) (Königreich)	Harald V. (seit 17.1.1991)	Einwohner: 4.623.000 Fläche: 323.759 km^2 Hauptstadt: Oslo Sprachen: Norwegisch (Bokmål/Nynorsk), Samisch Religionen: 85,7 % Evangelisch-Lutherisch
Oman	Absolute Monarchie (Erbmonarchie) (Sultanat)	Qabus bin Said (seit 23.7.1970)	Einwohner: 2.567.000 Fläche: 309.500 km^2 Hauptstadt: Maskat Sprachen: Arabisch, Balutschi, Persisch, Urdu u.a. Religionen: Überwiegend Muslime
Papua-Neuguinea	Commonwealth-Monarchie (Erbmonarchie) (Königreich)	Elizabeth II. (britisches Staatsoberhaupt, seit 16.9.1975)	Einwohner: 5.887.000 Fläche: 462.840 km^2 Hauptstadt: Port Moresby Sprachen: Englisch, Tok Pisin, Hiri Motu u.a. Religionen: 60 % Protestanten, 30 % Katholiken, 6 % synkretistische Religionen

Fortsetzung Tabelle 3

Land	Monarchie-Form	Monarch	Eckdaten
Salomonen	Commonwealth-Monarchie (Erbmonarchie) (Königreich)	Elizabeth II. (britisches Staatsoberhaupt, seit 6.2.1952)	Einwohner: 478.000 Fläche: 27.556 km^2 Hauptstadt: Honiara Sprachen: Englisch, Pidgin-Englisch u.a. Religionen: 95 % Christen (34 % Anglikaner, 19 % Katholiken u.a. christliche Bekenntnisse)
Saudi-Arabien	Absolute Monarchie (Erbmonarchie) (Königreich)	Abdallah (seit 1.8.2005)	Einwohner: 23.119.000 Fläche: 2.240.000 km^2 Hauptstadt: Riad Sprachen: Arabisch, Englisch Religionen: 98 % Muslime (v.a. Sunniten)
Schweden	Parlamentarische Monarchie (Erbmonarchie) (Königreich)	Carl XVI. Gustaf (seit 15.9.1973)	Einwohner: 9.024.000 Fläche: 449.964 km^2 Hauptstadt: Stockholm Sprachen: Schwedisch, Finnisch, Samisch Religionen: 77% Evangelisch-Lutherisch
Spanien	Parlamentarische Monarchie (Erbmonarchie) (Königreich)	Juan Carlos I. (seit 22.11.1975)	Einwohner: 43.398.000 Fläche: 504.645 km^2 Hauptstadt: Madrid Sprachen: Spanisch, Katalanisch, Galicisch, Baskisch, Caló, Valencianisch Religionen: 94 % Katholiken

St. Kitts und Nevis	Commonwealth-Monarchie (Erbmonarchie) (Königreich)	Elizabeth II. (britisches Staatsoberhaupt, seit 6.2.1952)	Einwohner: 48.000 Fläche: 269 km^2 Hauptstadt: Basseterre Sprachen: Englisch, kreolisches Englisch Religionen: 36 % Anglikaner, 32 % Methodisten, 11 % Katholiken, 9 % Moraver
St. Lucia	Commonwealth-Monarchie (Erbmonarchie) (Königreich)	Elizabeth II. (britisches Staatsoberhaupt, seit 6.2.1952)	Einwohner: 165.000 Fläche: 616,3 km^2 Hauptstadt: Castries Sprachen: Englisch, Patois Religionen: 68 % Katholiken, Protestanten
St. Vincent und die Grenadinen	Commonwealth-Monarchie (Erbmonarchie) (Königreich)	Elizabeth II. (britisches Staatsoberhaupt, seit 6.2.1952)	Einwohner: 119.000 Fläche: 389,3 km^2 Hauptstadt: Kingstown Sprachen: Englisch, kreolisches Englisch, Patois Religionen: 75 % Protestanten (u.a. 36 % Anglikaner), 8 % Katholiken
Swasiland	Absolute Monarchie (Erbmonarchie) (Königreich)	Mswati III. (seit 25.4.1986)	Einwohner: 1.131.000 Fläche: 17.363 km^2 Hauptstadt: Mbabane (Regierungssitz: Lobamba) Sprachen: Siswati, Englisch u.a. Religionen: 40 % Zion Church, 20 % Katholiken

Fortsetzung Tabelle 3

Land	Monarchie-Form	Monarch	Eckdaten
Thailand	Konstitutionelle Monarchie (Erbmonarchie) (Königreich)	Bhumibol (seit 9.6.1946)	Einwohner: 64.233.000 Fläche: 513.115 km^2 Hauptstadt: Bangkok Sprachen: Thailändisch, Chinesisch, Malaiisch u.a. Religionen: 94,6 % Buddhisten
Tonga	Konstitutionelle Monarchie (Erbmonarchie) (Königreich)	George Tupou V. (seit 11.9.2006)	Einwohner: 102.000 Fläche: 748 km^2 Hauptstadt: Nuku'alofa Sprachen: Tongaisch, Englisch Religionen: 36 % Methodisten, 15 % Katholiken, 15 % Mormonen
Tuvalu	Commonwealth-Monarchie (Erbmonarchie) (Königreich)	Elizabeth II. (britisches Staatsober-haupt, seit 6.2.1952)	Einwohner: 10.000 Fläche: 26 km^2 Hauptstadt: Funafuti Sprachen: Tuvaluisch, Englisch Religionen: 98 % Protestanten (Church of Tuvalu)
Vatikan	Absolute Monarchie (Wahlmonarchie) (Papsttum)	Benedikt XVI. (seit 19.4.2005)	Einwohner: 532 Fläche: 0,44 km^2 Hauptstadt: Vatikanstadt Sprachen: Latein, Italienisch, Deutsch u.a. Religionen: Katholisch

Vereinigte Arabische Emirate	Absolute Monarchie (Wahlmonarchie) (Föderation aus 7 Emiraten)	Khalifa bin Zayid Al Nahayan (seit 3.11.2004)	Einwohner: 4.533.000 Fläche: 77.700 km^2 Hauptstadt: Abu Dhabi Sprachen: Arabisch, Hindi, Urdu, Frasi, Englisch Religionen: 96 % Muslime (v.a. Sunniten, 16 % Schiiten)

Hinweise zum Anhang

Quellen: Der Fischer Weltalmanach 2008, Frankfurt a. M. 2007; Länderinformationen des Auswärtigen Amtes; Länderbeiträge dieses Bandes.

Zusammenstellung und Gestaltung: Tobias Friske.

Stand: 1. März 2008. In den Tabellen nicht mehr aufgeführt wird Samoa, das spätestens seit dem Tod des letzten Monarchen am 11. Mai 2007 keine Monarchie mehr ist. Berücksichtigt ist dagegen Nepal, wo zum Redaktionsschluss noch nicht endgültig feststand, ob – und wenn ja in welcher Form – die dortige Monarchie erhalten bleiben würde.

Erläuterungen: Die Abkürzung VAE in der Karte bedeutet Vereinigte Arabische Emirate. Tabelle 3 berücksichtigt nur Religionsgruppen, die mehr als fünf Prozent der Bevölkerung ausmachen. Zur Unterscheidung absoluter, konstitutioneller, parlamentarischer und Commonwealth-Monarchien siehe den einführenden Beitrag von Tobias Friske in diesem Band.

Zeitfracht Medien GmbH
Ferdinand-Jühlke-Straße 7
99095 Erfurt, Deutschland
produktsicherheit@kolibri360.de